COLLECTION IDÉES

Simone de Beauvoir

La vieillesse

II

Gallimard

SOMMAIRE

TOME I

TOME II

DEUXIÈME PARTIE : L'ÊTRE-DANS-LE-MONDE

APPENDICES

Deuxième partie

L'ÊTRE-DANS-LE-MONDE

Nous avons considéré l'homme âgé en tant qu'il est objet de la science, de l'Histoire, de la société : nous l'avons décrit en extériorité. Il est aussi un sujet qui intériorise sa situation et qui y réagit. Essayons de comprendre comment il vit sa vieillesse. La difficulté, c'est qu'on ne peut prendre sur celle-ci ni un point de vue nominaliste, ni un point de vue conceptualiste. La vieillesse, c'est ce qui arrive aux gens qui deviennent vieux ; impossible d'enfermer cette pluralité d'expériences dans un concept ou même dans une notion. Du moins pouvons-nous les confronter les unes aux autres, tenter d'en dégager les constantes et donner les raisons de leurs différences. Un des défauts de cet examen c'est que mes exemples me seront surtout fournis par des privilégiés puisqu'on a vu que, seuls ou presque, ils ont eu les moyens et le loisir de porter témoignage sur eux-mêmes. Cependant, les renseignements qu'ils fournissent ont d'ordinaire une portée qui dépasse leur cas.

J'utiliserai ces données, sans me soucier de la chronologie. Le grand nombre de clichés que nous avons rencontrés, touchant la vieillesse, démontre que c'est une réalité transhistorique. Certes, la condition des vieillards n'est pas la même partout ni en tout temps ; mais à travers cette diversité s'affirment des constantes qui m'autorisent à rapprocher certains témoignages sans considération de dates.

La plus grave difficulté, c'est l'interférence, déjà constatée, des facteurs qui définissent la condition de vieillard : chacun ne trouve son véritable sens que dans sa relation avec les autres. Tout découpage est arbitraire. C'est dans la perspective d'une synthèse finale qu'il faut lire ces chapitres où j'examinerai successivement ce que deviennent dans le dernier âge le rapport de l'individu à son corps et à son image ; son rapport au temps, à l'Histoire, à la praxis ; son rapport à autrui et au monde.

CHAPITRE V

Découverte et assomption
de la vieillesse
expérience vécue du corps

Mourir prématurément ou vieillir : il n'y a pas d'autre alternative. Et cependant, comme l'a écrit Goethe : « L'âge s'empare de nous par surprise. » Chacun est pour soi l'unique sujet et nous nous étonnons souvent quand le sort commun devient nôtre : maladie, rupture, deuil. Je me rappelle mon ébahissement quand, sérieusement malade pour la première fois de ma vie, je me disais : « Cette femme qu'on transporte sur une civière, c'est moi. » Cependant les accidents contingents s'intègrent facilement à notre histoire parce qu'ils nous atteignent dans notre singularité : la vieillesse est un destin, et quand elle se saisit de notre propre vie, elle nous laisse stupéfaits. « Que s'est-il donc passé ? La vie, et je suis vieux », écrit Aragon. Que le déroulement du temps universel ait abouti à une métamorphose personnelle, voilà ce qui nous déconcerte. Déjà à 40 ans, je suis restée incrédule quand, plantée devant un miroir, je me suis dit : « J'ai 40 ans. » L'enfant, l'adolescent ont un âge. L'ensemble d'interdits et de devoirs auxquels ils sont astreints, les conduites d'autrui à leur égard ne leur permettent pas de l'oublier. Adultes, nous n'y pensons guère : il nous semble que cette notion ne s'applique pas à nous. Elle suppose qu'on se tourne vers le passé et qu'on arrête les comptes alors que, tendus vers l'avenir, nous glissons insensiblement d'un jour à l'autre, d'une année à l'autre. La vieillesse est particulièrement difficile à assumer parce que nous l'avions toujours considérée comme une espèce étrangère : suis-je donc devenue une autre alors que je demeure moi-même ?

« Faux problème, m'a-t-on dit. Tant que vous vous sentez jeune, vous l'êtes. » C'est méconnaître la complexe vérité de la vieillesse : elle est un rapport dialectique entre mon être pour autrui, tel qu'il se définit objectivement, et la conscience que je prends de moi-même à travers lui. En moi, c'est l'autre qui est âgé, c'est-à-dire celui que je suis pour les autres : et cet autre, c'est moi. D'ordinaire, notre être pour autrui est multiple comme autrui même. Toute parole dite sur nous peut être récusée au nom d'un jugement différent. En ce cas-ci, nulle contestation n'est permise ; les mots « un sexagénaire » traduisent pour tous un même fait. Ils correspondent à des phénomènes biologiques qu'un examen détecterait. Cependant, notre expérience personnelle ne nous indique pas le nombre de nos années. Aucune impression cénesthésique ne nous révèle les involutions de la sénescence. C'est là un des traits qui distinguent la vieillesse de la maladie. Celle-ci avertit de sa présence, et l'organisme se défend contre elle d'une manière parfois plus nuisible que le stimulus même ; elle existe avec plus d'évidence pour le sujet qui la subit que pour l'entourage qui souvent en méconnaît l'importance ; la vieillesse apparaît plus clairement aux autres qu'au sujet lui-même ; elle est un nouvel état d'équilibre biologique : si l'adaptation s'opère sans heurts, l'individu vieillissant ne la remarque pas. Les montages, les habitudes permettent de pallier longtemps les déficiences psychomotrices.

Même si des signes nous viennent du corps, ils sont ambigus. On peut être tenté de confondre une maladie guérissable avec un irréversible vieillissement. Trotsky, qui ne vivait que pour travailler et lutter, redoutait de vieillir. Il se rappelait avec anxiété le mot de Tourgueniev que Lénine citait souvent : « Savez-vous quel est le plus grand de tous les vices ? Avoir plus de 55 ans. » A 55 ans, précisément, en 1933, dans une lettre à sa femme, il se plaignait de fatigue, d'insomnies, de pertes de mémoire ; il lui semblait que ses forces déclinaient ; et il s'inquiétait : « Est-ce que ce serait l'âge qui viendrait pour tout de bon, ou bien ne s'agit-il que d'un déclin temporaire, quoique brusque, dont je me remettrai ? On verra. » Il évoquait tristement le passé : « J'ai une nostalgie pénible de ta vieille photographie, notre photographie qui nous montre alors que nous étions si jeunes. » Il se rétablit et reprit toutes ses activités.

Inversement : des malaises dus à la sénescence peuvent être à peine perçus et passés sous silence. On les prend pour des troubles superficiels et guérissables. Il faut déjà avoir conscience de son âge pour le déchiffrer dans son corps. Et même alors, celui-ci ne nous aide pas toujours à intérioriser notre état. Ces rhumatismes, cette arthrite sont dus à la sénescence, nous le savons ; et pourtant nous échouons à découvrir en eux un nouveau statut. Nous restons ce que nous étions, avec des rhumatismes en plus.

Sur la nature des jugements que les gens âgés

portent sur leur santé, les opinions varient et ces divergences sont significatives. D'après le rapport Laroque : « Après 60 ans, plus de la moitié des gens se considèrent comme étant en mauvaise ou en très mauvaise santé. Ce sentiment ne correspond pas toujours à la réalité, en ce sens que, abstraction faite des affections caractérisées, il traduit essentiellement un réflexe de crainte devant le processus et les manifestations du vieillissement. » Une enquête dirigée en Angleterre par Tunbridge et Sheffield, en 1956, avait abouti à des résultats opposés ; l'équipe a interrogé des vieillards sur leur santé ; elle a estimé que parmi les hommes seulement 26 % d'entre eux se portaient bien, alors que 64 % se croyaient en parfait état ; chez les femmes, 23 % étaient en bonne santé, 48 % pensaient l'être. En général, ont conclu les enquêteurs, le grand vieillard est dénourri c'est un infirme respiratoire, un infirme moteur, un infirme mental. Mais il ne s'en rend pas compte.

Cette idée semble confirmée par un fait que j'ai signalé : les malades âgés consultent beaucoup moins les médecins et consomment beaucoup moins de médicaments que les malades plus jeunes. Ils ont été formés dans une société où on se soignait moins qu'aujourd'hui : cette explication ne suffit pas, car sur beaucoup d'autres points ils marchent avec leur temps. Le professeur A. Ciusa, qui travaille à l'Institut de gériatrie de Bucarest, remarquant que les gens âgés ne font généralement pas valoir leurs droits à la protection de leur santé, en donne deux raisons : « 1° Ils ne se rendent pas compte du moment où leur état devient pathologique ; des troubles, même graves, leur semblent inhérents à leur âge. 2° Ils ont adopté une attitude passive de renoncement, beaucoup plus fréquente que l'attitude contraire d'exaspération des préoccupations. Elle découle d'un sentiment d'inutilité. »

Somme toute, il y a de la vérité dans l'idée de Galien qui situe la vieillesse à mi-chemin entre la maladie et la santé. De manière déconcertante, elle est un état normalement anormal. « Il est normal, c'est-à-dire conforme à la loi biologique du vieillissement, que la réduction progressive des marges de sécurité entraîne l'abaissement des seuils de résistance aux agressions du milieu, écrit Canghilem. Les normes d'un vieillard auraient été tenues pour déficiences chez le même homme adulte. » Quand les gens âgés se disent malades — même sans l'être —, ils soulignent cette anomalie ; ils adoptent un point de vue d'homme encore jeune, qui trouverait inquiétant d'être un peu sourd, presbyte, d'avoir des malaises, de se fatiguer vite. Quand ils se déclarent satisfaits de leur santé, quand ils s'abstiennent de se soigner, ils s'installent dans la vieillesse : elle rend compte de leurs troubles. Leur attitude dépend de leur option générale à l'égard de la vieillesse. Ils savent qu'on regarde les vieilles gens comme une espèce inférieure. Aussi beaucoup d'entre eux prennent pour une insulte toute allusion à leur âge : ils veulent à tout prix se croire jeunes : ils aiment mieux se penser en mauvaise santé qu'âgés. D'autres trouvent commode de se dire vieux, même prématurément : la vieillesse fournit des alibis, elle autorise à baisser ses exigences, il est moins fatigant de s'y abandonner que de la refuser. D'autres, sans accepter complaisamment la vieillesse, la préfèrent encore à des maladies qui leur font peur et qui les obligeraient à prendre certaines mesures.

Un enquêteur qui a interrogé les pensionnaires d'une résidence de la C.N.R.O. [1] résume ainsi ses impressions : « C'est l'ensemble du corps, de ses organes, de ses fonctions qui ne marche pas... la vieillesse se traduit par ces difficultés physiques, ces maladies, ce ralentissement de toutes les fonctions. Cette réalité est au centre de la vie quotidienne ; pourtant on s'y est habitué, elle ne vous choque plus. On en parle d'une façon détachée, éloignée, critique... On est comme cela, mais on sait bien de quoi cela provient... on est vieux, c'est pas la peine d'aller chez le médecin. » Cette anomalie normale, la vieillesse, semble vécue sur le plan de la santé avec un mélange d'indifférence et de malaise. On conjure l'idée de maladie en invoquant l'âge ; on élude la notion d'âge en invoquant la maladie et on réussit par ce glissement à ne croire ni à l'une ni à l'autre.

L'apparence de notre corps et de notre visage nous renseigne plus sûrement : quel contraste avec nos 20 ans ! Seulement ce changement s'opère continûment, nous l'apercevons à peine. Mme de Sévigné l'a très joliment dit. Elle écrit, le 27 janvier 1687 : « La Providence nous conduit avec tant de bonté dans tous ces temps différents de notre vie que nous ne les sentons quasi pas. Cette pente va doucement, elle est imperceptible ; c'est l'aiguille du cadran que nous ne voyons pas aller. Si à vingt ans on nous donnait le degré de supériorité dans notre famille [2] et qu'on nous fît voir dans un miroir le visage que nous aurons ou

1. Caisse nationale des Retraites ouvrières.
2. Elle veut dire le doyennat.

que nous avons à soixante ans, en le comparant à celui de vingt, nous tomberions à la renverse et nous aurions peur de cette figure ; mais c'est jour à jour que nous avançons ; nous sommes aujourd'hui comme hier et demain comme aujourd'hui ; ainsi nous avançons sans le sentir et c'est un des miracles de cette Providence que j'aime tant [1]. »

Un changement brutal peut détruire cette tranquillité. A 60 ans, Lou Andreas Salomé [2] perdit ses cheveux à la suite d'une maladie ; jusque-là elle se sentait « sans âge » ; elle avoua alors qu'elle se retrouvait « sur le mauvais côté de l'échelle ». Mais à moins d'accident analogue, pour nous arrêter devant le reflet que propose le miroir et y découvrir notre âge, il faut avoir déjà des raisons de l'interroger.

Quant aux déficiences mentales, celui qui en est frappé est incapable de les déceler si ses exigences ont diminué en même temps que ses capacités. La Fontaine à 72 ans se croyait en parfait état physique et mental quand le 26 octobre 1693 il écrivait à Mau-

---

1. Diderot encore jeune exprime une idée analogue dans *Le Rêve de d'Alembert* : « Si vous eussiez passé en un clin d'œil de la jeunesse à la décrépitude, vous auriez été jeté en ce monde comme au premier moment de votre naissance ! vous n'auriez plus été vous, ni pour les autres, ni pour vous, pour les autres qui n'auraient point été eux pour vous... Comment auriez-vous pu savoir que cet homme, courbé sur un bâton, dont les yeux s'étaient éteints, qui se traînait avec peine, plus différent encore de lui-même au-dedans qu'à l'extérieur, était le même qui la veille marchait si légèrement, remuait des fardeaux assez lourds, pouvait se livrer aux méditations les plus profondes, aux exercices les plus doux et les plus violents ? »

2. Cette femme remarquable fut aimée de Nietzsche, de Rilke, de beaucoup d'autres. Disciple et amie de Freud, celui-ci accueillit avec beaucoup d'estime ses contributions à la psychanalyse.

croix : « Je continue toujours à me bien porter et j'ai un appétit et une vigueur exagérés. Il y a cinq à six jours que j'allai à Bois-le-Vicomte à pied et sans avoir presque mangé ; il y a d'ici cinq lieues assez raisonnables. » Cependant, en juin de la même année, Ninon de Lenclos écrivait à Saint-Évremond : « J'ai su que vous souhaitiez La Fontaine en Angleterre. On n'en jouit guère à Paris : sa tête est bien affaiblie. » Peut-être est-ce parce qu'il le soupçonnait qu'il se vantait à Maucroix de sa verdeur : mais il avait choisi de n'en pas tenir compte. En ce domaine aussi, les signes ne prennent leur valeur que dans un certain contexte.

Il est normal, puisque en nous c'est l'autre qui est vieux, que la révélation de notre âge vienne des autres. Nous n'y consentons pas de bonne grâce. « Une personne sursaute toujours quand elle s'entend appeler vieille pour la première fois », remarque O. W. Holmes. J'ai tressailli à 50 ans quand une étudiante américaine m'a rapporté le mot d'une camarade : « Mais alors, Simone de Beauvoir, c'est une vieille ! » Toute une tradition a chargé ce mot d'un sens péjoratif, il sonne comme une insulte. Aussi quand on s'entend traiter de vieux réagit-on souvent par la colère. Mme de Sévigné fut piquée au vif quand, dans une lettre de Mme de La Fayette qui voulait la convaincre de revenir à Paris, elle lut les mots : « Vous êtes vieille. » Elle s'en plaignit à sa fille le 30 novembre 1689 : « Car je ne me sens aucune décadence encore qui m'en fasse souvenir. Cependant, je fais souvent des réflexions et des supputations, et je trouve les conditions de la vie assez dures. Il me semble que j'ai été traînée malgré moi à ce point fatal où il faut souffrir la vieillesse ; je la vois, m'y voilà et je voudrais bien au moins ménager de ne pas aller plus loin, de ne point avancer dans ce chemin des infirmités, des douleurs, des pertes de mémoire, des défigurements qui sont près de m'outrager et j'entends une voix qui dit : " Il faut marcher malgré vous ou bien si vous ne voulez pas, il faut mourir " qui est une extrémité où la nature répugne. Voilà pourtant le sort de tout ce qui avance un peu trop. »

A 68 ans, Casanova répond vertement à un correspondant qui l'a appelé « vénérable vieillard ». « Je ne suis pas encore arrivé à l'âge misérable où l'on ne peut plus prétendre à la vie. »

J'ai connu plusieurs femmes qui ont eu la désagréable révélation de leur âge par une expérience analogue à celle que Marie Dormoy raconta à Léautaud : il lui arrivait qu'un homme, abusé par la jeunesse de sa silhouette, la suivît dans la rue ; au moment où il la dépassait, il voyait son visage et, au lieu de l'aborder, il hâtait le pas.

Nous voyons nos proches *sub specie aeternitatis* et découvrir leur vieillesse nous porte aussi un coup. On se rappelle quel choc éprouva Proust quand, entrant à l'improviste dans une pièce, il aperçut soudain à la place de sa grand-mère, qui pour lui n'avait pas d'âge, une très vieille femme. Avant la guerre, un ami de Sartre qui voyageait avec nous nous annonça en entrant dans la salle à manger d'un hôtel : « Je viens de rencontrer votre ami Pagniez, accompagné d'une vieille dame. » Nous sommes restés interdits ; nous n'avions jamais pensé que Mme Lemaire fût une vieille dame : c'était Mme Lemaire. Un regard étranger la métamorphosait en une autre. J'ai pressenti qu'à moi aussi le temps jouerait de drôles de tours. La surprise est encore plus pénible quand il s'agit de gens du même âge que nous. Chacun a fait cette expérience : rencontrer quelqu'un qu'on reconnaît à peine et qui pose sur nous un regard perplexe ; on se dit : qu'il a changé ! que j'ai dû changer ! Revenant d'un enterrement, Léautaud écrit, le 25 février 1945, que le plus affreux, c'est « la vue de ces gens qu'on connaît, qu'on n'a pas vus depuis cinq ou six ans, qu'on n'a pas vus vieillir au jour le jour — encore que de cette façon on ne s'en aperçoive guère — et qu'on revoit ainsi avec le vieillissement d'un seul coup de cinq à six années. Quel spectacle, et qu'on doit d'ailleurs offrir soi-même ! » Et quel étonnement on éprouve devant certaines photographies ! J'ai eu du mal à me convaincre que mon ancienne camarade du Cours Désir, dont le titre de championne de golf et la désinvolture m'émerveillaient, ce n'était pas cette jeune sportive triomphante — championne de golf à son tour — mais la vieille dame à cheveux blancs qui se tenait auprès d'elle et qui était sa mère.

Il faut relire le long passage du *Temps retrouvé* où Proust raconte comment, après de nombreuses années, il retourne dans le salon de la princesse de Guermantes :

« Au premier moment je ne compris pas pourquoi j'hésitais à reconnaître le maître de la maison, les invités, et pourquoi chacun s'était " fait une tête ", généralement poudrée et qui les changeait complètement. Le prince... s'était affublé d'une barbe blanche et, traînant à ses pieds qu'elles alourdissaient, comme des semelles de plomb, semblait avoir assumé de figurer un des *Ages de la vie*. » Le narrateur trouve souvent difficile d'accorder sa vision actuelle avec son

souvenir et par exemple, apercevant Bloch, de superposer sa « mine débile et opinante » de vieillard à
l'entrain juvénile de son adolescence. « On me disait
un nom, et je restais stupéfait de penser qu'il s'appli-
quait à la fois à la blonde valseuse que j'avais connue
autrefois et à la lourde dame à cheveux blancs qui
passait pesamment près de moi. » Certaines personnes
gardaient un visage à peu près intact, mais « on croyait
d'abord qu'ils avaient mal aux jambes et ce n'est
qu'ensuite qu'on comprenait que la vieillesse leur avait
attaché ses semelles de plomb ». D'autres encore
« n'étaient pas des vieillards mais des jeunes gens de
dix-huit ans, extrêmement fanés ». Proust avait l'impression d' « assister à une fête travestie, [de] voir des
poupées baignant dans les couleurs immatérielles des
années, des poupées extériorisant le temps ». C'est là
ce qui le frappait le plus : le temps était pour ainsi dire
visible à l'œil nu. « L'aspect tout nouveau d'un être
comme M. d'Argencourt m'était une révélation frappante de cette réalité du millésime qui d'habitude vous
reste abstraite... On sent qu'on a suivi la même loi que
ces créatures qui se sont tellement transformées... Je
m'aperçus pour la première fois d'après les métamor-
phoses qui s'étaient produites dans tous ces gens du
temps qui avait passé pour eux, ce qui me bouleversa
par la révélation qu'il avait passé aussi pour moi. »
D'ailleurs Mme de Guermantes l'appelle : « Mon vieil
ami. » Quelqu'un lui dit : « Vous qui êtes un vieux
Parisien. » Au cours de la soirée il se persuade de son
âge : « Nous ne voyions pas notre propre aspect, nos
propres âges, mais chacun, comme dans un miroir
opposé, voyait celui de l'autre. »

Un jour, à Rome, j'ai assisté à une transformation

inverse : une grande Américaine sexagénaire s'est
assise à une terrasse de café où je me trouvais. Parlant
avec une amïe, elle a ri soudain, d'un rire éclatant de
femme jeune, qui l'a transfigurée et m'a ramenée de
vingt ans en arrière, en Californie où je l'avais connue.
Là aussi, la brusque contraction du temps m'en a
dévoilé avec une douloureuse évidence la force dévasta-
trice. Les vieilles célébrités qui me sont contemporai-
nes, je me suis habituée à voir sur l'écran ou dans les
magazines leur visage d'aujourd'hui ; je tressaille en
retrouvant dans les films ou les journaux d'autrefois
leur fraîcheur oubliée.

Bon gré mal gré, nous finissons par nous rendre au
point de vue d'autrui. A 70 ans, Jouhandeau se
morigène : « Pendant un demi-siècle, je n'ai cessé
d'avoir 20 ans. Le moment est venu de résigner cette
usurpation. » Mais cette « résignation » n'est pas si
simple. Nous achoppons à une sorte de scandale
intellectuel : nous devons assumer une réalité qui est
indubitablement nous-même encore qu'elle nous attei-
gne du dehors et qu'elle nous demeure insaisissable. Il
y a une contradiction indépassable entre l'évidence
intime qui nous garantit notre permanence et la
certitude objective de notre métamorphose. Nous ne
pouvons qu'osciller de l'une à l'autre, sans jamais les
tenir fermement ensemble.

C'est que la vieillesse appartient à cette catégorie que
Sartre[1] a appelée : les irréalisables. Leur nombre est
infini puisqu'ils représentent l'envers de notre situation. Ce que nous sommes pour autrui, il nous est

1. *L'Être et le Néant.*

impossible de le vivre sur le mode du *pour soi*.
L'irréalisable c'est « mon être à distance qui limite tous
mes choix et constitue leur envers ». Française, femme
écrivain, sexagénaire : cette situation que je *vis* est au
milieu du monde une forme objective qui m'échappe.
Mais l'irréalisable ne se dévoile comme tel qu'à la
lumière d'un projet visant à le réaliser. Française, en
France, rien ne m'incite à m'interroger sur le sens qu'a
cette qualification ; en pays étranger ou hostile, ma
nationalité existerait pour moi et j'aurais à adopter une
certaine attitude à son égard : la revendiquer, la
dissimuler, l'oublier, etc. Dans notre société, la personne âgée est désignée comme telle par les mœurs, par
les conduites d'autrui, par le vocabulaire même : elle a
à assumer cette réalité. Il y a une infinité de manières
de le faire : aucune ne me permettra de coïncider avec
la réalité que j'assume. La vieillesse est un au-delà de
ma vie dont je ne peux avoir aucune pleine expérience
intérieure. D'une manière plus générale, mon *ego* est
un objet transcendant qui n'habite pas ma conscience
et qui ne peut qu'être visé à distance.

Cette visée s'opère à travers une image : nous
essayons de nous représenter qui nous sommes à
travers la vision que les autres ont de nous. L'image
même n'est pas donnée dans la conscience : c'est un
faisceau d'intentionnalités dirigées à travers un *analogon* vers un objet absent. Elle est générique, contradic-
toire et vague. Cependant il y a des périodes où elle
suffit à nous assurer de notre identité : c'est le cas des
enfants, s'ils se sentent aimés. Ils sont satisfaits de ce
reflet d'eux-mêmes qu'ils découvrent à travers les
paroles et les conduites de leurs proches, ils s'y
conforment, ils le reprennent à leur compte. Au seuil

de l'adolescence, l'image se brise : la gaucherie de l'âge
ingrat vient de ce qu'on ne sait pas tout de suite par
quoi la remplacer. Il se produit un flottement analogue
au seuil de la vieillesse. Les psychiatres parlent dans les
deux cas d'une « crise de l'identification ». Mais il y a
de grandes différences. L'adolescent se rend compte
qu'il traverse une période de transition ; son corps se
transforme et le gêne. L'individu âgé se sent vieux à
travers les autres sans avoir éprouvé de sérieuses
mutations[1] ; intérieurement, il n'adhère pas à l'éti-
quette qui se colle à lui : il ne sait plus qui il est. Dans
La Mise à mort, Aragon a symbolisé cette ignorance et
le désarroi qu'elle engendre : le héros n'aperçoit plus
son reflet dans les glaces ; il n'est plus capable de se
voir.

La raison profonde de cette asymétrie, il faut la
chercher dans l'inconscient des sujets en question.
Freud l'a dit : l'inconscient ne distingue pas le vrai du
faux ; c'est un ensemble structuré de désirs ; il n'est pas
réflexif. Mais il peut ou non faire obstacle à la
réflexion. Il ne gêne pas le passage de l'adolescent à
l'âge adulte. En effet, dans la sexualité du jeune
homme et même de l'enfant, celle de l'adulte est
pressentie. Son statut leur paraît en général désirable
parce qu'il leur permettra d'assouvir leurs désirs. Le
garçon a des fantasmes de virilité, la fillette rêve à sa
future féminité. Dans des jeux, dans des histoires
qu'ils se racontent ils anticipent complaisamment cet
avenir. Au contraire, l'adulte associe le grand âge à des

---

1. La ménopause est éprouvée physiquement par la femme ; mais
elle a lieu bien avant la vieillesse.

fantasmes de castration. Et comme le souligne le psychanalyste Martin Grotjhan, notre inconscient ignore la vieillesse. Il entretient l'illusion d'une éternelle jeunesse. Quand cette illusion est ébranlée, il en résulte chez de nombreux sujets un traumatisme narcissique qui engendre une psychose dépressive.

On voit comment s'explique cette « surprise », cette incrédulité, ce scandale que suscite en général chez l'homme âgé la révélation de son âge. Parmi les irréalisables qui nous entourent c'est celui que nous sommes incités à réaliser de la manière la plus pressante et c'est celui que consciemment et inconsciemment nous avons le plus de répugnance à assumer. C'est ce fait qui nous permettra de comprendre les attitudes souvent à première vue déconcertantes du vieillard par rapport à sa condition.

C'est parce que l'âge n'est pas vécu sur le mode du pour-soi, parce que nous n'en avons pas une expérience transparente comme celle du cogito, qu'il est possible de se déclarer vieux de bonne heure ou de se croire jeune jusqu'à la fin. Ces options manifestent notre relation globale avec le monde. Baudelaire, jeune, exprime le dégoût que celui-ci lui inspire quand il écrit : « J'ai plus de souvenirs que si j'avais mille ans. » A cause de sa situation familiale, vivre a toujours paru à Flaubert une entreprise épuisante ; dès l'enfance, il s'est déclaré « vieux ». Quand, à 54 ans, le mari de sa nièce étant menacé de faillite, il craignit qu'on ne vendît Croisset, il en fut désespéré : « Je n'en peux plus ! Je me sens à bout. Les larmes rentrées m'étouffent et je touche à l'abîme. Ce qui me navre, ma pauvre Caro, c'est ta ruine. Ta ruine présente et l'avenir. Déchoir n'est pas drôle. » Il s'agissait d'une déchéance économique qui l'angoissait et l'humiliait. Il y associe aussitôt l'idée d'une déchéance biologique, due à l'âge : « La vie n'est pas drôle et je commence une lugubre vieillesse. » Croisset sauvé, mais dépendant de son neveu avec qui il avait de mauvais rapports et redoutant toujours la ruine, il ne réussit plus à travailler, il est malade, il pleure, il tremble : « Je me regarde comme un homme mort. » « Je souhaite crever le plus vite possible car je suis fini, vidé et plus vieux que si j'avais cent ans. » Et encore : « A mon âge, on ne recommence pas : on achève, ou plutôt on dégringole. » Il put de nouveau écrire. Mais il continua à se sentir accablé par l'âge et mourut prématurément.

S'ils sont fatigués de leur métier, de leur vie, des individus se disent vieux bien que leur comportement ne soit pas celui d'une personne âgée. L'équipe du professeur Bourlière a examiné un groupe de 107 instituteurs — 52 femmes et 55 hommes — âgés d'un peu moins de 55 ans ; 40 % paraissaient plus jeunes qu'ils ne l'étaient ; et seulement 3 %, moins. Leurs performances psychométriques étaient remarquables. Ils avaient des activités intellectuelles et sociales très intenses. Cependant leur résistance physique était inférieure à la moyenne ; ils se plaignaient de fatigue nerveuse ; ils se jugeaient avec pessimisme et s'estimaient vieux. C'est que le métier d'instituteur est en effet nerveusement très éprouvant. Surmenés, tendus, ces sujets se sentaient à juste titre usés et l'idée d'usure entraîne celle de vieillesse.

Le plus souvent, le sujet joue de la distance qui sépare l'en-soi du pour-soi, pour prétendre à cette jeunesse éternelle que convoite son inconscient. En 1954, en Amérique, une équipe dirigée par Tuckmann et Lorge interrogea 1 032 personnes d'âges divers, pour savoir si elles se sentaient jeunes ou vieilles. Aux environs de 60 ans, un très petit nombre seulement se déclarèrent vieilles ; après 80 ans, 53 % se dirent vieilles, 36 % d'âge moyen, 11 % jeunes. Récemment, à la même question, les pensionnaires d'une résidence pour vieillards créée par la C.N.R.O. répondirent pour la plupart : « Je ne me sens pas du tout vieux... Je ne pense jamais à la vieillesse... Je ne vais jamais chez le médecin... j'ai encore 20 ans. » Parler à ce propos de cécité psychique, de défense perceptuelle comme le font certains psychologues est insuffisant. Encore faut-il qu'un tel aveuglement soit possible. Il l'est parce que tout irréalisable incite à cette affirmation. « Moi, ce n'est pas la même chose. » Confronté à des gens du même âge que soi, on est tenté de se ranger dans une autre catégorie qu'eux puisqu'on ne les voit que du dehors et qu'on ne leur suppose pas les mêmes sentiments qu'à cet être unique que chacun est pour soi. Une des pensionnaires de la résidence créée par la C.N.R.O. a dit : « Je ne me sens pas du tout vieille ; parfois, j'aide les petites mémés ; et puis je me dis : mais toi aussi, tu es une mémé. » Spontanément en face des autres vieilles, elle est sans âge ; il lui faut un effort réflexif pour assimiler son cas au leur. Il est significatif qu'au moment de cette prise de conscience, elle se tutoie : c'est à l'autre en elle qu'elle parle, à cette autre qu'elle est pour les autres mais dont elle n'a elle-même aucune connaissance immédiate.

Pour un homme qui se sent bien dans sa peau, qui est satisfait de sa condition et a de bons rapports avec son entourage, l'âge demeure abstrait. C'est ce que veut dire Saint-John Perse quand il écrit dans un de ses derniers poèmes : « Grand âge, vous mentiez... Le temps que l'an mesure n'est point mesure de nos jours. » Gide, qui avait gardé l'intégrité de ses facultés physiques et mentales, écrit le 19 juin 1930 : « J'ai grand effort à faire pour me persuader que j'ai l'âge aujourd'hui de ceux qui me paraissaient si vieux quand j'étais jeune. »

L'image qui nous a été fournie par les autres, et qui nous effrayait, rien ne nous impose intérieurement de nous reconnaître en elle. C'est pourquoi il est possible de la récuser verbalement et aussi de la refuser par nos conduites, le refus étant lui-même une forme d'assomption [1]. C'est une option fréquente chez certaines femmes qui ont tout misé sur leur féminité et pour qui l'âge est une radicale disqualification. Par leurs toilettes, leur maquillage, leurs mimiques, elles cherchent à abuser autrui, mais surtout à se convaincre hystériquement qu'elles échappent à la loi commune. Elles se cramponnent à l'idée que « ça n'arrive qu'aux autres », que pour elles qui ne sont pas des autres « ça n'est pas la même chose ».

Quiconque se pique de lucidité rejette cette illusion, mais elle renaît sans cesse, il faut sans cesse la combattre. Mme de Sévigné dans ses lettres témoigne de cette lutte. Encore jeune, elle parlait de l' « affreuse

---

1. Dans certains cas pathologiques, le refus va jusqu'à une perversion de la perception et de la mémoire. Ainsi dans le cas de Noémie présenté par le professeur Delay. A 64 ans, elle disait avec conviction : « Je suis une petite fille, j'ai 8 ans », ou « 10 ans », ou quelquefois « 16 ans ». On objectait : « Mais vous avez des cheveux blancs. — Il y en a qui blanchissent de bonne heure. » Elle se croyait reportée à l'enfance et vivait comme présentes des scènes de son passé. C'est le phénomène d'ecmnésie.

vieillesse ». Plus tard, elle était prise de détresse devant la déchéance d'autrui. Elle écrit le 15 avril 1685 : « Ah ! ma bonne, que la lie de l'esprit et du corps sont humiliantes à soutenir et qu'à souhaiter il serait bien plus agréable de laisser de nous une mémoire digne d'être conservée que de la gâter et la défigurer par toutes les misères que la vieillesse et les infirmités nous apportent ! J'aimerais les pays où par amitié on tue ses vieux parents s'ils pouvaient s'accommoder avec le christianisme. »

Cinq ans plus tard, elle sait qu'elle n'est plus jeune, mais il lui faut se raisonner pour s'en convaincre. Après une promenade, par un beau jour de printemps dont elle s'est enchantée, elle écrit, le 20 avril 1690 : « C'est dommage qu'en se mettant si fort dans cette belle jeunesse il ne m'en soit demeuré quelque chose :

> « Mais, hélas ! quand l'âge nous glace
> Nos beaux jours ne reviennent jamais ! »

« Cela est triste, mais j'aime à me donner quelquefois de ces coups de pattes, pour mortifier mon imagination qui est encore toute pleine de bagatelles et des agréments où il faudrait renoncer, quoiqu'on les appelle innocents. »

Et le 26 avril 1695 : « Pour moi que rien n'avertit encore du nombre de mes années, je suis quelquefois surprise de ma santé ; je suis guérie de mille petites incommodités que j'avais autrefois ; non seulement j'avance doucement comme une tortue, mais je suis prête à croire que je vais comme une écrevisse ; cependant je fais des efforts pour n'être point dupe de ces trompeuses apparences. »

Ces oscillations, de notre conviction intime à un savoir objectif, Gide en parle souvent dans son *Journal*. Il écrit en mars 1935 : « Si je ne me redisais sans cesse mon âge, certes je ne le sentirais guère. Et même, me répétant comme une leçon à apprendre par cœur : j'ai 65 ans passés, je parviens mal à m'en convaincre et ne me persuade que de ceci : que l'espace est étroit où mes désirs et ma joie, mes vertus et ma volonté peuvent encore espérer de s'étendre. Ils n'ont jamais été plus exigeants. »

Le 17 janvier 1943 : « Je ne sens guère mon âge et c'est sans arriver à m'en convaincre vraiment que je me redis à toute heure du jour : Mon pauvre vieux, tu as 73 ans bien sonnés. »

Tant que le sentiment intime de jeunesse demeure vivace, c'est la vérité objective de l'âge qui semble une apparence ; on a l'impression d'avoir emprunté un masque étranger. Juliette Drouet écrivait à Hugo, en l'assurant que son amour résistait au temps : « Le décor a changé et j'ai revêtu le travestissement de la vieillesse. » Gide parle de rôle, de costume. Il note le 6 mars 1941 : « Mon âme est demeurée jeune à ce point qu'il me semble sans cesse que le septuagénaire que je suis indubitablement, c'est un rôle que j'assume ; et les infirmités, les défaillances qui me rappellent mon âge viennent à la manière du souffleur me le remettre en mémoire lorsque je serais enclin à m'en écarter. Alors, comme un bon acteur que je veux être, je rentre dans mon personnage et me pique de le bien jouer.

« Mais il me serait beaucoup plus naturel de m'abandonner au printemps qui vient ; simplement, je sens que je n'ai plus le costume pour cela. »

Est-il vrai qu'il joue artificiellement le personnage que la société réclame qu'il soit ? ou est-ce par horreur de la vieillesse qu'il considère ses conduites de septuagénaire comme un jeu ? En tout cas, le caractère irréalisable de la vieillesse s'affirme de nouveau dans ce texte.

Parler de travestissement, de costume, de jeu, c'est une manière d'éluder le problème. Pour sortir de la « crise d'identification », il faut adhérer franchement à une nouvelle image de nous-même. Il y a des cas où l'adulte a d'avance élaboré une image affreuse ou triomphante de sa vieillesse : Swift quand il a décrit les Struddburg, Hugo quand il a évoqué les Burgraves, Eviradnus, Booz. Au moment venu, ils l'adoptent ou du moins ils l'utilisent. Mais généralement on est pris au dépourvu et, pour retrouver une vision de soi, on est obligé de passer par autrui : comment me voit-il ? Je le demande à mon miroir. La réponse est incertaine : les gens nous voient chacun à leur manière et notre propre perception ne coïncide certainement avec aucune des leurs. Tous s'accordent à reconnaître dans notre visage celui d'une personne âgée ; mais pour ceux qui nous retrouvent après des années, il a changé, il s'est abîmé ; pour notre entourage, c'est toujours le nôtre : l'identité l'emporte sur les altérations ; pour les étrangers, c'est le visage normal d'un sexagénaire, d'une septuagénaire. Et pour nous ? Nous interpréterons notre reflet, avec bonne ou mauvaise humeur, ou avec indifférence selon notre attitude globale à l'égard de la vieillesse. Voltaire avait avec la sienne de si bons rapports qu'il a consenti à se laisser sculpter, nu, par Pigalle. Il n'aimait aucun des portraits qu'on avait faits de lui et l'idée d'un nouveau buste a commencé par lui déplaire. Il écrivit à Mme Necker : « M. Pigalle doit venir, dit-on, modeler mon visage ; mais, Madame, il faudrait que j'eusse un visage : on en devinerait à peine la place. Mes yeux sont enfoncés de trois pouces, mes joues sont du vieux parchemin mal collé sur des os qui ne tiennent à rien. Le peu de dents que j'avais est parti... On n'a jamais sculpté un pauvre homme dans cet état. » Il finit par accepter pourtant. Tout en jugeant son apparence avec sévérité, il s'en arrangeait parce qu'il s'arrangeait de l'ensemble de sa condition.

Ni dans la littérature ni dans la vie, je n'ai rencontré aucune femme qui considérât sa vieillesse avec complaisance. Aussi bien ne parle-t-on jamais de « belle vieillarde » ; au mieux, on dira « une charmante vieille femme [1] ». Tandis qu'on admire certains « beaux vieillards » ; le mâle n'est pas une proie ; on ne réclame de lui ni fraîcheur, ni douceur, ni grâce, mais la force et l'intelligence du sujet conquérant ; les cheveux blancs, les rides ne contredisent pas cet idéal viril. Le Moïse de Michel-Ange, le Booz endormi d'Hugo autorisent de flatteuses identifications. Le grand-père de Sartre, tel qu'il le décrit dans *Les Mots*, s'assimilait à cette figure de patriarche puissant et sage. Il avait toujours été fort content de soi ; il jouissait d'une magnifique santé. Il se complaisait dans son rôle de maître respecté, d'aïeul chéri, de séduisant vieillard. Sartre dit qu'il donnait sans cesse l'impression de poser pour un invisible photographe : c'est-à-dire qu'il jouait des rôles desti-

---

1. Le thème poétique « A une belle vieille », souvent exploité en différents siècles et différents pays, c'est celui d'une ancienne belle qui a cessé de l'être en devenant vieille. Je ne connais qu'une exception : l'*Ode à une belle vieille* de Maynard. Cf. t. I, p. 272.

nés à imposer aux autres une image qu'il reprenait à son compte.

L'exemple le plus amusant de narcissisme sénile, c'est celui que fournit le *Journal* de Léautaud : j'en parlerai plus loin, en liaison avec sa sexualité.

Tout en sentant l'approche du déclin, Jouhandeau, vers 80 ans, regarde son corps d'un œil assez favorable. Dans ses *Réflexions sur la vieillesse et la mort*, il écrit : « Certes, je ne suis pas encore un objet de répulsion. Je reste même relativement jeune malgré mon âge parce que je suis mince, disons svelte ; mais sans doute ai-je soupçonné dans mon corps cette fêlure, cette ombre de flétrissure qui sont les signes du vieillissement et je commence pieusement à l'ensevelir. Je ne saurais plus me voir sans mélancolie. Dans mon regard, les bandelettes de l'embaumeur s'emparent déjà de mon apparence et me cachent à moi-même comme par une sorte de respect. »

Yeats, âgé, dans son rapport à soi-même, oscille entre des attitudes opposées. En pleine gloire — il venait à 57 ans de recevoir le prix Nobel — il était plein d'amertume à l'égard de la vieillesse ; il ne voyait plus que d'un œil et craignait la surdité, mais c'est surtout le fait même de l'âge qui l'exaspérait : « Je suis fatigué et furieux d'être vieux ; je suis tout ce que j'étais et même davantage, mais un ennemi m'a ligoté et tordu de telle manière que je peux faire des plans et penser mieux que jamais, mais non plus exécuter ce que je projette et pense. » Il était pourtant capable encore d'écrire de très beaux vers. Dans plusieurs, il exhale sa colère contre la vieillesse : « Que ferai-je de cette absurdité, ô mon cœur, mon cœur troublé/cette caricature, la décrépitude, qu'on m'a attachée comme à la

queue d'un chien ? » Ce qui l'exaspère, c'est le côté
adventice de cette inéluctable vieillesse ; lui aussi il
achoppe au scandale de cette irréalisable réalité, il est le
même, mais on lui a fait subir un traitement odieux.
Dans un de ses derniers poèmes, il évoque la femme
qu'il a aimée jadis et il décrit le couple qu'ils forment à
présent : deux vieux épouvantails qui font un horrible
contraste avec l'image de leur jeunesse. C'est un
spectacle si affreux que si une femme pouvait apercevoir son enfant tel qu'il sera à 60 ans, elle renoncerait à
la maternité. Cependant, il se complaisait à jouer le
rôle d'un vieillard extravagant. Il ébahit l'Académie
irlandaise en annonçant dans un discours qu'il allait se
métamorphoser en papillon « et voler, et voler, et
voler ». Il se décrivait comme un *60 years old smiling
public man ;* plus tard, il assuma le personnage de *wild
old wicked man.*

Si un homme âgé déteste sa vieillesse, il éprouve de
la répugnance devant sa propre image. Chateaubriand,
déchu politiquement et dont la célébrité s'éteignait,
haïssait sa vieillesse : « La vieillesse est un naufrage »,
disait-il. A un peintre qui souhaitait faire son portrait,
il répondit avec hauteur : « A mon âge, il ne reste plus
assez de vie sur la figure d'un homme pour qu'on ose
en confier les ruines au pinceau. » Wagner avait
horreur de vieillir. S'apercevant dans la glace d'un
magasin, il dit avec humeur : « Je ne me reconnais pas
dans cette tête grise : est-il possible que j'ai 68 ans ? »
Convaincu que son génie l'arrachait à l'espace et au
temps, se voir défini, arrêté, résumé dans son reflet lui
a paru un scandale. Gide, qui à 70 ans se sentait jeune,
eut de la peine par la suite à s'arranger de sa vieillesse.
A 80 ans, il écrit dans *Ainsi soit-il :* « Ah ! par exemple,

il importe que je ne me rencontre pas dans un miroir : ces yeux pochés, ces joues creuses, ce regard éteint. Je suis à faire peur et ça me fiche un cafard atroce. » A Léautaud, qui lui parlait de « l'affreuse chose qu'est vieillir », Valéry répondit : « Ne m'en parlez pas, je ne me regarde jamais dans une glace, sauf pour me raser. » En vérité, marqués par l'âge, les visages de Valéry et de Gide étaient demeurés beaux. C'était leur vieillesse que manifestait à leurs yeux le changement qu'ils observaient dans la glace et c'est elle qu'ils détestaient. De même, quand Aragon écrit : « Et je vois avec horreur sur mes mains paraître les taches de cuivre de l'âge », ce ne sont pas ces taches elles-mêmes qui lui répugnent, mais l'âge qu'elles dénoncent.

Ronsard a exprimé le dégoût que lui inspirait son corps flétri. On a vu qu'il avait toujours détesté la vieillesse. Un an avant sa mort — il n'avait que 60 ans, mais à son époque, c'était un grand âge — il était malade et insomniaque. Il s'en plaint dans plusieurs sonnets. Dans l'un d'eux, il écrit :

> « Je n'ai plus que des os, un squelette je semble
> Décharné, dénervé, démusclé, dépoulpé
> Que le trait de la mort sans pardon a frappé.
> Je n'ose voir mes bras de peur que je ne tremble. »

La description la plus cruelle qu'un homme âgé ait faite de lui-même est celle de Michel-Ange. Il était accablé de douleurs physiques et de soucis. C'est avec amertume qu'il écrit :

« Je suis rompu, creusé, disloqué par mes longs travaux, et l'hôtellerie où je m'achemine pour vivre et manger en commun est la mort... Dans un sac de peau plein d'os et de nerfs je retiens une guêpe qui vrombit et dans un canal j'ai trois pierres de poix. Ma face ressemble à un épouvantail. Je suis comme ces chiffons tendus aux jours de sécheresse dans les champs et qui suffisent à épouvanter les corbeaux. Dans une de mes oreilles court une araignée, dans l'autre un grillon chante toute la nuit. Oppressé par mon catarrhe, je ne peux ni dormir, ni ronfler. »

Il a écrit aussi dans un sonnet :

> « Autrefois nos yeux furent entiers
> Reflétant la lumière dans chacun de leurs miroirs.
> Maintenant ils sont vides, brouillés et noirs.
> C'est ce que le temps apporte avec soi. »

Et dans une lettre, à Vasari : « Mon visage a quelque chose qui fait peur. » Dans l'autoportrait qu'il a laissé de lui sous la figure de saint Barthélemy dans la fresque du *Jugement dernier*, il l'a peint semblable à un masque funèbre, sombre, presque traqué, en proie à un chagrin auquel il se résigne mal.

Il est intéressant de considérer les autoportraits des peintres âgés : à travers leurs visages ils expriment le rapport qu'ils ont avec leur propre vie et avec le monde au moment où ils arrêtent les comptes.

Vinci, à 60 ans, a fait de son visage une extraordinaire allégorie de la vieillesse ; le torrent de la barbe et des cheveux, la broussaille des sourcils indiquent une vitalité intacte et même impétueuse ; les traits sont sculptés par l'expérience et la connaissance ; ce sont ceux d'un homme arrivé à l'apogée de sa force intellectuelle, et qui se situe par-delà la gaieté et la tristesse ; il est désabusé, au bord de l'amertume sans cependant s'y abandonner. Rembrandt, qui tout au long de sa vie a fixé sur la toile ses divers visages, nous livre dans son dernier portrait une sorte de testament. Il a atteint le sommet de son art, il le sait ; il a derrière lui une œuvre dont il peut à bon droit être fier ; il a fait ce qu'il voulait faire, il a gagné ; mais il connaît la part d'échec qu'implique toute réussite, et se regardant dans la glace il semble demander à son double : et alors ? Le Tintoret s'est peint en 1588, à plus de 70 ans. Sartre a analysé ce tableau dans un texte inédit. Le Tintoret, dit-il, nous fait savoir qu'il est désespéré. Il a fixé sur la toile " une vieille stupeur éreintée, figée comme sa vie, durcie comme ses artères... Il se donne sur la toile la solitude d'un cadavre... Il plaide coupable : aurait-il sinon ce regard hanté de vieil assassin ? " Il se demande : " Moi qui suis un grand peintre, le plus grand de mon siècle, qu'ai-je fait de la peinture ?... " Quel air de rancune pourtant ! A l'instant d'avouer il accuse. Qui ? Les hommes sûrement... On croit l'entendre répéter à l'infini : je ne comprends pas. » Cependant : « Il reste quelque chose en lui qui nous oblige à garder nos distances : l'orgueil austère de son désespoir. » Dans l'autoportrait que Titien a peint à 80 ou 90 ans (selon la date qu'on assigne à sa naissance), son expression grave et sereine est assez conventionnelle.

Je ne connais qu'un autoportrait de vieillard qui soit franchement joyeux : celui que Monet peignit pour en faire cadeau à Clemenceau. Bien qu'à un certain moment sa vue se fût brouillée et qu'il ne parvînt plus à voir les couleurs avec exactitude, il n'a jamais cessé de peindre : il suppléait par la mémoire aux défaillances de la perception. Ensuite, il retrouva une vue intacte et il produisit dans son grand âge ses plus étonnants chefs-d'œuvre. Il lui arrivait de douter de la valeur de sa peinture ; mais le problème était secondaire : la joie de peindre l'emportait. Doué d'une puissance de travail surprenante, en excellente santé, entouré, aimant la vie, c'est ainsi qu'il se représente sur la toile, dans ce qu'on pourrait appeler l'exubérance de la vieillesse : droit, rieur, le teint éclatant, la barbe foisonnante, le regard plein de feu et de gaieté.

Il faut signaler l'autoportrait de Goya, à 70 ans. Il a nié son âge. Il s'est peint sous les traits d'un homme de 50 ans.

*

Que nous ayons retrouvé une image plus ou moins convaincante, plus ou moins satisfaisante de nous-même, cette vieillesse que nous sommes incapables de *réaliser*, nous avons à la *vivre*. Et d'abord nous la vivons dans notre corps. Ce n'est pas lui qui nous la révèle ; mais une fois que nous savons qu'elle l'habite, il nous inquiète. L'indifférence des gens âgés à l'égard de leur santé est plus apparente que réelle ; si on y regarde de près, c'est de l'anxiété qu'on découvre en eux. Elle se marque dans leurs réactions aux tests de Rorschach. En général, les sujets voient en grand nombre dans les taches d'encre des images corporelles : chez les gens âgés les interprétations anatomiques sont très rares et très pauvres. Elles ont un caractère morbide : ce sont par exemple des poumons, des estomacs vus aux rayons X. Les visions déformantes sont fréquentes : ils distinguent des squelettes, des monstres, des faces hideuses. Cette anxiété va parfois jusqu'à l'hypocondrie. Souvent le retraité accorde à son corps l'attention que ne lui réclame plus son travail. Il se plaint de ses douleurs pour se cacher qu'il souffre d'une perte de prestige. Pour beaucoup la maladie sert d'excuse à l'infériorité qui est désormais leur lot. Elle peut être une justification de leur égocentrisme : leur corps réclame désormais tous leurs soins. Mais c'est sur un fond d'angoisse bien réelle que se définissent ces conduites.

On trouve chez quelques écrivains âgés des aveux de cette anxiété. Dans son *Journal*, le 10 juin 1892, Edmond de Goncourt évoque : « Des années épeurées, des journées anxieuses où un petit *bobo* ou un malaise nous font tout de suite penser à la mort. » On sait qu'on résiste moins bien aux agressions extérieures, on se sent vulnérable : « Le désagrément d'être à un certain âge, c'est qu'au moindre malaise on se demande ce qui va vous tomber dessus », écrit Léautaud dans son *Journal*. Les altérations qu'on constate sont par elles-mêmes attristantes ; et elles en présagent de plus définitives. « C'est l'usure, la ruine, la descente qui ne peut que s'accentuer », écrit encore Léautaud. C'est peut-être ce qu'il y a de plus poignant dans la sénescence : le sentiment d'irréversibilité. Une maladie, on garde une chance de s'en rétablir ou du moins de la stopper. Une infirmité due à un accident se limite à ce qu'elle est. Les involutions dues à la sénescence sont irréparables et nous savons que d'année en année elles vont s'amplifièr.

Cette détérioration est fatale, nul n'y échappe. Mais il dépend de nombreux facteurs qu'elle soit lente ou rapide, partielle ou totale, et qu'elle ait une plus ou moins grande influence sur l'ensemble de l'existence.

Pour les privilégiés à qui leur situation laisse une marge de liberté, cela dépend beaucoup de la manière dont le sujet reprend en main son destin[1].

Bien souvent le poids du corps compte moins que l'attitude adoptée à son égard. Voué à l'optimisme, Claudel écrit dans son *Journal* : « Quatre-vingts ans ! Plus d'yeux, plus d'oreilles, plus de dents, plus de jambes, plus de souffle ! Et c'est étonnant, somme toute, comme on arrive à s'en passer ! » Accablé de maux, un homme comme Voltaire, à qui toute sa vie son corps a pesé, qui s'est déclaré moribond dès sa jeunesse, s'en arrange mieux qu'un autre. Il parle de lui à 70 ans et au-delà en s'appelant « le vieux malade », puis « l'octogénaire malade ». C'est alors le point de vue de l'autre qu'il adopte sur soi, non sans se complaire dans son rôle ; quand c'est chez lui le *je* qui parle, il se dit habitué à son état : « Il y a quatre-vingt-un ans que je souffre, et que je vois tant souffrir et mourir autour de moi. » Il écrit : « Le cœur ne vieillit pas, mais il est triste de le loger dans des ruines. » Il constate : « J'éprouve toutes les calamités attachées à la décrépitude. » Mais riche, glorieux, vénéré, plus actif que jamais, et passionné par ce qu'il écrit, il

---

1. Il arrive qu'aucune option ne soit permise. Le sujet est victime d'une attaque ou d'une graduelle décomposition physique qui aboutit à la décrépitude. Ainsi finit Rodin à 77 ans. A partir de 67 ans, sa santé commença à décliner ; il traversait des moments de prostration. Une première attaque, à 72 ans, le laissa sombre, hargneux et mentalement diminué. Après la seconde, il se retrouva gâteux : il ne savait plus où il était, il ne reconnaissait pas Rose Beuret, la compagne de toute sa vie. De tels cas relèvent de la gériatrie et n'ont rien à nous apprendre du point de vue de l'expérience intérieure.

accepte sa condition avec sérénité : « Il est vrai que je suis un peu sourd, un peu aveugle, un peu impotent ; le tout est surmonté de trois ou quatre infirmités abominables : mais rien ne m'ôte l'espérance. »

D'autres au contraire aggravent leurs infirmités par ressentiment : « C'est un supplice de conserver intact son être intellectuel emprisonné dans une enveloppe matérielle usée », écrit Chateaubriand. Cette plainte fait écho à celle de Voltaire. Seulement celui-ci avait la chance de vivre en plein accord avec son époque et même de l'incarner, ce qui l'inclinait à un optimisme vital. Chateaubriand, tombé de son piédestal, isolé dans un siècle qui se désintéressait de lui, remâchait ses rancunes. Bien que jusqu'en 1841 il ait été capable de travailler aux *Mémoires d'outre-tombe*, et jusqu'en 1847 — un an avant sa mort — de les revoir et de les corriger, il laissait son corps se délabrer.

Les psychiatres appellent « gribouillisme » l'attitude qui consiste à se jeter dans la vieillesse à cause de l'horreur qu'elle inspire. On en « remet ». Parce qu'on traîne un peu la jambe, on mime la paralysie ; parce qu'on est un peu sourd, on cesse d'écouter. Les fonctions qu'on n'exerce plus se dégradent et, à jouer l'infirme, on le devient. C'est une réaction répandue, du fait que beaucoup de vieillards sont, à juste titre, rancuneux, revendiquants, désespérés. Ils se vengent d'autrui en exagérant leur impotence ; on a vu que le cas est fréquent dans les asiles : parce qu'on les a abandonnés, ils s'abandonnent et se refusent au moindre effort ; comme on ne combat pas cette tendance — on ne s'occupe pas d'eux — beaucoup finissent grabataires.

Pour les gens qui ne veulent pas sombrer, être vieux

c'est lutter contre la vieillesse. C'est là la dure nouveauté de leur condition : vivre ne va plus de soi. A
40 ans, un homme en bonne santé est biologiquement
disponible. Il peut aller jusqu'à la limite de ses forces :
il sait qu'il les récupérera vite. Les risques de maladie
ou d'accident ne l'effraient pas outre mesure : sauf
dans des cas d'une extrême gravité, il guérira, il se
retrouvera comme avant. L'homme âgé est obligé de se
ménager ; un effort excessif pourrait entraîner un arrêt
du cœur ; une maladie le laisserait définitivement
affaibli ; un accident serait irréparable ou ne se répare-
rait que très lentement, les blessures mettant très
longtemps à se cicatriser. Les bagarres lui sont interdites : il est sûr d'avoir le dessous, il se rendrait ridicule
en les provoquant. Pour participer à une manifestation, il ne court plus assez vite, il serait une charge
pour des compagnons plus jeunes. Le travail intellectuel ou physique, les exercices, les distractions mêmes
entraînent de la fatigue. Souvent l'homme âgé souffre
de douleurs précises ou diffuses qui ôtent tout agré-
ment à son existence. Colette était torturée par des
rhumatismes. A une admiratrice qui la félicitait de sa
célébrité, de son apparent bonheur, elle répondit :
« Oui, mon enfant, mais il y a l'âge. — Mais à part
l'âge ? — Il y a l'âge. » Ma mère a cruellement souffert
d'une arthrite, dans les dernières années de sa vie, en
dépit des dix cachets d'aspirine qu'elle avalait chaque
jour. Celle de Sartre avait presque perdu le goût de
vivre tant ses rhumatismes la tourmentaient. Même si
l'individu âgé supporte ces maux avec résignation, ils
s'interposent entre le monde et lui ; ils sont le prix dont
il paye la plupart de ses activités. Il ne peut donc plus
céder à des caprices, suivre ses impulsions : il s'inter-

roge sur les conséquences et il se trouve acculé à des
choix. S'il va se promener pour profiter d'une belle
journée, au retour il aura mal aux jambes ; s'il prend un
bain, son arthrite le torturera. Pour marcher, pour
faire sa toilette, souvent il a besoin d'aide : il hésite à
en réclamer, il préfère se priver. Le coefficient d'ad-
versité des choses s'accroît : les escaliers sont plus durs
à monter, les distances plus longues à parcourir, les
rues plus dangereuses à traverser, les paquets plus
lourds à porter. Le monde est troué d'embûches,
hérissé de menaces. Il n'est plus permis d'y flâner. A
chaque instant des problèmes se posent et l'erreur est
sévèrement sanctionnée. Pour exercer ses fonctions
naturelles, il a besoin d'artifices : prothèses, lunettes,
appareils acoustiques, cannes : « Cela aussi, c'est la
vieillesse, tout cet arsenal de lunettes sur ma table de
travail », note Léautaud. Le malheur, c'est que la
plupart des vieillards sont trop pauvres pour s'acheter
de bonnes lunettes, des appareils acoustiques — très
coûteux ; ils sont condamnés à une demi-cécité, à une
totale surdité. Murés en eux-mêmes, ils tombent dans
un marasme qui les détourne de lutter contre le déclin.
Une déchéance partielle entraîne souvent une abdication qui est suivie sur tous les plans d'une rapide
dégringolade.

Pour le vieillard à qui sa situation économique laisse
ouvertes diverses possibilités, la manière dont il réagit
aux inconvénients de l'âge dépend de ses options
antérieures. Ceux qui ont de tout temps choisi la
médiocrité n'auront pas beaucoup de mal à se ménager, à se réduire. J'ai connu un vieillard tout à fait
adapté à son âge : mon grand-père paternel. Egoïste,
superficiel, entre les activités creuses de sa maturité et

l'inactivité de ses dernières années, il n'y avait pas
beaucoup de distance. Il ne se surmenait pas, il n'avait
pas de souci parce qu'il ne prenait pas grand-chose à
cœur : sa santé demeurait excellente. Peu à peu, ses
promenades devinrent moins longues, il s'endormait
plus souvent sur le *Courrier du Centre.* Il eut jusqu'à sa
mort ce qu'on appelle « une belle vieillesse ».

Seule une certaine pauvreté affective et intellectuelle
rend acceptable ce morne équilibre. Il y a des individus
qui ont passé toute leur existence à s'y préparer et qui y
voient leur apogée. Ainsi ce patricien vénitien du
XVIᵉ siècle, Cornaro. Jouissant à 85 ans d'une admirable santé, il s'est donné en exemple à la postérité dans
le traité qu'il écrivit alors : *De la vie sobre et bien réglée.*
Il insiste sur la mesure avec laquelle il a joui des
plaisirs, sur la sage manière dont il réglait son emploi
du temps et surtout sur la frugalité de son régime
alimentaire : pendant plus d'un demi-siècle il n'ab-
sorba chaque jour que 12 onces d'aliments solides et
14 onces de vin. Il se décrit entouré d'amis, d'enfants,
de petits-enfants, la vue et l'ouïe en parfait état, lisant,
écrivant, montant à cheval, chassant, voyageant. « Je
trouve l'âge où je suis, quoique bien plus avancé, le
plus agréable et le plus beau de ma vie. Je ne
changerais pas d'âge et de vie contre la plus florissante
jeunesse. » Il estimait que c'était là sa récompense pour
avoir usé avec discrétion des biens de ce monde. En
fait, il avait moins de mérite qu'il ne le prétendait, car
les circonstances l'avaient généreusement favorisé. Il
possédait une immense fortune, il habitait une magnifique maison au milieu d'un vaste jardin. Il vécut
presque centenaire et une de ses nièces affirme qu'il
demeura jusqu'au bout sain et même vigoureux.

Sur tous les plans prudent, pondéré, modéré, Fontenelle, qui mourut presque centenaire en murmurant : « Je ne sens rien qu'une certaine difficulté d'être », mena lui aussi sa vie de manière à réussir sa vieillesse. Il était né chétif, et par souci de sa santé « il s'épargna avec une scrupuleuse diligence toute espèce d'émotion », dit un de ses biographes. Il avait une réputation d'insensibilité ; désignant son cœur, Mme du Tencin lui dit un jour : « C'est encore de la cervelle que vous avez là. » Intelligent, brillant, passionné par les sciences, il n'avait que 29 ans quand il écrivit le livre qui le rendit célèbre, *Les Entretiens sur la pluralité des mondes*, que suivirent beaucoup d'autres ouvrages. Il n'inventa rien, il se borna à vulgariser la science de son temps, mais il le fit avec beaucoup d'adresse. Il fut élu à l'Académie française et à l'Académie des sciences. Il était curieux de tout et dans ses livres touchait à tout. Il n'hésitait pas à prendre parti : il défendit les Modernes contre les Anciens ; il attaqua la religion. Mais il gardait toujours la tête froide et évitait tout surmenage. Il aborda la vieillesse en excellente santé et s'y complut. Selon lui, l'âge le plus heureux c'est « de soixante à quatre-vingts ans. A cet âge on a une position faite. On n'a plus d'ambition ; on ne désire plus rien et on jouit de ce qu'on a semé. C'est l'âge de la moisson faite ». A 82 ans, au dire de Mme Geoffrin, il était encore un étonnant causeur. Cependant, à 88 ans, il devint sourd ; à 94 ans, sa vue baissa beaucoup. Les hôtes chez qui il passait ses soirées le trouvaient plutôt encombrant.

Swift fut victime à la fois d'un malheur physiologique — à sa mort on trouva de l'eau dans son crâne —, de la situation de l'Irlande, de ses sombres dispositions à l'égard de l'humanité. Il avait toujours été ambitieux, il tenait âprement à l'argent : sa carrière et sa modeste fortune le laissaient insatisfait. Très soucieux du qu'en-dira-t-on il se sentait facilement persécuté — d'autant plus qu'il lui était arrivé de l'être vraiment. En dépit des apologies qu'il fit par écrit de lui-même, il ne s'aimait pas. Pour toutes ces raisons il détestait ses semblables ; il avait manifesté sa haine en peignant les Yahous puis les Struddburg ; à travers ceux-ci il avait fait d'affreuses descriptions de la vieillesse. Il se débattit contre elle avec rage quand elle se saisit de lui. Quand il perdit Stella, à 59 ans, il était déjà très abîmé : il entendait mal, il avait des vertiges : « Je suis toujours très malade, flageolant et sourd... et serais parfaitement content si Dieu voulait me rappeler à lui. » Après avoir sollicité les whigs, les tories, puis de nouveau les whigs, il avait espéré que la reine Caroline lui confierait en Angleterre un poste important ; mais il était tombé en disgrâce et était revenu définitivement de Londres à Dublin. Plus que jamais il se déplaisait dans cette ville, « le plus sale endroit qui existe en Europe ». Devant la pauvreté et la crasse irlandaises, il oscillait du chagrin à la fureur. A 61 ans, il rédigea le plus amer de ses pamphlets sur les enfants des pauvres d'Irlande. Son dégoût du monde et de la vie était si violent qu'il éprouvait plus que jamais le besoin de l'exhaler par écrit : c'est sans doute pour cela qu'il luttait contre le déclin avec un acharnement furieux. Pour vaincre la surdité et les vertiges, il s'astreignait à faire de l'exercice : de longues promenades, à pied ou à cheval. Quand il pleuvait, il grimpait et descendait frénétiquement son escalier. Son horreur du corps humain se traduisit alors par des poèmes scatologiques.

Bien qu'entouré de femmes mûres et attiré par de jeunes femmes, il devenait de plus en plus misogyne. Le ressentiment le dévorait. Il écrit dans une note qu'après la mort de la reine Anne « les postes ecclésiastiques les plus élevés échurent aux plus ignorants, les fanatiques furent cajolés, l'Irlande complètement ruinée et réduite en esclavage pendant que quelques ministres entassaient des millions ». Sa santé se délabrait. Le 3 avril 1733, à 65 ans, il écrit : « Mes vieux vertiges m'ont rendu si malade depuis un mois que je me suis mis entre les mains de Deally et prends médecine tous les jours. Je titube dans l'obscurité. Néanmoins, je lutte et monte à cheval au moins trois fois par semaine. A cette énumération de mes infirmités, j'ajouterais seulement que j'ai perdu la moitié de ma mémoire et toutes mes facultés d'invention. » Et le 9 octobre 1733 : « Mon moral est tout à fait bas. » Sa seule consolation c'est d'écrire des pamphlets de plus en plus virulents ; c'est même là semble-t-il la raison pour laquelle il s'entête à vivre : il ne veut pas s'arrêter de haïr et de crier sa haine. Il rédige un pamphlet sur un « hospice pour incurables » ; on y enfermerait les sots incurables, les canailles incurables, les mégères incurables, des incurables de bien d'autres espèces encore : à savoir la moitié de la nation, et lui-même. Peut-être ce texte traduit-il une inquiétude personnelle ; peut-être craignait-il de devenir fou. Il se sentait en tout cas des affinités avec les fous puisqu'il a légué tous ses biens à l'asile d'aliénés de Dublin. Tous ses amis étaient morts ; il écrivit à Pope : « Il ne me reste maintenant que vous : soyez assez bon pour me survivre. » Le jeune Sheridan le décrit : « Sa mémoire était bien affaiblie et le déclin de ses autres facultés, évident ; son caractère, instable, chagrin, morose, et sujet à de soudains emportements. » Son avarice s'était aggravée. Bien éloigné de l'optimisme étourdi d'un La Fontaine, il avait parfaitement conscience de sa déchéance intellectuelle. Quand on lui fêta son 70e anniversaire, il dit avec amertume : « Je ne suis plus que l'ombre de moi-même. » La goutte le torturait. Il ne supportait pas de se sentir diminué ; il remâchait des rancunes et soupçonnait tout le monde de malveillance. La politique de l'Angleterre à l'égard de l'Irlande continuait de le révolter. Il ne décolérait pas. Quand Londres fit baisser le titre des pièces d'or irlandaises, il hissa le drapeau noir sur le clocher de Saint Patrick. En 1742, il en vint aux mains avec un de ses chanoines ; une commission déclara alors : « Il n'est plus sain d'esprit ni de mémoire. » Il végéta encore trois ans.

Contemporain et ami d'Emerson, Whitman s'inspirait dans ses poèmes d'un optimisme vitaliste. Il chantait la vie sous toutes ses formes. Quand il était dans la force de l'âge, il a exalté lyriquement la vieillesse. On lit dans *Feuilles d'herbe* :

A la vieillesse

« Je vois en toi l'estuaire qui s'agrandit et s'étend magnifiquement à mesure qu'il s'épanche dans le grand océan[1]. »

Et dans un autre poème :

1. Cf. Ruzzante : « La vieillesse est une mare où se rassemblent toutes les eaux malsaines et qui n'a point d'autre écoulement que la mort. »

« Jeunesse, large, robuste, dévorante ; jeunesse pleine de grâce, force, fascination.

« Sais-tu que la vieillesse peut venir après toi avec autant de grâce, force, fascination ?

« Jour épanoui et splendide, jour de soleil, de l'action, de l'ambition, du rire immense

« La nuit te suit de près avec ses millions de soleils et son sommeil et ses réconfortantes ténèbres. »

Foudroyé à 54 ans par une attaque, lui qui débordait d'énergie et aimait passionnément la nature, il se trouva cloué sur un fauteuil d'invalide, à demi paralysé. Il eut à cœur de supporter l'épreuve avec sérénité. A force de volonté, en trois ans il réapprit à marcher. Il vivait alors chez son frère, dans la petite ville de Camden ; à 65 ans, il se trouva assez valide pour s'installer dans une petite maison à lui. Un an après, à la suite d'une insolation, une nouvelle attaque le laissa avec des jambes et des os « changés en gélatine ». Il essayait de garder sa bonne humeur mais la réclusion à laquelle il était condamné était pour lui un supplice. Ses amis — nombreux et qui l'aimaient beaucoup — lui offrirent une voiture ; il en pleura de joie et le jour même partit au grand trot dans les rues : le cheval lui parut trop vieux et il l'échangea contre un autre, plus fringant. Pendant des années il put ainsi se promener dans la campagne. Il réussissait à travailler deux ou trois heures par jour, lisait des journaux et des revues, recevait des amis et dînait chez l'un d'eux tous les dimanches soir. Il parlait peu, mais il savait écouter et on recherchait sa compagnie. De temps en temps, pour gagner un peu d'argent, il faisait une lecture en public. Il se soignait par des bains et des frictions. Il faisait bon visage, mais dans ses poèmes il avoue sa détresse :

« Pendant qu'ici je suis assis à écrire, malade et vieilli,
Ce n'est pas mon souci le moins lourd que l'appesantisse-
    ment des années, les geignements,
Les tristesses moroses, les douleurs, la léthargie, la
    constipation, l'ennui pleurnicheur
Puissent s'infiltrer dans mes chants quotidiens. »

Et encore :

« Un vieux navire démâté, blanchi et délabré, invalide,
    fini, après de libres traversées vers tous les coins de la
    terre, enfin tiré à la côte et amarré solidement, reste là à
    rouiller, à moisir. »

Il fêta avec un grand nombre d'amis son 69ᵉ
anniversaire. Il écrivit alors :

« *Pour moi-même* — le cœur allègre qui bat encore dans ma
    poitrine
Le corps en ruine, vieux, pauvre et paralysé, l'étrange
    inertie qui tombe en drap mortuaire autour de moi
les feux dévorants dans mon sang ralenti, pas encore
    éteint.
Ma foi intacte, les groupes d'amis affectionnés. »

La poésie, l'amitié, la nature étaient encore des
raisons de vivre suffisantes pour que, malgré un déclin
dont il était conscient, son cœur demeurât allègre.
Mais deux jours plus tard, il eut une attaque suivie le
lendemain de deux autres. Il tremblait de tout son
corps, divaguait et en balbutiant interpellait des amis
absents. Pendant une semaine, il refusa de voir le
médecin. Finalement celui-ci vint et l'aida à guérir.
« Le vieux navire n'est plus de taille à faire bien des

voyages, écrivit-il alors. Mais le pavillon est encore au
mât et je suis encore au gouvernail. » Sa convalescence
fut lente ; il se sentait très fatigué, il tombait dans des
léthargies. Cependant il se félicitait d'avoir la tête claire
et l'usage de son bras droit : « Maintenant que j'en suis
réduit à ces deux choses, quels grands biens elles
sont ! » Il eut du diabète, des troubles de la prostate et
de la vessie qui le firent horriblement souffrir. Il dut
vendre sa voiture et son cheval. Dans sa petite
chambre, encombrée de paperasses mais aux fenêtres
toujours ouvertes, il se traînait avec peine de son lit à
son fauteuil. Ses amis lui achetèrent un fauteuil roulant
et le jeune Traubel l'emmenait au bord du fleuve, le
Delaware, qu'il aimait contempler bien que sa vue fût
très affaiblie. Avec l'aide de Traubel il corrigea les
épreuves de ses derniers vers, *Rameaux de novembre,* et
fit paraître son œuvre complète. Parfois son vieil
optimisme se réveillait ; il écrivait :

> « Mais lorsque la vie décline et que toutes les passions
>   turbulentes s'apaisent...
> Alors voilà les jours riches, les plus calmes, les plus
>   heureux de tous. »

Il parle aussi des « cimes rayonnantes de la vieillesse ». Sans doute voulait-il se convaincre lui-même ;
cela ne l'empêche pas au seuil de ses 70 ans de se
décrire sans gaieté : « Morne, rabâcheur et sénile,
ressassant d'une voix fêlée, avec mes cris d'orfraie. »
On fêta en grande pompe ses 70 ans ; dans l'intimité ses
71 ans. Il traîna encore deux ans.

Swift, Whitman ont souffert de graves troubles
organiques ; mais même si le vieillard conserve une

excellente santé le poids du corps se fait sentir. Goethe émerveillait ses contemporains par sa verdeur. Jamais sa silhouette n'avait été plus élégante qu'à 60 ans. A 64 ans, il pouvait passer six heures à cheval sans desseller. A 80 ans, il n'avait aucune infirmité ; ses facultés, sa mémoire entre autres, étaient intactes. Tout de même un de ses intimes, Soret, raconte dans son journal, en 1831 — Goethe avait 82 ans — : « J'ai passé aujourd'hui un quart d'heure pénible chez Goethe. Il paraissait mal disposé ; il m'a donné quelque chose à voir et a passé dans sa chambre à coucher. Après quelques instants, il est revenu dans un état d'agitation très prononcé qu'il cherchait à cacher, tout rouge et parlant à voix basse en poussant des soupirs. Je l'ai entendu s'écrier deux fois : *O das Alter ! O das Alter !* comme s'il faisait à son âge le reproche de quelque infirmité. » Un jour, faisant un discours, il eut un trou de mémoire ; pendant plus de vingt minutes il regarda en silence ses auditeurs pétrifiés de respect, puis se remit à parler comme si rien ne s'était passé. Il ressort de là que son apparent équilibre était conquis sur quantité de menues défaillances. A la fin, il se fatiguait assez vite et ne travaillait plus que le matin ; il avait renoncé à voyager. Dans la journée, il s'assoupissait souvent.

La vigueur de Tolstoï était légendaire : il la devait au soin qu'il prenait de l'entretenir. A 67 ans, il apprit à monter à bicyclette et dans les années qui suivirent il fit de longues randonnées à vélo, à cheval, à pied ; il jouait au tennis, il prenait dans la rivière des bains glacés ; l'été il fauchait, parfois pendant trois heures d'affilée. Il travaillait à *Résurrection,* écrivait son Journal et de nombreuses lettres, recevait des visiteurs, lisait, se tenait au courant du monde. Lorsque le tsar envoya ses cosaques contre la vieille secte religieuse des *doukho-bors*, en 1895, il fit paraître à Londres un article violent sur la répression ; il signa et fit répandre un manifeste dénonçant la persécution. Il mena une campagne de presse à l'étranger, fit des appels à la charité publique et accepta de toucher des droits d'auteur pour les donner au « comité de secours ». Il fêta gaiement ses 70 ans. Excommunié par le saint-synode, il y eut d'immenses manifestations en sa faveur. Cependant, vers 1901, sa santé fléchit : il souffrait de rhumatismes, de brûlures d'estomac, de maux de tête. Il maigrit beaucoup. Une crise de paludisme l'obligea à s'aliter. Il acceptait l'idée de mourir. Il se releva et partit se reposer en Crimée. Il fit des promenades en voiture et commença un essai : *Qu'est-ce que la religion ?* Tchekhov fut frappé par son vieillissement : « Sa principale maladie, c'est sa vieillesse qui l'a pris tout entier », écrivit-il à un ami. En 1902, il eut une pneumonie ; on craignit pour sa vie ; cependant de son lit il dictait à sa fille Macha des pensées, des lettres. Guéri, il se préoccupa beaucoup de sa santé, ce qui agaçait Sonia : « Du matin au soir, heure après heure, il se préoccupe de son corps et le soigne », notait-elle. En mai, il eut une fièvre typhoïde : cette fois encore il survécut. Mais il était devenu, notait encore Sonia, « un petit vieillard maigre et pitoyable ». Il n'abandonnait pas le combat. Il se mit à faire des promenades, de plus en plus longues ; il recommença à faire de la gymnastique, à monter à cheval. Et il se remit à écrire. Il composa une anthologie, *Pensées des sages*, quelques nouvelles, deux pièces de théâtre, un essai où il réglait son compte à Shakespeare qu'il détestait. Il poursuivit un roman commencé en 1890, *Hadji Mourat*, où il critiquait sévèrement l'autocratie. En 1905, il écrivit des Lettres publiques d'une part à Nicolas II, de l'autre aux révolutionnaires : il refusait de s'engager. Il prépara un *Cycle de lectures enfantines,* écrivit *L'Enseignement du Christ expliqué aux enfants* et organisa des cours du soir pour les enfants des moujiks qui ne les fréquentèrent guère. Cependant, il était rongé de remords parce que contrairement à ses idées, bien qu'il eût abandonné ses biens à sa famille, il vivait en propriétaire terrien. Les conflits avec Sonia se multipliaient et l'ébranlaient. Il eut pendant l'hiver 1907-1908 plusieurs brèves syncopes accompagnées de pertes de mémoire. Indigné par la répression qui se déchaînait contre les terroristes, il écrivit au ministre Stolypine pour protester et pour le mettre en garde. Il lança un appel public : *Je ne peux plus me taire.* Les exécutions de moujiks révoltés le désespéraient : « Je ne peux plus vivre ainsi ! » disait-il en pleurant. Il eut une phlébite et de nouveau on crut qu'il allait mourir : il guérit et nota dans un carnet sept nouveaux sujets de romans. Son 80e anniversaire fut une extraordinaire apothéose. L'émotion lui mit les larmes aux yeux. Il se retira exténué et en se couchant dit à sa fille Macha : « J'ai l'âme lourde ! » mais il s'endormit apaisé. Les mois suivants, des scènes avec Sonia l'épuisèrent. En septembre 1909, il se rendit à Moscou. Quand il repartit, une foule s'était massée sur le passage de sa voiture et l'acclamait. Quand il en descendit à la gare de Koursk, il fut pris dans la masse, à demi écrasé, la police était débordée ; effrayé, titubant, la mâchoire inférieure tremblante, il réussit à se hisser dans le wagon, se laissa tomber sur la banquette et ferma les yeux, heureux et épuisé. Quelques heures plus tard il eut une syncope, délira et bredouilla ; on crut qu'il allait mourir. Mais indomptable, le lendemain il remontait à cheval ; il se remit à ses articles et à sa correspondance. Il écrivit un récit, *La Khodynka*, et le préambule des *Voies de la vie*. Il correspondait avec Bernard Shaw, avec Gandhi. Les contradictions de sa vie, ses disputes avec Sonia devinrent si intolérables qu'il s'enfuit. Depuis bien longtemps il avait rêvé d'abandonner sa famille et ses biens pour mener la vie ascétique et dépouillée que sa morale exigeait. Se décider au départ à l'âge qu'il avait supposait une passion et une force d'âme dignes d'un homme encore très jeune. Mais son corps était celui d'un vieillard ; il ne résista pas aux fatigues du voyage et mourut dans la maison d'un chef de gare. Lui aussi il n'avait préservé sa santé et poursuivi jusqu'au bout ses activités que grâce à un combat incessant contre les maladies et les défaillances de l'âge.

A partir de 60 ans, Renoir a vécu à demi paralysé. Il ne pouvait plus marcher. Sa main était raide. Cependant il continua à peindre jusqu'à sa mort, à 78 ans. On pressait pour lui les tubes de couleur sur la palette. On attachait à l'articulation de la main un pinceau que maintenait un doigtier et qu'il dirigeait avec son bras. « On n'a pas besoin de la main pour peindre », disait-il. Il se promenait dans la campagne dans un fauteuil roulant ou, si les pentes étaient trop rudes, il se faisait transporter à bras d'hommes dans ses endroits préférés. Il travaillait énormément ; il avait gardé tout son pouvoir créateur ; il avait l'impression de faire d'incessants progrès et en tirait de grandes joies. Son seul regret, c'était que le temps qui l'enrichissait en tant qu'artiste d'un même mouvement le rapprochât de la tombe.

Dans sa 70ᵉ année, Giovanni Papini était encore en bonne santé. Il écrivait à un ami le 9 janvier 1950 : « Je ne m'aperçois pas encore de la déchéance sénile. J'ai toujours un grand désir d'apprendre et un grand désir de travailler. » Depuis longtemps il travaillait aux deux livres qu'il considérait comme les plus importants de son œuvre : *Le Jugement universel,* dont en 1945 il avait déjà écrit 6 000 pages, et *Le Rapport aux hommes.* Il écrivit un livre sur Michel-Ange et commença *Le Diable.* Mais il fut alors atteint d'une sclérose latérale amyotrophique, maladie qui aboutit fatalement (mais sans doute ne le savait-il pas) à la paralysie bulbaire. Chrétien fervent, il attribuait une valeur spirituelle à la souffrance et s'inclinait devant la volonté divine. Cependant ses deux grands ouvrages inachevés le préoccupaient : « J'aurais besoin de lire et de relire, et aussi de deux yeux neufs, de journées sans sommeil, d'un demi-siècle devant moi. Au lieu de cela, je suis presque aveugle et presque moribond. » Il pouvait à peine marcher et se fatiguait beaucoup. Sa maladie s'aggrava. « Toujours plus aveugle, toujours plus immobilisé, toujours plus silencieux... Je meurs un peu chaque jour, à petites doses, selon la formule homéopathique. » Il avait perdu l'usage de sa jambe gauche, il perdit celui de ses doigts. « L'idée que je ne pourrai pas terminer les œuvres commencées m'attriste », disait-il. Et en effet, il ne termina pas ses deux grands livres. C'était une œuvre trop vaste pour qu'il pût en achever la composition oralement. Il dicta seulement la fin du *Diable* et aussi des textes qu'il intitula *Éclats* et qui paraissaient dans le *Corriere della Sera.* L'un d'eux s'appelle *Le Bonheur des malheureux ;* il y décrit son état et énumère les raisons qui le lui rendent supportable. « J'ai toujours préféré le martyre à l'imbécillité », déclare-t-il. Sa conversation restait aussi vive. Mais peu à peu sa voix devint inintelligible. Il inventa un code : il frappait du poing contre la table, un certain nombre de coups correspondant à une lettre. Avec une incroyable patience, il dictait lettre par lettre. Il se fit faire la lecture à haute voix jusqu'à ce que son intelligence sombrât.

L'entêtement de Renoir, de Papini, avait sa source dans la passion qui les dévorait. D'autres, moins engagés dans leurs entreprises, se défendent cependant avec énergie contre le déclin par un sentiment de dignité. Ils vivent leur dernier âge comme un défi. C'est le thème du récit d'Hemingway, *Le Vieil Homme et la mer.* Un vieux pêcheur part seul pêcher un énorme poisson dont la capture l'épuise ; il réussit à le ramener à terre mais non à le défendre contre les requins, et c'est un squelette sans chair qu'il abandonne sur le rivage. Peu importe. L'aventure avait sa fin en soi : il s'agissait pour le vieil homme de refuser la vie végétative qui est celle de la plupart de ses pareils et d'affirmer jusqu'au bout les valeurs viriles de courage, d'endurance. « Un homme, ça peut être détruit mais pas vaincu », dit le vieux pêcheur. Hemingway a essayé par cet apologue, d'ailleurs peu convaincant, de conjurer les obsessions qui le hantaient ; il lui devenait difficile d'écrire, il ne pouvait plus maintenir l'image que pendant toute sa vie il avait tenu à donner de lui-même : exubérance vitale, virilité ; il pensait au suicide et finit par se tuer d'un coup de fusil.

Sous des figures moins épiques, l'entêtement du vieux pêcheur se rencontre chez beaucoup de vieillards. De vieux sportifs continuent, certains jusqu'à

92 ans, à faire de l'athlétisme, du tennis, du football,
du cyclisme. En général, ils n'ont derrière eux que de
médiocres palmarès, mais, sans vouloir accomplir de
grandes performances, ils gardent le souci de contrôler
leurs temps. Beaucoup fréquentent plus régulièrement
le stade une fois qu'ils sont à la retraite qu'auparavant.
A partir de 60 ans, la pratique du sport fait courir des
risques aux deux tiers d'entre eux [1]. Cependant ils
n'éprouvent pas de gêne fonctionnelle. Le sport ne
ralentit pas la sénescence des organes. Mais il contri-
bue à leur bon fonctionnement. Moralement, l'obstination des vieux sportifs a quelque chose de tonique et
l'entourage qui trop souvent tente de la décourager
devrait la respecter. Trop réduire ses activités amène
une diminution de toute la personne. C'est ce qu'ont
bien compris les vieilles femmes de Bali qui continuent
à porter sur leurs têtes de lourds fardeaux. L'homme
âgé sait qu'en luttant contre son déclin, il le ralentit. Il
sait aussi que dans ses défaillances physiques l'œil
impitoyable de son entourage trouve la preuve de cette
déchéance généralisée qu'exprime le mot vieillesse. Il
entend démontrer aux autres et à lui-même qu'il
demeure un homme.

Le moral et le physique sont étroitement liés. Pour
accomplir le travail qui réadapte au monde un orga-

---

1. Le docteur Longueville, médecin du Groupe d'études du 3ᵉ âge
sportif, cite un nageur de 63 ans qui plonge 60 fois d'un tremplin de
3 mètres malgré une fibrillation auriculaire et une hypertrophie
vasculaire gauche ; un parachutiste de 60 ans qui a une sclérose
coronarienne ; un cycliste de 85 ans qui fait 30 kilomètres par jour
bien que présentant des séquelles d'un infarctus du myocarde. Etc.

nisme péjorativement modifié, il faut avoir gardé le goût de vivre. Réciproquement : une bonne santé favorise la survivance d'intérêts intellectuels et affectifs. La plupart du temps, le corps et l'esprit vont ensemble « vers leur croist ou leur discroit ». Mais pas toujours. La belle santé de La Fontaine n'empêchait pas sa déchéance mentale ; une grande intelligence subsiste parfois dans un corps détérioré. Ou les deux déclinent à des cadences différentes, l'esprit tentant de résister, mais débordé par l'involution organique, comme ce fut le cas chez Swift. Alors le vieillard éprouve tragiquement une sorte d'inadéquation avec lui-même. Alain disait qu'on ne veut que ce qui est possible : mais c'était d'un rationalisme trop simple. Le drame du vieillard, c'est bien souvent qu'il ne peut plus ce qu'il veut. Il conçoit, il projette et, au moment d'exécuter, son organisme se dérobe ; la fatigue casse ses élans ; il cherche ses souvenirs à travers des brumes ; sa pensée se détourne de l'objet qu'elle s'était fixé. La vieillesse est alors ressentie — même sans accident pathologique — comme une sorte de maladie mentale où l'on connaît l'angoisse de s'échapper à soi-même.

Les moralistes qui pour des raisons politiques ou idéologiques ont fait l'apologie de la vieillesse prétendent qu'elle libère l'individu de son corps. Par une sorte de jeu de balance, ce que perd le corps, l'esprit le gagnerait : « Les yeux de l'esprit ne commencent à être perçants que quand ceux du corps commencent à baisser », a dit Platon. J'ai déjà cité Sénèque : « L'âme est en sa verdeur et s'éjouit de n'avoir plus avec le corps grand commerce. » Joubert écrit : « Ceux qui ont une longue vieillesse sont comme purifiés du corps [1]. » Quand Tolstoï commence à perdre sa vigueur, il se console avec des contrevérités : « Le progrès moral de l'humanité est dû aux vieillards. Les vieillards deviennent meilleurs et plus sages. » La pauvre Juliette Drouet voulant convaincre Hugo de la force de son amour lui écrit à 71 ans : « Tout ce que la vieillesse prend de force à mon corps, mon âme le conquiert en immortelle jeunesse et en amour radieux. » Mais à partir de 1878, minée par un cancer, elle n'éprouve plus la vieillesse que comme une déchéance : « J'ai beau m'arc-bouter contre mon amour, je sens bien que tout se dérobe et croule en moi ; la vie, la mémoire, la force, le courage, le diable au corps. »

Jouhandeau vante l'enrichissement intérieur qui accompagne selon lui le déclin du corps. « A mesure que le corps descend vers son déclin, vers son apogée, l'âme s'élève. » Comment ? vers quoi ? Il ne le dit pas. Il prêche la résignation au nom d'on ne sait quelle esthétique : « La portée du regard peu à peu diminue. En nous, la mort s'installe par paliers et nous demeurons en ce monde comme déjà séparés de lui. N'ayons pas l'inélégance de nous en fâcher. »

Ces fadaises spiritualistes sont indécentes si on considère la condition réelle de l'immense majorité des

---

1. Spiritualiste, moraliste, traditionaliste, il croyait en Dieu et Mme de Chastenay a dit qu' « en lui tout était âme ». Ce qui ne l'empêcha pas de faire un mariage d'argent, de devenir grand maître de l'Université, de mourir nanti et décoré. Il a dit aussi : « Le soir de la vie apporte avec soi sa lampe. »

vieillards : la faim, le froid, la maladie ne s'accompagnent certainement d'aucun bénéfice moral. En tout cas, elles apparaissent comme des allégations dénuées du moindre fondement. Même chez les néotaoïstes qui faisaient de la vieillesse une condition nécessaire de la sainteté, elle n'était pas suffisante. Il fallait l'ascèse et l'extase pour parvenir à se détacher de la chair et à se rendre immortel. L'expérience contredit radicalement l'idée que l'âge amène une libération charnelle. A l'aurore de la vieillesse, le corps peut garder son ancienne vigueur ou trouver un nouvel équilibre. Mais au cours des années, il s'abîme, il pèse, il gêne les activités de l'esprit. En 1671, âgé seulement de 61 ans, Saint-Évremond écrivait : « Aujourd'hui, mon esprit se ramène à mon corps et s'y unit davantage. A la vérité, ce n'est pas pour le plaisir d'une douce liaison ; c'est pour la nécessité du secours et de l'appui mutuel qu'ils cherchent à se donner l'un à l'autre. » Gide, le 19 mars 1943, se plaint de « toutes les menues infirmités du grand âge et qui font d'un vieillard une créature si misérable. Presque jamais mon esprit ne parvient à me distraire de ma chair, à l'oublier, ce qui nuit au travail plus qu'on ne saurait dire ». En fait, le corps, d'instrument, devient obstacle ; les « belles vieillesses » ne vont pas de soi, jamais ; elles représentent d'incessantes victoires et des défaites surmontées.

*

La purification dont parlent les moralistes réside essentiellement pour eux dans l'extinction des désirs sexuels : ils félicitent l'homme âgé d'échapper à cet esclavage et d'acquérir par là la sérénité. Dans une élégie célèbre, *John Anderson my Jo,* le poète écossais Robert Burnes a décrit le vieux couple idéal, chez qui les passions charnelles sont éteintes. Les deux époux « ont gravi côte à côte la colline de la vie et goûté autrefois des heures de délices » ; maintenant il leur faut « le pas incertain, mais les mains unies, suivre ensemble le chemin qui mène au terme du voyage ». Ce poncif est profondément gravé au cœur des jeunes gens et des gens d'âge moyen, parce qu'ils l'ont rencontré à foison dans les livres de leur enfance et que leur respect pour leurs grands-parents les persuadait de sa vérité. L'idée de relations sexuelles ou de scènes violentes entre gens âgés scandalise. Cependant il existe aussi une tradition bien différente. L'expression « vieillard lubrique » est un cliché populaire. A travers la littérature et surtout la peinture, l'histoire de Suzanne et des deux vieillards a pris la valeur d'un mythe. Le théâtre comique a indéfiniment ressassé le thème du barbon amoureux. Nous allons voir que cette tradition satirique est plus proche de la vérité que les discours édifiants des idéalistes intéressés à décrire la vieillesse telle qu'elle devrait être.

Dans les deux sexes, la pulsion sexuelle se situe à la limite du psychosomatique ; on ne connaît pas exactement la manière dont elle est conditionnée par l'organisme. Ce qu'on constate — nous l'avons dit —, c'est que l'involution des glandes sexuelles, consécutive à la sénescence, entraîne la réduction ou même la disparition des fonctions génitales. Les réactions aux stimuli érotiques sont plus rares, plus lentes ou inexistantes ; le sujet atteint plus difficilement l'orgasme ou échoue à l'atteindre ; l'homme voit diminuer ou disparaître ses possibilités d'érection.

Mais Freud a établi que la sexualité ne se réduit pas au génital : la libido n'est pas un instinct, c'est-à-dire un comportement préfabriqué, ayant un objet et un but fixe. C'est l'énergie qui sert aux transformations de la pulsion sexuelle quant à son objet, son but, quant à la source de l'excitation. Elle peut augmenter, diminuer, se déplacer. Dans l'enfance, la sexualité est polymorphe, elle n'est pas centrée sur les organes génitaux. « Ce n'est qu'au terme d'une évolution complexe et aléatoire que la pulsion sexuelle s'organise sous le primat de la génitalité et retrouve alors la fixité et la finalité apparentes de l'instinct[1]. » On peut immédiatement en conclure qu'un individu dont les fonctions génitales ont diminé ou disparu n'est pas pour autant asexué : c'est un individu sexué — même l'eunuque et l'impuissant le demeurent — qui a à réaliser sa sexualité en dépit d'une certaine mutilation. Il y a un mode de sexualité sur le type de l'inassouvissement aussi bien que sur celui de l'assouvissement, dit Sartre[2] : elle ne disparaît qu'avec la mort. C'est qu'elle est tout autre chose aussi qu'un ensemble de réflexes engendrant une mosaïque de sensations et d'images. C'est une intentionnalité vécue par le corps, visant d'autres corps et qui épouse le mouvement général de l'existence. Elle s'investit dans le monde auquel elle confère une dimension érotique. S'interroger sur la sexualité des vieillards, c'est se demander ce que devient le rapport de l'homme à soi-même, à autrui, au monde quand a disparu dans l'organisation sexuelle le primat de la génitalité. Il serait évidemment absurde de

1. *Vocabulaire de la psychanalyse*, J. Laplanche et J.-B. Pontalis.
2. *L'Être et le Néant*.

supposer qu'il y a simple régression vers la sexualité infantile. Jamais, sur aucun plan, le vieillard ne « retombe en enfance », puisque l'enfance se définit par un mouvement d'ascension. D'autre part, la sexualité infantile est à la recherche d'elle-même. Celle de l'homme âgé garde le souvenir de ce qu'elle fut dans sa maturité. Enfin, les facteurs sociaux sont radicalement différents dans le premier âge et dans le dernier.

Les activités sexuelles ont une pluralité de fins. Elles visent à résoudre la tension créée par la pulsion sexuelle et qui a — surtout dans la jeunesse — la violence d'un besoin. Plus tard, sauf au cas où il souffre sur ce plan d'une sévère frustration, l'individu cherche plutôt qu'une délivrance un plaisir positif ; il l'atteint par l'orgasme ; celui-ci est précédé et accompagné d'un cortège de sensations, images, mythes qui procurent au sujet des « plaisirs préliminaires », résultant de la décharge de « pulsions partielles » enracinées dans l'enfance ; et ils peuvent avoir pour le sujet autant ou plus de valeur que l'orgasme même. Cette recherche du plaisir ne se réduit que rarement au simple exercice d'une fonction : c'est d'ordinaire une aventure où chaque partenaire réalise son existence et celle de l'autre d'une manière singulière ; dans le désir, le trouble, la conscience se fait corps pour atteindre l'autre comme corps de manière à le fasciner et à le posséder ; il y a une double incarnation réciproque et transformation du monde qui devient monde du désir. La tentative de possession échoue fatalement puisque l'autre demeure sujet ; mais avant de se conclure, le drame de la réciprocité est vécu dans l'étreinte sous une de ses formes les plus extrêmes et les plus révélatrices. S'il prend la figure d'une lutte, il engen-

dre de l'hostilité ; le plus souvent, il implique une
complicité qui incline à la tendresse. Dans un couple
qui s'aime d'un amour où s'abolit la distance du moi à
l'autre, l'échec même est surmonté.

Puisque dans l'étreinte amoureuse le sujet se fait
exister comme corps fascinant, il a une certaine
relation narcissique avec soi-même. Ses qualités viriles
ou féminines sont affirmées, reconnues : il se sent
valorisé. Il arrive que le souci de cette valorisation
commande toute la vie amoureuse ; elle devient une
perpétuelle entreprise de séduction, une constante
affirmation de vigueur virile, de charme féminin :
l'exaltation du personnage qu'on a choisi de jouer.

On le voit : les gratifications qu'un individu tire de
ses activités sexuelles sont d'une grande diversité et
d'une grande richesse. Qu'il recherche avant tout le
plaisir, ou la transfiguration du monde par le désir, ou
une certaine représentation de soi, ou qu'il vise toutes
ces fins ensemble, on comprend que l'homme ou la
femme répugnent à y renoncer. On ne peut pas
regretter les plaisirs dont on n'a plus envie, disent les
moralistes qui vouent la vieillesse à la chasteté. C'est
une vue bien courte. Il est vrai que normalement le
désir ne se pose pas pour soi : il est désir d'une
jouissance ou d'un certain corps. Mais quand il a cessé
de surgir spontanément, on peut regretter réflexive-
ment sa disparition. Le vieillard souvent désire désirer,
parce qu'il garde la nostalgie d'expériences irremplaça-
bles, parce qu'il reste attaché à l'univers érotique qu'a
construit sa jeunesse ou sa maturité : c'est par le désir
qu'il en ranimera les couleurs pâlissantes. Et aussi c'est
par le désir qu'il éprouvera sa propre intégrité. Nous
souhaitons la jeunesse éternelle et elle implique la

survivance de la libido. Certains essaient de combattre par des remèdes l'involution génitale [1]. D'autres, tout en s'y résignant, s'attachent à s'affirmer d'une manière ou d'une autre comme individus sexués.

Cet entêtement ne se rencontre que chez les individus qui ont attaché une valeur positive à la sexualité. Ceux qui ne s'y livraient qu'avec répugnance, par suite de complexes enracinés dans leur enfance, s'empressent d'invoquer leur âge pour s'en dispenser. J'ai connu une vieillle femme qui dans sa jeunesse se faisait délivrer des certificats médicaux pour éviter la « corvée conjugale » ; vieillie, le nombre de ses années lui était un plus commode alibi. S'il est à demi impuissant, indifférent, ou si l'acte sexuel l'angoisse, l'homme sera soulagé de pouvoir se réfugier dans une chasteté qui désormais semble normale.

Les sujets qui ont eu une vie sexuelle heureuse peuvent avoir des raisons de ne pas vouloir la prolonger. L'une d'elles, c'est leur relation narcissique avec eux-mêmes. Le dégoût de son propre corps prend des figures diverses chez l'homme et chez la femme, mais l'âge peut y inciter l'un et l'autre et ils refuseront alors de le faire exister pour un autre [2]. Cependant il y a une influence réciproque de l'image de soi à l'activité

---

1. Ce sont surtout les hommes qui, pour garder leur capacités d'érection, recourent aux « électuaires », aux « dragées d'Hercule », aux traitements hormonaux. Aujourd'hui des femmes suivent des traitements pour retarder la ménopause. Mais quand celle-ci s'est produite, si elles gardent le souci de rester jeunes, elles n'ont pas celui de conserver une « vigueur » sexuelle.

2. On a vu que Saint-Évremond avance une opinion contraire ; on serait d'autant plus porté à aimer qu'on s'aimerait moins. Mais il parlait de l'amour platonique.

sexuelle : aimé, l'individu se sent aimable et se donne sans réticence à l'amour ; mais bien souvent il n'est aimé que s'il cherche à séduire, et une image de soi défavorable l'en détourne ; alors se crée un cercle vicieux qui l'empêche d'avoir des relations sexuelles.

Un autre barrage, c'est la pression de l'opinion. La personne âgée se plie à l'idéal conventionnel qui lui est proposé. Elle craint le scandale ou simplement le ridicule. Elle se fait esclave du qu'en-dira-t-on. Elle intériorise les consignes de décence, de chasteté imposées par la société. Ses désirs mêmes lui font honte, elles les nie : elle refuse d'être à ses propres yeux un vieillard lubrique, une vieille dévergondée. Elle se défend contre les pulsions sexuelles au point de les refouler dans l'inconscient [1].

Comme on peut a priori l'imaginer, étant donné la différence de leur destin biologique et de leur statut social, le cas des hommes est très différent de celui des femmes. Biologiquement, les hommes sont les plus désavantagés ; socialement, leur condition d'objet érotique défavorise les femmes.

Le comportement des uns et des autres est mal connu. Il a fait l'objet d'un certain nombre d'enquêtes qui ont servi de bases à des statistiques. La valeur des réponses obtenues par des enquêteurs est toujours contestable. Et dans ce domaine, la notion de moyenne

1. Le docteur Runciman a présenté en décembre 1968, devant le XXIIe Congrès de l'Association médicale des États-Unis, les résultats de l'enquête qu'il a menée auprès de 200 personnes de 40 à 89 ans. Il conclut que ce sont des « barrières psychologiques » qui arrêtent les activités sexuelles des gens âgés. Ils sont victimes — surtout les femmes — de tabous et d'inhibitions relevant d'une morale victorienne.

n'a pas beaucoup de sens. J'indique cependant en appendice celles que j'ai consultées et dont j'ai retenu quelques indications[1].

En ce qui concerne les hommes, les statistiques — comme il arrive souvent — ne font que confirmer ce que tout le monde sait : la fréquence des coïts s'abaisse avec l'âge. Ce fait est lié à l'involution des organes sexuels qui entraîne un affaiblissement de la libido. Mais le facteur physiologique n'est pas le seul qui joue. Il y a de considérables différences entre les comportements des individus, les uns étant impuissants à 60 ans et d'autres sexuellement très actifs à plus de 80. Il faut tenter de voir comment s'expliquent ces variations.

Le premier facteur dont l'importance saute aux yeux, c'est l'état civil du sujet. Les coïts sont beaucoup plus nombreux chez les hommes mariés[2] que chez les célibataires et les veufs. Chez les premiers, la promiscuité fait naître des sollicitations érotiques ; l'habitude, la complicité en favorisent l'assouvissement. Les « barrières psychiques » sont beaucoup plus faciles à surmonter. Le mur de la vie privée protège le vieil époux contre l'opinion, plus favorable d'ailleurs aux amours légitimes qu'aux illicites. Il se sent moins en danger qu'un autre dans son image. Il faut comprendre ce que veut dire ici ce mot. Tandis que la femme-objet s'identifie dès son enfance à l'image totale de son corps, le petit garçon trouve dans son pénis un *alter ego* : c'est dans son pénis que toute sa vie l'homme se

1. Voir Appendice 4, p. 439.
2. Il faut assimiler à un mariage les liaisons solidement établies.

reconnaît et qu'il se sent en danger. Le traumatisme narcissiste qu'il redoute, c'est la défaillance de son sexe : l'impossibilité de parvenir à l'érection, de s'y maintenir, de satisfaire sa partenaire. Cette crainte est moins angoissante dans la vie conjugale. Le sujet peut assez librement choisir le moment de faire l'amour. Une tentative avortée est facilement passée sous silence. La familiarité avec l'autre rend son jugement moins redoutable. Moins inquiet, l'homme marié est moins inhibé qu'un autre. C'est pourquoi beaucoup de couples très âgés conservent des activités sexuelles : des observations faites par des assistantes sociales et des sociologues confirment les enquêtes que j'ai citées.

Néanmoins, un assez grand nombre d'hommes mariés n'ont plus que des activités très ralenties ou nulles. Si leur involution sexuelle est prématurée, elle s'explique souvent par des causes étrangères à la sexualité : la fatigue physique ou mentale, les soucis, des infirmités ou, chez certains sujets, des excès de nourriture ou de boisson. Sexuellement, on sait que même jeune l'homme éprouve le besoin de changer de partenaire : la monotonie tue chez lui le désir. Agé, il se fatigue d'une compagne trop connue, d'autant plus qu'elle a vieilli et ne lui paraît plus désirable. S'ils en ont la possibilité, beaucoup d'hommes âgés retrouvent une vigueur virile en échangeant leur ancienne partenaire contre une nouvelle qu'ils choisissent en général jeune.

Le veuvage provoque souvent un traumatisme qui détourne le veuf, pendant un temps plus ou moins long, ou définitivement, de toute activité sexuelle. Veufs et célibataires âgés trouvent beaucoup plus difficilement que les hommes mariés un exutoire à leur

libido. La plupart ont perdu leur pouvoir de séduction : s'ils cherchent l'aventure, leurs tentatives tournent court. Et ils hésitent à s'y risquer. La morale
sociale juge honteuses ou ridicules les frasques séniles.
Rien ne les protège contre l'angoisse de l'échec.
Restent les amours vénales : beaucoup y ont répugné
toute leur vie ; elles leur apparaîtraient comme une
abdication, un consentement à la déchéance sénile.
Certains cependant y ont recours, soit qu'ils s'adres-
sent à des prostituées, soit qu'ils aient une liaison avec
des femmes qu'ils aident financièrement. Leur choix
— abstinence ou activités — dépend de l'équilibre qui
s'établit entre la violence de leurs pulsions et la force de
leurs résistances.

Une solution à laquelle beaucoup se rallient, c'est
l'onanisme. Un quart de sujets interrogés par *Sexology*
disent s'y adonner depuis longtemps ou depuis l'âge de
60 ans : ces derniers y ont donc été ramenés par le
vieillissement. Les statistiques indiquent par recoupe-
ment que, même parmi les hommes mariés, beaucoup
y ont recours. Le coït est une opération beaucoup plus
complexe et difficile que la masturbation puisqu'elle
est un rapport à l'autre. Sans doute aussi beaucoup
d'hommes âgés préfèrent-ils leurs fantasmes au corps
abîmé de leur compagne. Et puis il arrive que soit par
suite d'anciens complexes, soit parce que la conscience
de son âge la détourne de l'amour, l'épouse se refuse.
L'onanisme est alors l'exutoire le plus commode.

Il serait intéressant de savoir à quel âge la femme
paraît à l'homme âgé le plus désirable. Beaucoup la
souhaitent très jeune : il est possible — toute considération d'argent mise à part — qu'ils soient exaucés, car
certaines jeunes femmes sont gérontophiles. D'autres

ne s'intéressent qu'aux femmes qui ont déjà vécu : les jeunes leur semblent insignifiantes. D'autres, auprès d'une partenaire trop jeune, se sentiraient gênés, indécents ou ridicules ; ils prendraient conscience avec trop de déplaisir du nombre de leurs années. Leur option dépend à la fois de ce qu'ils attendent de l'amour et de l'idée qu'ils se font d'eux-mêmes.

La condition sociale du sujet influe sur ses activités sexuelles. Elles se prolongent plus longtemps chez les travailleurs manuels que chez les intellectuels, chez les hommes dont le niveau de vie est bas que chez ceux des classes aisées. Les ouvriers, les paysans ont des désirs plus directs, moins asservis aux mythes érotiques que les bourgeois ; les corps de leurs femmes s'abîment vite sans qu'ils cessent de leur faire l'amour ; vieilles, elles leur sembleront moins déchues que dans le cas des privilégiés. D'autre part, ils ont moins de représentation d'eux-mêmes que les cols blancs. Et ils sont moins gênés par la censure sociale. Au fur et à mesure qu'on descend dans l'échelle sociale, l'indifférence à l'opinion grandit. Les vieillards qui vivent en marge des conventions — clochards et clochardes, pensionnaires d'asiles — couchent ensemble sans vergogne, même devant témoins.

Enfin la vie sexuelle se prolonge d'autant plus qu'elle a été plus riche et plus heureuse. Si c'est par complaisance narcissiste que le sujet lui a accordé de la valeur, il l'interrompt dès qu'il cesse de se contempler avec satisfaction dans les yeux de ses partenaires. S'il a voulu affirmer sa virilité ou sa virtuosité, ou son pouvoir de séduction, ou triompher de rivaux, il sera parfois content de trouver dans l'âge une raison de dételer. Mais si ses activités sexuelles ont été spontanées et joyeuses, il tiendra à les poursuivre jusqu'à la limite de ses forces.

Cependant l'homme âgé ne trouve pas dans le coït un plaisir aussi violent que le jeune du fait que les deux étapes de l'éjaculation sont réduites à une seule : il n'a pas la poignante impression d'imminence qui marque le passage de la première à la seconde ; il n'a pas non plus l'impression triomphale d'un jaillissement, d'une explosion : c'est un des mythes qui donnent son prix à l'acte sexuel masculin. Le vieillard, même encore capable d'une activité normale, cherche souvent des satisfactions indirectes ; à plus forte raison s'il est impuissant. Il prend plaisir à des lectures érotiques, à des œuvres d'art libertines, à des gauloiseries verbales, à fréquenter des jeunes femmes, à des contacts furtifs ; il se livre au fétichisme, au sado-masochisme, à des perversions diverses et, surtout après 80 ans, au voyeurisme. Ces déviations se comprennent facilement. A vrai dire, Freud a établi qu'il n'existe pas de sexualité « normale » ; elle est toujours « perverse [1] » dans la mesure où elle ne se détache pas de ses origines qui lui faisaient chercher une satisfaction non dans une activité spécifique mais dans le « gain du plaisir » attaché à des fonctions dépendant d'autres pulsions. La sexualité infantile est perverse polymorphe. On juge « normal » l'acte sexuel quand les activités partielles ne sont que des préparatifs de l'acte génital. Mais il suffit que le sujet s'attache excessivement au plaisir préliminaire pour glisser à la perversion. Normalement, la vue et les caresses jouent un grand rôle dans le

1. Bien entendu le mot n'implique ici aucun jugement moral.

coït ; elles s'accompagnent de fantasmes ; des composantes sado-masochistes interviennent ; le fétichisme s'indique souvent, vêtements et parures évoquant la présence du corps. Lorsque le plaisir génital est affaibli ou inexistant, ce sont tous ces éléments qui prennent la première place. Et souvent l'homme âgé leur accorde un très grand prix parce qu'ils manifestent la présence de cet univers érotique qui lui demeure précieux. Il continue à vivre dans un certain climat, à exister son corps dans un monde peuplé de corps. Là encore c'est souvent la timidité, la honte ou des difficultés extérieures qui le retiennent de se livrer à ce qu'on appelle ses « vices ».

Le désinvestissement génital amène souvent, disent les psychanalystes, une régression de la sexualité sénile au stade oral et au stade anal. Il est vrai que certains vieillards sont boulimiques ; sans doute est-ce pour compenser leur frustration érotique qu'ils se donnent maniaquement au plaisir de manger : mais peut-on considérer celui-ci comme ressortissant à la sexualité ? Même question pour l' « analité » du vieillard ; beaucoup sont en effet très préoccupés par leurs fonctions excrémentielles. Mais n'est-il pas abusif d'appeler sexuel tout rapport de l'individu avec ses fonctions organiques ?

Même si nous refusons cette interprétation, la persistance d'une libido sénile est très fréquente ; elle se manifeste dans certains cas pathologiques. Dans les démences séniles où le cerveau détérioré n'est plus capable de contrôle, on voit se développer des délires érotiques. Atteints d'une tumeur au cerveau, des septuagénaires dont la conduite avait été jusque-là impeccable agressent en paroles ou en gestes les femmes de leur entourage. Certains faits divers sont révélateurs. Je n'en citerai qu'un qui date de mars 1969. Un P.-D.G. de 70 ans convoqua impérieusement à neuf heures du soir ses trois secrétaires. Elles crurent qu'il avait un travail urgent à leur confier et se rendirent chez lui. Elles le trouvèrent dans le jardin de sa villa, nu, tenant à la main un pistolet d'alarme. Il se précipita sur elles en criant : « Je suis le dieu Pan, Pan, Pan », et en tirant un coup de pistolet à chaque « Pan ». Elles s'enfuirent. Il raconta ensuite qu'il avait avalé une drogue qui l'avait mis en dispositions galantes mais dont l'effet s'était malheureusement vite dissipé. Le symbolisme des coups de pistolet est évident. Il est évident aussi que, s'il a pris une drogue, c'est qu'il était hanté par des fantasmes érotiques sans avoir la possibilité de les réaliser. Malheureusement, les journaux n'ont pas dit ce qui lui est arrivé par la suite.

Une question controversée, c'est de savoir si les perversions séniles entraînent fréquemment ou non des délits. Kinsey accepte l'idée assez répandue que les vieillards impuissants se rendent parfois coupables d'attentats contre des enfants. C'est aussi la thèse du docteur Destrem. L'érotisme des vieillards prend, dit-il, des formes voisines de l'impulsion pathologique. Ils se rendent coupables d'attentats aux mœurs : exhibitionnisme, caresses à des enfants. Ces allégations ont été énergiquement combattues. Selon le docteur Isadore Rubin [1], des enquêtes ont établi que, touchant les attentats aux mœurs, les époques critiques sont l'adolescence, les années situées entre 35 et 40 ans, les

---

1. *L'Amour après soixante ans.*

approches de la cinquantaine. Un spécialiste de puéri-
culture, Donald Mulcock, a dressé les statistiques d'un
certain nombre d'attentats dirigés contre des enfants :
les hommes qui s'attaquent aux garçons le font entre
39 et 50 ans ; l'âge de ceux qui s'attaquent aux filles se
situe entre 33 et 44 ans ; jamais elles n'ont été
importunées par des hommes de plus de 63 ans ; à cet
âge, un très petit nombre était attiré par les garçons.
Cependant le docteur Ey affirme [1] que la plupart des
attentats sexuels commis contre des enfants que l'on
observe dans la pratique médico-légale ont pour
auteurs des vieillards. Sur l'exhibitionnisme dont souvent on les accuse, les opinions ne concordent pas non
plus. Beaucoup de psychiatres admettent qu'il débute
chez les adolescents, atteint son paroxysme vers 25 ans
et ne se rencontre pratiquement jamais à l'état pur
après 40 ans. Le docteur Dénard-Toulet estime que
l'exhibitionnisme n'apparaît que dans la jeunesse ; il
pourrait survivre chez le vieillard ; mais étant un grand
névrosé, mal équipé pour vivre, l'exhibitionniste ne
fait pas de vieux os. Il y a des exhibitionnistes sadiques
qui mettent leur fierté à provoquer les femmes en
montrant leur membre en érection : il est peu vraisem-
blable que parmi eux on compte des vieillards. Mais
l'exhibitionniste type est un masochiste qui, sans
aucune manœuvre provocatrice, montre son sexe en
état de flaccidité. Parmi ceux-ci, il y a des vieillards,
affirme entre autres le docteur Ey.

En 1944, en Angleterre, examinant les registres des
prisons, East constate que, pour la période 1929-1938,

1. *Manuel de psychiatrie.*

seulement 8,04 % des crimes sexuels sanctionnés par
des détentions avaient été commis par des gens de plus
de 60 ans. Une table dressée aux États-Unis montre le
pourcentage, par âge, des délits commis en 1946 : sur
une population de 100 000 habitants, le nombre des
vieillards délinquants est infime ; pour les attentats
sexuels le chiffre est un peu plus élevé, mais très
minime si on le compare à celui des attentats perpétrés
par des adultes.

J'ai personnellement connu un cas qui manifeste la
persistance d'une vie sexuelle chez les vieillards et la
répugnance qu'en éprouvent leurs enfants. M. Durand
était un ancien professeur d'histoire, marié, plusieurs
fois père et grand-père. Ç'avait été un bel homme, fier
de son apparence, très aimé des femmes et en particulier de ses élèves. Par indifférence, son épouse avait
plus ou moins fermé les yeux sur ces liaisons. Une de
ses anciennes élèves, institutrice et célibataire, Mlle G.,
fut sa maîtresse quand il avait 65 ans. On chuchotait
dans la famille qu'on les avait vus entrer ensemble dans
des hôtels. Mlle G. fut nommée en Algérie. Quand elle
en revint, M. Durand avait 85 ans. Il venait de perdre
sa femme et il était désorienté parce que c'était elle qui
avait assumé la direction du ménage. Sa fille, une
quinquagénaire qui l'aimait beaucoup et qui venait le
voir tous les jours, lui avait trouvé une bonne dévouée,
qu'elle connaissait depuis longtemps et qui s'installa
dans son appartement. Il gardait toute sa tête : quand
il réunissait chez lui d'anciens élèves, ce qu'il faisait
assez souvent, il se montrait brillant. Physiquement, il
n'était pas infirme mais il avait les jambes faibles ; dans

la rue il avait peur de tomber, il fallait que quelqu'un le
tienne par le bras. Jadis il avait été généreux et s'était
peu soucié de l'argent. En vieillissant, il était devenu
avare et angoissé. Auteur de quelques manuels qui se
vendaient assez bien, il soupçonnait son éditeur de le
voler. Il touchait une pension, mais incapable de
comprendre ce qu'est une rentrée régulière il se
plaignait que certains mois fussent « mauvais », il se
réjouissait quand le mois était « bon », alors qu'il
encaissait toujours la même somme. Il souffrait de
constipation et attachait une grande importance à ses
fonctions intestinales. Il en parlait volontiers. Vers
85 ans, il avait l'habitude d'annoncer le soir :
« Aujourd'hui ç'a été une bonne journée. » Ou au
contraire avec un soupir : « Journée blanche aujour-
d'hui », selon qu'il avait été ou non à la selle.
Autrefois, il passait ses vacances avec sa femme dans sa
famille, chez ses frères ou des cousins ; il se montrait
extrêmement impérieux. A présent, il était accueilli
pendant l'été par un de ses fils et il sentait qu'il leur
était à charge. Cette dépendance l'humiliait. Contre
son fils aîné Henri et la femme de celui-ci il avait
développé une véritable haine.

Du jour où elle fut rentrée en France, Mlle G. passa
le plus clair de son temps auprès de lui, sauf aux heures
où sa fille venait le voir. On apprit par la bonne que
souvent elle le masturbait : lui ne la touchait pas. Le
soir, après l'avoir mis au lit, elle lui disait bonsoir en lui
donnant une petite tape sur les fesses.

Les choses continuèrent ainsi pendant quelques
années. A l'égard de ses fils, la rancune du vieil homme
grandissait. Pendant un été, alors qu'il se trouvait dans
la résidence de l'aîné, il prit un lavement et fit exprès

de souiller les murs. Une autre fois, feignant de se
tromper, il se soulagea dans un placard. A Paris il lui
arriva vers 90 ans d'avoir des crises d'agitation. Il tenta
deux ou trois fois de se jeter par la fenêtre. La famille
décida que ces troubles avaient pour cause ses excès
sexuels. La bonne n'avait-elle pas déclaré que Mlle G.
le masturbait « jusqu'au sang » ? On tint un conseil de
famille. Les rapports de la bonne laissaient supposer
que Mlle G. voulait emmener le vieillard chez elle. Le
fils aîné prit sur lui de le kidnapper. On l'installa chez
sa fille, dans la chambre d'un rez-de-chaussée qui
donnait sur un jardin. La bonne s'occupait de lui. Il ne
survécut qu'une année à cette transplantation et à la
séparation qu'on lui infligeait. Il avait perdu la
mémoire et il devint vraiment gâteux. Jamais il ne se
révolta directement contre la violence qu'on lui avait
faite. Parfois il feignait de s'émerveiller : « J'ai fait un
voyage cette nuit. C'est curieux... j'ai quitté mon
appartement et j'en retrouve un tout pareil... » Il disait
à sa fille : « Merci de m'avoir arrangé un appartement
qui ressemble au mien. » (En fait, il n'y ressemblait
pas du tout.) Il faisait de timides tentatives pour revoir
Mlle G. Un jour il donna mille francs au fils de la
bonne : « Il y avait une gentille dame l'an dernier. Tu
ne sais pas comment elle s'appelait ? » Et aussi,
sournoisement, il se vengeait de son entourage. De
plus en plus préoccupé de ses fonctions intestinales, il
demanda un jour — sûrement avec malice — à une
cousine quinquagénaire : « Et alors, petite, comment
fais-tu quand tu vas aux lieux ? Tu t'assieds ? — Oui,
dit la cousine, le visage en feu. — Oui, et puis alors ? tu
pousses... Et après ? tu t'essuies... Et puis tu prends ta
canne et tu touilles ? » Il gardait des intérêts sexuels. Il

racontait que sa fille recevait un amant. Un jour, feignant de ne pas la reconnaître, il lui fit des invites : « Dis donc, petite, on pourrait s'amuser tous les deux. » Il jouait de son gâtisme pour se venger de sa famille. Mais le fait est aussi qu'il avait la tête égarée. Il ne savait plus qui il était et il compensait cette ignorance par des fabulations : il racontait des voyages qu'il aurait faits la veille ou l'avant-veille. Au bout d'un an il se cassa le col du fémur et mourut dans les quarante-huit heures.

Mlle G. parvint à savoir où il était enterré. Elle se rendit au cimetière du village et passa vingt-quatre heures couchée de tout son long sur la tombe.

Nous possédons d'assez nombreux témoignages sur la vie sexuelle des hommes âgés. Elle dépend de leur vie passée et aussi de leur attitude à l'égard de leur vieillesse dans son ensemble et particulièrement à l'égard de leur image. Chateaubriand détestait, on l'a vu, son vieux visage au point d'interdire qu'on fît son portrait. Dans la première partie d'*Amour et vieillesse* — *chants de tristesse* — qu'il écrivit à 61 ans, sans doute pour l'Occitanienne —, il repousse les tendres avances d'une jeune femme : « Si tu me dis que tu m'aimes comme un père, tu me feras horreur ; si tu prétends m'aimer comme un amant, je ne te croirai pas. Dans chaque jeune homme je verrai un rival préféré. Tes respects me feront sentir mes années, tes caresses me livreront à la jalousie la plus insensée... La vieillesse enlaidit jusqu'au bonheur. Dans l'infortune, c'est pis encore... » « Vieilli sur la terre sans avoir rien perdu de ses rêves, de ses folies, de ses vagues tristesses,

cherchant toujours ce qu'il ne peut trouver et joignant
à ses anciens maux les désenchantements de l'expérience, la solitude des désirs, l'ennui du cœur, la
disgrâce des années. Dis, n'aurai-je pas fourni aux
démons dans ma personne l'idée d'un supplice qu'ils
n'avaient pas encore inventé dans la région des douleurs éternelles ? » Cruellement sensible à la « disgrâce
des années », une sorte de narcissisme inversé lui a
dicté ce refus.

Goethe au contraire, satisfait à 65 ans de sa situation
dans le monde, se regardait avec complaisance. Partant
en voyage pour Wiesbaden, le pays de sa jeunesse, il
aperçut en route un arc-en-ciel qui, voilé de brume,
restait blanc. Il écrivit :

> « Ainsi vieillard alerte
> Ne te laisse pas attrister ;
> Malgré tes cheveux blancs
> Tu pourras encore aimer. »

Bien qu'il fût de tempérament froid — avec une
importante composante homosexuelle — il avait toujours accordé une grande place à l'amour ; dans *Faust,*
le héros rajeunit en partie afin de pouvoir de nouveau
aimer ; inversement, Goethe attendait de l'amour une
rénovation analogue à celle du serpent qui dépouille
son ancienne peau ; « vieillard alerte », il avait besoin
d'une jeune passion pour réchauffer son sang. Il la
rencontra à Wiesbaden : son ami le banquier Willemer
lui présenta la jeune femme de 30 ans qu'il venait
d'épouser, Marianne. Belle, brillante, elle admirait
passionnément Goethe et lui fit signer de beaux
poèmes qu'elle écrivit auprès de lui. Il se prêta au jeu,

puis il y fut pris et, comme il l'avait souhaité, il pensa retrouver une nouvelle jeunesse. Il revint un an plus tard chez les Willemer ; mais la passion de Marianne l'effraya ; il la quitta pour ne plus la revoir. Ils correspondirent longtemps. Cette aventure lui inspira le « livre de Suleïka », morceau central du *Divan*.

Sa conduite fut beaucoup moins prudente quand, à Marienbad, à l'âge de 72 ans, il s'éprit de la ravissante Ulrique, qui en avait alors 17. La première année, en 1821, il se bornait à bavarder avec elle, à lui apporter des fleurs. Les années suivantes il passa presque tout son temps avec elle, s'ingéniant à prévenir tous ses désirs : « Es-tu contente, ma petite fille ? » demandait-il avec anxiété. Il tomba amoureux d'une pianiste polonaise, Mᵐᵉ Szymanowska, célèbre, élégante et très belle ; mais bientôt il revint à Ulrique. « Elle m'apparaît en cent attitudes diverses, et c'est chaque fois un nouveau plaisir », écrivit-il à la mère de la jeune fille. Peu à peu, sa passion grandit ; il souhaita l'épouser ; il consulta un médecin pour savoir si, étant donné son âge, il lui était déconseillé de se marier. Le grand-duc Charles-Auguste demanda pour lui la main d'Ulrique. Goethe n'obtint pas tout de suite de réponse. Il accompagna la famille à Carlsbad et fêta avec elle son anniversaire. Mais en les quittant, quelques jours plus tard, il sut que ces adieux étaient définitifs. Dans la voiture qui l'emportait, il écrivit un poème désespéré. Personne, dit-il, ni ses amis ni ses études ne pourront le consoler : « L'univers est perdu pour moi et je suis perdu à moi-même, moi qui jusqu'à présent était le favori des dieux. Ils m'ont éprouvé, m'ont envoyé Pandore, si riche en trésors, mais plus riche encore en dangers ; ils m'ont poussé vers ses lèvres généreuses.

Ils m'en séparent maintenant, me laissant anéanti. »
Son fils, sa bru lui firent des scènes : ils craignaient
pour leur héritage. Il eut la consolation de revoir la
Szymanowska, venue donner un concert à Weimar. Le
jour de son départ, au moment où la voiture s'éloigna il
se mit à crier : « Courez ; ramenez-la-moi ! » Elle
revint et il la serra dans ses bras en pleurant, sans dire
un mot : il faisait ses adieux à l'amour, à la jeunesse. Il
tomba malade, ou du moins s'alita, peut-être pour
échapper à l'agitation qui régnait dans la maison, car le
projet de mariage n'avait pas été définitivement abandonné. Son ami Zelter vint le voir et lui lut à haute
voix, trois fois de suite, l'élégie que lui avait inspirée le
refus d'Ulrique. Il consentit alors à se lever et guérit
rapidement. Il inséra le poème dans un ensemble qu'il
appela *Trilogie de la passion.* Mais à partir de ce
moment, les femmes n'existèrent plus pour lui ; il resta
jusqu'à sa mort buté dans sa rancune.

Les amours des vieillards ne sont pas toujours
vouées à l'échec, loin de là. Chez beaucoup d'entre eux
la vie sexuelle s'est prolongée très tard. Le duc de
Bouillon avait 66 ans quand naquit son fils, Turenne.
Le père du célèbre duc de Richelieu se maria pour la
troisième fois à 70 ans, en 1702. Le fils, âgé de 62 ans,
gouverneur de Guyenne, menait une vie de débauche.
Il séduisit dans sa vieillesse un grand nombre de jeunes
femmes. A 78 ans, perruqué, maquillé, très maigre, il
ressemblait, dit-on, à une tortue sortant la tête de sa
carapace : cela ne l'empêchait pas d'avoir des liaisons
avec des actrices de la Comédie-Française. Il avait une
maîtresse en titre, et le soir courait les putains ; il les
ramenait parfois chez lui et se plaisait à écouter leurs
confidences. Marié à 84 ans, il recourait aux aphrodi-

siaques ; il engrossa sa femme ; en outre, il la trompait. Il conserva des activités sexuelles jusqu'à sa mort, à 92 ans. Marivaux se maria à 77 ans et eut une fille. Lakanal se maria à 77 ans et eut un fils.

Un exemple bien connu de verdeur sexuelle c'est celui de Tolstoï. A la fin de sa vie, il prêchait pour l'homme et pour la femme la chasteté complète. Cependant, à 69, à 70 ans, au retour des grandes randonnées à cheval il couchait avec sa femme. Toute la journée, il se promenait ensuite dans la maison d'un air guilleret.

La sexualité a tenu une grande place dans les années de jeunesse d'Hugo et pendant sa maturité. Il était un peu voyeur. Dans ses vers, il se plaît à évoquer un faune guettant la nudité des nymphes, un collégien épiant à travers une cloison le coucher d'une grisette, une baigneuse déchaussée dont on aperçoit le pied nu, un fichu qui s'entrouvre, une robe qui se retrousse. A Guernesey, avec la complicité de sa femme, sous prétexte de suffocations nocturnes, il faisait coucher une bonne, en général jeune et agréable, dans une chambre voisine de la sienne ; parfois il faisait l'amour avec elle, mais il semble aussi — d'après ses carnets — qu'il la regardait se déshabiller sans qu'elle s'en doutât. Quand il publia à 63 ans *Les Chansons des rues et des bois*, Veuillot indigné le compara aux vieillards qui surprennent Suzanne au bain.

Ses carnets fournissent d'amples renseignements sur son érotisme sénile. Entre 63 et 68 ans, ses performances amoureuses ont été très peu nombreuses : en moyenne une demi-douzaine par an. Mais ce chiffre s'est accru par la suite. Il n'avait plus de relations sexuelles avec Juliette ; il s'adressait en cachette à d'autres femmes, et souvent à des prostituées. Quand il résidait à Guernesey, il se rendait souvent au lieu-dit Fermain Bay, près de Hauteville House, pour ses plaisirs secrets. L'endroit est noté dans les carnets de 1867 quatre fois du 14 au 17 juin ; et aussi dans ses carnets de 1868. Guillemin a publié ceux de 1870 et 1871. Victor Hugo, pour déjouer la jalousie de Juliette, use de clés. *Poële* veut dire : poils. *Suisses* et *saints :* les seins ; *n :* nue ; *toda :* tout entière ; *osc :* un baiser ; *genua :* genou ; *pros :* prostituée. L'examen des carnets indique qu'il n'accomplissait que rarement l'acte sexuel complet : il se contentait le plus souvent de regarder la femme, dénudée entièrement ou en partie, de la caresser, de l'embrasser. Voici le détail de ses activités pendant l'été 1870.

29 juillet. Fermain Bay. Nuit d'Young [1] Alice Cole [2] Poële et Charbon.

31 juillet. Patte, poële. Suisses.

2 août. Fermain Bay. Young. Suisse. Patte. Les saints.

3 août. Fermain Bay.

4 août. Départ forcé ce matin. L. Y. [3].

10 sept. Secours à Mairat (pour Marie) rue Frochot 3. N. 5 francs.

13 sept. Vu Enjolras [4]. *n.*

17 sept. Secours à Berthet (Berthe) pros. 9 b Pigalle *n* 2 francs.

19 sept. Vu Mme Godt. Poële.
      Sec. à C. Montauban. Hébé *n* 10 francs.

1. Young était une femme de chambre à qui font allusion les carnets de 1867 et 1868.

2. Citée le 23 et le 30 mars 1870.

3. Louise Young.

4. Louise Michel.

22 sept. Secours à Mairat (Marie) chemisier, 2 francs.
23 sept. Émile (Émilie) Taffari, rue du Cirque 21, au 6ᵉ nᵒ 1.
Osc.
27 sept. Revue après 20 ans A. Piteau. Toda.
Sec. à Zdé (Zoé) Tholozé, 0 fr. 50.
Sec. à Louis (Louise) Lallié *n* 2 francs.
28 sept. Élabre Tholozé *n*. Sec. 5 francs.
30 sept. Eugène, 9 *bis* rue Neuve-des-Matyrs. *n*. Sec.
3 francs.
11 oct. A.C. Montauban. Sec. 10 francs.
5 oct. Mᵐᵉ Olympe Audouard. Pointe des seins. Osc.

Et l'énumération continue. Presque chaque jour —
et parfois deux fois par jour — un nom, une adresse, et
une note : *n*, ou *osc*, ou *suisse*, ou *poêle*, ou *genua*. Les
« secours » varient, sans doute selon l'importance des
faveurs achetées.

L'été suivant il prit pour maîtresse Marie Mercier,
femme d'un communard fusillé, qu'il avait fait engager
par sa bru. Quand il s'installa en Luxembourg, elle s'y
rendit ; elle avait 18 ans et il se plaisait à la regarder se
baigner nue dans l'Our. Il la rejoignait souvent la nuit.
Ses carnets sont pleins de notes triomphantes. Le
10 septembre : « Misma. Pecho (la gorge). Toda. » Le
11 : « Misma ; se ha dicho toma y tomo[1]. » Le 12 : « A
hora todos los dias y a toda hora, misma Maria[2]. » Il la
vit tous les soirs jusqu'à son départ pour Paris, le 23.
Un an plus tard — il avait 70 ans — il dit à Burty qu'il
avait du mal à présent à prononcer des discours :
« Parler, ça me fatigue comme de faire l'amour trois

---

1. Elle a dit : prends, et je prends.
2. A présent, tous les jours et à toute heure, la même Marie.

fois. » Et après un moment de réflexion il rectifia :
« Quatre, même. » De nombreuses admiratrices s'offrirent à lui, cette année-là. Sarah Bernhardt, alors
jeune, belle, courtisée, se jeta à sa tête. Elle souhaitait
peut-être un enfant de lui puisqu'il a noté dans ses
carnets : « L'enfant ne sera pas fait. » Ce fut lui qui
rechercha les faveurs de Judith Gauthier, âgée de
22 ans et renommée pour sa beauté. Elle lui céda. Il
inscrivit sur son carnet : *toda*. Leur liaison fut brève
car il partit pour Guernesey et tomba amoureux de
Blanche, une jolie lingère de 22 ans que Juliette avait
eu l'imprudence d'engager. Il lutta un peu contre ses
désirs, puis se mit à écrire des vers pour elle. Elle se
donna à lui. Juliette eut des soupçons, confessa
Blanche, la chassa de Guernesey. Mais à Paris il la
revit : *toda*. Il l'installa quai de La Tournelle et
presque chaque jour il allait l'y rejoindre. Il aimait la
contempler dans sa nudité. Il écrit dans *Océan* :

> « Elle me dit : " Veux-tu que je reste en chemise ? "
> Et je lui dis : " Jamais la femme n'est mieux mise
> Que toute nue " [...]
> « Ce fut superbe. " Eh bien ! dit-elle, me voici. "
> Et devant Adonis, Vénus était ainsi. »

Ils faisaient de grandes promenades ensemble ;
Hugo tenait à elle aussi bien sentimentalement que
sexuellement et elle l'aimait passionnément. Parfois il
avait des remords. Dans *Océan* encore, il écrit :

> « Ô triste esprit humain par le corps possédé ! »

Soupçonneuse, Juliette le fit suivre par une agence de police privée et découvrit, le 19 septembre 1873, ce qu'elle appelle « ses honteuses aventures ». Elle s'enfuit loin de Paris, revint ; il jura de rompre et ne le fit pas. Cependant il avait de plus en plus de remords. Il ébaucha une comédie, *Philémon perverti* (vers 1877), où il s'accuse d'aller à ses plaisirs sans se soucier des larmes de la malheureuse Baucis :

> « Prendre une jeune au lieu de la vieille qu'on a !
> ....
> Je sens que je vais être une horrible canaille. »

Rentrant chez lui, il trouve Baucis morte de douleur. Et la jeune Églé se moque de lui quand entre deux quintes de toux il multiplie les déclarations amoureuses. Il conclut que Philémon a été abusé par le diable alors qu'en Baucis s'incarnait un ange. Il continuait cependant à fréquenter des prostituées ; quand à 76 ans, le 28 juin 1878, il eut une légère congestion cérébrale, le médecin lui enjoignit de ralentir ses activités sexuelles. « Mais, docteur, reconnaissez que la nature devrait avertir », lui répondit-il. Jusqu'à la fin il ne désarma pas. Son carnet de 1885 enregistre encore cinq performances amoureuses, la dernière le 5 avril, quelques semaines avant sa mort. Sa santé avait cependant un peu décliné depuis son attaque.

L'image qu'il s'était toujours faite de la vieillesse l'autorisait à assumer ses désirs sexuels jusqu'à l'âge le plus avancé : sans doute pensait-il à Booz quand une jeune femme s'offrait. Pour Judith Gauthier, il écrivit le sonnet : *Ave, dea, moriturus te salutat*, où il lui dit :

« Nous sommes tous les deux voisins du ciel, Madame,
Puisque vous êtes belle et puisque je suis vieux. »

Loin d'être une tare, la vieillesse est à ses yeux un
honneur ; elle rapproche de Dieu et s'accorde à tout ce
qui est sublime : l'innocence, la beauté. Hugo vieux ne
souffrait certainement d'aucun sentiment d'infériorité.
Il ne s'aveugle pas pourtant ; c'est avec ironie qu'il
compare le couple qu'il forme avec Blanche à celui de
Vénus et d'Adonis. Et le vieux Philémon est dérisoire
quand il fait le joli cœur entre deux quintes de toux.
N'empêche : il était fier de lui. « Je suis comme la forêt
qu'on a plusieurs fois abattue : les jeunes pousses sont
de plus en plus fortes et vivaces. » Et puis il était aimé
par de belles jeunes femmes : cela suffisait pour qu'il
s'accordât le droit de les aimer. On comprend moins
comment il conciliait son personnage de vieillard
auguste avec sa quête furtive de plaisirs vénaux.
Juliette les soupçonnait et en souffrait ; par moments,
il se les reprochait : il continua cependant à les
rechercher, même après l'avertissement du médecin.
Étant donné la place qu'il avait accordée depuis son
mariage à la sexualité, il se serait senti diminué s'il y
avait renoncé ; ses « honteuses aventures », c'était un
combat d'arrière-garde. Et surtout il estimait n'avoir
de comptes à rendre qu'à soi-même : de toute sa vie, il
n'avait jamais cédé à l'opinion ; s'il avait des envies, il
les assouvissait.

Beaucoup d'exemples confirment qu'un homme âgé
peut être sexuellement sollicité d'une manière impérieuse. Edmond de Goncourt notait dans son *Journal* :
28 sept. 88. En chemin de fer, tourmenté par un besoin
de coït, je pensais à tout ce qu'on a dit, écrit, imprimé

sur les *vieux cochons,* ces pauvres vieux cochons que
mord encore à pleines dents l'animalcule spermatique.
Est-ce notre faute si la nature à mis en nous d'une
manière si impérieuse, si persistante, si entêtée, le
désir du rapprochement avec l'autre sexe ? » Il avait
66 ans.

A 70 ans, le 8 juillet 1892, il écrit : « En ce moment
la nuque de la femme, et la nuque ronde et la nuque
frêle avec, sur la lumière de la chair, un indiscret tortil
de cheveux frisottants, produit un effet aphrodisiaque
sur moi. Je me surprends à suivre, pour le plaisir de la
voir, une nuque comme d'autres suivent une jambe. »

Le 5 avril 1893 : « Est-il bête à mon âge d'être
encore mordu par l'animal spermatique ! Voici 15 jours
que ma pensée, je voulais la garder tout entière sur ma
pièce, et voici 15 jours qu'elle me fabrique, sous le noir
des paupières, des images érotiques qui enfoncent un
peu celles de l'Arétin. »

Wells avait 60 ans quand, à la suite d'un échange de
lettres, il tomba amoureux de Dolorès ; il l'aima à la
passion et se découvrit des capacités sexuelles inconnues : « Il me fut révélé pour la première fois de ma vie
que j'étais un type étourdissant, un gaillard extraordinaire, un virtuose remarquable. Casanova certes ne
m'arrivait pas à la cheville », écrivit-il avec amuse-
ment. Les choses se gâtèrent, il y eut des scènes
pénibles, il en vint à ne plus supporter Dolorès et se
sépara d'elle à 66 ans. Ce fut pour rencontrer celle qu'il
appela Brylhil et pour qui il éprouva le plus violent
amour de sa vie : amour partagé et qui dura longtemps.

Chez nos contemporains, les exemples abondent
d'hommes âgés, liés ou mariés avec de jeunes femmes.

Charlie Chaplin n'était plus jeune quand il épousa Oona dont il a eu plusieurs enfants. Picasso avait dépassé 60 ans quand il eut deux enfants de Françoise Gilot. Quitté par elle, il tomba amoureux de Jacqueline Roque et l'épousa. (A ce moment-là, il fit de très beaux dessins représentant une femme nue, superbe, en face d'un vieillard rabougri ou même d'un singe.) Ses photographies le représentaient alors plein de jeunesse et de vitalité ; il avait certainement une image favorable de lui-même, confirmée par l'amour de Jacqueline ; c'est une sorte de narcissisme au second degré qui l'incite à se caricaturer : dans sa singularité, il est si sûr de lui qu'il peut s'amuser à se moquer des vieillards amoureux, dans leur généralité. Il échappe au ridicule et à l'odieux de leurs prétentions au moment où il les dénonce. Pablo Casals a gardé à 90 ans une santé florissante. Henry Miller raconte : « Il se lève chaque jour de bonne heure, il va se promener sur la plage, à Porto Rico. Il revient et joue du Bach sur son piano pendant une demi-heure avant de faire trois heures de violoncelle. Il voyage et fait des conférences. » Il y a dix ans, à 80 ans, il épousa une de ses élèves qui en avait 20 : leur couple est demeuré uni. Miller lui-même, un journaliste, le décrit comme « un jeune homme ridé, mais pétulant, crevant son entourage par sa vitalité, bronzé, heureux, décontracté ». A l'âge de 75 ans, il a épousé une Japonaise de 29 ans. Sexualité, santé, activité sont liées : on dirait que la vie de l'individu est programmée dès le départ ; à moins d'accidents venus de l'extérieur, son énergie vitale comme sa longévité sont inscrites dans son organisme.

Ces exemples confirment l'idée que la vie sexuelle se prolonge longtemps quand elle a été riche. Mais il arrive aussi qu'un homme, jusque-là assez indifférent aux femmes, découvre sur le tard les joies de la sexualité. Berenson — qui mourut à 94 ans — écrit : « Je n'ai commencé à prendre connaissance de la sexualité et de la vie animale chez la femme qu'à l'époque de ce qu'on pourrait appeler ma vieillesse. »

Rodin, qui vivait depuis sa jeunesse avec Rose Beuret, qui avait eu un grand amour pour son élève Camille Claudel, mais qui au temps de sa maturité accordait peu de temps aux femmes, leur fait assidûment la cour vers 70 ans. « Je ne savais pas que méprisées à vingt ans, elles me charmeraient à soixante-dix », a-t-il dit. Il devenait de plus en plus sensible à leur séduction et accueillait sans contrôle toutes ses admiratrices. Pendant plusieurs années, il fut subjugué par une Américaine, mariée à un duc, assez âgée, pas belle, prétentieuse et ridicule, au dire des amis de Rodin. Rilke, son ancien secrétaire, se lamentait : « Chaque jour fait de sa vieillesse une chose grotesque et risible. » Il a fini au bout de six ans par rompre avec l'Américaine et revenir à Rose.

Trotsky, qui depuis l'âge de 55 ans se considérait comme vieux, a eu à 58 ans une curieuse crise d'érotisme. Deutscher raconte que, dans les lettres qu'il écrit alors à sa femme, « sa vitalité fait irruption, ainsi que son désir sexuel pour Natalya. Il lui raconte qu'il vient juste de relire le passage des *Mémoires* de Tolstoï dans lequel celui-ci raconte comment, à l'âge de 70 ans, il revenait de ses chevauchées rempli de désir et de concupiscence pour sa femme. Et comment lui, Trotsky, âgé de 58 ans, rentrait de ses épuisantes escapades à cheval dans des dispositions analogues. Son désir pour elle lui fait employer l'argot du sexe, et il se sent interloqué de coucher sur le papier de tels mots pour la première fois de sa vie et de se conduire exactement comme un jeune cadet de l'armée. »

Un témoignage des plus saisissants sur la sexualité sénile, c'est celui de Tanizaki, dans ses deux romans largement autobiographiques, *La Confession impudique* et *Journal d'un vieux fou*. L'érotisme japonais mélange d'une manière singulière la pudeur et l'impudeur : on ne se déshabille pas pour faire l'amour ; mais des estampes, des livres décrivent de la manière la plus crue les différentes positions. Les œuvres de Tanizaki s'inscrivent dans cette tradition. La première a été composée en 1956. Le héros a 56 ans (l'auteur était plus âgé). C'est un professeur. Il couche avec sa femme une fois tous les dix jours ; il en demeure épuisé pendant des heures jusqu'à n'avoir plus la force de penser. Il a le fétichisme du pied féminin et s'irrite parce que sa femme ne lui permet que des étreintes très classiques et refuse de se dévêtir. Un soir où elle s'est évanouie pour avoir bu trop de cognac, il en profite pour éclairer avec une lampe son corps nu et l'étudier dans le détail. Il lèche ses doigts de pied. Il s'arrange pour la saouler les jours suivants : il photographie avec un polaroïd les diverses parties de son corps et colle les images dans son journal. Il y a du sadisme dans sa conduite, car il laisse traîner son journal afin que sa femme le lise ; mais il la soupçonne d'être consentante, de ruser avec lui comme il ruse avec elle : l'étrange plaisir qu'il en éprouve relève du masochisme. Par masochisme, il fait développer les photos de sa femme par un disciple, Kimura, qui sans doute la désire et que sans doute elle désire aussi. Il se fait faire des injections d'hormones mâles et s'injecte lui-même en cachette de l'hormone hypophysienne. Grâce à ce traitement, il devient de plus en plus libidineux, mais il craint pour sa santé. Il a des vertiges, des troubles de mémoire, une tension très élevée. Il pousse insidieusement Kimura et sa femme à avoir des relations érotiques très intimes, sinon complètes : la jalousie exaspère son plaisir. Sa femme sait que ses débordements sexuels risquent de le faire mourir, elle les encourage ; et de son côté il sait qu'elle les provoque en connaissance de cause. Le masochisme, le goût du danger rendent pour lui cette situation délicieuse. Une nuit, il laisse sa femme l'amener au paroxysme du plaisir, il la possède avec plus d'ardeur que jamais et meurt dans ses bras d'une attaque.

On retrouve dans le *Journal d'un vieux fou* cette relation : érotisme, mort, le danger exaspérant le plaisir. Cette fois le héros a 77 ans, à peu près l'âge de l'auteur, et sa vie sexuelle a été très riche. Il se sent légèrement attiré par les jeunes acteurs qui jouent des rôles de femmes : « Même si vous êtes impuissant, il semble qu'une vie sexuelle persiste », note-t-il. Il a eu quelques années plus tôt une légère congestion cérébrale : pour marcher, il doit s'appuyer ou sur une infirmière ou sur sa bru. Il se plaît à s'imaginer mort : la cérémonie, les larmes. « Je me demande ce que sera mon visage quand je serai mort. » Cette idée le hante. Et aussi il a l'obsession de la femme : « Je n'ai pas le désir de m'accrocher à la vie et pourtant, aussi longtemps que je suis vivant, je ne peux m'empêcher d'être attiré par l'autre sexe... Je suis devenu totalement impuissant, mais j'éprouve du plaisir aux excita-

tions sexuelles par tous les moyens dénaturés et
indirects. » Il est tout le temps malade et se délecte à
décrire ses infirmités, même les plus répugnantes, ainsi
que la laideur de son visage. Sa tension est très élevée.
Il mange et dort beaucoup. Il fait de l'élongation, parce
que ses os déformés le font souffrir ; il éprouve dans les
mains, les bras, les jambes des douleurs aiguës qui
l'excitent sexuellement : « C'est bizarre, mais même
quand j'ai mal j'ai des désirs sexuels, et même plus
précisément quand j'ai mal... C'est là une tendance
masochiste... Elle s'est développée dans mes années de
vieillesse [1]. » Il aime les femmes qui lui donnent
l'impression d'être cruelles. Sa bru — à qui il a fait un
jour cadeau d'un beau sac, très coûteux — l'autorise à
entrer dans la salle de bains pendant qu'elle prend sa
douche et lui permet d'embrasser sa jambe au-dessous
du genou. Un jour, il lui lèche la jambe du genou au
talon et met ses orteils dans sa bouche. Ses yeux
s'injectent, sa tension monte. « J'avais le visage en feu
et le sang se précipitait dans ma tête comme si j'avais
dû mourir d'apoplexie dans l'instant. Je m'imaginais
vraiment que j'allais mourir. » Plus grandit sa peur,
plus son excitation monte. Il recommence un autre
jour, sa tension ne s'élève pas et son plaisir est moins
grand. Il s'excite aussi sur les aventures amoureuses
des autres, en particulier quand sa bru amène son
amant à la maison. Les jeux érotiques sous la douche se
poursuivent. Une fois il l'embrasse dans le cou pendant
vingt minutes. Il lui donne un diamant de trois

---

1. Dans tous les romans antérieurs de Tanizaki, on trouve des
indications de masochisme.

millions de yen alors qu'il refuse à sa fille le modeste emprunt que celle-ci sollicitait. Il se complaît à se montrer à Satsuki — sa bru — sans ses fausses dents : « Un chimpanzé aurait été moins hideux », dit-il. Il ajoute : « Plus le visage aperçu dans le miroir me paraissait laid, plus celui de Satsuki me semblait splendide. » Ici, la laideur de l'image, loin d'être un obstacle, est un excitant à cause du masochisme du héros. Un jour où ses os lui font vraiment mal, il gémit : « Satsuki, j'ai mal ! » Il éclate en sanglots, il bave, il aboie. Elle le gronde pour cette comédie. Il veut l'embrasser ; elle refuse et se borne à laisser tomber dans sa bouche une goutte de salive. Il prend de plus en plus de somnifères ; on lui fait des piqûres. Il décide de choisir l'endroit où on l'enterrera et part pour Kyoto avec l'infirmière et Satsuki. Il pense à faire sculpter sur sa tombe le corps de Satsuki, travestie en déesse Kannon : il aimerait reposer sous ses pieds. Il lui vient une autre idée : faire graver sur la pierre tombale l'empreinte des pieds de sa bru en les faisant passer pour celles des pieds de Bouddha. Il entreprend d'exécuter lui-même l'estampage ; pour cela il badigeonne d'encre les pieds de Satsuki et atteint à un état d'excitation extrême. Sa tension monte dangereusement. Satsuki, qui s'est prêtée toute une journée à ses manigances, s'enfuit, excédée, le lendemain matin. Il a une attaque dont il se remet mais qui le laisse extrêmement diminué.

Le plus singulier dans ces deux romans c'est le rapport de la sexualité et de la mort. La littérature les a souvent rapprochées : l'idée de la mort suscite un réflexe de vie. Éros et Thanatos sont classiquement associés. Mais je ne connais pas d'autre cas où un homme ait besoin, pour arriver au paroxysme du plaisir, de mettre en jeu sa propre vie.

Ces témoignages s'accordent avec les remarques générales qui les précèdent. L'impuissance n'exclut pas le désir. Celui-ci s'assouvit le plus souvent par des déviations où s'accusent les fantasmes de la maturité : le voyeurisme chez Hugo, le masochisme chez Tanizaki. Beaucoup d'hommes âgés recherchent des partenaires plus jeunes qu'eux. Les sujets chez qui la sexualité continue à jouer un grand rôle sont dotés d'une excellente santé et mènent une vie active.

Sur le rapport d'un vieillard avec son corps, son image, son sexe, nous possédons un document étonnant : le *Journal* de Léautaud. Il nous fournit une synthèse vivante des divers points de vue que nous avons considérés dans ce chapitre.

Léautaud s'était toujours regardé avec complaisance. A 41 ans, il note : « Je ne me trouve pas si laid. J'ai un visage même assez expressif, rien de banal. » Il reconnaît que c'est là le visage d'un homme de 41 ans, « un visage déjà marqué par la vie ». Par la suite, il répète souvent qu'il se sent plus jeune que son âge. C'est par autrui qu'il a eu la révélation de son vieillissement et il en a éprouvé une vive colère. Il avait 53 ans quand un employé de la gare parla de lui comme « d'un vieux petit monsieur ». Léautaud nota rageusement dans son *Journal :* « Petit vieux ! vieux monsieur ? Mais que diable, ai-je donc à ce point la berlue ? Je ne me trouve ni petit ni vieux monsieur. Je me trouve l'air d'un homme de 50 ans, certes, mais fort bien pour son âge. Je suis mince, je suis souple. Un vieux monsieur dans cet état, qu'on m'en trouve ! » A 59 ans, il se considère d'un œil critique : « J'ai 40 ans comme dispositions physiques et morales. Quel dommage que le visage ne soit pas en rapport ! Mon manque de dents surtout. Pour mon âge, minceur, souplesse, agilité, démarche, je suis remarquable. Ce manque de dents gâte tout. Je n'oserais plus faire la cour à une femme. » Cela ne l'empêche pas de se mettre de nouveau en colère, à plus de 60 ans, parce qu'un jeune homme lui a cédé sa place dans le métro. « Ah ! le diable emporte la vieillesse, affreuse chose ! » On constate chez lui avec une particulière évidence l'impossibilité où se trouve l'homme âgé de réaliser sa vieillesse. Il note un jour anniversaire : « J'ai commencé aujourd'hui ma 64e année. Je ne me sens pas du tout un vieux monsieur. » Le vieux monsieur, c'est un autre, une certaine catégorie objectivement définie : il ne rencontre pas ce personnage dans son expérience intérieure. Par moments cependant l'âge lui pesait. Le 12 avril 1936, il écrivait : « Je ne suis pas gai sur ma santé, sur mon état d'esprit ; le chagrin de vieillir aussi. Cela surtout ! » Mais à 69 ans, il note : « Resté dans ma 70e année aussi vif, léger, souple, alerte, au possible. »

Il pouvait être content de lui : il tenait lui-même sa maison, s'occupait de ses bêtes, faisait à pied toutes ses courses, portait de lourds paniers de provisions, écrivait son Journal et ne connaissait pas la fatigue. « Je n'ai que ma vue qui devient mauvaise. Je n'ai pas bougé de ce que j'étais à 20 ans. J'ai gardé ma mémoire, ma vivacité d'esprit. »

Il n'en est que plus irritable lorsque les réactions d'autrui le rappellent à la réalité. Il avait 70 ans quand dans le métro une jeune femme déséquilibrée par le départ de la rame s'exclama : « Ah ! pardon, grand-père ! J'allais tomber sur vous. » Il nota, furieux : « Nom d'une pipe ! Mon âge se voit donc si bien sur ma figure ! Comme on se voit mal soi-même ! »

Le paradoxe c'est qu'il ne détestait pas être vieux. Il représente un de ces cas exceptionnels dont j'ai parlé, où la vieillesse coïncide avec un fantasme infantile : les vieillards l'avaient toujours intéressé. Il note, à 72 ans, le 7 mars 1942 : « Il vous vient une sorte de coquetterie, quand on est devenu un vieil homme, à être en bon état, resté mince, souple, alerte, le teint du visage demeuré le même, les articulations intactes, sans maladie ni déchéance physique ni intellectuelle. »

Mais sa coquetterie exigeait que son âge ne fût pas visible à autrui : ce qui lui plaisait c'est de s'imaginer qu'il restait jeune malgré le poids des ans.

Par moments, d'ailleurs, il le supportait mal. Le 2 juillet 1942, il écrivait : « Soixante-douze ans et demi. J'ai beau me porter fort bien, la vieillesse m'affecte profondément, et la pensée de la mort. Ma vue est devenue très mauvaise. » Il a peur que les dents qui tiennent son appareil dentaire viennent à lâcher un jour : « Je serai joli alors !... Ce jour-là, je crois bien que je pourrai m'enfermer chez moi. » Un autre jour, il note : « Je voudrais tant n'avoir que cinquante ans, avec ma présente maturité et les connaissances acquises depuis. » « Se résigner, se contenter : maudite vieillesse. Elle est toute dans ces mots. »

Et puis sa satisfaction renaissait : « Je vieillis beaucoup de visage. Je commence à avoir la peau du menton striée de petites lignes. Hé ! c'est que je ne suis plus jeune. Le 18 janvier prochain, je commencerai ma 74e année. Je suis devenu — je me regardais tantôt à

Paris dans les glaces — ce qui m'intéressait tant quand j'étais enfant, encore quand j'étais jeune, en réalité ce qui m'a intéressé toute ma vie : un vieil homme curieux, original d'aspect, de physionomie, au visage expressif, vêtu à une sorte d'ancienne mode, qu'on regarde, qu'on doit prendre pour un vieil acteur qui n'a pas réussi. »

Il était à juste titre fier de sa santé : « Quand on a atteint un certain âge, comme moi qui vais commencer ma 75ᵉ année dans quelques jours et qu'on est, comme moi qui ne connais pas la fatigue, resté en bon état, sauf pour l'amour, hélas ! on en prend une sorte de vanité. C'est presque avec pitié qu'on regarde la jeunesse. La jeunesse ? Ce n'est pas cela qui est important. C'est de vivre vieux. »

C'est tout à fait à la fin de sa vie, lorsque sa santé se délabre, qu'il cède au découragement. 25 février 1945 : « Je suis par terre à un point extrême. L'état de ma vue. Le vieillissement affreux que je constate sur mon visage. Le travail de mon Journal dans un tel retard. La médiocrité de ma vie. Je suis sans ressort, sans illusion. Le temps des plaisirs, même de cinq minutes, est vraiment passé. »

Il avait alors 75 ans et sa vie sexuelle s'était arrêtée. Mais sauf dans ses toutes dernières années une des raisons de sa fierté c'est qu'il avait conservé des désirs et la possibilité de les assouvir. On suit dans son *Journal* l'évolution de sa sexualité.

Il n'était devenu vraiment sensible aux femmes qu'aux approches de la cinquantaine. A 35 ans, il écrivait : « Je commence à déplorer d'avoir une nature qui me permet si peu d'user des femmes. » Le « feu sacré » lui manquait. « Je pense toujours trop à autre

chose : à moi par exemple. » Il avait peur d'être
impuissant et il avait l'acte bref : « Je ne donne pas de
plaisir aux femmes, ayant fini en cinq minutes et ne
pouvant jamais recommencer... Je n'aime dans
l'amour que le dévergondage... On ne peut pas demander certaines choses à toutes les femmes. » Il a eu une
longue liaison avec une certaine Bl... Il dit l'avoir
beaucoup aimée, mais aussi que la vie commune avec
elle était un enfer. Vers 40 ans, tout en demeurant
assez froid, faute de savoir donner du plaisir à sa
partenaire, il prend plaisir à voir des images de femmes
nues. Cependant, quelques années plus tard, il parle
avec mélancolie des « rares séances d'amour de ma vie
qui m'ont fait vraiment plaisir ». Il se reproche d'être
avec les femmes « timide, maladroit, brusque, trop
sensible, toujours réfléchissant, laissant passer et perdant les meilleures occasions ». Tout changea quand il
eut rencontré, à près de 50 ans, « une femme passionnée, merveilleusement organisée pour le plaisir, répondant tout à fait à mon goût dans ces choses », il se
montra « presque brillant » alors que jusque-là,
n'ayant connu que des femmes mal assorties à lui, il se
figurait avoir peu de moyens. A partir de ce moment,
la sexualité devint chez lui une obsession ; le 1er décembre 1923, il note : « Madame [1] a peut-être raison : mes envies répétées de faire l'amour sont peut-
être d'ordre pathologique... Je mets cela sur le compte
de la modération de toute ma vie, jusqu'à 40 ans
passés, sur le grand goût que j'ai pour elle, qui fait que
je ne peux voir un coin de sa personne sans avoir

---

1. Un des noms qu'il donne à sa maîtresse.

aussitôt envie... Je mets cela aussi sur le compte de bien des choses dont j'ai été privé, comme la nudité féminine pour laquelle il m'est venu un grand goût. Je suis même étonné quand je pense à ce que je suis devenu à l'égard de toutes ces choses. A aucune femme je n'ai fait toutes les caresses que je fais à Madame. » Quand l'été ils se séparent, l'abstinence lui pèse ; il se masturbe en pensant à elle : « Je suis enchanté, certes, d'être encore si ardent à mon âge, mais bigre de bigre, cela a joliment des inconvénients. » Madame était un peu plus âgée que lui : toute sa vie il n'avait aimé que des femmes mûres. Une jeune vierge de 23 ans s'étant jetée à sa tête, il consentit à une aventure, mais sans aucun plaisir, et rompit tout de suite. A part cette incartade, il fut fidèle pendant des années à Madame. Il se plaisait à regarder leur couple dans un miroir pendant qu'ils faisaient l'amour. A partir de 1927, il doit se surveiller sexuellement : il se console en ayant avec la Panthère[1] des conversations grivoises. Il ne s'entend pas bien avec elle : « Ce sont les sens, c'est le vice qui nous attachent l'un à l'autre. Le reste est d'un mince ! » Mais il évoque avec satisfaction, en 1938 : « Dix-sept années de plaisir entre deux êtres aussi ardents et aussi osés l'un que l'autre dans leurs caresses et leurs propos dans le plaisir. » A 59 ans, sa liaison avec celle qu'il appelle maintenant le Fléau dure encore, bien qu'elle en ait 64. Les couples où la femme est beaucoup plus jeune que l'homme le choquent. « Moi, à 59 ans, je n'oserais pas parler de bagatelle à une femme de 30 ans. » Il trouve encore le Fléau très

1. Un des noms qu'il donne à sa maîtresse.

désirable et goûte vivement les « séances » qu'il tient avec elle. Cependant il se plaint : « Quand je fais l'amour, comme éjaculation, presque de l'eau ! » L'amour le fatigue et les médecins lui conseillent d'arrêter. Il se masturbe de temps en temps. Il écrit au Fléau des lettres érotiques et elle lui en envoie. Les mots écrits lui procurent une grande excitation. Il écrit le 25 septembre 1933 : « Je me retrouve extrêmement tourmenté par les idées amoureuses, comme j'étais lundi dernier... Je me regarde avec curiosité et inquiétude dans cet état. » En 1934, 1935, c'est la même situation : masturbation, lettres érotiques, « séances » avec le Fléau, autre liaison qui lui donne beaucoup de tourments avec une certaine C. N. Dans le Journal se multiplient les évocations érotiques. « Gare les jeux de l'amour. J'y suis encore diablement porté, même trop pour mon âge. » Il écrit le 13 août 1938 (déçu par C. N.) : « Je ne pense, jusqu'à en être tourmenté, qu'à faire l'amour avec une femme qui me ressemblerait, qui aurait mes goûts. »

Le 18 janvier 1938 : « Je vais certainement mieux quand je ne fais pas du tout l'amour. Non que je le fasse difficilement, au contraire ; mais c'est toujours une dépense et qui ne se compense pas aussi vite qu'il y a quelques années. »

« Ce qui me manque le plus, c'est la nudité féminine, les poses licencieuses et de faire minette. »

Le 17 février 1940, il écrit qu'il rêve de femmes : « Le visage, le corps d'une femme qui plaît. Je passe des nuits dans des rêves impossibles. »

A 69 ans passés, il se plaint de « jeûner ».

Il dit en parlant de sa jeunesse : « J'étais peu porté sur le plaisir sexuel, encore moins sur le plaisir de la vue d'un corps de femme dans tous ses détails, plaisir qui a pris pour moi après la 40e année un degré si grand, si vif. »

« Jusqu'à 66 ou 67 ans, je pouvais faire l'amour deux ou trois fois par semaine. »

A présent, il se plaint d'être fatigué cérébralement trois ou quatre jours après avoir fait l'amour. Mais il le fait encore et correspond avec trois de ses anciennes maîtresses. Il se désole parce que C. N. ne veut plus coucher avec lui. Il caresse des souvenirs amoureux et se complaît à les évoquer dans son Journal.

A 70 ans, il écrit : « La femme, l'amour me manquent énormément. » Il rappelle qu'il a fait l'amour ardemment de 47 à 63 ans avec le Fléau, puis deux ans avec C. N. « Je n'ai commencé à sentir le ralentissement qu'il y a trois ans. »

« Je peux encore faire l'amour. Je suis même triste, souvent, d'être privé de le faire, tout en me disant qu'il vaut certainement mieux que je m'abstienne. »

Le 29 septembre 1942 : « Je continue à être bien ridicule. Les choses de la femme et de l'amour me manquent affreusement. »

3 novembre : « Je suis dans des abîmes de tristesse d'être privé des choses de la femme et de l'amour. »

A 72 ans, il ébauche encore des idylles (qui n'ont pas de suite), il fait des rêves érotiques qui l'amènent à l'érection : « Je continue à passer mes nuits dans les meilleures dispositions. » Mais la même année il constate le déclin de sa sexualité.

« Il n'y a plus à se livrer aux exercices de l'amour quand le physique est mort ou à peu près. Même le plaisir de la vue, de faire des caresses est vite terminé, sans aucune ardeur pour recommencer. Il faut la chaleur physique pour goûter tout cela. »

On voit que chez lui le plaisir qui a subsisté le plus longtemps — plaisir d'ailleurs auquel depuis la quarantaine il attachait beaucoup de prix — c'est le plaisir de la vue. Quand celui-ci s'éteint, il considère que sa vie sexuelle est achevée. On voit aussi comme l'image de soi est liée à l'activité sexuelle. Il se sent « par terre à un point affreux » quand il ne peut plus goûter de plaisir. Cependant, son narcissisme a survécu quelque temps au déclin de sa sexualité.

Chez les homosexuels aussi, on connaît des exemples de vieillesse amoureuse. Faut-il ranger parmi eux Michel-Ange ? Certains prétendent que sa passion pour Tommaso Cavalieri fut platonique ; mais les sonnets brûlants qu'il lui adressa du jour où il le rencontra — à 57 ans — jusqu'à sa mort traduisent, sublimées ou non, des émotions indubitablement sexuelles. Jouhandeau a certainement gardé longtemps des activités sexuelles puisqu'il est déjà vieux quand il écrit : « Embarrassé par une chasteté dont je n'ai encore ni le goût ni l'habitude, je ne sais quel usage on en peut faire, sans vertu ni parti pris. » A plus de 75 ans, Gide, dans son *Journal,* évoque des nuits passionnées : 3 avril 1944 : « Je ne parviens pas à mépriser les joies charnelles, et du reste ne m'y efforce guère. Une panne de l'avion... m'en permet une des plus vives, l'avant-dernier soir. »

24 janvier 1948 : « Aucune honte à la suite des voluptés faciles. »

Proust a laissé sur la vieillesse de M. de Charlus des

pages évidemment écrites d'après des modèles de chair
et d'os. Jeune, M. de Charlus affichait des manières
viriles et les gens qui n'étaient pas au courant de ses
mœurs lui attribuaient de grands succès auprès des
femmes. Son orgueil aristocratique résistait à toutes ses
dépravations. L'inversion n'apparaissait que comme
un des éléments de sa forte personnalité. Revenant à
Paris en 1914 après une longue absence, le narrateur
remarque, marchant derrière deux zouaves, « un
homme grand et gros, en feutre mou, en longue
houppelande et sur la figure mauve duquel j'hésitais si
je devais mettre le nom d'un acteur ou d'un peintre
également connus par d'innombrables scandales sodo-
mistes ». C'était M. de Charlus : « M. de Charlus était
arrivé aussi loin qu'il était possible de soi-même, ou
plutôt, il était lui-même si parfaitement masqué par ce
qu'il était devenu et qui n'appartenait pas qu'à lui seul,
mais à beaucoup d'autres invertis qu'à la première
minute je l'avais pris pour un autre d'entre eux. »
Entièrement abandonné à son vice, il avait pris le goût
des petits garçons et il voyait partout des homosexuels.
Il se rendait souvent dans un hôtel louche que tenait
Jupien : il se faisait enchaîner et rouer de coups par de
jeunes garçons stipendiés qui l'insultaient tout en le
fustigeant. Il ne vivait plus qu'avec des inférieurs et
avait à peu près renoncé à afficher des manières viriles.
Cependant son acharnement à réclamer les entraves les
plus solides, les accessoires les plus féroces, traduisait
encore un rêve de virilité. Son cas était analogue à celui
des hétérosexuels chez qui les fantasmes prennent une
place prépondérante quand ils ont perdu, entièrement
ou en partie, leur puissance sexuelle. Les rêves maso-
chistes qu'il avait jadis contenus à présent l'envahis-

saient et il tentait de les réaliser. Plusieurs années plus
tard, le narrateur le revit encore une fois. C'était un
grand vieillard, mais il était resté coureur et s'arrangeait pour tromper la surveillance de Jupien, qui lui
servait de garde-malade. Il avait des crises où il faisait
sur ses mœurs des aveux sans fard, la parole étant
devenue le substitut d'activités malgré tout très ralenties.

Biologiquement, la sexualité de la femme est moins
atteinte par la vieillesse que celle de l'homme. C'est ce
que remarque Brantôme dans le chapitre de la *Vie des
dames galantes* qu'il consacre à « Aucunes dames
vieilles qui aiment autant à faire l'amour comme les
jeunes ». Tandis que l'homme à un certain âge n'est
plus capable d'érection, la femme « en quelque âge
qu'elle soit reçoit en soi comme une fournaise tout feu
et toute matière ». Toute une tradition populaire a
souligné ce contraste. Dans un des chants des *Joyeuses
Muses de Calédonie*[1], une femme âgée se plaint de
l'impuissance de son vieil époux ; elle regrette « les
folles étreintes de leurs jeunes années » qui ne sont
plus qu'un pâle souvenir, car au lit il ne pense plus
qu'à dormir alors qu'elle se consume de désir. La
science d'aujourd'hui confirme la validité de ces indications. Selon Kinsey, tout au long de sa vie il y a une
plus grande stabilité sexuelle chez la femme que chez
l'homme ; à 60 ans, ses possibilités de désir, de plaisir
sont les mêmes qu'à 30. D'après Masters et Johnson,

---

1. Chants populaires écossais recueillis au XVIIIᵉ siècle.

l'intensité de la réponse sexuelle diminue avec l'âge ; cependant la femme demeure capable d'atteindre l'orgasme, surtout si elle est l'objet d'une stimulation sexuelle efficace et régulière. Chez celles qui n'ont pas de rapports physiques fréquents, le coït provoque parfois des douleurs — pendant qu'il a lieu ou plus tard — ainsi que des phénomènes de dyspareunie et de dysurie : on ne sait pas si l'origine de ces troubles est physique ou psychologique. J'ajoute que la femme peut aimer faire l'amour même si elle n'atteint pas l'orgasme : les « plaisirs préliminaires » comptent pour elle plus encore peut-être que pour les hommes. Elle est normalement moins sensible que l'homme à l'apparence de son partenaire et en conséquence moins gênée par son vieillissement. Encore que son rôle en amour ne soit pas aussi passif qu'on l'a prétendu parfois, elle n'a pas de défaillance précise à redouter. Rien n'empêche qu'elle ne garde des activités sexuelles jusqu'à ses derniers jours.

Cependant, toutes les enquêtes montrent que ses activités sont en fait moins nombreuses que celles des hommes. A 50 ans, selon Kinsey, 97 % des hommes ont encore une vie sexuelle et seulement 93 % des femmes ; à 60 ans, 94 % des hommes et seulement 80 % des femmes. C'est que socialement l'homme, à tout âge, est sujet et la femme un objet, un être relatif. Mariée, son destin est commandé par celui de son époux ; celui-ci a en moyenne quatre ans de plus qu'elle et chez lui le désir décroît. Ou s'il subsiste, il s'adresse à des femmes plus jeunes. Cependant, il est très difficile à la femme âgée d'avoir des partenaires extramaritaux. Elle plaît encore moins aux hommes que le vieil homme aux femmes. Dans son cas, la gérontophilie n'existe pas. Un homme jeune peut désirer une femme assez âgée pour être sa mère, mais non sa grand-mère. Aux yeux de tous, une femme de 70 ans a cessé d'être un objet érotique. Les amours vénales lui sont très difficiles : c'est très exceptionnellement qu'une vieille femme a les moyens et l'occasion de se payer un partenaire et en général la honte, la peur du qu'en-dira-t-on l'en détourne. Pour beaucoup de femmes âgées, cette frustration est pénible car elles restent tourmentées par des désirs. Elles les apaisent ordinairement par la masturbation. Une gynécologue m'a cité le cas d'une femme de 70 ans qui la suppliait de la guérir de cette pratique à laquelle elle se livrait jour et nuit.

Andrée Martinerie, interrogeant des femmes âgées, a recueilli des confidences intéressantes [1]. Mme F., grande bourgeoise de 68 ans, catholique militante, ayant cinq enfants et dix petits-enfants, lui a dit : « J'avais déjà 64 ans... Eh bien ! écoutez : quatre mois après la mort de mon mari, je suis descendue dans la rue, comme on se suicide, décidée à me donner au premier homme qui voudrait de moi. Personne n'a voulu de moi. Alors je suis rentrée. » A la question : « Vous avez pensé à vous remarier ? » Elle a répondu : « Je ne pense qu'à ça. Si j'osais je mettrais une annonce dans *Le Chasseur français*... Plutôt un homme couvert d'infirmités que pas d'homme ! » A 60 ans, vivant à côté d'un mari infirme, Mme R. dit à propos du désir : « C'est vrai que ça ne passe pas. » Elle a quelquefois envie de se casser la tête contre les murs. Une lectrice

---

1. Citées dans *Elle* en mars 1969.

de cette enquête a écrit au journal : « Je suis obligée de constater que malgré l'âge une femme reste une femme très longtemps. J'en parle savamment puisque j'ai 71 ans. Je suis restée veuve à 60 ans, la mort de mon mari avait été brutale, j'ai bien mis deux ans avant de réaliser. Puis j'ai répondu aux annonces matrimoniales. Je le reconnais un homme m'a manqué, que dis-je, me manque ; c'est effrayant cette vie sans but, sans affection, sans pouvoir s'épancher. J'en étais arrivée à me demander si j'étais bien normale. Votre enquête m'a soulagée... » La correspondante parle pudiquement d' « affection », de « s'épancher ». Mais le contexte indique que sa frustration a une dimension sexuelle [1].

L'idée que chez les femmes les pulsions sexuelles persistent longtemps est confirmée par les observations qu'on peut faire sur les homosexuelles. Certaines conservent des activités érotiques jusqu'à plus de 80 ans. Cela prouve qu'elles demeurent capables de désir alors que depuis longtemps elles ont cessé d'être aux yeux des hommes désirables.

C'est dire que la femme subit jusqu'au bout sa condition d'objet érotique. La chasteté ne lui est pas imposée par un destin physiologique mais par son statut d'être relatif. Néanmoins, il arrive qu'elle s'y

---

1. Une réaction typique c'est celle d'une jeune femme qui a écrit à *Elle* : « Dans un groupe de jeunes nous avons bien ri du cas de l'ardente veuve militante de l'Action catholique pour laquelle " le désir ne passe pas "... Ne pourriez-vous mener une enquête prochainement sur l'amour et le quatrième âge de la femme ? C'est-à-dire celles qui ont entre 80 et 120 ans ? » La jeunesse se scandalise si les gens âgés, et surtout les femmes, ont encore une vie sexuelle.

condamne elle-même à cause de ces « barrières psychiques » dont j'ai parlé et dont le rôle est encore plus contraignant pour elle que pour l'homme. Elle est généralement en amour plus narcissiste que lui ; chez elle le narcissisme vise le corps tout entier ; à travers les caresses et le regard de son partenaire, elle prend délicieusement conscience de ce corps comme désirable. S'il continue à la désirer, elle s'accommodera avec indulgence de ses flétrissures. Mais au premier signe de froideur, elle sentira amèrement sa déchéance, elle prendra en dégoût son image et ne supportera plus de s'exposer aux yeux d'un autre. Cette timidité renforcera sa crainte de l'opinion : elle la sait sévère pour les femmes âgées qui ne jouent pas leur rôle d'aïeule sereine et désincarnée. Même si son mari la sollicite encore, un souci de décence profondément intériorisé peut l'amener à se dérober. Les femmes ont moins que les hommes recours à des diversions. Celles dont la vie érotique a été très active et très libre compensent parfois leur abstinence par la crudité de leur vocabulaire, l'obscénité de leurs propos. Elles jouent plus ou moins les entremetteuses ou tout au moins elles épient avec une curiosité maniaque la vie sexuelle des jeunes femmes de leur entourage, elles sollicitent des confidences. Mais, en général, la répression porte aussi sur le langage. La femme âgée se veut décente dans ses conversations comme dans ses conduites. La sexualité ne se traduit plus guère que par sa manière de s'habiller, de se parer, par son goût pour des présences masculines. Elle a volontiers des rapports de discrète coquetterie avec des hommes plus jeunes qu'elle ; elle est sensible à des attentions démontrant que pour eux elle demeure une femme.

Cependant, chez les femmes aussi, la pathologie manifeste que les pulsions sexuelles sont refoulées, mais non éteintes. Les aliénistes ont remarqué que, dans les asiles, l'érotisme des sujets féminins augmente souvent avec l'âge. La démence sénile amène des délires érotiques, résultant d'un manque de contrôle cérébral. Dans d'autres psychoses se produit aussi un défoulement. Sur 110 femmes pensionnaires d'asile de plus de 60 ans, le docteur Georges Mahé a noté 20 cas d'érotisme aigu : masturbation publique, mimique du coït, propos obscènes, exhibitionnisme. Malheureusement, il n'indique pas le sens de ces manifestations, il ne les replace pas dans un contexte, nous ne savons pas *qui* sont les malades qui s'y livrent. Beaucoup d'internées ont des hallucinations génitales : viols, attouchements. Des femmes se croient enceintes à plus de 71 ans. Mme C., 70 ans, grand-mère, chante des chansons de corps de garde, elle se promène dans l'hôpital à demi nue en cherchant des hommes. L'érotisme est au centre de nombreux délires ou prétexte à des dépressions mélancoliques. E. Gehu parle d'une grand-mère de 83 ans hébergée dans une maison religieuse. Elle était exhibitionniste. Elle affichait des tendances homosexuelles aussi bien qu'hétérosexuelles. Elle attaquait les jeunes nonnes qui lui apportaient ses repas. Pendant cette crise, elle était lucide. Elle a fait ensuite de la confusion mentale. Elle a fini par retrouver ses esprits et des conduites normales. Sur ce cas aussi on souhaiterait des précisions. Toutes les observations que je viens de rapporter sont très insuffisantes. Du moins indiquent-elles que les femmes âgées ne sont pas plus que les hommes âgés « purifiées de leur corps ».

Ni l'Histoire ni la littérature ne nous ont laissé de

témoignage valable sur la sexualité des femmes âgées.
Le sujet est encore plus tabou que la sexualité des
vieux mâles.

Il y a de nombreux cas où la libido ne se manifeste
plus du tout chez l'individu âgé. A-t-il lieu de s'en
féliciter, comme l'affirment les moralistes ? Rien de
moins sûr. Cette mutilation en entraîne d'autres puisque sexualité, vitalité, activité sont indissolublement
liées. Parfois l'affectivité même s'émousse quand tout
désir est mort. A 63 ans, Rétif de La Bretonne écrit :
« Mon cœur est mort avec les sens et si quelquefois il
me prend un mouvement de tendresse, c'est une erreur
comme celle des sauvages et des eunuques ; elle me
laisse ensuite dans une tristesse profonde. » Il semblait
à Bernard Shaw qu'en se désintéressant des femmes, il
avait aussi perdu le goût de vivre : « Je vieillis
rapidement. J'ai perdu tout intérêt à l'égard des
femmes, et l'intérêt redoublé qu'elles me portent
m'ennuie. Probablement je devrais mourir. »
    Même Schopenhauer reconnaît : « On pourrait dire
que le penchant sexuel une fois éteint, le véritable
noyau de la vie est consumé et qu'il ne reste plus que
l'enveloppe ; ou que la vie ressemble à une comédie
dont la représentation commencée par des hommes
vivants s'achèverait par des automates revêtus des
mêmes costumes. » Pourtant, dans le même essai[1], il a
dit que l'instinct sexuel provoque une « démence
bénigne ». Il ne laisse à l'homme d'autre choix qu'entre la folie et la sclérose. En fait, ce qu'il appelle

---

1. *De la différence des âges.*

« démence », c'est l'élan même de la vie. Quand cet élan est brisé ou mort, on ne vit plus.

Le lien entre sexualité et créativité est particulièrement frappant : il est manifeste chez Hugo, Picasso et bien d'autres. Pour créer, il faut une certaine agressivité — « une certaine alacrité », dit Flaubert — qui a biologiquement sa source dans la libido [1]. Il faut aussi se sentir uni au monde par une chaleur affective qui s'éteint en même temps que les désirs charnels. Gide l'a bien compris, quand il écrit le 10 avril 1942 : « Il y eut un temps où tourmenté jusqu'à l'angoisse et hanté par le désir je priais : Ah, que vienne le temps où la chair réduite me laissera me donner tout entier à... Mais à qui se donner ? A l'art ? A la pensée " pure " ? A Dieu ? Quelle ignorance ! Quelle folie ! C'était croire que la flamme luira mieux de la lampe dont l'huile est tarie. Abstraite, ma pensée s'éteint ; c'est encore aujourd'hui ce que j'ai de charnel en moi qui l'alimente et je prie aujourd'hui : puissé-je demeurer charnel et désireux jusqu'à la mort. »

Il serait inexact d'affirmer que l'indifférence sexuelle entraîne nécessairement, dans tous les domaines, inertie et impuissance. Beaucoup d'exemples prouvent le contraire. Disons seulement qu'il y a une dimension de la vie qui disparaît quand manque le contact charnel avec le monde ; ceux qui conservent cette richesse jusque dans un âge avancé sont privilégiés.

*

Il y a une passion profondément enracinée dans la

1. Nous y reviendrons quand nous parlerons de la créativité des vieillards.

sexualité et que l'âge exaspère : la jalousie. Lagache a montré qu'elle résulte très souvent d'un déplacement affectif : le coiffeur dont les affaires périclitent se persuade que sa femme le trompe et l'accable de scènes. Or la vieillesse est une période de frustration généralisée ; elle engendre des ressentiments diffus qui peuvent se concrétiser sous forme de jalousie. D'autre part, la dégradation de la sexualité entraîne dans beaucoup de vieux couples des rancunes unilatérales ou réciproques qui sont susceptibles de se traduire par de la jalousie. On lit parfois dans les journaux qu'un septuagénaire a frappé ou tué par jalousie une vieille compagne, ou qu'il s'est battu avec un rival. Peut-être s'est-il vengé de la froideur de sa partenaire, ou de sa propre impuissance. Des femmes de plus de 70 ans sont traduites devant les tribunaux parce qu'elles se sont battues pour un vieil amant. Dans les asiles où les deux sexes se côtoient, il y a de violentes querelles provoquées par la jalousie.

Le docteur Balier et L.-H. Sébillotte ont constaté, d'après une enquête menée dans le XIII⁰ arrondissement, que les couples ont plus de difficultés à vieillir que les individus isolés parce que les relations affectives des époux s'exaspèrent et se détériorent. Le déclin de leur santé, l'isolement consécutif à la retraite et au départ des enfants les amènent à vivre presque exclusivement l'un par l'autre. Plus que jamais chacun demande à son conjoint protection et amour ; et chacun est moins que jamais capable de satisfaire cette demande. Cette insatisfaction permanente amène l'exigence d'une présence physique constante, la jalousie, les persécutions. La séparation porte parfois un coup mortel à des individus qui littéralement ne peuvent pas se passer l'un de l'autre. Mais la coexistence leur apporte plus de tourment que de bonheur.

Sauf dans les couples où la femme est beaucoup plus jeune que son partenaire, l'homme âgé a moins de raisons d'être jaloux que sa compagne : il garde des appétits sexuels alors qu'elle n'est plus un objet de désir. Ce sont deux cas de jalousie féminine que je vais décrire ; ceux de Juliette Drouet et de Sophie Tolstoï.

Toute sa vie Juliette a souffert des infidélités d'Hugo : elles lui deviennent encore plus pénibles lorsqu'ils n'ont plus de rapports physiques. Elle se sent sans défense, vaincue, humiliée. Quand en 1873 Hugo a une histoire avec Blanche, Juliette, âgée de 69 ans, réagit avec une violence dont on ne trouve pas d'exemple dans son passé. Elle emprunte deux cents francs à des amis et le 23 septembre elle disparaît sans laisser d'adresse. Il la fait rechercher, affolé. On la retrouve à Bruxelles. Elle accepte de revenir. Il va l'attendre à la gare et ils se réconcilient. Quatre jours plus tard, elle lui envoie un de ses « gribouillis » : « Cher, cher bien-aimé ; depuis ces horribles huit jours passés dans le désespoir des damnés, c'est le premier jour aujourd'hui où, en même temps que mes yeux, ma bouche, mon cœur, mon âme s'ouvrent pour regarder Dieu, pour te sourire, pour te prier, pour te bénir. Cet horrible rêve est donc fini ! C'est bien vrai que tu m'aimes, que tu n'aimes que moi... » Mais le 16 octobre 1873 : « Je ne résisterai pas longtemps à ce conflit sans cesse renaissant de mon pauvre vieil amour aux prises avec les jeunes tentations qui te sont offertes... »

Sans doute avait-il revu Blanche après avoir promis de rompre : le contraste entre la jeunesse de la jolie lingère et sa propre vieillesse était insupportable à

Juliette. C'est le même désespoir qu'elle exprime le 18 novembre 1873 : « Je ne veux pas te faire une scie de tes bonnes fortunes, mais je ne peux m'empêcher de sentir que mon vieil amour fait une triste figure au milieu de toutes ces cocottes à plumes et à bec, que veux-tu... A partir d'aujourd'hui je mets la clé de mon cœur sous la porte. »

11 mars 1874 : « Qui n'a pas le cœur de son âge, de son âge a tout le malheur. »

« Cette épigraphe explique et excuse dans son cliché laconique le trouble involontaire que j'apporte dans ta vie en souffrant moi-même comme une damnée... »

4 avril 1874 : « Pour moi l'infidélité ne commence pas à l'action seulement ; je la regarde comme déjà confirmée par le seul fait du désir. Cela posé, mon cher grand ami, je te prie de ne pas te gêner et de faire comme si je n'étais déjà plus. »

Elle a ensuite un regain de gaieté.

11 avril 1874 : « Je me sens une verve de jeunesse qui tient probablement aux 70 printemps que j'ai absorbés et sans faire la petite bouche. » Mais la tristesse la reprend bientôt. Elle ne jalousait pas seulement les jeunes maîtresses d'Hugo mais aussi sa famille. Il avait loué à Clichy un appartement de deux étages ; en bas se trouvaient les pièces de réception ; en haut, les chambres où il habitait avec sa bru et ses petits-enfants. Juliette s'était installée au même étage que lui ; la bru l'avait fait redescendre en alléguant que les enfants avaient besoin de place : « J'ai le cœur rempli de tristes pressentiments », écrit Juliette, le 7 mai 1874. « Cet étage qui nous sépare est comme un pont rompu entre nos deux cœurs... Je suis au

désespoir et je me retiens pour ne pas pleurer à sanglots. »

Sans doute attache-t-elle tant d'importance à l'incident parce qu'elle sait qu'Hugo continue de lui être infidèle. Elle en souffre comme d'un manque d'amour ; mais aussi elle a honte pour Hugo dont on a vu en effet que la vie sexuelle n'était pas toujours reluisante.

21 juin 1874 : « On dirait que ce qui reste de mon pauvre cœur est le point de mire de toutes ces chasseresses du vice et de honteuses aventures ; quant à moi, je me déclare vaincue sans combat... » 5 heures : « Ce martyre de Sisyphe qui remonte tous les jours son amour au plus haut du ciel et qui le sent tomber tous les jours sur son cœur de tout son poids me fait horreur et je préfère mille fois la mort tout de suite à cet épouvantable supplice. Aie pitié de moi, laisse-moi partir... »

Il y a entre eux des scènes douloureuses, où elle souhaite une séparation.

28 juillet 1874 : « Tu n'es pas heureux, mon pauvre trop aimé, je ne le suis pas plus que toi. Tu souffres de la plaie vive de la femme qui va s'agrandissant toujours parce que tu n'as pas le courage de la cautériser une fois pour toutes. Moi je souffre de t'aimer trop. »

6 juillet 1875 : « Je t'assure que je souffrirais moins loin de toi, te sentant tranquille et heureux, que de sentir que ma présence est un obstacle de tous les instants à ton travail, à ta liberté, au calme et au doux repos de ta vie... Tout vaut mieux pour ton cœur comme pour le mien que de sentir que je ne te suffis plus... »

1877 : « Découragée, je doute du ciel et de toi... »

Il ne s'assagit pas avec le temps et elle a du mal à concilier la haute idée qu'elle se fait de lui avec ses débauches séniles.

En juin 1878, après l'attaque d'Hugo, Juliette, appuyée par Lockroy[1], le fit rompre avec Blanche : on terrorisa la malheureuse en lui disant qu'Hugo mourrait dans ses bras si elle ne le quittait pas. Juliette lui envoya de l'argent et Blanche se résigna à se marier[2]. Mais elle eut des remplaçantes. Au cours de l'été qu'ils passèrent à Guernesey la même année, Juliette écrit à Hugo le 20 août :

« Ton aube est pure, il faut que ton crépuscule soit vénérable et sacré. Je voudrais au prix de ce qui me reste à vivre te préserver de certaines fautes indignes de la majesté de ton génie et de ton âge. »

Hugo avait beau lui écrire : « Je sens bien que mon âme est à ton âme », elle ne supportait pas qu'il continuât à recevoir des lettres de femme. La femme du secrétaire d'Hugo rapporte que « tout lui était prétexte à querelle, même à Guernesey. Cette femme qui se serait fait tuer pour le maître se plaisait à le cribler de coups d'épingle... Un matin, une crise éclata au sujet d'une lettre écrite par une ancienne bonne. Mme Drouet avait ouvert la lettre ; d'où pleurs et grincements de dents... » Ayant trouvé une sacoche qui contenait cinq mille francs en pièces d'or, Juliette demanda quelles complaisances cet argent devait

---

1. Le second mari d'Adèle, veuve de Charles Hugo.
2. Elle fut inconsolable. Elle allait voir des amis d'Hugo pour parler de lui. Elle guettait ses sorties pour l'apercevoir de loin. Après la mort de Juliette elle essaya de renouer, mais les amis d'Hugo interceptèrent ses lettres.

payer. Une autre fois elle retrouva de vieux calepins portant des noms de femmes : ce fut un drame. Il y en eut un autre quand elle apprit qu'il avait flâné dans la rue des bordels : elle voulut partir vivre à Iéna, avec son neveu.

Ils se réconcilièrent et elle s'installa à Paris, dans le même appartement que lui. Mais elle continua de se tourmenter ; elle écrivait le 10 novembre 1879 : « Crainte de me rappeler ce qui est arrivé, et d'entrevoir ce qui arrivera, je n'ose plus regarder ni devant, ni derrière, ni en toi, ni en moi ; j'ai peur. » Et le 11 novembre, elle lui reproche « tes sacrilèges et multiples tentatives de suicide ». Ses conduites lui semblaient non seulement « indignes » mais dangereuses.

Le 8 août 1880 : « Mon trop aimé je passe ma vie à recoller tant bien que mal les morceaux de mon idole, sans pouvoir en dissimuler les cassures. » Un jour où elle reconnut Blanche, aux aguets, avenue Victor-Hugo, elle entra dans une terrible colère. Par moments, elle était si triste et si découragée qu'elle cessait d'écrire ses « gribouillis ». Elle vécut aux côtés d'Hugo jusqu'à sa mort, mais elle ne connut plus guère la paix.

Elle fut parfois — en particulier dans l'histoire de Blanche — une vieille maîtresse abusive ; mais on comprend sa désillusion. Elle avait imaginé qu'ils vieilliraient calmement côte à côte, tous deux lassés des plaisirs de la chair. Mais non. Ou bien il avait des liaisons dans lesquelles il engageait son cœur et elle souffrait qu'il ne fût pas tout à elle ; ou il se contentait de rencontres vénales qu'elle jugeait dégradantes. Ses larmes, ses criailleries avaient l'excuse d'un sincère et total amour.

La jalousie de Sophie Tolstoï était d'une tout autre nature. Elle avait toujours détesté coucher avec son mari et elle avait de bonne heure déplacé cette rancune en jalousie. Elle notait dès 1863 que la jalousie était chez elle une « maladie innée ». Tout au long de son Journal, elle répète : « Je suis dévorée par la jalousie. » Elle souffrait de sa situation « relative » à côté d'un homme à l'écrasante personnalité, et de sa vie retirée, austère, que ses multiples grossesses ne suffisaient pas à remplir. Elle détestait la campagne, les moujiks. Les moments les plus heureux de sa vie conjugale furent ceux où Tolstoï écrivit *Guerre et Paix* et *Anna Karénine* : elle recopiait ses brouillons et se sentait unie à lui par cette collaboration. Quand il cessait d'écrire des romans, elle se sentait trahie. Mais surtout elle n'acceptait pas l'attitude de son mari à l'égard de l'argent. A partir de 1881, les préoccupations morales et sociales de Tolstoï prirent dans sa vie la première place. Il aurait voulu distribuer ses terres aux moujiks et renoncer à ses gains littéraires. Il se bornait, pour ne pas se mêler directement de l'exploitation de ses terres, à en abandonner la gestion à Sonia. En 1883, il fut entendu qu'elle éditerait elle-même les œuvres de son mari antérieures à 1881 — année de la « seconde naissance » de Tolstoï — et qu'elle toucherait les droits d'auteur. Par compensation, Tolstoï fonda avec son disciple préféré Tchertkov une maison d'édition, le Médiateur, qui diffuserait dans le peuple à bas prix des œuvres de qualités. Ces dispositions ne suffirent pas à ramener la paix dans le ménage. Elle lui reprochait de sacrifier leurs enfants aux moujiks ; il détestait la vie trop confortable et mondaine qu'elle lui faisait mener. « Entre nous s'est engagée une lutte à mort », lui écrivit-il. Désormais il confia ses manuscrits à sa fille aînée, Macha. Sonia suffoqua de colère. « Il me tue systématiquement, il m'écarte de sa vie personnelle, ce qui me fait un mal affreux », notait-elle le 20 novembre 1890. Elle haïssait les tolstoïens, en particulier le favori, Tchertkov. *Sonate à Kreutzer,* où Tolstoï condamnait le mariage et prêchait la chasteté, accrut sa rancune. Les scènes deviennent de plus en plus violentes. Pour tranquilliser sa conscience, Tolstoï se démit de toute sa fortune, mobilière et immobilière, au profit de sa femme et de ses enfants. Cependant il décida que ses dernières œuvres tomberaient dans le domaine public : cette clause irrita Sonia au point qu'elle courut à la gare pour se jeter sous un train[1]; elle ne se jeta pas. En janvier 1895, Tolstoï acheva *Maître et Serviteur.* Au lieu de le donner au *Médiateur* et à Sonia pour la collection des œuvres complètes, il le promit à une revue que dirigeait une femme : Sonia le soupçonna de vouloir la quitter pour cette « intrigante ». Elle avait 50 ans. Elle se précipita dans les rues de Moscou, cheveux défaits, pieds nus dans des pantoufles, afin de mourir de froid dans la neige. Tolstoï courut derrière elle et la fit rentrer. Elle repartit le lendemain : sa fille Macha la ramena à la maison. Une fois encore elle s'enfuit ; elle se fit conduire en fiacre à la gare de Koursk pour se jeter sous un train : son fils Serge et Macha la rattrapèrent. Tolstoï céda.

Cependant, il n'envisageait pas de la quitter. Un jour

1. Elle voulait imiter Anna Karénine.

— il avait 67 ans — un disciple qui fauchait à côté de lui suggéra une séparation : dans l'excès de sa colère, Tolstoï le menaça de sa faux, puis il s'écroula en sanglotant. Quand Sonia eut 52 ans, son idylle, platonique, avec le musicien Taneiev exaspéra son mari : « Je n'ai pas dormi de la nuit, le cœur me fait mal... Je n'ai pas su maîtriser mon orgueil et mon indignation », écrit-il le 26 juillet 1896. Sans trêve il y avait entre eux à ce sujet des scènes, des récriminations, des explications, de vive voix, par lettre, par téléphone. Elle note : « La jalousie maladive qu'a manifestée Léon Nicolaïevitch à la nouvelle de l'arrivée de Taneiev m'a fait beaucoup de mal et m'a remplie d'effroi. » Il lui avait écrit en effet des lettres très dures : « Il est infiniment pénible et humiliant qu'un étranger tout à fait inutile et ne présentant aucun intérêt gouverne actuellement notre vie. C'est horrible, horrible, ignoble et honteux. » « Ton rapprochement avec Taneiev me dégoûte... Si tu ne peux mettre fin à cet état de choses, séparons-nous. » Ils ne se séparèrent pas. Dans sa 70e année et le jour de ses 70 ans, il coucha encore avec elle.

Pendant quelques années, ils coexistèrent à peu près pacifiquement. Mais lorsqu'en 1908, après dix ans d'exil, Tchertkov revint en Russie, Sonia s'affola : tyrannique, sectaire, intrigant, le disciple avait sur le maître un ascendant qui risquait de nuire aux intérêts de la famille ; il s'appropriait les manuscrits de Tolstoï, il voulait capter son œuvre et le représenter, seul, aux yeux de la postérité. Interdit de séjour dans le gouvernement de Toula où se trouvait la propriété de Tolstoï, il réussit cependant à s'installer dans une isba assez proche pour que le maître vînt le voir à cheval. Sonia lui reprocha violemment ces visites. Elle craignait qu'il ne cédât tous ses droits d'auteur à Tchertkov. Il y eut une grande scène où elle exigea d'hériter de toutes les œuvres de son mari, antérieures ou non à 1881. Elle s'opposait aussi au voyage qu'il devait faire à Stockholm où se tenait un congrès mondial pour la paix. Il céda sur le second point, mais non sur le premier.

En juin 1910, Tolstoï alla passer quelques jours chez Tchertkov dont l'interdiction de séjour allait bientôt être levée, ce qui épouvanta Sonia. Elle envoya un télégramme, exigeant que son mari avançât d'un jour son retour : il refusa. En chemise de nuit, échevelée, sanglotante, elle se confia à son Journal : « Qu'est-ce que j'ai ? Crise d'hystérie, attaque de nerfs, angine de poitrine, commencement de folie ? Je ne sais... Il s'est amouraché d'une façon répugnante, sénile, de Tchertkov (s'éprendre des hommes était dans la ligne de sa jeunesse) et le voici prêt à faire ses quatre volontés... Je suis éperdument jalouse de Léon Tolstoï à l'égard de Tchertkov. Je sens qu'il m'a ôté tout ce dont j'ai vécu pendant quarante-huit années... Il me vient à l'idée d'aller à Stolbora et là de me coucher sous le train. » Tolstoï revenu, pendant des jours elle sanglota en lui reprochant son amour pour Tchertkov. Un matin, on la trouva à quatre pattes derrière une armoire, promenant autour de sa bouche une fiole d'opium qu'on lui arracha. Elle fit avouer à Tolstoï qu'il avait confié à Tchertkov ses journaux intimes des deux dernières années : elle se précipita dans le parc sous la pluie et au retour elle refusa de quitter ses vêtements trempés : « Ainsi je prendrai froid, je mourrai. » Quelques jours plus tard, Tolstoï, sa fille Sacha et Tchertkov s'enfermèrent dans une chambre pour parler. Pieds nus pour

faire moins de bruit, elle guetta derrière la porte du
balcon : « Encore un complot contre moi ! » cria-t-elle.
En effet. Ils discutaient d'un testament qui devait
déshériter la famille au profit des moujiks et du public.
Elle réclama âprement à Tchertkov la restitution des
journaux. Le lendemain, il lui parut insupportable de
voir Tolstoï et Tchertkov assis côte à côte sur un
divan : « J'étais bouleversée de dépit et de jalousie »,
nota-t-elle le 5 juillet 1910. La nuit, elle imagina des
rapports « contre nature » entre le vieil homme et son
disciple. Dans la nuit du 10 au 11 juillet, après une
nouvelle scène, elle cria : « Je tuerai Tchertkov » et se
précipita dans le parc. Elle nota ensuite : « Je suis donc
allée au jardin et suis restée deux heures couchée sur la
terre humide, n'ayant qu'une robe légère. J'étais
transie, mais je ne demandais et ne demande qu'à
mourir. L'alarme fut donnée... Il est trois heures du
matin, ni lui ni moi ne dormons. Nous ne nous
sommes rien dit... »

15 juillet (elle a demandé à Tolstoï le reçu des
journaux qu'on ira déposer à la banque) : « Il est entré
dans une colère épouvantable et m'a dit : " Non, pour
rien au monde, pour rien au monde ! " et de s'enfuir
aussitôt. Une terrible attaque de nerfs m'a de nouveau
reprise, je voulais boire de l'opium, cette fois encore
j'ai manqué de courage et trompé ignoblement L. N.
en prétendant l'avoir bu ; lui ai sur-le-champ avoué ma
tromperie, ai pleuré, sangloté... »

Quelques jours plus tard, elle écrivait : « J'ai envie
de tuer Tchertkov, de crever son corps alourdi pour
libérer l'âme de Léon Nicolaïevitch de son influence
délétère. » Le lendemain, elle décida de quitter la
maison : « Conspuée par ma fille, repoussée par mon

mari, j'abandonne mon foyer puisque ma place y est occupée par un Tchertkov, et je n'y reviendrai plus, à moins qu'il ne s'en aille. » Elle rédigea un communiqué pour les journaux et partit pour Toula en voiture, avec dans son sac un revolver et un flacon d'opium. Son fils, rencontré à la gare, la ramena. Tolstoï écrivit à Tchertkov de cesser provisoirement ses visites mais des amis communs transmettaient des lettres : « Il y a entre toi et Tchertkov une correspondance d'amour secrète », cria Sonia à son mari. Plus elle prenait de l'âge, moins elle contrôlait ses obsessions. Elle avait perdu tout sens critique et se convainquit qu'il existait des liens « coupables » entre Tchertkov et Tolstoï. Elle montra à celui-ci un passage d'un journal de jeunesse où il avait écrit : « Je n'ai jamais été amoureux d'une femme. Mais il m'est arrivé assez souvent de tomber amoureux d'un homme. » Exaspéré, il courut s'enfermer dans sa chambre. Elle répéta ses accusations d'homosexualité à son entourage. Ayant appris que les deux hommes se retrouvaient parfois dans un bois de sapins, elle les suivit en se cachant, elle les fit épier par les enfants du village. Elle fouillait dans les papiers de Tolstoï, à la recherche de preuves de son homosexualité. Un jour elle pensa à faire la paix avec Tchertkov. « Mais quand je songe que je reverrais sa figure et retrouverais sur le visage de L. N. la joie de le revoir, la souffrance à nouveau s'élève en mon âme ; j'ai envie de pleurer et une protestation hurle en moi. L'esprit du mal est en Tchertkov. »

Le 18 août, Tchertkov fut définitivement autorisé à séjourner dans le gouvernement de Toula : « C'est ma condamnation à mort ! Je tuerai Tchertkov. Je le ferai emprisonner. Ou lui, ou moi ! » Elle cherchait dans toute l'œuvre de Tolstoï des indices de son homosexualité. Elle notait cependant le 22 août : « Anniversaire de ma naissance. J'ai 66 ans et toujours la même énergie, la même ardente émotivité et à ce que disent les gens le même air de jeunesse. »

Se trouvant seule à Iasnaïa Poliana, elle entra dans le bureau de son mari, décrocha du mur les photos de Tchertkov et de Sacha et mit les siennes à la place. A son retour, Tolstoï remit dans son bureau les photos supprimées. Sonia écrit le 26 septembre : « Le fait que L. N. l'ait [le portrait de T.] remis en place m'a plongée de nouveau dans un affreux désespoir… Je l'enlevai, le déchirai en petits morceaux et le jetai dans les cabinets. Naturellement, L. N. s'est fâché… De nouveau j'eus un accès de désespoir, la jalousie de T. me reprit des plus violentes et encore une fois je pleurai jusqu'à l'épuisement et jusqu'au mal de tête. Je songeai au suicide. » Elle tira avec un pistolet-attrape deux coups que Tolstoï n'entendit pas.

Ayant découvert un des carnets où Tolstoï tenait un journal « pour moi seul », elle comprit qu'un testament avait été rédigé qui l'écartait de la succession. Elle écrivit à son mari une lettre furieuse. Elle essaya de l'attendrir en pleurant et en lui baisant les mains, afin qu'il modifie ses dernières volontés : en vain. Certaine que lorsqu'il partait à cheval c'était pour rejoindre Tchertkov, elle alla se poster, le 16 octobre, dans un fossé, près de la maison de celui-ci sur laquelle elle braqua des jumelles. Tolstoï ne vint pas. Elle retourna à Iasnaïa Poliana et un domestique la découvrit, assise sur un banc et grelottante. De nouveau, elle supplia Tolstoï de ne plus revoir ce « dégoûtant » Tchertkov. Excédé, il décida de s'en aller et il lui laissa une lettre où il ne donnait pas son adresse. Elle écrivit dans son Journal :

28 octobre : « L. N. s'est enfui à l'improviste. O horreur ! Sa lettre pour qu'on ne le cherche pas, disant qu'il quitte à jamais sa vie paisible de vieillard. Aussitôt après en avoir lu une partie, j'ai dans mon désespoir couru me jeter dans l'étang voisin... »

Tolstoï était parti le matin en voiture avec le docteur Makovitsky, après avoir écrit un mot à sa femme. Ils prirent le train et s'arrêtèrent au monastère d'Optina. Il pensait louer une isba près d'un autre monastère, à Chamordino, quand sa fille Sacha, à qui il avait fait parvenir son adresse, vint le trouver, lui raconta les scènes d'hystérie de Sonia et lui conseilla de fuir plus loin. Ils reprirent le train accompagnés de Sacha et on connaît la fin : Tolstoï agonisant chez le chef de gare d'Astapovo, Sonia alertée par les journalistes rôdant autour de la maison sans qu'on lui permette d'entrer. Elle survécut neuf ans à son mari. Elle ne se réconcilia avec Sacha que peu avant sa mort, en 1919.

Nous voilà bien loin du couple idéal rêvé par Robert Burnes. Même pour les couples qui ont vécu heureux et unis, la vieillesse est souvent un élément de déséquilibre. Chez ceux qui étaient déchirés par des conflits qu'ils surmontaient tant bien que mal, l'âge exaspère les antagonismes. La fuite de Juliette, sa dureté à l'égard de Blanche n'ont pas d'équivalent dans sa jeunesse ni dans son âge mûr. La violence de Sonia, son délire paranoïaque atteignent au paroxysme dans les dernières années de sa vie conjugale. Cette escalade s'explique en partie parce que la frustration ressentie par le vieillard provoque chez lui des conduites de revendication et d'agressivité. Sans doute aussi la

brièveté de son avenir l'amène-t-il à multiplier au
présent ses exigences : l'amour, la confiance, toutes les
satisfactions qu'il réclame, il faut qu'il les obtienne
tout de suite ou jamais. Cette impatience ne lui permet
pas de rien tolérer qui le contrarie. Nous ne pourrons
entièrement comprendre la jalousie sénile que si nous
avons examiné dans sa totalité l'expérience vécue par le
vieillard.

CHAPITRE VI

Temps, activité, histoire

Exister, pour la réalité humaine, c'est se temporaliser : au présent nous visons l'avenir par des projets qui dépassent notre passé où nos activités retombent, figées et chargées d'exigences inertes. L'âge modifie notre rapport au temps ; au fil des années, notre avenir se raccourcit tandis que notre passé s'alourdit. On peut définir le vieillard comme un individu qui a une longue vie derrière lui et devant lui une espérance de survie très limitée. Les conséquences de ces changements se répercutent les unes sur les autres pour engendrer une situation, variable selon l'histoire antérieure de l'individu, mais dont on peut dégager des constantes.

Et d'abord, qu'est-ce qu'*avoir* sa vie derrière soi ? Sartre l'a expliqué dans *L'Être et le Néant* : on ne possède pas son passé comme on possède une chose qu'on peut tenir dans sa main et regarder sous toutes ses faces. Mon passé, c'est l'en-soi que je suis en tant que dépassé ; pour l'avoir il faut que je le maintienne à l'existence par un projet ; si ce projet est de le connaître, il faut que je le présentifie en me le remémorant. Il y a dans le souvenir une sorte de magie à laquelle on est sensible à tout âge. Le passé a été vécu

sur le mode du *pour-soi* et pourtant il est devenu *en-soi* ;
il nous semble atteindre en lui cette impossible synthèse de l'en-soi et du pour-soi à laquelle aspire
toujours vainement l'existence[1]. Mais ce sont surtout
les gens âgés qui l'évoquent avec complaisance. « Ils
vivent plus par le souvenir que par l'espoir », notait
Aristote. Dans les *Mémoires intérieurs* et les *Nouveaux
Mémoires intérieurs,* Mauriac se penche souvent avec
nostalgie sur le petit garçon qu'il a été et dont l'univers
lui paraît plus réel que le monde d'aujourd'hui. Dans
un récent *Bloc-notes,* il écrivait : « Le vieil homme,
même s'il ne retombe pas en enfance, y retourne en
secret, se donne le plaisir d'appeler maman à mi-
voix. » Cette prédilection pour les jours anciens est un
trait qu'on rencontre chez la plupart des vieillards, et
c'est même par là que souvent leur âge se fait sentir
avec le plus d'évidence. Comment s'explique-t-elle ? Et
dans quelle mesure peuvent-ils « retrouver le temps
perdu » ?

« C'est le futur qui décide si le passé est vivant ou
non », remarque Sartre. Un homme qui a pour projet
de progresser décolle de son passé ; il définit son ancien
moi comme le moi qu'il n'est plus et s'en désintéresse.
Au contraire, le projet de certains pour-soi implique le
refus du temps et une étroite solidarité avec le passé.
La plupart des vieillards se trouvent dans ce cas ; ils
refusent le temps parce qu'ils ne veulent pas déchoir ;

1. « De là vient que le souvenir nous présente l'être que nous
étions avec une plénitude d'être qui lui confère une sorte de poésie.
Cette douleur que nous avions, en se figeant au passé elle ne cesse pas
de présenter le sens d'un pour-soi, et cependant elle existe en elle-
même avec la fixité silencieuse d'une douleur d'autrui, d'une douleur
de statue. » (Sartre, *L'Être et le Néant.*)

ils définissent leur ancien moi comme celui qu'ils continuent d'être : ils affirment leur solidarité avec leur jeunesse. Même s'ils ont surmonté la crise d'identification et accepté une nouvelle image d'eux-mêmes — la bonne grand-mère, le retraité, le vieil écrivain — chacun garde intimement la conviction d'être demeuré immuable : en évoquant des souvenirs, ils justifient cette assurance. Aux dégradations de la sénescence, ils opposent une immuable essence et inlassablement ils se racontent cet être qu'ils furent et qui survit en eux. Parfois, ils choisissent de se reconnaître dans le personnage qui les flatte le plus : ils sont à jamais cet ancien combattant, cette femme adulée, cette mère admirable. Ou ils ressuscitent la fraîcheur de leur adolescence, de leur première jeunesse. De préférence ils se tournent comme Mauriac vers la période où le monde a pris pour eux son visage, où s'est défini l'homme qu'ils sont devenus : l'enfance. Toute leur vie — à 30 ans, à 50 ans — ils ont continué d'être cet enfant tout en ne l'étant plus. Au moment où ils le retrouvent et se confondent avec lui, ils ont aussi bien 30 ans, ou 50 ans, que 80 : ils échappent à l'âge.

Mais que peuvent-ils retrouver ? Dans quelle mesure la mémoire nous permet-elle de récupérer nos vies ?

Le professeur Delay [1] en distingue, à juste titre, trois formes. La première, c'est la mémoire sensori-motrice, dans laquelle la reconnaissance est agie et non pensée ; elle comporte un ensemble de montages, d'automatismes, qui obéissent aux lois de l'habitude et elle demeure normalement intacte dans la vieillesse. La seconde, c'est la mémoire autistique, régie par la loi du

---

1. *Les Dissolutions de la mémoire.*

dynamisme inconscient, qui actualise le passé dans les rêves et les délires sur un mode paralogique et affectif. Le sujet n'a pas conscience de se souvenir, il revit au présent des impressions passées. (J'ajouterai qu'il est possible jusqu'à un certain point d'utiliser cette mémoire pour parvenir à une reconnaissance qui pose le passé comme tel : c'est ce que tente la psychanalyse.) La troisième forme, c'est la mémoire sociale, opération mentale qui, à partir de données physiologiques, d'images et d'un certain savoir, reconstruit et localise les faits passés, en utilisant les catégories logiques. Seule cette dernière nous permet dans une certaine mesure de nous raconter notre histoire. Pour mener ce travail à bien, beaucoup de conditions sont requises.

Il faut d'abord que cette histoire ait été fixée. On sait que la mémoire exige l'oubli ; si nous enregistrions tout, nous ne disposerions de rien. Beaucoup d'événements n'ont pas été retenus ou ont été oblitérés par d'autres. Si je prends mon propre exemple — et je peux le faire ici, car ce qui est valable pour moi l'est à fortiori pour des gens plus âgés — il m'arrive souvent en parlant avec ma sœur ou avec Sartre de découvrir dans mon passé d'énormes lacunes. Sartre m'a raconté par exemple la soirée où nous avons appris l'entrée en guerre de l'U.R.S.S. : un peu partout, on entendait des voix qui chantaient *L'Internationale*. Ces heures ont compté pour moi et il ne m'en reste rien.

D'autre part, il faut que les circuits nerveux permettant la reviviscence des images demeurent intacts. Certaines maladies — entre autres la démence sénile, l'athérosclérose cérébrale — en détruisent un grand nombre. Même un homme encore bien portant peut être affecté de lésions assez graves. Berenson s'en

plaint : « A 75 ans, il m'arrive d'étranges phénomènes ; tant de ces choses qui hier encore semblaient faire
partie de mon mobilier intellectuel ont disparu et se
sont évanouies avant que j'aie pu m'en rendre
compte !... De grands pans de mémoire s'effondrent et
se dissipent dans l'oubli. Pourquoi ? Comment ? »

Les images dont nous disposons sont bien loin
d'avoir la richesse de leur objet. L'image, c'est la visée
d'un objet absent à travers un *analogon* organique et
affectif. Il y a en elle, selon le mot de Sartre, « une
espèce de pauvreté essentielle ». Alain remarque que
l'on ne peut pas, sur l'image du Panthéon, essayer
même d'en compter les colonnes. L'image n'obéit pas
forcément au principe d'identité ; elle livre l'objet dans
sa généralité ; elle se donne dans un temps et un espace
irréels. Elle ne saurait donc ressusciter pour nous le
monde réel d'où elle émane et c'est pourquoi si souvent
des images surgissent qu'on ne sait pas où situer. Il
m'est arrivé, quand j'écrivais mes *Mémoires*, de revoir
avec vivacité des scènes que, faute de coordonnées, il
m'a été impossible d'intégrer à mon récit et que j'ai
renoncé à raconter.

« Les souvenirs dans le grand âge sont des fourmis
dont la fourmilière est détruite, écrit Mauriac. Le
regard n'en peut suivre aucun bien longtemps. » Et
Hermann Broch [1] : « Les souvenirs surgissent, se ren-
foncent et maintes fois disparaissent en totalité. Qu'ils
sont craintifs !... Oh ! sur quels abîmes d'oubli repose
la vie ; de quelle distance faut-il rappeler le souvenir
qui n'est plus guère souvenir ! »

1. *Le Tentateur.*

Par des raisonnements, des confrontations, des recoupements, on réussit à insérer un certain nombre d'images dans des constructions cohérentes et datées. Mais on n'aboutit qu'à des hypothèses dont la vérification n'est pas toujours possible. « On devine le passé », disait Henri Poincaré. Il en est d'exactes. J'ai constaté à trente ans de distance que le golfe de Porto, en Corse, avait la même couleur, le même dessin que dans ma mémoire : la surprise que j'en ai ressentie prouve que je suis habituée à recevoir de la réalité de sévères démentis. En effet, que d'erreurs j'ai touchées du doigt ! Et elles ne représentent évidemment qu'une faible partie de celles que j'ai commises.

La plupart du temps, les images logiquement reconstruites et situées nous demeurent aussi extérieures que celles d'un événement appartenant à l'histoire universelle. « Nous ne possédons qu'un sens déformé du passé, et peu d'instants de ce passé nous sont reliés par un contact vital », dit justement Berenson. Elles prennent souvent un caractère de clichés : nous les évoquons sans les modifier, sans les enrichir, puisque nous ne saurions découvrir en elles que ce que nous y avons mis. Souvent j'amalgame en un seul souvenir des données appartenant à différentes époques : à travers toute mon enfance, les visages de Louise, de mon père, de mon grand-père sont immuables. Même quand je me rappelle une scène singulière, elle est reconstruite à partir de schèmes généraux. Âgée de 12 ans, Zaza dans la salle d'étude des cours me remercie d'un sac dont je lui fais cadeau : elle a la silhouette et les traits de ses 20 ans.

Ces stéréotypes se perpétuent dans un monde en mouvement si bien que malgré leur fixité ils prennent un aspect curieusement exotique. Cela ne se produirait pas dans une société de répétition. Si je portais le même costume traditionnel que ma mère, en la revoyant jeune je reverrais une jeune femme d'aujourd'hui. Mais la mode a changé : dans sa belle robe de jais noir, elle appartient à une époque révolue. Revenir au temps de mes 20 ans me dépayse autant que si je me trouvais transportée au bout du monde. Je regarde une photographie du vieux Trocadéro dont j'aimais la laideur : l'ai-je vraiment vu de mes yeux ? Une autre des Champs-Élysées en 1929 ; j'ai porté un de ces chapeaux cloches, un de ces cols boules, je croisais des hommes coiffés de casquettes ou de feutres : il ne me semble pas que ce décor ait jamais appartenu à ma vie. Au fur et à mesure que les années passent, le moment présent nous semble toujours naturel ; nous avons la vague impression, puisqu'il nous semblait naturel aussi, que le passé était pareil : en fait, les images que nous en retrouvons datent. De cette manière-là encore, notre vie nous échappe : elle était nouveauté, fraîcheur ; cette fraîcheur même s'est périmée.

C'est ce qu'a senti Emmanuel Berl quand il a écrit dans *Sylvia* : « Mon passé m'échappe. Je tire par un bout, je tire par l'autre et il ne me reste dans la main qu'un tissu pourri qui s'effiloche. Tout devient fantôme ou mensonge. »

« Moi-même je me reconnais mal dans les clichés que ma mémoire me propose. Ce personnage qui débarque au Touquet dans une torpédo bleue pastichée de Morand avec une jeune dame pastichée de Van Dongen, qu'ai-je de commun avec lui ? Si tous ces fantoches, ces simulacres constituent mon histoire, alors mon histoire n'est pas moi. »

« Les grands vieillards m'émeuvent, me disait une amie, à cause de ce long passé qu'ils ont derrière eux. » Malheureusement, ils ne l'ont pas. Le passé n'est pas derrière moi un calme paysage dans lequel je flânerais à ma guise et qui me découvrirait peu à peu ses méandres et ses replis. Au fur et à mesure que j'avançais, il s'effondrait. Les débris qui en émergent sont pour la plupart décolorés, glacés, déformés, leur sens m'échappe. Il en est de loin en loin qui me fascinent par leur beauté mélancolique. Ils ne suffisent pas à peupler ce vide que Chateaubriand a appelé « le désert du passé ».

Il y a beaucoup de choses que nous sommes impuissants à évoquer et que cependant nous sommes capables de reconnaître. Mais cette reconnaissance ne nous restitue pas toujours la chaleur du passé. Celui-ci nous touche parce qu'il est passé. Mais c'est aussi pour cela que si souvent il nous déçoit : nous l'avons vécu comme un présent riche de l'avenir vers lequel il s'élançait ; il n'en reste qu'un squelette. C'est ce qui rend si vains les pèlerinages. Bien souvent il nous est impossible de retrouver la trace de nos pas. L'espace reprend à son compte les trahisons du temps : les endroits changent. Mais ceux mêmes qui sont en apparence restés intacts ne le sont pas pour moi. Je peux me promener dans certaines rues d'Uzerche, de Marseille, de Rouen. J'en reconnaîtrai les pierres, mais je ne retrouverai pas mes projets, mes désirs, mes craintes : je ne me retrouverai pas. Et si j'évoque dans ces sites une scène d'autrefois, elle y est épinglée comme un papillon dans une boîte ; les personnages ne vont plus nulle part. Leurs relations sont frappées d'inertie. Et moi je n'attends plus rien.

Non seulement l'avenir de ce passé a cessé d'être un avenir mais souvent en se réalisant il a démenti nos attentes. Plus d'une fois j'ai vécu les débuts d'une amitié destinée à ne jamais finir ; certaines ont tenu ces promesses ; d'autres ont tourné à l'indifférence ou même à l'inimitié. Comment interpréter une entente qu'une brouille a contestée ? Était-elle valable dans une conjoncture donnée, mais prédestinée à n'y pas survivre ? reposait-elle sur une illusion ? aurait-elle pu durer toujours et s'est-elle brisée par malentendu ? Aucune réponse ne saurait être définitive : le sens d'un événement passé est toujours révocable. Non seulement la matérialité des faits nous échappe, mais sur la valeur que nous devons leur accorder, nous hésitons, et notre jugement demeurera toujours en suspens.

La mort de quelqu'un à qui nous tenons constitue une brutale rupture avec notre passé : or, un vieillard, c'est quelqu'un qui a beaucoup de morts derrière soi. « Ma trop longue vie ressemble à ces voies romaines bordées de monuments funèbres », a écrit Chateaubriand. La mort d'un proche, d'un ami, ne nous prive pas seulement d'une présence mais de toute cette partie de notre vie qui était engagée en eux. Les gens plus âgés que nous, c'est notre propre passé qu'ils emportent avec eux. Il y a des sexagénaires qui souffrent, en perdant leurs parents ou des amis de la même génération, de perdre une certaine image d'eux-mêmes que détenait le défunt : avec celui-ci s'engloutit une enfance, une adolescence dont il était seul à garder un certain souvenir. Ce qui laisse les vieillards inconsolables, c'est la perte de gens plus jeunes, qu'ils associaient à leur avenir, surtout s'ils les avaient engendrés, élevés ou formés : la mort d'un enfant, d'un petit enfant, c'est la soudaine ruine de toute une entreprise ; elle rend absurdement vains les efforts, les sacrifices faits pour lui, les espoirs qu'on avait mis en lui. La disparition des amis de notre âge n'a pas ce caractère d'échec cuisant : mais elle annule les rapports que nous avons eus avec eux. Quand Zaza est morte, j'étais trop tournée vers l'avenir pour pleurer sur mon passé, je n'ai pleuré que sur elle. Mais beaucoup plus tard, je me rappelle mon désarroi à la mort de Dullin, avec qui je n'avais pourtant pas eu de vraie intimité. C'était tout un pan de ma propre vie qui s'effondrait : Ferroles, l'Atelier, les répétitions des *Mouches,* les dîners si gais où il racontait ses souvenirs, évanouis avec lui. Plus tard, nos ententes, nos disputes avec Camus ont été anéanties ; anéanties mes rencontres, mes discussions avec Merleau-Ponty dans les jardins du Luxembourg, chez lui, chez moi, à Saint-Tropez ; et les longues conversations avec Giacometti, les visites à son atelier. Tant qu'ils vivaient, il n'était pas besoin de souvenir pour qu'en eux notre commun passé demeurât vivant. Ils l'ont emporté dans leur tombe ; ma mémoire n'en retrouve qu'un simulacre glacé. Dans les « monuments funèbres » qui jalonnent mon histoire, c'est moi qui suis enterrée.

N'arrive-t-il pas cependant que pris dans sa totalité le passé soit un objet de jouissance ? Avoir réussi sa vie, cela ne peut-il pas suffire à combler l'individu déclinant ? C'est ce qu'on imagine quand on est jeune. A 20 ans, une vie me semblait solide comme une chose et pénétrée cependant de conscience. Si j'entrevoyais une distance entre un homme et sa biographie, je m'en

scandalisais : sachant qui il était, Baudelaire, pensais-
je, n'aurait pas dû souffrir de l'incompréhension des
imbéciles. Beaucoup plus tard, quand Sartre a commencé à penser ce qu'il a écrit à la fin des *Mots*, ses
propos désabusés m'irritaient. J'aurais voulu qu'il se
réjouît d'être Sartre. Quelle erreur ! Pour lui-même il
ne l'*est* pas. Même Victor Hugo, c'est seulement par
accès que selon le mot de Cocteau « il se prenait pour
Victor Hugo ». La formule est heureuse : elle indique
qu'on peut jouer avec une image de soi mais non se
confondre avec elle. Un grand malentendu sépare les
gens qui regardent du dehors un homme « arrivé »,
dans l'apparente plénitude de son être-pour-autrui, et
l'expérience vécue qu'il a de lui-même. Aragon ayant
dans un de ses derniers poèmes dressé une sorte de
constat d'échec de sa vie, des critiques l'ont accusé de
coquetterie : « Vous avez réussi et vous le savez », ont-
ils affirmé ; alors qu'il faisait allusion à l'échec de toute
réussite. Vigny dit qu'une belle vie c'est une idée de
jeunesse réalisée dans l'âge mûr. Soit. Mais il y a une
infinie distance entre le rêve rêvé et le rêve réalisé.
C'est ce qu'a si bien dit Mallarmé quand il fait allusion
à :

> « ... Ce parfum de tristesse
> Que même sans regret et sans déboire laisse
> La cueillaison d'un rêve au cœur qui l'a cueilli. »

Sartre a expliqué ce décalage dans *L'Être et le
Néant* : « Le futur ne se laisse pas rejoindre, il glisse au
passé comme ancien futur... De là cette déception
ontologique qui attend le Pour-soi à chaque débouché
dans le futur. Même si mon présent est rigoureusement

identique par son contenu au futur vers quoi je me
projetais par-delà l'être, ce n'est pas ce présent vers
quoi je me projetais car je me projetais vers ce futur en
tant que futur, c'est-à-dire en tant que point de
rejoignement de mon être. » C'est pourquoi j'ai pu
sans contradiction écrire dans les *Mémoires d'une jeune
fille rangée :* « Aucune vie, aucun instant d'aucune vie
ne saurait tenir les promesses dont j'affolais mon cœur
crédule » ; et dans *La Force des choses :* « Les promesses ont été tenues », tout en concluant : « J'ai été
flouée. » Le présent, même conforme à mes attentes,
ne pouvait pas m'apporter ce que j'attendais : la
plénitude d'être à quoi tend vainement l'existence. Le
Pour-soi n'*est* pas. Et nul ne peut dire « J'ai eu une
belle vie » parce qu'une vie on ne l'*a* pas. Je ne pense
pas du tout que la gloire soit le « deuil éclatant du
bonheur » ; en fait, elle n'est rien, sinon aux yeux
d'autrui un mirage fuyant. Le soir de son 80e anniversaire qui lui fut souhaité avec un extraordinaire éclat,
Tolstoï se coucha en disant à sa fille : « J'ai l'âme
lourde. » Andersen acclamé par sa ville natale versa des
larmes : « Comme mes parents seraient heureux ! »
disait-il. Pour eux, sa gloire aurait été une réalité ; il
l'aurait vue dans leurs yeux.

Certes, il arrive qu'un homme se retourne avec fierté
vers son passé : surtout si le présent qu'il vit et l'avenir
qu'il pressent le déçoivent. Alors il s'arc-boute à ses
souvenirs, il s'en fait une défense ou même une arme.
Ces intermittents sursauts d'orgueil n'impliquent pas
une jouissance plénière de ce qui fut.

En vérité, c'est le passé qui nous tient. C'est à
travers ce qu'il a fait de nous que nous le connaissons.
Un homme mécontent de son état n'y trouvera qu'un

aliment à son amertume, une raison supplémentaire de se désoler du présent. Ainsi Swift dans une lettre écrite le 5 avril 1729, à 62 ans : « Je ne me réveille jamais le matin sans trouver l'existence un peu plus dénuée d'intérêt qu'elle l'était la veille. Mais ce qui me désole le plus est de me rappeler ma vie d'il y a vingt ans et de retomber tout à coup dans le présent. » A 54 ans, Flaubert écrit : « L'avenir ne m'offre rien de bon et le passé me dévore. Signe de vieillesse et de décadence. » C'est aussi avec amertume qu'il écrit trois ans plus tard : « A mesure que j'avance en âge, le passé me tient de plus en plus aux moelles. » On a vu que l'insécurité matérielle, l'humiliation sociale consécutives à la ruine de sa nièce lui avaient donné prématurément le sentiment d'être un homme fini. Le passé n'était pas pour lui un agréable objet de contemplation mais une hantise triste : le comparant au présent, il se sentait déchu, et l'idée de cette déchéance était confirmée pour lui par son obsession du passé.

Le contraste entre le passé et le présent peut devenir intolérable. Il y a peu d'histoires plus pathétiques que celle qu'a racontée sur Brummel son valet de chambre. A 60 ans, il vivait en France, malade, indigent, solitaire et l'esprit dérangé. Un soir, il fit préparer l'appartement comme pour une grande réception : fauteuils, tables de whist, bougies (ce qui était un luxe car d'ordinaire il s'éclairait à la chandelle). Il revêtit un bel habit bleu à boutons d'or, tout mangé aux vers, mit une cravate blanche, des gants couleur primevère, et confia à son valet une liste d'invités qu'il devait appeler, de cinq minutes en cinq minutes, à partir de sept heures. Le valet se posta sur le seuil de la porte, un flambeau à la main, et commença à annoncer les

fantômes aux noms prestigieux, que Brummel accueillit avec cérémonie. Soudain il s'effondra sur son
fauteuil en pleurant. Puis il se redressa et commanda à
son valet : « Appelle les voitures. Tu iras te coucher
quand tout le monde sera parti. » Cette manière de
revivre le passé au présent s'apparente aux phénomènes d'ecmnésie dont j'ai déjà parlé. Jusqu'à quel point
Brummel était-il possédé par le passé qu'il réactuali-
sait ? Gardait-il de la lucidité et se rendait-il compte
qu'il jouait une sinistre comédie ? Le récit fait supposer
qu'il oscillait de l'envoûtement à la mauvaise foi[1].

C'est surtout son enfance qui revient hanter le
vieillard : on sait depuis Freud l'importance — que
Montaigne pressentait — des toutes premières années
quant à la formation de l'individu et de son univers.
Les impressions reçues ont alors une force qui les rend
ineffaçables. L'adulte n'a guère le loisir de les évoquer
parce qu'il est occupé à trouver un équilibre pratique ;
elles resurgissent quand cette tension se relâche. « Le
plus doux privilège que la nature ait accordé à l'homme
qui vieillit, c'est celui de ressaisir avec une extrême
facilité les impressions de l'enfance », écrit Nodier.
Tolstoï écrit dans son Journal, le 10 mars 1906, à
78 ans : « Tout le jour, une impression stupide et
triste. Vers le soir, cet état d'âme s'est transformé en
désir de caresses, de tendresse. J'aurais voulu comme
dans mon enfance me serrer contre un être aimant et
compatissant, pleurer de douceur et être consolé...
Devenir tout petit et me rapprocher de ma mère, telle
que je l'imagine... Toi, maman, prends-moi, cajole-

---

1. Il y a une analogie entre cette anecdote et *Les Chaises* de
Ionesco.

moi... Tout cela est fou, mais tout cela est vrai. » Il imaginait sa mère, morte quand il avait deux ans ; mais le début de cette rêverie repose sur des souvenirs.

Loisy a consacré sa vie à critiquer la Bible, il a été excommunié pour ses théories modernistes et il a perdu la foi. A 83 ans, six semaines avant de mourir, en proie à de vives souffrances et la tête égarée, il se mit à chanter des cantiques et des passages de la messe, comme au temps où il était un jeune séminariste. Il se comparait à Job dont il racontait l'histoire [1].

L'enfant fait de la vie un apprentissage difficile ; il est en proie à des complexes qu'il lui faut surmonter ; il éprouve des sentiments de culpabilité, de la honte, de l'anxiété. Les mauvais souvenirs qu'on avait refoulés dans l'âge adulte se réveillent chez le vieillard. Les barrages qu'on avait réussi à établir tant qu'on avait des activités et qu'on subissait une pression sociale s'écroulent, dans le désœuvrement et l'isolement du dernier âge. Sans doute aussi le traumatisme narcissique provoqué par l'arrivée de la vieillesse affaiblit-il les défenses du sujet : les conflits de l'enfance et de l'adolescence se réveillent. Toute sa vie ma mère a été marquée par son enfance, mais à la fin elle évoquait plus souvent encore avec rancune la préférence que son père avait manifestée à sa sœur cadette. Un exemple frappant, c'est celui d'Andersen qui n'était pourtant ni inactif ni délaissé. Il commença à s'assombrir vers 1854, pendant la guerre avec l'Allemagne qui s'acheva par la défaite du Danemark ; il avait 59 ans. Il lutta

---

1. Dans ses dernières années, il croyait en un Dieu obscurément conçu et Job était un thème auquel il se référait parfois. Mais il était aussi loin que possible du catholicisme.

contre cette dépression en travaillant, en voyageant.
Très célèbre, entouré d'amis, il se mit cependant à
rêver toutes les nuits de son ancien professeur Meisling
qui l'avait cruellement persécuté et humilié quand il
était écolier ; il était en proie à cette mémoire autistique
qui ne permet pas de maîtriser le passé, mais le
réactualise ; il ne se racontait pas son enfance : il la
revivait d'une manière névrotique. Nommé conseiller
d'État, il rêva que Meisling lui donnait ce titre en se
moquant de lui et qu'il lui jetait ses livres à la tête. En
1867, en arrivant à Odense — sa ville natale —, il fut
saisi d'une « étrange et folle peur ». Il se rappelait le
dédain que lui avait manifesté le doyen de la classe de
confirmation, les railleries des élèves de latin, les
garnements qui poursuivaient son grand-père dans la
rue, les délires et la mort de son père. Le lendemain,
pendant la fête donnée en son honneur, il pleurait. En
1869, Copenhague le fêta : ce fut une apothéose. Et le
critique Georges Brandès lui consacra un livre important et enthousiaste. Mais son système nerveux s'altérait et lui rendait la vie de plus en plus difficile. Son
angoisse, qui avait toujours été latente, même dans les
temps heureux, se monnayait en quantités de terreurs
particulières : il avait peur du feu, de l'eau, des
maladies, de tout. Dans ses cauchemars, Meisling
continuait à rire de lui. Il prenait aussi en rêve de
terribles colères contre d'anciens amis et il se réveillait
dans le remords, en sanglotant. Son Journal est plein
de récits de ces cauchemars. Dans un de ses derniers
rêves, sous l'effet de la morphine, il parla paisiblement
avec Meisling de l'art et de la beauté. « Enfin, nous
devînmes amis », nota-t-il avec soulagement. Son
70e anniversaire fut un jour heureux. Mais ensuite,

gravement malade, somnolent, il ne souhaita plus que la mort. « Si je dois mourir, que cela arrive vite ; je ne peux attendre, je ne peux rester étendu à m'effriter comme une feuille morte. » Il mourut peu après.

Le cas d'Andersen n'a rien d'exceptionnel : toutes les névroses des vieillards ont leur source dans leur enfance ou leur adolescence.

On comprend pourquoi ils se retournent si volontiers vers leur enfance : c'est qu'elle les possède. Ils se reconnaissent en elle parce que — même si pendant un temps ils ont voulu l'ignorer — elle n'a pas cessé de les habiter. Il y a une autre raison encore : l'existence se fonde en se transcendant. Mais — surtout quand on atteint un âge très avancé — la transcendance bute contre la mort. Le vieillard tente de fonder son existence en reprenant à son compte sa naissance ou du moins ses toutes premières années. L'alliance enfance-vieillesse que nous avons constatée sur un plan sociologique est intériorisée par l'individu. Au moment de sortir de la vie, il se reconnaît dans le bébé qui sortait des limbes.

On comprend aussi pourquoi la pauvreté des images qu'ils sont capables d'évoquer ne décourage pas les gens âgés. Ils ne cherchent pas à se faire de leurs premières années un récit détaillé et cohérent, mais à se replonger en elles. Ils ruminent quelques thèmes qui ont pour eux une grande valeur affective ; loin de se lasser de ce rabâchage, ils s'y retrempent. Ils s'évadent du présent, ils rêvent aux bonheurs anciens, ils conjurent les anciens malheurs. Une femme de 86 ans me disait que le soir, aussitôt couchée, elle se racontait indéfiniment des scènes de sa petite enfance et qu'elle en éprouvait une inépuisable jubilation.

L'homme âgé intériorise son passé sous la figure
d'images, de fantasmes, d'attitudes affectives. Il en
dépend d'une autre manière encore : c'est le passé qui
définit ma situation actuelle et son ouverture vers
l'avenir ; il est le donné à partir duquel je me projette et
que j'ai à dépasser pour exister. Cela est vrai à tout âge.
Je tiens du passé les mécanismes qui se sont montés
dans mon corps, les instruments culturels dont je me
sers, mon savoir et mes ignorances, mes relations avec
autrui, mes occupations, mes obligations. Tout ce que
j'ai fait m'a été repris par lui et s'y est chosifié sous la
figure du pratico-inerte. Sartre appelle pratico-inerte
l'ensemble des choses marquées du sceau de l'action
humaine et des hommes définis par leur rapport à ces
choses ; pour moi, le pratico-inerte, c'est l'ensemble
des livres que j'ai écrits qui constituent maintenant
hors de moi mon œuvre et me définissent comme leur
auteur : « Je suis ce que j'ai fait et qui m'échappe en
me constituant aussitôt comme un autre[1]. » Tout
homme par sa praxis réalise son objectivation dans le
monde et s'y aliène. Il s'y crée des intérêts. L'intérêt,
c'est « l'être tout entier hors de moi comme une chose
en tant qu'il conditionne la praxis comme impératif
catégorique[1] ». L'intérêt du propriétaire, c'est sa propriété et souvent il y attache plus de prix qu'à sa vie
même.

Plus nous avançons en âge, plus lourdement pèse sur
nous le poids du pratico-inerte. C'est ce que Gorz a
bien montré dans son livre sur *Le Vieillissement*. Il
définit la jeunesse comme « une moindre inertie à

---

1. Sartre, *Critique de la raison dialectique*.

remuer ». Devenir un homme mûr, c'est devenir un autre pour les autres : un individu défini par son métier. L'avenir qu'il s'était librement choisi lui apparaît désormais comme la nécessité qui l'attend ; il voit dans son passé une aliénation. Sa vie, c'est « une vie qui traîne dehors, dans les choses, comme mon être du dehors et pour moi-même perdu ». Les projets se sont pétrifiés. Cette description convient à la vieillesse : celle-ci est encore plus alourdie que la maturité. Toute une longue vie s'est alors figée derrière nous et nous retient captifs. Les impératifs se sont multipliés, et leur envers, ce sont des impossibilités : le propriétaire *doit* conserver sa propriété ; il ne *peut* pas s'en dessaisir. Pour comprendre dans quelle mesure le vieillard, face à son avenir, se trouve ligoté, il faut maintenant considérer comment cet avenir se présente à lui. Nous allons voir qu'il lui apparaît doublement *fini :* il est bref et il est fermé. Il est d'autant plus fermé qu'il est plus bref ; et il semble d'autant plus bref qu'il est plus fermé.

A partir d'un certain seuil, variable selon les individus, l'homme âgé prend conscience de son destin biologique : le nombre des années qui lui restent à vivre est limité. Si à 65 ans une année lui semblait aussi longue que dans son enfance, le laps de temps sur lequel il peut raisonnablement compter dépasserait encore son imagination ; mais il n'en est pas ainsi. Ce délai lui paraît tragiquement court parce que le temps ne coule pas de la même manière aux divers moments de notre existence : il se précipite à mesure qu'on vieillit.

Pour l'enfant, les heures semblent longues. Le temps dans lequel il se meut lui est imposé, c'est celui des adultes ; il ne sait ni le mesurer ni le prévoir, il est perdu au sein d'un devenir sans commencement ni fin. J'ai maîtrisé le temps quand je l'ai animé de mes projets, découpé selon mes programmes : mes semaines se sont organisées autour des après-midi où j'allais au cours : alors chaque journée avait un passé, un avenir. Mes souvenirs datés et cohérents remontent à cette époque. D'autre part, les moments se traînent quand nous les vivons dans la tension ou la lassitude. Or, l'enfant à cause de sa faiblesse, de son émotivité, de la fragilité de son système nerveux se fatigue vite. Soixante minutes de lecture, c'est un effort plus soutenu à 5 ans qu'à 10 ans, à 10 qu'à 20. Les distances sont longues à parcourir, l'attention difficile à fixer : les journées ne se laissent pas franchir sans peine. Enfin, surtout, le monde est alors si neuf, les impressions qu'il produit en nous si fraîches et si vives que, évaluant la durée par la richesse de son contenu, elle nous paraît beaucoup plus étendue qu'aux époques où l'accoutumance nous appauvrit. Schopenhauer l'a noté : « Durant l'enfance, la nouveauté des choses et des événements fait que tout s'imprime dans notre conscience : aussi les jours sont-ils d'une longueur à perte de vue. Il nous en arrive de même et pour la même cause en voyage où un mois nous paraît plus long que quatre à la maison [1]. »

---

1. Sur cette dilatation de la durée au cours des voyages, l'ethnologue Georges Condaminas écrit dans *L'exotique est quotidien :* « Il faut se dire qu'une journée de voyage transposée dans le souvenir occupe un " espace " beaucoup plus vaste qu'une journée passée chez soi. Surtout si on pénètre dans un pays qui nous est totalement

« Je me souviens du quart d'heure de récréation à l'école communale, écrit Ionesco. Un quart d'heure ! C'était long, c'était plein ; on avait le temps d'avoir l'idée d'un jeu, de le jouer, de le finir ; d'en recommencer un autre... Mais l'année prochaine n'était qu'un mot ; et même si je pensais qu'elle viendrait, cette année prochaine, cela me semblait si loin que cela n'était pas la peine d'y penser ; c'était aussi long que l'éternité, jusqu'à ce qu'elle revienne, donc c'était comme si elle n'allait pas revenir [1]. »

Au sortir de l'enfance, l'espace se resserre, les objets rapetissent, le corps se fortifie, l'attention s'affermit, on se familiarise avec les montres et les calendriers, la mémoire prend de l'ampleur et de la précision. Néanmoins, les saisons continuent à tourner avec une merveilleuse ou terrible lenteur. A 15 ans, feuilletant mes livres de classe neufs, la traversée de l'année scolaire me semblait une grande et passionnante expédition. Plus tard, les rentrées me jetaient dans la détresse : je me disais que jamais je n'arriverais au bout des dix mois que j'avais à passer dans notre triste appartement.

Mais dès que je m'arrachais à ce découragement, l'immensité de l'avenir déployé à mes pieds m'exaltait : quarante ans, soixante ans à vivre, c'était l'éternité puisque une année me paraissait si vaste.

inconnu... Les heures passées à s'imbiber, à s'imprégner sans relâche de ce monde nouveau dépassent le découpage naturel et mesurable du temps. Les faits ont si fortement impressionné la mémoire que celle-ci les restitue un peu de la même manière qu'un film passé au ralenti. Le temps de restitution est un grossissement du temps réel. »

1. *Journal en miettes.*

Il y a plus d'une raison à ce changement que subit de la jeunesse à la vieillesse l'évaluation du temps. D'abord, il faut remarquer qu'on a toujours sa vie entière derrière soi, réduite, à tout âge, au même format ; en perspective, vingt années s'égalent à soixante, ce qui donne aux unités une dimension variable. Si l'année est égale au cinquième de notre âge, elle nous paraît dix fois plus longue que si elle ne représente que sa cinquantième partie. Évidemment, il ne s'agit pas là d'un calcul explicite, mais d'une impression spontanée. Et puis la mémoire des jeunes gens leur livre l'année écoulée avec un luxe de détails qui s'étalent sur un vaste espace : ils prêtent à l'année prochaine la même dimension. Au contraire, quand nous sommes âgés peu de choses nous frappent ; les moments apportent peu de nouveauté ; nous ne nous y attardons pas. Pour moi, 1968 se résume en quelques dates, quelques schèmes, quelques faits. J'attribue à 1969 la même pauvreté. A peine suis-je revenue à Paris en octobre, me voilà déjà en juillet.

Un autre facteur encore joue : je sais que je serai dans douze mois au mieux la même qu'aujourd'hui ; tandis qu'à 20 ans, « être soi, c'est venir à soi », selon le mot de Sartre. On est attente du monde et de soi-même. Chaque année nous emporte dans un tourbillon de nouveautés, enivrantes ou affreuses, dont on sort transformé. On pressent dans le proche avenir un semblable bouleversement. Ni par des projets ni par le souvenir on ne saurait alors contenir le temps puisqu'il nous arrache à nous-même. Il n'existe personne qui soit capable d'en réaliser l'unité si au départ le *Je* est autre que celui qu'il va devenir. Une incalculable distance sépare ces deux étrangers : du moins se l'imaginent-ils.

Si les souvenirs affectifs qui réveillent l'enfance sont si précieux, c'est parce que, pendant un bref instant, ils nous remettent en possession d'un avenir sans limites. Un coq chante dans un village dont j'aperçois les toits d'ardoise, je marche dans une prairie humide de gelée blanche, c'est soudain Meyrignac et j'ai un coup au cœur : cette journée qui naît s'étale, immense, jusqu'à un lointain crépuscule ; demain n'est qu'un mot vide ; j'ai pour lot l'éternité.

Et puis non ; je me retrouve dans mon temps où les années passent si vite. Je peux reprendre à mon compte les mots de Ionesco : « Je suis à l'âge [...] où une heure ne vaut que quelques minutes, où l'on ne peut même plus enregistrer les quarts d'heure. »

Pour essayer de retrouver l'épaisseur de la durée enfantine, le meilleur moyen, pense-t-il lui aussi, c'est de voyager : « J'essaye depuis, tous les jours, de m'attacher à quelque chose de stable, j'essaye désespérément de retrouver un présent, de l'installer, de l'élargir. Je voyage pour retrouver un monde intact sur lequel le temps n'aurait pas de prise. En effet, deux jours de voyage, la connaissance d'une ville nouvelle ralentissent la précipitation des événements. Deux jours dans un pays nouveau en valent trente de ceux que l'on vit dans un endroit habituel, raccourcis par l'usure, détériorés par l'habitude. L'habitude polit le temps, on y glisse comme sur un parquet trop ciré. Un monde nouveau, un monde toujours nouveau, un monde de toujours, jeune pour toujours, c'est cela le paradis. La vitesse n'est pas seulement infernale, elle est l'enfer même, elle est l'accélération de la chute. Il y a eu le présent, il y a eu le temps, il n'y a plus ni présent ni temps, la progression géométrique de la chute nous a lancés dans du rien[1]. »

Le paradoxe, c'est que cette infernale vitesse ne défend pas toujours le vieillard de l'ennui, au contraire. A tout âge nous en avons fait l'expérience : les journées de voyages si longues à évoquer ont passé comme l'éclair parce que nous étions sans cesse tenus en haleine ; des semaines qui rétrospectivement semblent brèves parce que nous avons tout oublié se sont traînées, heure par heure, interminablement.

Au jour le jour, la manière dont on éprouve la fuite du temps dépend de son contenu. Mais s'il la prévoit au futur, dans sa forme pure, elle semble à l'homme âgé vertigineusement rapide.

La radicale différence entre l'optique du vieillard et celle de l'enfant ou de l'adolescent, c'est que le premier a découvert sa finitude, tandis qu'au début de sa vie il l'ignorait : alors, il apercevait devant lui des possibilités si multiples et si vagues qu'elles lui paraissaient illimitées ; l'avenir dans lequel il les projetait se dilatait à l'infini pour les accueillir. Les jeunes d'aujourd'hui se rendent compte de bonne heure que la société a préfabriqué leur futur : mais beaucoup rêvent d'échapper au système, ou même de le détruire, ce qui laisse ouvert à leur imagination un large champ. Du jour — qui se situe plus ou moins tôt selon la classe à laquelle il appartient — où il se trouve astreint à reproduire sa vie, l'individu, enfermé dans un métier, voit son univers se rétrécir, ses projets se raréfier. Cependant l'adulte dispose d'années assez nombreuses pour déci-

---

1. *Journal en miettes.*

der d'agir, d'entreprendre, pour escompter des changements dans le monde ou dans son histoire personnelle : ses espoirs peuplent un avenir dont il ne se
représente encore pas le terme. Le vieillard, lui, sait
que sa vie est faite et qu'il ne la refera pas. L'avenir
n'est plus gonflé de promesses, il se contracte à la
mesure de l'être fini qui a à le vivre. En effet, la réalité
humaine est affectée d'une double finitude ; l'une est
contingente et ressortit à la facticité : l'existence a un
terme qui lui vient du dehors. L'autre est une structure
ontologique du pour-soi. Dans le dernier âge, l'une et
l'autre se révèlent ensemble, et l'une par l'autre. Si,
avec une espérance de vie restreinte, j'avais la disponibilité physique et morale de mes 20 ans, ma fin,
entrevue à travers un foisonnement de projets, me
paraîtrait lointaine. Si on me donnait cent ans de survie
et de santé, je pourrais me lancer dans des entreprises
neuves, partir à la conquête de domaines inconnus. Je
ne me sentirais pas enfermée sans recours dans ma
singularité. J'aurais tort d'ailleurs : la prolongation de
mes jours ne m'arracherait pas à ma finitude. Même
l'immortalité ne la briserait pas. « La réalité humaine
demeurerait finie même si elle était immortelle, a écrit
Sartre, parce qu'elle se fait finie en se choisissant
humaine... L'acte même de liberté est créateur et
assomption de ma finitude. Si je me fais, je me fais fini
et de ce fait ma vie est unique [1]. » Le commencement
de mon histoire demeurant à jamais inchangé, c'est un
certain passé que j'ai à jamais à dépasser : rien ne
saurait me faire sortir de ma peau. Cette double

1. *L'Être et le Néant.*

certitude s'impose à l'homme âgé : ses années sont comptées et il ne s'évadera pas de lui-même.

Ainsi, de la maturité au dernier âge l'avenir se transforme qualitativement. A 65 ans, on n'a pas seulement 20 ans de plus qu'à 45. On a échangé un avenir indéfini — qu'on tendait à regarder comme infini — contre un avenir fini. Jadis nous ne découvrions à l'horizon aucune borne : nous en voyons une. « Quand je rêvais jadis, écrit Chateaubriand revenant sur son lointain passé [1], ma jeunesse était devant moi ; je pouvais marcher vers cette chose inconnue que je cherchais. Maintenant je ne peux plus faire une enjambée sans toucher à la borne. »

Un avenir borné, un passé figé, telle est la situation qu'ont à affronter les gens âgés. Dans de nombreux cas, elle paralyse leur activité. Tous leurs projets ont été ou réalisés ou abandonnés, leur vie s'est refermée sur soi ; rien ne les réclame : ils n'ont plus rien à faire. C'est ce qui arriva à Michel Leiris après le succès de *Biffures* : « Il me semblait que ma vie avait atteint une sorte d'horrible point culminant. La fin de cette vie, telle qu'elle m'apparaissait, ressemblait un peu à ce que furent les derniers jours de mon séjour à Florence. De même que dans la capitale toscane visitée par nous de fond en comble il nous restait quelques broutilles à aller voir, il me restait quelques broutilles à faire durant le temps que j'avais encore à vivre », écrit-il dans *Fibrilles*. Dans ce même livre, il explique pourquoi son avenir s'était ainsi dépeuplé : « Quand l'effa-

1. Lettre à Mme Récamier.

cement par la mort ou par la sénilité n'est plus envisagé comme un destin mais attendu comme un mal qui s'apprête à vous frapper, il arrive — et c'est mon cas — que l'on perde jusqu'à l'envie d'entreprendre : on évalue le peu de temps dont on dispose encore, temps étranglé, sans rapport avec celui des époques où il était exclu de penser qu'une entreprise pouvait manquer du délai voulu pour se développer librement, et cela coupe tout élan. De même, en aurait-on comme moi une longue accoutumance, il est dur de savoir chaque jour que la nuit — désormais obstruée par la fatigue et le sommeil — ne sera pas cette période infiniment ouverte pendant laquelle un homme que rien n'est venu affaiblir peut aimer et se dépenser sans compter. Suis-je plus lucide, plus vulnérable qu'un autre ou plus avarement occupé de ma propre personne, mais il me semble que celui dont l'existence est ainsi passée de l'illimité au limité vit dans une sorte d'asphyxie... Ressources dernières, l'art et la poésie s'offrent comme un moyen de desserrer l'étreinte. Mais n'est-ce pas pitié d'en rabattre au point de les traiter en moyen de remplacement, permettant de pallier la désolante pénurie de la vieillesse ? »

En fait, le projet d'écrire avait dans ce cas des racines si profondes qu'il a résisté à cette crise ; son angoisse même a fourni à Leiris de nouveaux thèmes et il a écrit *Fibrilles*. Mais il arrive, pour des raisons de santé, ou à cause de difficultés extérieures, que le découragement du vieillard soit définitif : ou il ne voit plus rien à faire, ou il renonce à des entreprises qu'il pense n'avoir pas le temps de mener à bien.

Cependant, il y a aussi des cas où les impératifs catégoriques qui émanent du passé conservent toute leur force : ce travail doit être exécuté, cette œuvre achevée, ces intérêts sauvegardés. Alors, avec un acharnement anxieux, l'homme âgé mène une lutte contre la montre qui ne lui laisse aucun répit : « Ce fut mon expérience la plus douloureuse, à l'approche de la vieillesse, d'avoir perdu tout sens du loisir », a écrit Berenson à 70 ans. Il est plus douloureux encore d'être incapable d'atteindre les fins qui continuent de vous solliciter : on a vu comme Papini se désolait de ne pas pouvoir terminer le livre de sa vie, *Le Jugement dernier.*

Nos projets peuvent viser des buts qui se situent par-delà notre mort : on sait quelle importance la plupart des gens attachent à leurs dispositions testamentaires, à l'exécution de leurs dernières volontés. Dans les sociétés répétitives, dans celles où l'histoire progresse lentement, un homme ne dispose pas seulement de son avenir individuel mais de celui du monde où il escompte que le produit de son travail demeurera. Un octogénaire peut alors se plaire à bâtir et même à planter. Lorsque la plupart des entreprises — agricoles, artisanales, commerciales, financières — avaient un caractère familial et se situaient dans une société économiquement stable, le père pouvait espérer que ses fils poursuivraient sa tâche et la confieraient à leur tour à leurs enfants. Ainsi évitait-il de « toucher à la borne » : le domaine, la firme dans lesquels il s'était objectivé subsisteraient indéfiniment. Il se survivrait, il n'avait pas perdu sa peine.

Aujourd'hui, l'homme âgé ne peut plus escompter cette espèce d'éternité : le mouvement de l'Histoire s'est accéléré. Elle détruira demain ce qu'on a bâti hier. Les arbres que plante le vieil homme seront abattus. Presque partout la cellule familiale a éclaté. Les petites entreprises sont absorbées par les monopoles, ou elles se disloquent. Le fils ne recommencera pas le père, et celui-ci le sait. Lui disparu, le domaine sera abandonné, le fonds de commerce vendu, l'affaire liquidée. Les choses qu'il a accomplies et qui faisaient le sens de sa vie sont aussi menacées que lui. S'il aime ses enfants avec générosité, s'il approuve la voie où ils se sont engagés, il peut penser avec satisfaction qu'il se prolonge en eux. Mais étant donné le fossé qui d'ordinaire sépare les générations, le cas est assez rare. Le plus souvent le père ne se reconnaît pas dans son fils. Le néant le prend tout entier.

Bien loin d'offrir au vieillard un recours contre son destin biologique en lui assurant un avenir posthume, la société d'aujourd'hui le rejette, de son vivant, dans un passé dépassé. L'accélération de l'Histoire a profondément bouleversé le rapport de l'homme âgé à ses activités. On imaginait autrefois qu'un trésor s'amassait en lui au cours des années : l'expérience. Comme les cristaux se déposent sur les branches confiées aux fontaines pétrifiantes, un certain savoir-faire, un certain savoir-vivre, qui ne s'enseignent pas dans les livres, se déposeraient petit à petit dans le corps et l'esprit de l'homme. La philosophie hégélienne propose de cette idée une justification rationnelle : chaque moment passé serait enveloppé dans le moment présent qui préparerait avec nécessité un avenir encore plus accompli, les échecs mêmes étant finalement récupérés. Dernière étape d'un constant progrès, la vieillesse serait le plus haut point de perfection de l'existence. Mais en vérité ce n'est pas ainsi que celle-ci se déroule. Sa ligne est constamment brisée par la retombée de nos projets en réalité pratico-inerte. A chaque instant elle se totalise, mais la totalisation n'est jamais achevée : « L'action humaine constitue à la fois le tout et la déchirure du tout[1]. » C'est pourquoi notre marche n'est pas un sûr progrès, mais plutôt ce mouvement titubant dont parle Montaigne. Sainte-Beuve constatait : « On durcit par places, on pourrit à d'autres, on ne mûrit jamais. » La vieillesse n'est pas la « somme » de notre vie. Le temps d'un même mouvement nous donne et nous vole le monde. Nous apprenons et nous oublions, nous nous enrichissons et nous nous dégradons.

Mauriac octogénaire écrit : « Ni diminué, ni déchu, ni enrichi : pareil, voilà comment le vieil homme se voit. Qu'on ne lui parle pas des acquisitions de la vie : le peu que nous avons retenu de ce qui a afflué en nous pendant tant d'années, ce n'est pas croyable. Les faits sont brouillés ou oubliés. Mais que dire des idées ? Cinquante ans de lectures : qu'en reste-t-il ? »

La notion d'expérience est valable dans la mesure où elle renvoie à un apprentissage actif. Certains arts, certains métiers sont si difficiles qu'il est besoin d'une vie entière pour les maîtriser. On a vu que le travailleur manuel réussit à pallier des déficiences physiques grâce à une expérience qui lui permet d'organiser le champ de ses activités. Intellectuellement, Herriot disait que « la culture, c'est ce qui reste quand on a tout oublié », et en effet quelque chose demeure : une aptitude à réapprendre ce qu'on a su, des méthodes de travail, des résistances à l'erreur, des garde-fous. Dans plusieurs domaines — philosophie, idéologie, politique —

---

1. Sartre, *Critique de la raison dialectique*.

l'homme âgé est capable de visions synthétiques interdites aux jeunes. Il faut avoir observé, dans leurs
ressemblances et leurs différences, une vaste multipli-
cité de faits pour savoir apprécier l'importance ou
l'insignifiance d'un cas particulier, réduire l'exception
à la règle ou lui assigner sa place, subordonner le détail
à l'ensemble, négliger l'anecdote pour dégager l'idée. Il
y a une expérience qui n'appartient qu'à ceux qui sont
vieux : c'est celle de la vieillesse même. Les jeunes
n'en ont que des notions vagues et fausses. Il faut avoir
vécu longtemps pour se faire une idée juste de la
condition humaine, pour avoir une vue générale de la
manière dont les choses se passent : alors seulement on
est capable de « prévoir le présent », ce qui est la tâche
de l'homme politique. C'est pourquoi au cours de
l'Histoire on a souvent confié à des hommes âgés de
hautes responsabilités.

Cependant, ce n'est guère que dans les sociétés
répétitives ou du moins stables que l'âge peut conférer
une qualification. Au sein d'un monde immobile,
l'homme âgé, s'il s'est appliqué à progresser, se trouve
plus avancé que ceux qui ont pris le départ derrière lui.
Il n'en va pas de même dans le monde mouvant
d'aujourd'hui. Le devenir individuel s'inscrit dans un
devenir social avec lequel il ne coïncide pas : ce
décalage se produit au détriment du vieil homme qui se
trouve nécessairement en retard sur son temps. Pour
aller de l'avant, il lui faut s'arracher sans cesse à un
passé qui l'emprisonne de plus en plus étroitement : sa
marche est lente. L'humanité cependant n'est pas
monolithique ; face au passé qui pèse sur les générations anciennes, les nouvelles sont libres, elles reprennent le flambeau jusqu'au moment où, écrasées par le

poids du pratico-inerte, elles seront à leur tour dépassées par les jeunes. L'individu n'est pas en mesure d'accompagner cette course où indéfiniment le projet ressuscite dans sa fraîcheur. Il reste en arrière. Au sein du changement il demeure le même : il est condamné à se périmer.

Dans le domaine de la connaissance, il prend nécessairement du retard. Je le vois bien sur mon propre exemple : j'ai beaucoup appris depuis mes vingt ans mais d'année en année je deviens relativement plus ignorante parce que les découvertes se multiplient, les sciences s'enrichissent et malgré mes efforts pour me tenir au courant, au moins dans certains domaines, le nombre de choses qui me demeurent inconnues se multiplie.

Pour comprendre plus précisément ce processus de disqualification, il faut abandonner les généralités et considérer dans leur singularité différentes activités. Mais remarquons d'abord que c'est en tant qu'il veut intervenir dans l'évolution de la société que le vieillard est à la traîne : en tant que consommateur, il profite du progrès technique sans en être gêné ; il l'accueille même avec empressement. Tolstoï, en principe, détestait la nouveauté ; cependant, le gramophone et le cinéma l'émerveillaient ; il pensa à écrire des scénarios. Il assista à des courses d'automobiles et souhaitait voir des avions. Andersen, à 65 ans, s'enchantait de la rapidité des communications : on traversait la Suède en vingt-quatre heures alors qu'autrefois il fallait une semaine : « Nous, vieilles gens, subissons les désagréments naturels à une période de transitions, à cheval sur deux générations ; mais c'est très intéressant. » Wells, à 70 ans, se passionnait pour toutes les inventions modernes, et en particulier pour le cinéma. Dans la commune de Plodemet, étudiée par Morin[1], il y a des vieillards infirmes, malades, diminués, abandonnés qui se disent tout juste bons à garder la maison comme un chien. Quelques autres, quoique bien portants, s'enferment dans le passé : ils ne savent ni lire ni écrire, ils refusent l'eau courante, le gaz, l'électricité. « Pour quoi faire ? ce n'est pas de notre âge », dit l'un deux. Mais la plupart sont éblouis par le monde moderne : « On aura tout vu, du vélo à la lune », dit un menuisier de 80 ans. Ils se rappellent leur étonnement devant les premières voitures, les premiers avions ; le chauffage au mazout, la télévision les ravissent. Le passé, à leurs yeux, c'est une période de barbarie : « Il y a cent ans ici, ah ! oui, c'était un vrai pays de sauvages. Maintenant on est civilisés, les gens savent au moins tous lire et écrire. Avant, c'était la misère, maintenant on est bien. » Ils admirent que les jeunes se servent de machines et de radars pour pêcher. Ils sont subjectivement fiers que le monde ait objectivement progressé. Dans la mesure où leurs intérêts, leur passé, leur activités ne sont pas mis en question, aucun antagonisme ne les sépare de l'ensemble de l'humanité : ils se reconnaissent joyeusement en elle. Son évolution est un beau spectacle qu'ils contemplent à distance sans se sentir contestés.

Il y a à Plodemet un contraste frappant entre l'attitude des grands vieillards inactifs et celle des hommes de 50 à 60 ans qui travaillent. Ceux-ci entrent en conflit avec l'époque parce qu'elle compromet leurs intérêts économiques et idéologiques. Ils s'opposent à

1. *Commune en France.*

la modernisation de l'agriculture. Elle exigerait d'eux
un apprentissage devant lequel ils renâclent ; ils sont
attachés aux routines qui ont fait leur vie ; ils ne
veulent pas renoncer aux bénéfices de leur expérience
et se trouver en infériorité devant des jeunes, plus
aptes qu'eux à manipuler les nouvelles machines.
Beaucoup s'entêtent dans leur refus ; alors les fils vont
travailler en ville et les pères se sentent trahis :
« Combien de vieux parents sont désertés par leurs
enfants ! dit un agriculteur de 55 ans. Avoir basé toute
son existence pour arranger quelque chose, et puis
personne pour reprendre la flamme [1] ! »

J'ai relevé dans un numéro de *France-Soir* d'octobre
1968 le fait divers suivant : « Il y eut une déflagration
dans la cour : mon beau-père venait de tuer Wolf,
notre chien berger. Jean, mon mari a ouvert la porte.
Son père a surgi. Il tenait une grenade à la main. Jean
s'est lancé sur lui, ils se sont battus. La grenade est
tombée à terre, a fusé », a raconté Dominique. Albert
Rouzet, 65 ans, cultivateur à Chinay (Côte-d'Or),
souffrant de neurasthénie, avait décidé hier de supprimer toute sa famille en commençant par son fils Jean,
25 ans, auquel il reprochait de gérer la ferme selon des
méthodes modernes. « De mon temps, on se levait à
l'aube pour préparer le travail de la journée et l'on
n'avait pas besoin de dépenser tout l'argent à acheter
des machines pour travailler la terre », disait-il. Le
père et le fils ont été tués par l'explosion.

Dans le cas des agriculteurs, cependant, la société

---

1. J'ai parlé de ce conflit dans le chapitre sur « La question
sociale ».

permet un choix entre la fidélité au passé et l'ouverture au progrès ; mais il en est d'autres où le vieil artisan, le vieux boutiquier est condamné sans recours par le développement de l'industrie ou du commerce. A la fin du XIXe siècle, l'apparition des grands magasins a ruiné une quantité de petits marchands. C'est leur histoire que Zola raconte dans *Au Bonheur des Dames*. Il a décrit la résistance et le désespoir de l'ancienne génération devant l'avenir qui la dépossède. Baudu — à la face jaune, aux cheveux blancs, patriarche autoritaire — est propriétaire de la boutique *Au Vieil Elbeuf,* vieille de cent ans, au plafond bas, aux vitrines profondes, noires et poussiéreuses, qui fait face aux splendeurs du grand magasin : dans une vitrine étincelante, le rayon de draperie semble le narguer. Quand sa nièce, fraîchement débarquée à Paris, l'aperçoit, il est sur le seuil de sa porte, le sang aux yeux, la bouche contractée, contemplant avec fureur les étalages du *Bonheur des Dames.* Dans la boutique à l'ancienne mode — des comptoirs de chêne polis par l'usage, des casiers aux fortes ferrures, des ballots de marchandises sombres montant jusqu'aux solives —, il ne vient presque plus de clients. La colère, la haine dévorent Baudu. « Ah ! mon Dieu ! ah ! mon Dieu ! » gémit-il, en regardant le magasin où sa nièce a accepté de travailler. Il s'indigne et prophétise la ruine de l'entreprise ; un magasin de nouveautés ne doit pas vendre n'importe quoi : c'est un « bazar ». « Des calicots qui vendent des fourrures, c'est trop drôle ! » Il ne peut pas accepter le renversement de toutes les traditions dont il a vécu. Il se ronge. Autrefois, sa vieille maison était la plus achalandée du quartier, il en était fier. Et voilà que, comme toutes les boutiques voisines, elle se meurt : « C'était la mort lente, sans secousse, un ralentissement continu des affaires, des clientes perdues une à une. » *Le Bonheur des Dames* prospère, Baudu est forcé de le reconnaître : « Ils réussissent, tant pis pour eux ! Moi je proteste, voilà tout. » Pour faire face aux échéances, il vend sa maison de campagne. Ruiné, il se perd en doléances sur les temps nouveaux : tout craque, la famille n'existe plus. En même temps, il est humilié, il se sent vaincu : « La conscience de sa défaite lui ôtait son ancienne assurance de patriarche respecté. » A la fin, on lui offre une place au *Bonheur des dames,* mais il refuse et s'enferme dans son désespoir. On voit ici quelle relation s'établit entre le temps biologique et le temps social. Plus jeune, il aurait souhaité se reconvertir et il en aurait été capable. Mais la brièveté de son avenir et le poids du passé lui bouchent toutes les issues. La réalité dans laquelle il s'était objectivé, c'était son commerce ; celui-ci ruiné, il n'est plus rien : un mort en sursis. Jusqu'à la fin, aveugle au reste du monde, il s'entêtera rageusement à maintenir par ses refus et par ses souvenirs celui qu'il a été. Des drames analogues se produisent aujourd'hui quand de grands magasins s'implantent dans de petites villes dont elles ruinent les boutiquiers. En pays capitaliste, la concentration multiplie ce phénomène.

Il y a beaucoup d'activités que la marche du temps ne disqualifie pas en tant que telles : mais elle affecte l'individu qui s'y livre. On a vu qu'à un certain moment ouvriers, employés, cadres, fonctionnaires sont mis à la retraite. La société accueille de manière ambiguë le vieillissement des médecins, des avocats, de tous ceux qui exercent des professions libérales. C'est particulièrement frappant en ce qui concerne les médecins. Pendant un temps, l'âge les valorise ; on considère qu'il apporte l'expérience ; on préfère l'homme qui a une longue carrière derrière lui à un blanc-bec. Ensuite, l'image bascule. On pense que le vieux docteur est usé, biologiquement déchu, et qu'il a donc perdu beaucoup de ses capacités. Et surtout, il fait figure d'attardé ; il n'est pas au courant, suppose-t-on, des récentes découvertes. On se détourne de lui, son cabinet se vide. Dans presque tous les domaines, même s'il ne tombe pas sous le coup de la retraite et qu'il soit encore adapté à ses tâches, le vieillard est condamné à l'inactivité par suite d'un préjugé défavorable.

Dans les carrières qui exigent de grandes capacités physiques, l'involution biologique est déterminante. Jeune encore, le sportif se voit interdire la compétition. Il se reconvertit souvent dans la branche qui est la sienne : le champion de ski devient entraîneur d'une équipe, le boxeur professionnel, manager ; souvent aussi, dans une branche tout à fait différente : Carpentier a ouvert un bar, Killy vend des voitures de sports, Marielle Goitschel tourne un film. Il y a dans leur vie une cassure qu'ils avaient prévue, ce qui n'empêche que beaucoup d'entre eux se recasent difficilement et s'aigrissent. Il se produit une rupture analogue dans l'existence des danseurs, des chanteurs : ceux-là perdent leur souplesse, la voix de ceux-ci s'altère. Beaucoup se mettent à enseigner l'art qu'ils ne pratiquent plus ; ainsi demeurent-ils dans le monde qui a été le leur et, tout en subissant une frustration, ils gardent une transcendance, grâce aux progrès de leurs élèves. D'autres, par nécessité ou choix, se retirent tout à fait.

Les acteurs ont à compter avec les changements de leur visage et de leur voix. Certains choisissent de les nier : j'ai vu De Max à 80 ans dans le rôle du jeune Néron. S'il s'agit de « monstres sacrés », le public admire cet entêtement : on applaudissait Sarah Bernhardt octogénaire jouant *Athalie* avec une jambe de bois. Le plus souvent, l'acteur change d'emploi ; mais les rôles de personnes âgées ne sont pas nombreux au théâtre, plus rares encore au cinéma. Au théâtre, si le texte est important, la mémoire risque de faire défaut. Là aussi on cherche à se reconvertir sans trop s'éloigner de son passé ; mais les débouchés sont limités : la plupart des vieux acteurs sont condamnés à la retraite et à la pauvreté. Plus favorisés sont les chansonniers, les fantaisistes à qui on ne réclame pas de prouesses techniques et qui peuvent adapter leur numéro à leurs possibilités. Le fait même d'être âgé peut alors constituer une attraction : à 80 ans, Maurice Chevalier a donné un récital qui a été un triomphe, en grande partie parce qu'il avait 80 ans. Encore faut-il avoir une belle santé et être capable de conserver pendant des années la faveur d'un public avide de nouveauté. les carrières où, malgré le rôle important que joue le corps, l'involution sénile est le plus normalement surmontée, ce sont celles des musiciens exécutants : pianistes, violonistes, violoncellistes. Il arrive qu'ils gardent jusqu'à 80 ans passés leur talent et leur célébrité : cela suppose qu'ils ne soient pas victimes de maladies qui ruineraient leur virtuosité, et qu'ils ne cessent pas de s'exercer. Si biologiquement ils résistent au temps, le vieillissement social ne joue pas contre eux car on ne leur demande que de s'égaler à eux-mêmes. Il peut leur arriver d'ailleurs de se dépasser dans leur dernier âge, grâce à une compréhension de plus en plus profonde des morceaux qu'ils interprètent.

Les travailleurs intellectuels sont moins gênés que les autres par leur déclin physiologique. Un certain nombre d'entre eux jouissent, dans leur rapport à la société, d'une singulière autonomie : les créateurs. Ils ne sont pas nombreux, mais leur situation privilégiée fait d'eux des révélateurs : quelles sont les possibilitéss pratiques d'un homme âgé quand un maximum de chances lui est accordé ? Quel est, dans les divers domaines intellectuels et artistiques, le rapport de l'âge et de la fécondité, et comment le comprendre ?

Il est très rare qu'un savant invente dans sa vieillesse. Euler a fait d'importants travaux mathématiques à 71 et 72 ans. Galilée a complété à 72 ans ses *Dialogues des sciences nouvelles,* son meilleur ouvrage ; il a écrit à 74 ans ses *Discours et démonstrations mathématiques.* Buffon a composé entre 67 et 81 ans les sept derniers volumes de son *Histoire naturelle* qui contiennent le meilleur de son œuvre. Franklin entre 78 et 80 ans a inventé les lunettes bifocales et étudié l'empoisonnement par le plomb. Laplace a achevé à 79 ans sa *Mécanique céleste.* Herschel a continué jusqu'à 80 ans et au-delà à adresser d'importantes communications à la Société royale. Michelson avait 77 ans quand il a publié le compte rendu de l'expérience sur la vitesse de la lumière qu'il avait réalisée avec Morlay. Gauss, Pavlov ont poursuivi et enrichi dans leurs vieux jours les travaux commencés dans leur jeunesse. Mais ce sont là des exceptions. Dans son livre *Age and achievement* où il a tenté d'établir une corrélation entre l'âge et les réalisations humaines, Lehman[1], se basant sur la *Brève histoire de la chimie* du professeur Hildich, montre qu'en chimie les découvertes les plus importantes ont été faites par des hommes de 25 à 30 ans ; les plus nombreuses, entre 30 et 35 ans ; sur 993 contributions, 3 seulement sont dues à des hommes de plus de 70 ans. Pour la physique, l'âge optimum serait de 30 à 34 ans ; pour l'astronomie, de 40 à 44. Lehman remarque qu'Edison a été productif toute sa vie, mais surtout à 35 ans. Chevreul, qui vécut cent trois ans et travailla tard dans sa vieillesse, est surtout connu pour ses découvertes sur la graisse animale, faites à 37 ans.

C'est surtout en mathématiques que les inventions tardives sont très rares. Il y a eu une éclatante exception. Élie Cardan a publié à 67 ans un mémoire absolument neuf par rapport à son œuvre passée et qui a fait date dans l'histoire des mathématiques. Il y résolvait des problèmes qu'il avait posés lui-même à 28 ans et auxquels les plus grands mathématiciens n'avaient pas su donner de réponse. On cite quelques autres cas de ce genre, mais très peu. La stérilité du mathématicien âgé est si connue que le groupe Bourbaki n'acceptait aucun membre de plus de 50 ans.

Le vieillissement des savants n'est pas d'ordre biologique. Il ne s'agit pas ici de surmenage, d'usure nerveuse, de fatigue cérébrale ; certains demeurent jusqu'à la fin en excellente santé. D'où vient que passé un certain âge ils ne découvrent plus rien ?

Pour répondre, il faut d'abord comprendre quelle

---

1. Quand il s'agit d'art et de littérature, la méthode statistique utilisée par Lehman est aberrante. Dans les sciences, le nombre et la valeur des découvertes sont plus faciles à apprécier.

option fait un homme quand il décide de se consacrer à la science. L'objet de son étude, c'est l'universel en tant que saisi à travers des symboles et des concepts abstraits. Cela implique qu'il installe l'universel en lui. Il supprime sa subjectivité pour penser selon un système rationnel valable pour tous. Même s'il travaille isolément, il n'est pas seul : il participe à une œuvre collective qui tout en progressant par des chemins divers s'efforce de s'unifier. Aujourd'hui d'ailleurs, il fait généralement partie d'une équipe où chacun se sent le même que les autres. Le savant n'est pas un aventurier ; il reprend l'héritage de ses prédécesseurs, les chemins où il s'engage sont déjà en partie frayés et d'autres chercheurs l'y accompagnent ; ils y rencontrent les mêmes obstacles et il arrive qu'on invente simultanément, en plusieurs endroits, le moyen de les surmonter : la découverte individuelle est préparée et appelée par l'ensemble de la science. Certes, si soumis qu'il soit à l'objet de son étude, le chercheur, presque en dépit de lui-même, demeure un sujet singulier : il a sa vision des choses, il imagine, il prend ses décisions. Ainsi s'explique que parfois il émerge de la collectivité et trouve une idée originale. Mais le choix de l'universel fait que ces illuminations sont rares et brèves. On comprend qu'elles se produisent le plus souvent dans la jeunesse ou au début de la maturité : alors le savant maîtrise l'ensemble des connaissances qui constituent sa spécialité ; il les saisit d'un regard neuf qui lui en découvre les failles et les contradictions ; il ose prétendre y remédier parce qu'il a toute une vie devant lui pour rectifier ses erreurs, pour faire fructifier les vérités qu'il pressent. Ensuite, il faut un considérable travail pour tirer les conséquences de sa découverte, pour les vérifier, les organiser. L'œuvre redevient collective et ce n'est pas forcément l'inventeur qui sera le plus qualifié pour la mener à bien. Le plus souvent il reste l'homme de ce moment, de cette idée : alors que le développement de la science exigerait une nouvelle rupture [1].

Un grand mathématicien de 55 ans m'a dit qu'il lisait les ouvrages mathématiques avec plus de facilité et de profit que dans sa jeunesse ; ses possibilités de compréhension, son expérience, sa faculté de synthèse se sont enrichies. Mais sa curiosité s'est un peu émoussée. A 25 ans, victime de l'illusion juvénile qui dilate infiniment l'avenir, il projetait de tout connaître dans toutes les branches des mathématiques. Maintenant, il se résigne à ne pas lire les ouvrages qui ne concernent pas directement sa spécialité et à beaucoup ignorer. Dans les mathématiques d'aujourd'hui, m'a-t-il expliqué, la spécialisation est si poussée, il y a un tel cloisonnement entre les différentes branches, qu'il suit plus facilement la soutenance d'une thèse de biologie que le cours d'un collègue portant sur un domaine mathématique qui lui est étranger. Il pense qu'un chercheur qui ne s'est pas coupé de la recherche conserve assez longtemps la possibilité de faire des découvertes : mais il est gêné par des obstacles épistémologiques que les jeunes ignorent. Aujourd'hui, un Évariste Galois serait impossible : pour maîtriser les richesses de l'édifice mathématique moderne, il faut avoir de 25 à 30 ans. C'est alors l'âge le plus favorable à l'invention. Plus

---

1. Les exceptions que j'ai signalées datent presque toutes d'un temps où le savant travaillait solitairement ; certaines de ces découvertes tardives ont un caractère quasi artisanal.

tard, on souffre souvent d'inhibition. Quand on sait que personne n'a réussi à démontrer la vérité ou la fausseté d'un certain théorème, qu'on s'y est en vain efforcé soi-même, on décide qu'on perdrait son temps à s'obstiner dans cette voie, on laisse tomber. Il s'est trouvé dans ce cas, il y a onze ans. Et puis un mathématicien russe lui a dit avoir résolu le problème. Il s'y est attaqué à nouveau : sachant qu'on pouvait trouver, il n'était plus question de lâcher prise. Et il a trouvé ; très vite, par le simple rapprochement de deux autres théorèmes qu'il connaissait parfaitement. Le cas est très fréquent, m'a-t-il dit. Sur ce point les jeunes ont un grand avantage. Ils ignorent souvent que beaucoup d'autres se sont cassé les dents sur la question qui les préoccupe ; ils l'abordent avec confiance ; et ils ont tout le temps devant eux, ils ne sont pas tentés d'économiser leurs efforts.

Surtout, m'a dit mon interlocuteur, le passé pèse sur le savant âgé, sous forme d'habitudes d'esprit et d'intérêts idéologiques. De nos jours les mathématiques se renouvellent à une vitesse vertigineuse et le changement met en question tout l'appareil. Il s'agit d'apprendre chaque fois un langage radicalement autre. Évidemment, si on le préfère à l'ancien c'est qu'il est plus adéquat, plus rapide, qu'il facilite la découverte. Celui qui ne se décide pas à l'adopter est obligé de traduire dans les termes auxquels il est habitué les vérités nouvelles : cela ralentit terriblement sa marche. Il arrive qu'un professeur de 40 ans ne comprenne pas un exposé de ses propres théories, présenté par un jeune mathématicien de 25 ans, à des camarades de son âge, dans le nouveau langage qui leur est commun et que leur aîné ignore. Celui-ci ne peut pas espérer devancer jamais ceux qui possèdent l'instrument le mieux adapté. Cependant apprendre l'hébreu ou le chinois à un certain âge, c'est difficile, c'est décourageant : beaucoup de savants vieillissants renâclent. Par rapport à sa propre pensée, le mathématicien a un mouvement de recul. « Si j'ai l'intuition d'un nouveau théorème, me dit mon interlocuteur, je me rends compte qu'il m'obligera à réviser tout ce que je prenais jusque-là pour acquis : j'hésite. » « En vieillissant on devient plus libre et moins libre, me disait-il encore. On est plus libre par rapport aux autres : on ne craint pas d'étonner, de passer outre certains préjugés, de contester des idées acquises. Mais on l'est moins par rapport à soi-même. » Il a sous presse un livre de mathématiques rédigé l'an dernier. Depuis, il a écrit un article qui rend ce livre périmé : il a passé outre, mais il a été gêné de s'infliger à soi-même un démenti. Cet article même se trouve maintenant contesté par un travail plus récent qu'il vient d'achever. Le progrès mathématique n'est pas une tranquille marche en avant. C'est une suite de contestations entraînant d'incessants remaniements. Il faut beaucoup de passion, beaucoup de disponibilité pour bouleverser de fond en comble les connaissances acquises : les jeunes y sont plus aptes que les autres.

On voit se confirmer dans ce cas particulier ce que j'ai dit en général sur les activités de l'homme âgé : le poids du passé ralentit sa marche ou même la paralyse, alors que les nouvelles générations s'arrachent au pratico-inerte et vont de l'avant.

On peut décrire plus précisément ce qui freine le vieux savant. D'abord, il a des intérêts idéologiques ; il est aliéné à son œuvre « ensemble de significations

inertes et supportées par la matière verbale [1] », en quoi
il constitue son être hors de lui. Elle est en danger dans
le monde car elle existe pour d'autres qui la dépassent à
la lumière de leurs propres projets. Son auteur s'efforce de la défendre ; il combat les théories et les
systèmes qui risqueraient de la déclasser. Il veut bien la
corriger, l'enrichir, non la renier, ce qui, à un certain
stade, pourrait être nécessaire au progrès. Elle enferme
pour lui des exigences inertes auxquelles il doit se
plier, ce qui risque de l'entraîner dans des chemins
sans issue. Certains chercheurs sont si aliénés à leurs
intérêts idéologiques qu'ils vont jusqu'à fausser les
résultats des expériences qui contredisent leurs thèses.
Darwin était conscient de ce danger puisqu'il s'était
donné pour règle de noter immédiatement les faits et
les idées contraires à ses doctrines : « Car je savais par
expérience que les idées et les faits de ce genre
disparaissent plus facilement de la mémoire que ceux
qui nous sont favorables. » On dit pourtant que dans sa
vieillesse il refusait qu'on lui lût aucun écrit opposé à
ses vues ; de même Auguste Comte. Un tel entêtement
rend impossible de réviser l'œuvre à la lumière des
connaissances nouvelles, de manière à en apercevoir et
tenter d'en rectifier les erreurs. Le cas de Lévy-Bruhl
est exceptionnel : dans ses carnets, écrits en 1938-
1939, il renonce à toutes ses anciennes idées sur la
mentalité prélogique, la participation, la non-concep-
tualisation qu'il avait cru observer chez les primitifs.
Cependant, il n'inventa rien de neuf.

Même s'il est désintéressé le savant se heurte à des
résistances intimes. Il a des habitudes d'esprit qui le

---

1. Sartre, *Critique de la raison dialectique.*

font s'entêter dans des méthodes périmées. La spécialisation, qui lui a permis ses réussites, lui interdit de se
tenir au courant de travaux parallèles aux siens et dont
la connaissance lui serait peut-être nécessaire pour
innover. Les plus lucides ont conscience de ces lacunes. Peu après avoir reçu le prix Nobel, le professeur
Kastler parlait de revenir s'asseoir parmi les étudiants
pour suivre des cours sur la théorie des quanta. Enfin,
surtout, certaines idées sont si familières au vieux
savant qu'il les prend pour des évidences et ne songe
donc pas à les remettre en question : or il faudrait s'en
débarrasser pour avancer. Parmi les « obstacles épistémologiques » dont parle Bachelard, l'âge lui paraît un
des plus importants.

Pour défendre ses conceptions arriérées, le vieux
savant souvent n'hésite pas à contrarier le progrès de la
science : le prestige dont il jouit lui en donne la
possibilité. « Les grands savants sont utiles à la science
dans la première moitié de leur vie, nuisibles dans la
seconde », a dit Bachelard. Arthur Clarke a passé en
revue un grand nombre d'inventions que des savants
avaient déclarées impossibles, non faute des connaissances nécessaires, mais par un manque d'imagination
et d'audace qu'il impute à leur âge, un savant étant
vieux selon lui dès qu'il atteint 40 ans. Il y a quatre-
vingts ans, l'idée que la lumière électrique pouvait être
utilisée pour l'éclairage domestique fut huée par tous
les experts ; Edison, à 31 ans, travailla néanmoins à la
réalisation d'une lampe à incandescence ; mais plus
tard, il se montra lui aussi retardataire quand il
s'opposa à l'introduction du courant alternatif. L'astronome américain Newcomb a démontré dans un essai
célèbre que le vol d'objets plus lourds que l'air était

impossible. Quand les frères Wright réussirent à voler, Newcomb déclara que jamais leur machine ne serait capable de transporter plus d'un individu, elle n'aurait donc aucune application pratique. Un autre astronome, W. H. Bickering, soutint la même opinion. Les principes de l'aéronautique étaient alors connus : mais ils refusèrent d'en tirer les conséquences. En 1926, le professeur Bickerlow affirma avec preuves à l'appui que jamais on ne réussirait à envoyer un projectile dans la lune : il n'envisageait pas d'autre source d'énergie que la nitro-glycérine et il supposait dans ses calculs que le carburant devrait faire corps avec le projectile. J. W. Campbell, astronome canadien, établit en 1938 qu'il faudrait un million de tonnes de carburant pour arracher à l'attraction terrestre un poids d'une ou deux livres : il en tirait la même conclusion que Bickerlow. Il supposait, dans ses calculs, que la fusée devait être animée d'une vitesse fabuleuse et que l'accélération serait si lente que le carburant serait épuisé à basse altitude. Rutherford avait 66 ans quand il mourut en 1937 ; il prétendait qu'on ne saurait jamais dégager l'énergie contenue dans la matière. Cinq ans plus tard, la première réaction en chaîne fut mise en marche à Chicago. Quand Pontecorvo annonça qu'on pouvait observer l'intérieur des étoiles grâce à des particules très pénétrantes, les neutrines, les astrophysiciens compétents lui rirent au nez : peu de temps après, il réussit ses expériences. « Celui qui sait le plus de choses sur un sujet donné n'est pas forcément celui qui en ce domaine prévoira le plus exactement l'avenir », conclut Clarke. Et plus durement encore que Bachelard, il condamne les vieux savants : « Les scientifiques de plus de cinquante ans ne sont plus bons à rien qu'à tenir des congrès et devraient à tout prix être éloignés des laboratoires. »

L'exposé de Clarke n'est pas très satisfaisant. Il s'en prend à des hommes de valeur très diverse. Il n'étudie pas les raisons de leurs résistances. Il se borne à dire qu'il est fatal qu'ils aient des préjugés. « Un esprit complètement ouvert serait un esprit vide. » Cependant il a souligné un fait important : la connaissance, au lieu de servir la prévision, peut lui faire obstacle. C'est ainsi qu'Auguste Comte à 35 ans affirma qu'on ne pourrait jamais connaître la composition du soleil. Je citerai aussi la déclaration que fit en 1835 l'Académie de médecine de Lyon, à propos des voyages en train : elle prophétisa que l'organisme humain ne serait pas capable d'en supporter la vertigineuse rapidité : « Le mouvement de trépidation suscitera des maladies nerveuses... tandis que la fugace succession des images entraînera des inflammations de la rétine. La poussière et la fumée occasionneront des bronchites et des adhérences de la plèvre. Enfin, l'anxiété des périls constamment courus tiendra les voyageurs dans une perpétuelle alerte et sera le prodrome d'affections cérébrales. Pour une femme enceinte, tout voyage en chemin de fer entraînera infailliblement une fausse couche, avec toutes ses conséquences. »

Même de grands esprits, passé un certain âge, ont de la difficulté à marcher avec leur temps. Commentant en 1934, à 55 ans, le suicide de son ami le physicien Ehrenfest, Einstein l'a attribué aux conflits intérieurs auxquels est en proie tout savant profondément honnête qui a dépassé 50 ans. Ehrenfest comprenait clairement des problèmes qu'il n'était pas capable de résoudre d'une manière constructive : « Dans ces dernières années, dit Einstein, cette situation s'aggrava par le développement étrangement tumultueux que la physique théorique a subi. Apprendre et enseigner des choses qu'on ne peut pas pleinement accepter dans son cœur est toujours une affaire difficile. A cela s'ajoute la difficulté croissante de s'adapter à de nouvelles pensées, difficulté qu'affronte toujours l'homme qui a dépassé la cinquantaine. »

Einstein lui-même a eu à affronter cette difficulté et son cas est intéressant à examiner. Il n'était pas aliéné à des intérêts idéologiques. Il n'avait jamais cherché à avoir le dernier mot et s'inquiétait peu de sa réputation. Son amour de la vérité était absolument pur. Seulement, il avait une vision de la science si solidement ancrée en lui qu'il n'imaginait pas d'y renoncer, à aucun prix : elle devait donner du monde une image harmonieuse et rationnelle. Le paradoxe de sa carrière, c'est que sa théorie de la relativité a largement influencé la théorie des quanta : pourtant, à partir de 45 ans, il a vu celle-ci d'un mauvais œil. Son ancien collaborateur, le physicien polonais Infeld, a écrit : « Il y a de l'ironie dans le rôle de champion qu'Einstein a assumé dans la grande révolution, parce qu'il a tourné le dos plus tard à cette révolution qu'il avait aidé à créer. A mesure que le temps passe, il s'éloigne de plus en plus de la jeune génération de savants dont la plupart poursuivent des recherches sur la théorie des quanta. »

Antonina Vallentin, à qui Einstein s'est souvent ouvert de ses « tourments mathématiques », précise qu'il ne s'agissait pas « du divorce qui s'opère entre une génération nouvelle, consciente de la hardiesse de sa pensée, et un vieillard, resté en survivance du passé, comme un bloc au milieu d'une route qui continue. Son drame est plutôt celui d'un homme qui, en dépit de son âge, s'obstine à poursuivre un chemin de plus en plus désert, tandis que presque tous ses amis, tous les jeunes autour de lui, affirment que ce chemin ne mène nulle part et qu'il est engagé dans une impasse ».

Il n'était pas certain d'avoir raison. En mars 1949, à 70 ans, il écrivait à Solovine : « Vous vous figurez que je regarde avec une calme satisfaction l'œuvre de ma vie. Mais vue de près la chose se présente tout autrement. Il n'y a pas une seule notion dont je sois convaincu qu'elle tiendra ferme et je ne suis pas sûr d'être généralement sur la bonne voie. Les contemporains voient en moi tout à la fois un hérétique et un réactionnaire qui s'est, pour ainsi dire, survécu à lui-même. Cela, certes, est une affaire de mode et de vue bornée, mais le sentiment de l'insuffisance vient de l'intérieur. »

Cependant, il lui était impossible de modifier sa position. A ses yeux, une théorie n'était valable que si elle possédait une « perfection interne » ; l'abondance des « confirmations externes » ne lui suffisait pas. La théorie des champs unitaires qu'il essaya pendant trente ans de mettre au point devait répondre à ces exigences. Celle des particules élémentaires ne les satisfaisait pas. Il comprit tout de suite la théorie quantique de Niels Bohr. Au point qu'il déclara : « J'aurais probablement pu arriver moi-même à quelque chose de semblable. » Mais il ajouta aussitôt : « Mais si tout cela est vrai, alors cela signifie la fin de la physique. » Il ne voulait pas admettre que la physique pût prendre un visage inharmonieux. Plus tard, les postulats de Bohr cessèrent de paraître paradoxaux ; ils furent enveloppés dans une nouvelle théorie générale qui conciliait un point de vue corpusculaire et un point de vue ondulatoire grâce à l'idée d'onde de probabilités. Cette idée, Einstein la refusait, bien que toute cette construction ait été élaborée à partir de son propre système. Il n'était pas homme à se contenter de vieilles vérités ; mais il n'estimait pas — étant donné des critères qu'il n'imaginait pas d'abandonner — que les idées nouvelles fussent concluantes.

Il ne fut jamais en état de vérifier sa théorie unitaire des champs tant elle était difficile à exprimer mathématiquement. D'autre part, ses résistances l'empêchèrent de participer aux progrès de la physique quantique. Totalement dépouillé d'égocentrisme, il ne vécut pas son échec, son isolement, comme une tragédie subjective. Mais, objectivement, on s'accorde presque unanimement à juger qu'il perdit les trente dernières années de sa vie en recherches vaines. Son biographe Kouznetsov constate que certaines des idées émises par Einstein dans les années 40 ont atteint aujourd'hui leur maturité, dans le domaine de la physique quantique relativiste. Il en conclut que sa critique « indiquait les limites de la mécanique quantique au-delà desquelles se profilaient des théories plus révolutionnaires ». Comme la science progresse en se reniant pour se dépasser, les retardataires peuvent toujours être considérés plus tard comme des précurseurs. Mais le fait est qu'à la fin de sa vie Einstein a gêné le progrès de la science plutôt qu'il ne l'a servie.

L'option du philosophe est radicalement différente de celle du savant. Alors que celui-ci décrit l'univers en extériorité, celui-là considère que c'est l'homme qui fait la science : il veut rendre compte du rapport de l'univers à l'homme posé comme sujet. Il est à la fois pour et contre la science : il l'accepte dans la mesure où elle est un produit humain, mais refuse d'y voir le reflet d'une réalité existant en soi. Le savant ne met pas en question celui par qui et pour qui la science existe, l'homme. Le philosophe, c'est celui pour qui l'homme est en question dans son être, c'est celui qui s'interroge sur la condition humaine prise dans sa totalité. Mais il est lui-même un homme, tout l'homme : ce qu'il a à dire, c'est soi-même, dans son universalité. Quand Descartes dit : « Je pense... », c'est l'Homme universel qui pense en lui. Il n'a donc besoin de personne pour parler et il ne doit de comptes à personne. Il y a *la* science ; il y a *des* philosophies. Et certes aucune ne se crée à partir de zéro ; le philosophe subit des influences, il rencontre des problèmes que d'autres ont posés. Mais chaque système ne peut être critiqué que de l'intérieur et non par référence à des données extérieures. On peut en dénoncer les contradictions, les lacunes, les insuffisances, non lui opposer des faits que d'autres auraient établis. En effet, il y a au départ ce que Bergson appelait une « intuition philosophique », qu'on peut définir aussi comme une expérience ontologique, à partir de laquelle se constitue une vision du monde.

Elle a une évidence intime irréfutable. Confronté à des philosophies nouvelles, le philosophe peut en accepter certains aspects, être amené à se poser de nouveaux problèmes : mais il n'abandonnera pas son point de départ. S'il ajoute, s'il retranche, s'il corrige, c'est toujours dans une certaine perspective qui est

sienne, à laquelle toute autre perspective est étrangère,
si bien qu'autrui ne peut jamais le distancer, le
disqualifier, le contredire.

Le plus souvent, sa pensée s'enrichit avec l'âge.
L'intuition originale, il l'a dans sa jeunesse ou sa
maturité — exceptionnellement dans le cas de Kant à
plus de 50 ans. Pour en saisir les implications, il a
besoin de temps puisqu'il ne vise rien moins qu'à saisir
les relations de l'homme en tant que sujet avec la
totalité du monde. C'est un programme inépuisable.
Une fois une construction arrêtée, le philosophe prend
à son égard un recul qui lui permet de la critiquer, qui
l'amène à se poser de nouveaux problèmes, à découvrir
d'autres solutions. Il y a eu un cas où le progrès a été
arrêté par la nature même de l'œuvre : c'est celui
d'Hegel dont le système s'est refermé sur soi aux
environs de ses 60 ans. Il s'est placé à la fin de
l'Histoire, convaincu d'avoir donné un compte rendu
exhaustif du cours du monde. L'œuvre achevée ne
permettait pas de nouveau développement et la contestation ne pouvait se produire que du dehors. Chez tous
les autres, le système est demeuré ouvert et, même si le
dernier âge n'a pas été le plus fécond, ils l'ont enrichi
encore à ce moment-là. Je ne citerai que deux cas :
celui de Platon et celui de Kant.

Tout le monde s'accorde à penser que *Les Lois*, que
Platon écrivit à 80 ans, en dépit de beaux passages
originaux sur le temps et la mémoire, marque un recul
par rapport à l'ensemble de son œuvre : un « reflux »,
un « appauvrissement », un « abandon ». Il semble
que son expérience l'ait rendu pessimiste. « Notre
espèce n'est pas tout à fait sans valeur », concède-t-il.
Mais il écrit aussi que : « La part des maux l'emporte

sur celle des biens », que les plus grands biens sont
« souillés comme par un mauvais sort ». Il pousse la
morosité jusqu'à déclarer que l'homme n'est guère
qu'un pantin aux mains des dieux et des démons. Dans
ces conditions, il n'est plus question de rechercher
pour la cité un système politique parfait, mais seulement le système le moins mauvais possible. Pour
gouverner les hommes, Platon ne fait plus confiance à
la raison, à l'éducation, à la connaissance de la vérité. Il
faut leur imposer des lois et les persuader, par
n'importe quel moyen, de s'y plier. Déjà dans *La
République,* Platon acceptait l'idée du mensonge utile,
mais il lui accordait peu de place ; tandis que cet
utilitarisme triomphe sans contrepartie dans *Les Lois.*
C'est un ouvrage didactique, où les trois interlocuteurs
sont des vieillards — alors que dans les dialogues
antérieurs il y avait toujours au moins un jeune
homme. Le style en est lourd. Prudente, embarrassée,
la pensée de Platon s'est sclérosée. Il ne manifeste plus
cette soif de la vérité qui inspirait ses précédents
ouvrages. Cette ultime phase de sa vieillesse est
intellectuellement un déclin.

Cependant, c'est à partir de 62 ans environ qu'il a
écrit ses œuvres les plus profondes et les plus personnelles. Il lui a fallu du temps pour se dégager de
l'influence de Socrate et de ses prédécesseurs, pour
comprendre tout ce qu'impliquaient ses propres
conceptions. A 62 ans, il s'est produit une crise dans
son évolution. Il a pris du recul par rapport à son
œuvre ; il a découvert quelles objections soulevait sa
théorie des idées et, pour y répondre, il a dans le
Théétète et le *Parménide* repris le problème à la base ; il
a précisé sa position par rapport aux mégariques. A

travers *Le Sophiste, Le Politique, Timée, Criton, Philèbe,* sa doctrine ne cesse de se renouveler et de s'enrichir. C'est dans *Philèbe,* écrit vers 74 ans, qu'il répond à la question posée dans le *Théétète* sur l'erreur et le savoir : « Savoir, c'est imiter dans son âme les relations qui existent dans l'être. » C'est dans cette œuvre qu'on trouve l'exposé le plus vaste de sa dialectique. *Les Lois* mises à part, les œuvres de vieillesse de Platon représentent un incessant progrès[1].

Kant a publié à 57 ans la *Critique de la raison pure.* Il avait 66 ans quand il a écrit la *Critique du jugement* et il était plus âgé encore quand il a composé *La Religion dans les limites de la simple raison.* Ces deux livres traitent certains points essentiels de son système avec une profondeur toute neuve. Ils enrichissent et renouvellent son œuvre antérieure. Il a travaillé à ses œuvres posthumes jusqu'à ce que ses forces intellectuelles déclinent. Selon Lachièze-Rey, elles sont le couronnement de toute sa philosophie. Ses premières œuvres posaient certains problèmes qu'il n'est parvenu à résoudre qu'à la fin de sa vie, dans l'*Uebergang.* Le principal était celui-ci : Quel est le mode de présence de l'esprit à lui-même, en tant que présence constituante ? Auparavant, il était gêné par la place qu'il accordait au réalisme psychologique ; il hésitait à appliquer avec rigueur la méthode transcendantale. En vieillissant, loin de se scléroser, il a pris assez de confiance en lui pour vaincre ses résistances et se

---

1. Certains historiens de la philosophie trouvent la période de la maturité plus dynamique et créatrice, par exemple Yvon Brès, dans *La Psychologie de Platon.* Mais même ceux-là reconnaissent l'importance des œuvres de vieillesse.

libérer des anciens préjugés. Il a ramené les pseudo-réalités psychologiques au rôle de simples moments dans la constitution du monde et du moi. L'*Uebergang* met le système en accord avec lui-même. La conscience y a enfin trouvé son autonomie et fait reconnaître sa réalité. La chose disparaît au profit de l'activité. Le *cogito* s'affirme comme puissance déterminante.

Bien entendu, si le philosophe peut enrichir son propre système jusque dans sa vieillesse, il ne saurait s'en arracher pour en inventer un radicalement nouveau. Kant a pressenti Fichte, mais on ne saurait imaginer qu'il ait découvert la dialectique hégélienne. Comme le savant il est en partie aliéné à des intérêts idéologiques. S'il dépasse ses conceptions antérieures, c'est en essayant de les conserver : il ne saurait accepter de les voir disqualifiées. Et il a lui aussi des « habitudes d'esprit » : sa manière de penser qui lui est si naturelle qu'elle lui paraît nécessaire, des présuppositions si ancrées en lui qu'il ne les distingue pas de la vérité.

Comment vieillissent les écrivains ? Ils sont si divers, ils poursuivent des buts si différents, qu'il est difficile de répondre à cette question. Certains demeurent des créateurs dans un âge très avancé : Sophocle a fait jouer *Œdipe à Colone* à 89 ans. Voltaire a produit le meilleur de son œuvre dans les vingt dernières années de sa vie. Les derniers tomes des *Mémoires d'outre-tombe* et *La Vie de Rancé* ont été composés par Chateaubriand dans sa vieillesse. Goethe a donné ses plus beaux poèmes pendant ses vingt-cinq dernières années ; de cette époque datent *Poésie et vérité* et *Le*

Second Faust. Hugo vieilli avait raison de ne pas se
sentir inférieur à son passé : « Il y a un demi-siècle que
j'écris ma pensée en prose et en vers, mais je sens que
je n'ai dit que la millième partie de ce qui est en moi. »
Il écrivit encore une œuvre considérable à partir de ses
64 ans. Yeats s'est surpassé à la fin de sa vie.

Ce sont des exceptions. En général, le grand âge ne
favorise pas la création littéraire. Chez Corneille, chez
Tolstoï, chez tant d'autres, le contraste est écrasant
entre la production de leur maturité et celle de leurs
dernières années. Par habitude, pour gagner leur vie,
pour ne pas s'avouer leur déclin, beaucoup de vieillards continuent d'écrire. Mais la plupart justifient le
mot de Berenson : « Ce qu'on écrit après soixante ans
ne vaut guère mieux que du thé que l'on refait toujours
avec les mêmes feuilles. » Essayons de comprendre
pourquoi. Que cherche l'écrivain ? à quelles conditions
peut-il l'obtenir ?

La philosophie considère l'homme en tant que
notion ; elle veut connaître son rapport total à l'univers. L'écrivain lui aussi vise l'universel mais à partir
de sa singularité. Il ne prétend pas livrer un savoir,
mais communiquer ce qui ne peut pas être *su :* le sens
vécu de son être dans le monde. Il le transmet à travers
un universel singulier : son œuvre. L'universel n'est
singularisé, l'œuvre n'a une dimension littéraire que si
la présence de l'auteur s'y manifeste par le style, le ton,
l'art qui portent sa marque. Sinon on a affaire à un
document, qui livre la réalité dans son objectivité
impersonnelle, sur le plan de la connaissance extérieure, et non en tant qu'intériorisée par un sujet. Mais
comment mon expérience vécue peut-elle devenir celle
d'un autre ? D'une seule manière : par le truchement

de l'imagination. Le lecteur d'un document s'informe sur une des parties de son univers sans quitter celui-ci : il reste à sa place dans le monde, à tel endroit, à tel moment de sa vie. Celui d'un ouvrage littéraire entre dans un monde autre, se coule dans un sujet autre que soi-même. Cela implique qu'il nie la réalité pour se jeter dans l'imaginaire. Cela ne lui est possible que si l'œuvre qu'il lit lui propose un monde imaginaire. Communiquer son expérience vécue, cela ne consiste pas à transcrire sur le papier un langage qui préalablement l'exprimerait : le vécu n'est pas formulé ; il s'agit pour l'écrivain d'arracher des énoncés définis et intelligibles à la confuse opacité du non-dit. Par là il crée un objet qui ne traduit aucune réalité, qui existe sur le mode de l'imaginaire ; lui-même, il se donne une constitution fictive : Sartre fait allusion à cette opération quand dans son essai *Des rats et des hommes* il déclare que tout écrivain est possédé par un « vampire ».

Bien entendu, il ne faut pas supposer que l'écrivain choisit d'abord de communiquer et recourt alors à l'imagination. C'est son choix originel de l'imaginaire qui décide de sa vocation ; ce choix a selon les individus des motivations diverses, mais il se rencontre toujours à la racine d'une œuvre littéraire. Celle-ci est la matérialisation — par des signes tracés sur du papier — du monde irréel que le sujet s'était créé par des jeux, des rêveries : monde irréel qui ne peut prendre de la consistance et permettre la transmission d'une expérience que parce qu'il est la projection de la réalité dans une autre dimension.

Écrire c'est donc une activité complexe : c'est d'un même mouvement préférer l'imaginaire et vouloir

communiquer ; dans ces deux choix se manifestent des
tendances très différentes et à première vue contraires.
Pour prétendre substituer un univers inventé au
monde donné, il faut agressivement refuser celui-ci :
quiconque y baigne comme un poisson dans l'eau et
considère que tout va de soi n'écrira pas. Mais le projet
de communication suppose qu'on s'intéresse à autrui ;
même s'il entre de l'inimitié, du mépris, dans la
relation de l'écrivain avec l'humanité — s'il écrit,
comme Flaubert, pour la démoraliser, ou pour la
fustiger, la flétrir, dévoiler son ignominie —, il prétend
être reconnu par elle : sinon son projet même de la
dénoncer serait voué à l'échec et n'aurait pas de sens ;
par l'acte d'écrire il lui accorde plus de prix que dans
ses déclarations verbales. Le désespoir absolu, la haine
radicale de tout et de tous ne saurait s'accommoder que
du silence.

Le projet d'écrire implique donc une tension entre
un refus du monde où vivent les hommes et un certain
appel aux hommes ; l'écrivain est à la fois contre eux et
avec eux. C'est une attitude difficile : elle implique de
vives passions et pour être soutenue longtemps elle
réclame de la force.

La vieillesse réduit les forces, elle éteint les passions.
La disparition de la libido entraîne, on l'a vu, celle
d'une certaine agressivité biologique ; l'abattement
physique, la fatigue, l'indifférence où sombre souvent
la vieillesse la détournent de se préoccuper d'autrui. La
tension qu'engendrait la conciliation de deux projets
sinon contradictoires, du moins divergents, se relâche.
Le vieil auteur se voit privé de cette qualité que
Flaubert appelait l' « alacrité ». Accablé par la ruine de
sa nièce, il disait dans une de ses lettres : « Pour écrire

de bonnes choses, il faut une certaine alacrité. » Et dans une autre : « Pour bien écrire, il faut une certaine alacrité que je n'ai plus. » A 64 ans, Rousseau a ressenti avec mélancolie le déclin de ses facultés créatrices. Racontant dans les *Rêveries* une de ses promenades, il écrit : « La campagne encore verte et riante mais défeuillée en partie et déjà presque déserte offrait partout l'image de la solitude et des approches de l'hiver. Il résultait de son aspect un mélange d'impressions douces et tristes trop analogues à mon âge et à mon sort pour que je n'en fasse pas l'application. Je me voyais, au déclin d'une vie innocente et infortunée, l'âme encore pleine de sentiments vivaces et l'esprit encore orné de quelques fleurs mais déjà flétris par la tristesse et desséchés par les ennuis. Seul et délaissé, je sentais venir le froid des premières glaces et mon imagination tarissante ne peuplait plus ma solitude d'êtres formés selon mon cœur. » Il écrit encore, à la même époque : « Mon imagination déjà moins vive ne s'enflamme plus comme autrefois à la contemplation d'un objet qui l'anime ; je m'enivre moins du délire de la rêverie ; il y a plus de réminiscence que de création dans ce qu'elle produit désormais ; un tiède alanguissement énerve toutes mes facultés ; l'esprit de vie s'éteint en moi par degrés ; mon âme ne s'élance plus qu'avec peine hors de sa caduque enveloppe... »

Cet alanguissement dessert d'autant plus l'écrivain âgé qu'il lui est nécessaire de se sentir inspiré : jeune, il suffit d'avoir à vide l'envie d'écrire pour se convaincre qu'on a « tout » à dire. Vieux, on craint d'être au bout de son rouleau, de n'être plus capable que de se répéter. Gide constate avec regret à la fin de sa vie :

« Je retombe dans des thèmes déjà ressassés et dont il ne me paraît pas que je puisse encore tirer parti. » Et dans *Ainsi soit-il* à 81 ans : « J'ai plus ou moins bien dit tout ce que je pensais que j'avais à dire, et je crains de me répéter. »

Le risque de répétition provient en partie de ce que l'écrivain est aliéné à des intérêts idéologiques. Il a défendu certaines valeurs, critiqué certaines idées, pris telle ou telle position : pas question de les renier. Il n'est pas exclu qu'en demeurant fidèle à son passé un écrivain se renouvelle. Il se peut aussi qu'il préfère sa liberté à ses intérêts. Cela m'est arrivé. Mon public réclamait de moi de l'optimisme avant toute chose, particulièrement en ce qui concerne le destin de la femme : la fin de *La Force des choses* et mes derniers récits ont démenti cette attente et on me l'a vivement reproché. Mais je refuse de m'aliéner à une image figée de moi-même.

De toute manière, nous le savons tous, fût-on Flaubert, Dostoïevski, Proust ou Kafka, on n'écrit jamais que ses livres. Il est fatal qu'ils portent notre marque puisque la littérature exprime l'écrivain dans sa singularité. C'est toujours lui qui est là, dans ses différents ouvrages, et tout entier, tel que la vie l'a fait. Les choses changent, nous changeons : mais sans perdre notre identité. Nos racines, notre passé, notre ancrage dans le monde demeurent immuables : c'est par là que se définissent les buts qui nous attendent dans l'avenir, les choses à faire, les choses à dire. On ne peut pas s'inventer arbitrairement des projets : il faut qu'ils soient inscrits dans notre passé à titre d'exigences. C'est ce qu'indique Camus dans la préface de *L'Envers et l'endroit :* « Chaque artiste garde ainsi au fond de lui une source unique qui alimente pendant sa vie ce qu'il est et ce qu'il dit. Quand la source est tarie, on voit peu à peu l'œuvre se racornir, se fendiller. Ce sont les terres ingrates de l'Art que le courant invisible n'irrigue plus. Le cheveu devenu rare et sec, l'artiste couvert de chaume est mûr pour le silence ou les salons, qui reviennent au même. »

Certes, l'œuvre ne se développe pas mécaniquement ni organiquement à partir d'un germe qui la contiendrait en puissance ; à travers des enrichissements, des déviations, des régressions, elle épouse le mouvement de l'existence. Mais elle est en quelque sorte programmée par notre enfance : c'est alors que l'individu se fait être ce qu'essentiellement il demeurera à jamais, c'est alors qu'il se projette dans les choses à faire. Disraeli avait choisi tout enfant d'être un jour ministre ; Sartre enfant a décidé d'être écrivain. Leur vie a été orientée par ce dessein et l'a accompli. Les gens qui se mettent tardivement à écrire n'en dépendent pas moins étroitement de leurs premières années ; on le voit bien dans les œuvres de Rousseau : on les retrouve vivantes dans l'homme qu'elles ont façonné. Selon l'amplitude qu'avait originellement l'entreprise d'écrire, elle tournera court très vite ou au contraire la mort, fût-elle tardive, la laissera inachevée : Rimbaud estimait à 20 ans n'avoir plus rien à dire et Voltaire à 80 ne se lassait pas de parler. De toute façon, l'œuvre est affectée de finitude. L'homme âgé en prend conscience et souvent — comme dans le cas de Gide — cela le décourage de la poursuivre pendant le temps dont il dispose encore.

Le silence de certains écrivains âgés a une autre raison encore. Leur vocation — Sartre l'a montré dans le cas de Genet, de Flaubert — est suscitée par les

contradictions de leur situation; vivre leur semble
impossible, ils se débattent dans une impasse. Écrire
est la seule issue : ils choisissent l'imaginaire pour y
inscrire une réconciliation des oppositions qui les
déchirent. Dans la vieillesse, ils l'ont réalisée. Et
d'ailleurs tant bien que mal la vie a été vécue, faisant
ainsi la preuve de sa possibilité.

Le genre littéraire qui convient le moins à l'homme
âgé, c'est le roman. Dans ce domaine aussi il y a des
exceptions. Defoe a écrit tous ses romans, Henri James
certains qui comptent parmi ses meilleurs, après
60 ans. Cervantès avait 68 ans quand il a écrit la
seconde partie de *Don Quichotte*. L'œuvre de vieillesse
d'Hugo comporte deux romans. De nos jours, l'étonnant John Cowper Powys a écrit tous ses grands
romans à plus de 60 ans. Albert Cohen vient de publier
à 73 ans son plus beau livre, *Belle du Seigneur*. Mais
dans l'ensemble les écrivains âgés se tournent plutôt
vers la poésie, l'essai, que vers le roman. Thomas
Hardy, fécond romancier jusqu'à 60 ans, à partir de ce
moment ne composa plus que des poèmes. Colette
vieillie n'écrivit plus que des souvenirs. Jamais Martin
du Gard ne réussit à mettre sur pied le roman conçu
après les *Thibault* et pour lequel il prit des notes
pendant des années. Pourquoi ?

Mauriac a proposé une réponse. Il écrit dans les
Mémoires intérieurs : « Mais à mesure que le temps
s'écoule, que notre avenir temporel se réduit, lorsque
les jeux sont faits, que l'œuvre est achevée et la copie
remise, que l'aventure humaine touche à sa fin, alors
les personnages de roman ne trouvent plus en nous
d'espace où se mouvoir : ils sont pris entre le bloc
durci et inentamable de notre passé où plus rien

désormais ne pénètre et la mort qui, plus ou moins proche, est désormais présente. » Et aussi : « La jeunesse finie, à l'approche du dernier tournant, notre propre rumeur ne couvre plus le clapotis quotidien de la politique, car tout en nous devient silence, désormais, et solitude. Alors nous professons que la lecture des romans nous ennuie et qu'aux plus belles histoires imaginées, il faut préférer l'inimaginable Histoire. » Et encore, en 1962 : « Le vrai est que parvenu au dernier chapitre de notre propre histoire, tout ce qui est inventé nous paraît insignifiant. » « Seules les créatures de chair et de sang subsistent encore en nous sur cette limite indéterminée entre le fini et le rien qu'on appelle la vieillesse. »

Je pense qu'en effet, si notre élan vers l'avenir est brisé, il nous est difficile de le recréer chez un héros imaginaire : ni en lui ni en nous l'aventure humaine ne nous passionne assez. Quant au rapport du romancier au passé, je le comprends autrement. L'œuvre que j'écris dépend à la fois de sa source lointaine et du moment présent. La fiction, plus qu'aucun autre genre, exige que le donné soit pulvérisé au profit d'un monde irréel : celui-ci n'a de vie et de couleur que s'il est enraciné dans de très anciens fantasmes. Les événements, l'actualité peuvent fournir au romancier un point d'appui, un point de départ : il doit les dépasser et ne le fait avec bonheur qu'en puisant au plus profond de soi. Mais alors ce sont les mêmes thèmes, les mêmes obsessions qu'il retrouvera et il risque de rabâcher. Au contraire, les souvenirs, l'autobiographie, l'essai reconstruisent ou réassument des expériences dont la diversité est enrichissante pour l'écrivain. C'est toujours lui qui parle : mais il risque

moins de se répéter quand il parle de choses neuves
que lorsqu'il exprime, sous un nouveau prétexte, sa
fondamentale et toujours identique attitude à l'égard
du monde[1].

La chance d'un vieil écrivain c'est d'avoir eu au
départ des projets si solidement enracinés qu'il garde à
jamais son originalité, et si vastes qu'ils demeurent
ouverts jusqu'à sa mort. S'il n'a cessé d'entretenir avec
le monde des rapports vivants, il ne cessera pas non
plus d'y rencontrer des sollicitations, des appels.
Voltaire, Hugo comptent parmi ces heureux. Tandis
que d'autres repassent de l'eau chaude sur de vieilles
feuilles ou se taisent.

*

Les musiciens n'ont guère fait de confidences sur
leur manière de travailler. Ce qu'on peut constater
c'est que généralement leur œuvre progresse avec les
années. Certains se révèlent de bonne heure, comme
Mozart et Pergolèse : s'ils avaient continué à vivre
auraient-ils encore grandi ou se seraient-ils répétés ? Ce
qui est sûr c'est que les œuvres de Bach vieillissant
comptent parmi ses plus belles et Beethoven s'est
dépassé avec ses derniers quatuors. C'est parfois à un
âge très avancé que le musicien compose ses plus
grands chefs-d'œuvre. Monteverdi avait 75 ans quand
il a écrit *Le Couronnement de Poppée* ; Verdi, 72 ans

---

1. Mauriac lui-même confirme par son exemple ce que je dis là. Il
s'est renouvelé — du moins jusqu'à un certain moment — quand il a
écrit ses *Bloc-notes*. Son dernier roman au contraire semble un
pastiche de ceux de sa maturité.

quand il a écrit *Otello* et 76 quand il composa *Falstaff*, le plus audacieux de ses opéras. Stravinsky âgé a su tout en restant lui-même s'adapter aux nouvelles formes musicales : ses œuvres de vieillesse sont originales par rapport à celles de sa maturité et n'ont pas moins de valeur. Je m'explique ces ascensions par la rigueur des contraintes auxquelles le musicien est assujetti ; il lui faut un long apprentissage pour acquérir la maîtrise qui lui permettra de dégager son originalité ; c'est d'autant plus difficile que la musique est le domaine où les influences s'exercent le plus impérieusement : le compositeur se méfie à juste titre des réminiscences. Tandis que le travail de l'écrivain est de donner une portée universelle à son expérience vécue, la singularité du musicien est d'abord écrasée par l'universalité de la technique qu'il utilise et du champ sonore à partir duquel il invente ; il ne s'exprime d'abord que timidement. Il lui faut avoir une grande confiance en soi, donc déjà derrière lui une œuvre, pour oser, non seulement innover à l'intérieur des règles imposées, mais dans une certaine mesure s'en affranchir : ainsi Monteverdi se permet des accords que l'époque qualifiait de « diaboliques », et Beethoven ne recule pas devant les « dissonances » qui scandalisaient le public moyen. Pour le musicien, le vieillissement est la marche vers une liberté que l'écrivain possède dès sa jeunesse ou du moins sa maturité, parce que le système des règles à respecter est moins étouffant.

Les peintres ne sont pas assujettis à des règles aussi strictes que les musiciens ; mais eux aussi ils ont besoin de temps pour surmonter les difficultés de leur métier et c'est souvent dans leur dernier âge qu'ils produisent leurs chefs-d'œuvre. C'est à cette époque — après le passage à Venise d'Antonio de Messine qui a ouvert à la peinture italienne des voies nouvelles — que Giovanni Bellini s'est trouvé. Il a peint entre 75 et 86 ans ses plus grandes œuvres : entre autres les tableaux de saint Zacharie et le fameux portrait du doge Loredano. Quand Dürer le rencontra à Venise, il était à 80 ans le peintre le plus célèbre de la ville. Titien dans son grand âge a peint de très beaux tableaux. Rembrandt n'avait guère plus de 60 ans quand il a peint ses dernières toiles, ses chefs-d'œuvre ; mais Franz Hals en avait 85 quand avec les *Régentes* il est parvenu au sommet de son art. Guardi a peint à 76 ans *La Lagune grise* et *L'Incendie de S. Marcuola,* ses tableaux les plus inspirés, les plus étonnants, où se pressent magnifiquement l'impressionnisme. Corot avait environ 80 ans quand il a peint ses toiles les plus accomplies, en particulier *L'Intérieur de la cathédrale de Sens.* Ingres a peint *La Source* à 76 ans. Monet, Renoir, Cézanne, Bonnard se sont surpassés dans leurs dernières années.

Ils sont moins gênés que les savants par le poids du passé, par la brièveté de l'avenir ; leur œuvre est constituée par une pluralité de tableaux ; ils se retrouvent à chaque fois devant une toile vierge ; leur travail est une succession de commencements. Et le tableau réclame moins de temps que l'élaboration d'une théorie scientifique : quand ils l'entreprennent, ils sont à peu près certains de l'achever. Comparés aux écrivains ils ont une grande chance : ils ne se nourrissent pas de leur propre substance. Ils vivent au présent, et non dans le prolongement du passé. Le monde leur fournit intarissablement couleurs, lumières, chatoiements, formes. Certes, eux aussi ils ne font jamais que leur œuvre : mais elle reste indéfiniment ouverte. Tout créateur, arrivé vers la fin de sa vie, a moins de timidité devant l'opinion publique, plus de confiance en soi. L'idée qu'on l'admirera quoi qu'il fasse risque de le conduire à la facilité et d'émousser son sens critique ; mais s'il demeure exigeant, c'est un grand avantage pour lui que de se régler sur ses seuls critères, sans se soucier de plaire ou de déplaire. Seulement l'écrivain profite peu de cette liberté puisque souvent il n'a plus rien à dire : il y a toujours pour le peintre quelque chose à peindre et il peut jouir de cette souveraineté sans laquelle il n'est pas de génie. Comme le musicien, le peintre débutant est profondément influencé par son époque : il voit le monde à travers les tableaux de la génération précédente ; c'est un long travail que d'apprendre à voir par ses propres yeux. Ainsi Bonnard au début imitait Gauguin et il accordait une grande importance au sujet traité. A partir du *Café du Petit Poucet* qu'il peint à 61 ans, le sujet tend à disparaître au profit de la couleur. Il écrit à 66 ans : « Je crois que lorsqu'on est jeune, c'est l'objet, le monde extérieur qui vous enthousiasme : on est emballé. Plus tard, c'est intérieur, le besoin d'exprimer son émotion pousse le peintre à choisir tel ou tel point de départ, telle ou telle forme. » Ses dessins sont des raccourcis de plus en plus audacieux, il néglige la perspective, il s'éloigne résolument de la vision conventionnelle des choses : il cherche à en exprimer la vie et la chaleur. De là vient l'étonnante jeunesse de ses dernières toiles.

La vieillesse de Goya a été non seulement une ascension vers une perfection de plus en plus grande, mais un constant renouvellement. Il avait 66 ans quand, en 1810, bouleversé par l'occupation française et ses conséquences sanglantes, il a commencé à graver les 85 planches des *désastres de la guerre*. Il avait assisté à l'insurrection de 1808 et souscrit avec enthousiasme pour l'équipement des guérilleros. Cependant il ne refusa pas d'exécuter les portraits des principaux dignitaires français ; il présida avec deux autres peintres au choix des meilleurs tableaux qu'on enverrait à Paris ; il reçut des Français « la cravate rouge de l'ordre d'Espagne » qu'on appelait l' « aubergine ». A la libération, en 1814, il fut acquitté de justesse par la Commission d'épuration. Cependant, il exécuta pour Ferdinand VII un grand portrait officiel. C'est cette même année — il avait 70 ans — qu'il peignit ses tragiques et magnifiques tableaux, *La Charge des mameluks* et *Les Fusillades*. Il peignit aussi *Le Colosse* et un très bel autoportrait où il se représente sous les traits d'un homme de 50 ans. En 1815, il exécuta la série de gravures réunies sous le nom de tauromachie. Il peignit sur commande un certain nombre de portraits de personnages officiels ou d'amis, tous fort beaux. En 1818, il décida, après avoir peint *La Junte des Philippines*, que sa carrière officielle était terminée, et aussi sa carrière de peintre mondain. Désormais, il n'accepterait plus de commandes et ne travaillerait que pour lui-même : il avait besoin d'une entière liberté pour poursuivre son œuvre. Il acheta une maison isolée, qu'on appela dans le pays « la maison du sourd » car depuis des années il n'entendait plus. Il avait perdu sa femme en 1812. Pour tenir son ménage, il fit venir une parente lointaine, doña Leocadia, qui amena avec elle sa petite fille, Rosarito, alors âgée de 3 ans. Il se mit à couvrir les murs des célèbres « peintures noires » où sans aucun souci du public, il laissa se déchaîner son imagination[1]. *Saturne dévorant un enfant, Les Sorcières du Pré au Bouc, Le Chien ensablé,* toutes ces œuvres sont stupéfiantes par la nouveauté de leur facture et la sombre richesse de leur inspiration. En même temps, il exécuta une série de gravures, *Les Disparates,* qui comprennent les *Songes* et les *Proverbes :* il y représente en traits virulents les triomphes de la bêtise.

Toujours désireux de se renouveler, en 1819 il introduisit en Espagne la lithographie, découverte à Leipzig en 1796. La première qu'il exécuta représente une vieille fileuse. Il en fit beaucoup par la suite.

Il avait 77 ans quand la terreur blanche déferla sur l'Espagne. D'abord il se cacha, puis il s'exila à Bordeaux. « Goya est arrivé vieilli, sourd, affaibli, sans savoir un mot de français, sans un domestique... et cependant très satisfait et très désireux de voir le monde », écrit son ami Morantin. Il fit un voyage à Paris puis revint à Bordeaux où il se fixa. Il n'y voyait presque plus clair. Pour travailler, il lui fallait superposer plusieurs paires de lunettes et utiliser une loupe. Il n'en exécuta pas moins une admirable série de lithographies, *Les Taureaux de Bordeaux,* et d'autres intitulées *L'Amour, La Jalousie, La Chanson andalouse.* Il dessina des animaux, des mendiants, des boutiques, la foule. La petite Rosarito, qui avait alors 10 ans et à qui il était très attaché, voulut peindre des miniatures et malgré la faiblesse de sa vue il en peignit avec elle. Un an avant sa mort, à 81 ans, il a peint un portrait de nonne et un

---

1. Un admirateur, le baron Erlanger, racheta la maison, fit détacher les peintures qu'on posa sur des toiles dont il fit don au musée du Prado.

portrait de moine dont la facture fait penser à Cézanne.

Il a souvent traité dans ses dernières années le thème de la vieillesse. Déjà dans le *Jusqu'à la mort* des *Caprices*, il reprenait le sujet si souvent exploité par la littérature du XVIᵉ et du XVIIᵉ siècle : la vieille femme qui se croit encore belle. Il a dessiné une affreuse vieillarde, qui met son chapeau en se regardant avec complaisance dans la glace. Derrière elle, des jeunes gens rient sous cape. En 1817, il a repris le même thème dans *Les Vieilles :* deux vieilles femmes hideuses se contemplent dans un miroir ; derrière elles se dresse le Temps qui a deux grandes ailes et qui tient à la main un balai. C'est dans *La Célestine* que son affiliation à la tradition littéraire espagnole s'affirme le plus clairement : une jeune fille très décolletée et au visage sensuel s'exhibe sur un balcon ; derrière elle se profile le personnage bien connu de la duègne-entremetteuse : c'est une horrible vieille au nez crochu, l'air complice et sournois, qui égrène un chapelet entre ses doigts griffus. Goya a peint aussi dans ses *Sabbats* de nombreuses sorcières. A 80 ans, il a dessiné un vieillard au visage noyé dans une crinière et une barbe blanches, appuyé sur deux cannes : la légende est « J'apprends toujours ». Goya se moquait de lui-même et de sa soif de nouveauté.

Baudelaire a été frappé par l'étonnant rajeunissement qu'a représenté pour lui sa vieillesse : « A la fin de sa carrière, écrit-il, les yeux de Goya étaient affaiblis au point qu'il fallait, dit-on, lui tailler ses crayons. Pourtant il a, même à cette époque, fait de grandes lithographies très importantes, planches admirables, vastes tableaux en miniature — preuve nouvelle à l'appui de cette loi singulière qui préside à la destinée

des grands artistes et qui veut que, la vie se gouvernant
à l'inverse de l'intelligence, ils gagnent d'un côté ce
qu'ils perdent de l'autre et qu'ils aillent ainsi, suivant
une jeunesse progressive se renforçant, se ragaillardis-
sant et croissant en audace jusqu'au bord de la
tombe. »

Ce que nous avions dit à propos de la vieillesse en
général — qu'elle nous découvre notre double finitude
—, nous venons d'en voir des exemples précis à propos
des intellectuels et des artistes : ils ont conscience de la
brièveté de leur avenir et de la singularité indépassable
de l'Histoire dans laquelle ils sont enfermés. Deux
facteurs interfèrent pour définir leur situation : l'amplitude de leur projet originel et le poids plus ou moins
paralysant du passé. On a vu que pour les savants, la
vieillesse entraîne presque fatalement sclérose et stérilité. Les artistes, au contraire, ont souvent l'impression
que leur œuvre est inachevée, qu'ils pourraient encore
l'enrichir : mais alors il arrive que le temps leur
manque pour la terminer ; ils se surmènent en vain :
Michel-Ange malgré son acharnement ne vit pas la
coupole de Saint-Pierre. Souvent un équilibre s'établit : des choses sont encore à faire sans que le temps
vous prenne à la gorge. Des progrès sont même encore
possibles. Mais ils ont à cette époque de la vie un
caractère décevant : on progresse, oui, mais en piéti-
nant. Au meilleur des cas, le vieillard ne dépassera pas
de beaucoup le point qu'il a atteint. Il y en a qui se
livrent à d'inutiles contorsions pour sortir de leur
peau : ils ne parviennent qu'à se caricaturer, non à se
renouveler. En vérité, l'œuvre ne peut s'enrichir qu'en

accord avec ce qu'elle est et ne cessera pas d'être.

Cette idée peut décourager surtout si le déclin physiologique, la maladie, la fatigabilité rendent le travail pénible. Mais certains vieillards mettent une passion héroïque à continuer la lutte. L'héroïsme n'est pas seulement — comme chez Renoir, Papini, Michel-Ange — dans leur rapport à un corps rétif. C'est aussi de trouver encore de la joie à des progrès que la mort va bientôt interrompre, à continuer, à vouloir se dépasser tout en connaissant et assumant sa finitude. Il y a là une affirmation vécue de la valeur de l'art, de la pensée, qui suscite l'admiration. D'autant plus que la contestation par les générations nouvelles n'atteint pas seulement le savant mais aussi l'artiste, l'écrivain. Bonnard souffrait de la « dureté » de la jeunesse qui, tandis qu'il enrichissait son œuvre, s'en détournait.

Le plus pénible, à la fin d'une vie créatrice, c'est d'intérioriser ce doute. Des hommes jeunes sont capables de pousser la contestation jusqu'au désespoir, jusqu'au suicide : Van Gogh, Nicolas de Staël. La finitude — et les impossibilités qu'elle implique — peut se découvrir à tout âge. En général, un homme jeune, même mécontent de soi, met des espoirs dans l'avenir qui s'ouvre à lui. Pour un homme âgé, les jeux sont faits. S'il découvre dans son œuvre des faiblesses, il lui est pénible de savoir qu'il ne peut pas fondamentalement la modifier. Monet par moments doutait radicalement de la valeur de sa peinture et se désolait. S'il est content de son travail, le vieillard le sent en danger dans le jugement d'autrui, et en particulier dans le verdict que rendra la postérité.

Celle-ci peut apparaître comme un recours contre la mort : une promesse de survie. L'œuvre existera pour les générations futures, elle aura peut-être la chance de se prolonger indéfiniment en elles. Au temps de Ronsard, de Corneille, cette idée était consolante; ils pensaient que le régime monarchique durerait éternellement, que la civilisation ne changerait pas, ni les hommes : leur gloire se répercuterait de siècle en siècle, telle qu'ils se l'étaient acquise. Nous n'avons plus de telles illusions. Nous savons que notre société est en pleine évolution : à quelle forme de socialisme ou de technocratie ou de barbarie aboutira-t-elle? Nous l'ignorons. Mais certainement les hommes de l'avenir seront différents de nous. (C'est pourquoi Franz les imagine sous forme de crabes dans *Les Séquestrés d'Altona*.) A supposer que notre message leur parvienne, nous ne pouvons pas prévoir à travers quelles grilles ils le déchiffreront. De toute façon un tableau, un roman ne saurait avoir le même sens pour ses contemporains et pour les siècles futurs : c'est tout autre chose de lire, de regarder au présent ou à travers l'épaisseur du passé.

Même à s'en tenir au proche avenir, l'œuvre court des risques d'autant plus angoissants qu'on croit davantage en sa valeur. Et d'abord celui d'être anéantie par suite de circonstances extérieures : c'est le sort que Freud redoutait pour la psychanalyse. Il est non moins pénible de penser qu'elle sera défigurée. Newton savait que sa théorie de l'attraction serait déformée et se scléroserait : en vain essaya-t-il par de multiples avertissements de prévenir ces déviations. Nietzsche avait grand-peur de donner lieu à de fausses interprétations : et en effet, il aurait refusé celles que les nazis donnèrent de l'idée de surhomme. Pour un individu vaniteux, c'est moins l'avenir de ses travaux qui compte que celui de sa renommée. S'il se pense méconnu, il en appelle volontiers aux hommes de demain : Edmond de Goncourt se racontait qu'ils le préféreraient à Zola. Inversement, Bernard Shaw, célèbre de son vivant, était convaincu que — par une sorte de loi de bascule dont avaient été victimes Hardy, Meredith et beaucoup d'autres — les générations montantes ne lui rendraient pas justice. En tout cas oublié, incompris, ravalé, admiré — personne n'est là quand se décide son sort posthume : seule cette ignorance est sûre et à mes yeux elle rend oiseuses toutes les hypothèses.

Pour achever cette étude sur le rapport de l'homme âgé avec sa praxis, je vais considérer la vieillesse de quelques hommes politiques. L'homme politique n'a choisi ni le domaine abstrait du savant et du philosophe, ni le monde de l'imaginaire. Il est ancré dans la réalité ; il veut agir sur les hommes pour infléchir vers certaines fins l'histoire de son époque. Cette entreprise peut prendre chez lui la figure d'une carrière : ainsi chez Disraeli qui dès l'enfance souhaitait être ministre ; la politique se présente d'abord comme une forme à la recherche d'un contenu ; le but visé est avant tout l'exercice d'un pouvoir, quel qu'il soit, et le prestige qui en découle. En d'autres cas, il s'agit d'un engagement suscité — chez un individu formé d'une certaine manière — par le cours des événements : il se sent appelé, exigé. En général, les deux attitudes interfèrent. Le carriériste optera pour certaines fins et sera désormais exigé par elles — il en fut ainsi pour Disraeli. L'homme qu'une mission concrète réclame cherchera le pouvoir pour l'accomplir. De toute façon, le politique dépend d'autrui plus étroitement que les intellectuels et les artistes. Ceux-ci ont besoin d'être reconnus à travers des œuvres dont le matériau n'est pas l'homme lui-même. Le politique prend les hommes eux-mêmes pour matériau : s'il les sert, c'est en se servant d'eux ; sa réussite, son échec est en leurs mains et leurs réactions lui demeurent en grande partie imprévisibles. Avant d'examiner quelles conséquences peuvent en résulter dans sa vieillesse, il convient d'abord de voir quel est en général le rapport de l'individu vieillissant avec l'Histoire.

Celle-ci a divers visages. Elle n'intervient pas dans les sociétés répétitives. Au Moyen Age elle semblait catastrophique : le salut venait d'un autre monde. Elle a été chargée d'espoirs au siècle des Lumières. Aujourd'hui elle enferme des promesses mais aussi des menaces : la destruction totale ou partielle de notre planète par la bombe. J'ai vu des gens envisager sans grand trouble cette éventualité : du moment qu'on est mort, qu'importe ce qui se passe après ? et même, disaient certains, tous regrets sont épargnés si on sait que la terre disparaît avec nous.

A d'autres, dont je suis, cette idée fait horreur. Incapable, comme tout le monde, de concevoir l'infini, je n'accepte pas la finitude. J'ai besoin qu'indéfiniment se prolonge cette aventure dans laquelle ma vie s'inscrit. J'aime la jeunesse ; je souhaite qu'en elle se continue notre espèce et que celle-ci connaisse des temps meilleurs. Sans cet espoir, la vieillesse vers laquelle je m'achemine me semblerait tout à fait insupportable.

Il arrive parfois que de grands changements politi-

ques et sociaux transfigurent une vieillesse. A partir de
la prise de la Bastille, Kant renonça à son immuable
promenade quotidienne pour aller au-devant de la
malle qui lui apportait des nouvelles de France : il
avait toujours cru à un progrès qui amènerait l'épanouissement de la société et de l'individu et il pensait
que la Révolution confirmait ses prévisions. Une telle
chance est rare, car au jour le jour les défaites sont des
absolus et les réussites précaires. Souvent déçus dans
nos espoirs, nous ne connaissons jamais le bonheur
sans mélange d'avoir eu raison. « La vérité ne triomphe jamais : ses adversaires finissent par mourir »,
disait le physicien Planck. Personnellement, j'ai subi
avec horreur la guerre d'Algérie : l'indépendance avait
coûté trop cher pour que j'aie pu l'accueillir dans la
joie. « Le chemin qui va vers le bien est pire que le
mal », a dit Mirabeau. Jeune, avec devant soi une
illusoire éternité, on saute d'un bond au terme de la
route ; plus tard, on n'a plus assez d'élan pour dépasser
ce qu'on a appelé « les faux frais de l'Histoire » et on
les juge terriblement élevés. Quant aux régressions,
elles ont alors quelque chose de définitif. Les jeunes
caressent l'espoir de voir naître un lendemain différent : le recul amènera peut-être un bond en avant. Les
gens âgés, même si à long terme ils font confiance en
l'avenir, n'escomptent pas assister à ce retournement.
Leur foi ne les défend pas contre les déceptions
présentes. Parfois elle les abandonne et les événements
indépassables leur apparaissent comme un démenti de
toute leur existence. Une des tristesses de Casanova, ce
fut de voir abattu par la Révolution française l'ancien
monde dans lequel il avait vécu. Du fond du château

de Bohême où il était confiné, il traitait Mirabeau
d' « écrivain infâme ».

Un exemple saisissant de ce genre de désillusion,
c'est celui d'Anatole France. Socialiste à la manière de
Jaurès, c'est-à-dire humaniste et optimiste, il imaginait
qu'un homme meilleur et plus juste allait naître bientôt
et sans violence. En 1913 — il avait 69 ans —, il
pensait que « tous les peuples de l'univers s'achemi-
nent vers la paix ». Il disait que « les prolétariats des
peuples vont bientôt s'unir ». Il était convaincu qu'en
tous pays le prolétariat était pacifiste et prêt à se lever
contre la guerre. Il croyait aussi que le capitalisme ne
conduisait pas nécessairement à la guerre. Au retour
d'un voyage en Allemagne, il affirmait : « Il est certain
que l'Allemagne ne désire pas la guerre. » Dans un
discours prononcé en avril 1914, il annonça l' « union
prochaine de l'Europe réconciliée ». Il faisait confiance
à la raison humaine ; tuer, détruire était néfaste pour
tous : l'humanité avait assez de bon sens pour savoir ce
qui lui était utile. Il tomba des nues en août 1914 et il
fut si ébranlé qu'en octobre il songea au suicide. Il
écrivit à un ami : « Ne pouvant plus supporter la vie,
et dans un état de prostration qui me retient ici, je te
supplie de me procurer du poison. » Il publia quelques
textes — qu'il regretta plus tard — dans lesquels,
entraîné par le courant, il condamnait le militarisme
allemand ; mais ensuite il se tut jusqu'à l'armistice. On
voit par sa correspondance qu'il renonça à ses illusions
idéalistes et réformistes. Impossible désormais de
croire que les masses étaient capables d'empêcher la
guerre. Il était souvent tout à fait désespéré. Il écrit en
décembre 1915 : « L'existence m'est insupportable et
je n'ai soif et faim que du néant. » En juin 1916 : « Ma

raison m'abandonne. Ce qui me tue, c'est moins la méchanceté des hommes que leur bêtise. » En décembre 1916 : « La bêtise humaine est infinie. » Il s'indignait qu'on n'arrêtât pas la guerre. Il conclut une longue lettre rageuse et ironique par ces mots : « Nous ne sommes pas pressés. La guerre ne fait perdre à la France que 10 000 hommes par jour ! » En novembre 1917, il écrit : « Il n'y a plus de bornes à ma tristesse et à mon inquiétude. » Il prit parti pour les hommes que fit condamner Clemenceau, discrètement pour Caillaux, avec éclat pour Rappoport. « J'ai trop vécu d'un an et même de 70, écrivit-il encore. Je ne souhaite même plus la fin des horreurs qui désolent l'Europe. Je ne crois ni ne désire plus rien, je n'aspire qu'au néant éternel. »

Il fut très secoué par la révolution russe : « Le premier pas décisif vers un avenir meilleur serait l'application des doctrines de Karl Marx. Le pacifisme est dépassé », écrivit-il. La guerre lui avait démontré la nécessité de la violence, mais il ne se résignait pas facilement à cette idée : « Je crains bien que la fin de cette guerre ne ferme pas l'ère de la violence. Pour assurer le désarmement universel, il faudrait la révolte des peuples... cette horrible guerre est grosse de trois ou quatre guerres aussi horribles. Voilà l'affreuse vérité. » Elle le torturait. Le 3 octobre 1918, il écrit : « Mon cœur, contrairement à ce qu'on croit des vieillards, est devenu plus tendre qu'il n'était et la vie me devient un perpétuel supplice. »

L'armistice signé, il caresse l'espoir que « la guerre produira la révolution universelle » et il affirme son admiration pour les Soviets. En 1919, les grèves et les mouvements ouvriers l'encouragent à croire au proche avènement du socialisme. Il s'engage de nouveau publiquement dans la lutte. Il lance un appel aux électeurs : « On ne terminera la lutte des classes que par la disparition des classes... Tout nous précipite au socialisme. » Il ne s'inscrit ni au parti socialiste ni au parti communiste, mais il a des amis dans l'un et l'autre. Dans *L'Humanité*, en 1922, il publie un *Salut aux Soviets*, « premier essai d'un pouvoir qui gouverne par le peuple, pour le peuple ». Avec Barbusse, il fait partie du groupe *Clarté*. Cependant dans sa correspondance et dans ses conversations il se montre très pessimiste. Il doute de son sort posthume. Dans *La Vie en fleur*, en 1921, sa vision de l'avenir est désolée. « Nous n'aurons pas plus de postérité que n'en eurent les derniers écrivains de l'Antiquité latine. » Il pensait que l'Europe et sa civilisation allaient mourir : « Les puissances du mal sont maîtresses du monde. » « L'Europe sombre dans la barbarie. » Le socialisme auquel il voulait encore croire n'était plus du tout celui auquel il avait rêvé. A l'appel de Gorki, il condamna le procès des socialistes révolutionnaires qui s'ouvrait à Moscou. Il ne pouvait pas renier les valeurs humanistes dont il avait vécu : la tolérance, la liberté bourgeoise. Sa manière de penser comme son style étaient périmés. Il essaya de suivre le mouvement de l'Histoire, mais il restait l'homme d'un autre temps. Ses écrits n'avaient aucune efficacité. En 1923, il fut violemment attaqué par *L'Humanité :* on lui reprochait son dilettantisme, son anarchisme, son scepticisme. Il fut aussi exclu de *Clarté*. En fait, malgré son effort pour s'adapter aux temps nouveaux, la guerre de 14 avait complètement ruiné ses espoirs en un monde raisonnable et heureux.

Plus radicale encore fut la défaite de Wells en 1940.

A 70 ans, il était demeuré extrêmement jeune et il s'adapta d'abord très bien à son époque. Il alla aux U.S.A. où il rencontra Roosevelt : il rêvait d'un rapprochement entre l'Est et l'Ouest. Il se rendit compte qu'il avait échoué : « J'ai subi un échec dans une entreprise qui était beaucoup trop vaste pour moi. » Quand la Seconde Guerre mondiale éclata, il fut si bouleversé qu'il tomba malade. Parlant du monde de 1942, il déclara : « Ce spectacle a fini par me briser complètement. » Il se disait « au bout de son rouleau » et annonça : « L'auteur n'a plus rien à dire et n'aura plus jamais rien à dire. » Il vécut jusqu'en 1946 dans l'horreur et sans espoir. Sa foi dans les hommes était morte. Tout son travail, toutes ses luttes antérieures, le sens même de sa vie reposaient sur sa confiance en ses semblables : celle-ci perdue, il n'y avait plus nulle part aucun recours ; il ne lui restait qu'à lâcher prise, à souhaiter le néant, à mourir.

Un tel désespoir peut conduire au suicide. Virginia Woolf qui vivait en marge de la politique, dans un cercle de privilégiés, fut atterrée par la déclaration de guerre et par les bombardements de Londres : à 58 ans, elle ne put survivre à l'éclatement de son univers [1]. A plus forte raison, si une vieille personne se sent menacée par la conjoncture, elle pensera que pour elle la partie est perdue, la lutte vaine, et que le mieux est d'en finir. En France, ce sont surtout des Juifs âgés qui se tuèrent quand le pays fut occupé.

Si un homme âgé a contribué à provoquer des

---

1. Elle avait déjà eu des crises de dépression où elle avait envisagé le suicide.

événements qu'il déplore, il en sera plus affecté qu'un jeune ; au lieu de se perdre en vains regrets, celui-ci tentera de les enrayer ; le premier n'a plus assez de temps devant lui pour escompter qu'il en détournera le cours : ce fut-là le malheur qui assombrit les dernières années d'Einstein. Il était très conscient de la responsabilité du savant touchant les applications de la science. Il s'inquiétait des conséquences possibles de la libération de l'énergie atomique, réalisée à partir de ses découvertes. « Faire reculer cette menace est devenu le problème le plus urgent de notre temps », disait-il avant la guerre. En 1939, les physiciens Wigner et Szilard, craignant que l'Allemagne ne fabriquât la bombe à uranium, convainquirent Einstein d'écrire à Roosevelt pour l'avertir du danger. Il le fit, et demanda que fût maintenu un contact permanent entre l'Administration et les physiciens qui étudiaient les réactions en chaîne ; il fallait approvisionner les U.S.A. en uranium et accélérer le travail expérimental. Ce conseil fut suivi. Très tôt, Einstein en redouta les suites. Dès 1940, il parlait de cette lettre comme de l'événement le plus malheureux de sa vie. Lorsqu'il eut vent des projets de destruction des villes japonaises par la bombe atomique, il envoya un mémorandum à Roosevelt : celui-ci mourut sans avoir ouvert la lettre. Einstein ne pensait pas qu'aucun individu pût par ses seules forces influencer sérieusement l'Histoire. Et son initiative de 1939 se justifiait : une bombe à uranium allemande semblait alors possible. Il ne se consuma donc pas en remords. Mais il ressentit douloureusement la contradiction entre la richesse des créations scientifiques et l'usage destructeur qui en était fait.

Plus jeune, il se serait certainement engagé à fond

dans une lutte pour la paix ; il aurait cherché à neutraliser d'une manière ou d'une autre l'invention de la bombe atomique : le bref avenir dont il disposait ne lui permettait pas d'espérer trouver un remède.

Même lorsque l'Histoire se déroule sans catastrophe, il y a une autre raison pour laquelle le vieillard n'y puise guère de satisfactions : comme on l'a vu pour Anatole France, il n'en épouse qu'avec difficulté le mouvement. On sait qu'il a du mal à adopter un nouveau *set*. En outre, la plupart du temps il ne le veut pas : il est retenu par ses intérêt idéologiques. Les phrases dites ou écrites, le personnage qu'il s'est créé constituent un « être hors de lui » auquel il est aliéné. Un vieux professeur se confond avec le cours magistral qu'il rabâche chaque année, avec les titres et les honneurs qu'il en a tirés : les réformes l'irritent non seulement parce qu'il est devenu incapable de substituer à son cours un dialogue, mais parce qu'il perdrait alors, pense-t-il, tout ce qui fait sa raison d'être. Comme son travail professionnel, l'activité politique d'un vieil homme est obérée par le poids du passé. Il échoue souvent à comprendre une époque trop éloignée de sa jeunesse. Il manque des instruments intellectuels nécessaires. Il est fait par sa vie. Devant des circonstances qui le prennent au dépourvu, il ne trouve pas la réponse juste. Regrettant de s'être entêté en 1940 dans un pacifisme aveugle, Guéhenno, pourtant jeune encore, écrivait : « Il y a au fond des hommes de mon âge une foule de souvenirs paralysants. » Il ne s'était pas rendu compte que les mots de guerre et de paix n'avaient pas le même sens en 1914 et en 1940 : il y a des expériences dont les leçons sont périmées, des principes abstraits qu'il faut remettre en

question quand les circonstances ont changé. Alain a
été, comme Guéhenno, victime de ses souvenirs quand
il a penché vers la collaboration ; mais aussi il n'a pas
cherché à regarder en face la situation ; il a été retenu
par son intérêt idéologique : le pacifisme dont il s'était
fait toute sa vie le défenseur. Bertrand Russell pour la
même raison commit la même erreur ; il plaça la cause
qu'il avait toujours servie au-dessus de la réalité
présente : au nom du pacifisme, il prêcha à l'Angleterre la non-résistance au nazisme.

Le cas de Jeannette Vermeersch est significatif. A
travers tous les événements qui se sont déroulés depuis
sa jeunesse jusqu'à l'automne 1968, sa ligne ne s'est
jamais modifiée. Inconditionnellement fidèle à
l'U.R.S.S., stalinienne entêtée, ayant cherché après la
mort de Staline à freiner en France la déstalinisation,
elle s'est de plus en plus coupée d'un monde en
mouvement. Tandis que le parti communiste changeait
de politique, elle s'est cramponnée à ses anciennes
positions. Au moment de la crise tchécoslovaque, elle
s'est hâtée d'approuver les dirigeants soviétiques,
hommes de son âge à peu près, qu'elle connaissait
personnellement, et en qui s'incarnait pour elle la
vérité du communisme. Elle s'est trouvée isolée au sein
de son parti ; aucun membre du Comité central ne l'a
soutenue publiquement et elle a dû démissionner.
Cette rigidité qui l'a rendue périmée s'explique aussi
par ses intérêts idéologiques : elle a refusé de mettre en
question la stalinienne qu'elle avait été et la politique
de Thorez à laquelle elle avait étroitement collaboré.
Ce refus de se contester soi-même se retrouve chez
presque tous les vieillards, et on en comprend les
raisons. Puisque, comme le dit Hegel, toute vérité est

devenue, on pourrait assumer les erreurs d'autrefois comme ayant constitué une étape nécessaire : mais on ne s'y résout que si on a l'espoir d'exploiter cette vérité neuve, d'en suivre le développement, de s'en enrichir. Quand l'avenir est barré, il n'est pas fatal mais il est normal qu'on s'entête à miser sur le passé et à ne pas modifier l'idée qu'on s'en est faite.

Nous l'avons constaté en étudiant les sociétés historiques : quel que soit le régime, le parti auxquels ils appartiennent, les vieillards sont amenés à se ranger du côté des conservateurs. Il leur est difficile d'échapper au passé qui les a façonnés : c'est à travers lui qu'ils voient l'actualité et ils la comprennent mal. Les moyens et le temps leur manquent pour s'adapter à la nouveauté ; et leurs intérêts les retiennent même d'essayer. Ils s'efforcent de maintenir le *statu quo*. Les révolutions sont faites par des hommes jeunes : vieillis, ceux-ci ne continuent à les diriger que si elles se sont institutionnalisées ; encore leur rôle est-il souvent alors plus représentatif qu'actif. Les hommes politiques voient le plus souvent leur vieillesse découronnée. Ils ont représenté un moment de l'Histoire : celle-ci change et réclame de nouveaux hommes. Dans son livre, *Louis XIV et 20 millions de Français*, Pierre Goubert remarque : « Il a laissé de la monarchie une image admirable, mais déjà ridée, sinon périmée, au moment où il mourut. Comme beaucoup d'autres rois, et comme presque tous les hommes, il avait vieilli en se raidissant, en se sclérosant. » Il sentait d'ailleurs que ce temps n'était plus le sien et que sa chance l'avait abandonné. On sait le mot qu'il adressa au vieux maréchal de Villeroy après la défaite de Romilly : « On n'est pas heureux, à nos âges, monsieur le maréchal. »

Monarque absolu, il gardait son trône. Mais un ministre « périmé » n'a pas sa chance. L'Histoire abonde en chutes fracassantes. Et comme en général l'homme politique est un ambitieux, il supporte mal sa déchéance. La morosité de Chateaubriand dans ses vieux jours vient essentiellement de ce que, sur le plan public, il s'est retrouvé hors du coup, fini. Il me semble intéressant d'étudier de près la vieillesse de quelques hommes politiques ; c'est toujours une aventure complexe où jouent le passé de l'individu, son état biologique, l'impact des événements, les contre-finalités historiques. Je prendrai trois exemples où prédomine l'importance de l'un ou l'autre de ces facteurs.

Nous verrons avec Clemenceau qu'un homme qui maintient toute sa vie la ligne politique de sa jeunesse se trouve, par sa fidélité à son passé, dépassé par le moment présent. On l'a dit souvent : il faut changer pour rester le même. Demeurant attaché à une certaine forme de démocratie, Clemenceau s'est trouvé avoir passé de l'extrême gauche à la réaction qui cependant ne l'aimait pas, à cause de ses antécédents. Sa valeur, son caractère, le besoin qu'on avait de lui l'ont amené au faîte de la gloire. Mais tout de suite il a été réduit à l'impuissance parce qu'il n'y avait plus de place pour lui dans la nouvelle vie politique française.

Churchill, choisi pour faire la guerre parce qu'il l'avait prophétisée et réclamé qu'on s'y préparât, ne fit pas l'effort nécessaire pour inspirer confiance à l'Angleterre quand il fallut vivre de nouveau dans la paix. Il ne le pouvait d'ailleurs pas : il n'avait pas évolué avec son temps et connaissait mal les nouveaux problèmes qui se posaient. Mais ce qui attrista sa vieillesse, ce fut surtout une inéluctable déchéance physiologique, qu'il combattit avec rage, mais qui peu à peu le ruina tout entier.

Doué jusqu'à sa mort d'une admirable santé, Gandhi mena à bon terme l'entreprise de toute sa vie : l'indépendance de l'Inde. Mais les moyens qu'il avait employés pour y parvenir — entre autres l'exaltation de la religiosité — amenèrent des conséquences qui démentirent les principes de toute sa vie, si bien qu'il l'acheva dans le désespoir.

Élevé dans le culte de la Révolution française par un père farouchement républicain, qui frondait l'Empire, Clemenceau dans sa jeunesse se rallia avec ardeur à ses opinions. Étudiant la médecine à Paris, il se lia avec un groupe de jeunes gens positivistes et athées ; il écrivit dans un journal subversif et à l'âge de 21 ans, en 1862, fut emprisonné à Mazas pour avoir dans un article exhorté les ouvriers à se rassembler le 14 Juillet place de la Bastille et à célébrer ce glorieux anniversaire. Il subit au sortir de prison l'influence de Blanqui. Un séjour de quatre années aux U.S.A. fortifia son amour de la démocratie. En 1869, il se maria civilement avec une Américaine et, de retour en France, il se lança en 1870 dans l'action politique. Il fut nommé maire provisoire du XVIIIe et, le 8 février 1871, député de Paris. A l'Assemblée de Bordeaux, le 1er mars 1871, il vota — avec Victor Hugo et quelques autres — contre le traité qui livrait l'Alsace-Lorraine à l'Allemagne : la capitulation du gouvernement l'indigna. De retour à Paris, il essaya en vain de jouer entre le gouvernement et la Commune le rôle d'un conciliateur. Il démissionna parce que l'Assemblée, influencée par Thiers,

refusa de voter une loi préparant des élections municipales. « Que Paris se soumette d'abord », disait
Thiers. Clemenceau pensait que pour réaliser une
véritable démocratie la France devait s'appuyer sur le
peuple. Quand en 1874 les élections municipales
eurent lieu, il fut élu et il devint en 1875 président du
Conseil municipal, puis il fut élu député du XVIIIe.

Alors commença pour lui une grande carrière parlementaire où il fit figure d'homme de gauche et même
d'extrême gauche. Il réclama l'amnistie des communards qui ne fut octroyée, et encore partiellement,
qu'en 1879. A partir de 1881, le parti auquel il
appartenait prit le nom de « radical-socialiste ». Il en
était un des membres les plus brillants et les plus
écoutés. Au Parlement, dans des articles, il lutta pour
la sécularisation de la République, pour la laïcité de
l'enseignement, pour la liberté de la presse, le droit de
réunion, un plan d'éducation nationale, des réformes
économiques. Son parti avait un programme social qui
était considéré comme très avancé : il exigeait des
mesures de protection du travail, la reconnaissance
pour les syndicats d'une personnalité civile, l'amélioration de la condition ouvrière.

Redouté par ses adversaires pour son éloquence, il
combattit le colonialisme de Jules Ferry. Il fit tomber
Freycinet, Gambetta, Jules Ferry. Chef incontesté de
l'extrême gauche, on l'appelait « le tombeur de minis-
tères ». Il contribua à abattre le boulangisme. Pour se
venger, Déroulède tenta de le compromettre dans
l'affaire de Panama. Il se défendit avec éclat et fut lavé
de tout soupçon. Il n'en perdit pas moins son siège de
député.

Il avait 52 ans. Il se jeta dans le journalisme. Ses

préoccupations n'étaient pas seulement politiques : il fréquentait des écrivains, des peintres ; il soutint avec passion l'impressionnisme et Rodin. Jaurès estimait d'autre part que dans ses articles « la pensée socialiste s'affirme avec une croissante netteté ». Il joua un rôle capital dans la révision du procès de Dreyfus.

Élu sénateur en 1893, il soutint Combes contre les congrégations et défendit la loi de séparation ; cependant il réclamait la liberté de l'enseignement. Partisan d'un « socialisme progressif », son action commença à s'opposer à celle des socialistes qui réclamaient l'expropriation de la classe capitaliste, la socialisation intégrale des moyens de production et d'échange. Lui, il refusait la lutte des classes et souhaitait des réformes réalisées par voie légale.

Cependant, fidèle à l'esprit quarante-huitard, en 1882, lors des grèves des mineurs, il défendit le droit de grève contre les compagnies minières. Il dénonça les meurtres de Fourmies.

Ce fut douze ans plus tard, quand il fut nommé ministre de l'Intérieur, que sa position politique bascula. Non qu'il eût changé. Mais la situation s'était transformée. La société libérale était restée la même alors que le prolétariat était devenu beaucoup plus nombreux et que sa misère s'était accrue. Il en résultait une tension sociale qui appelait des solutions extrêmes. Clemenceau voulait avant tout maintenir l'ordre républicain, c'est-à-dire bourgeois. Des grèves se déclenchèrent à Lens, elles tournèrent à l'émeute : il envoya des troupes qui tirèrent sur les ouvriers. Partout où il estimait la répression nécessaire, il fit appel à l'armée. Il s'appelait lui-même « le premier flic de France ». Les socialistes l'attaquaient avec violence : entre eux et les radicaux, la rupture était désormais totale et définitive.

Clemenceau avait 65 ans quand en 1906 il devint président du Conseil : il était en effet le chef du parti radical qui représentait la majorité de la Chambre et qui luttait maintenant contre les forces progressistes. Le syndicalisme ouvrier était devenu révolutionnaire. Partout éclataient de graves conflits : Clemenceau les jugula par la force. Les répressions furent sanglantes. A Villeneuve-Saint-Georges, en 1908, il y eut — de source officielle — quatre ouvriers tués et quarante blessés. Il s'opposa énergiquement à la création de syndicats de fonctionnaires. Les socialistes et en particulier Jaurès se déchaînaient contre lui. Il donnait d'autres gages encore à la réaction : il accorda les pleins pouvoirs à Lyautey pour occuper l'arrière-pays de Casablanca. Mais bien qu'il se souciât de la défense nationale — il nomma Foch directeur de l'École de guerre — la droite lui reprochait de la négliger. A la suite de l'explosion du *Iéna*, Delcassé dénonça les énormes insuffisances du département de la Marine. Le ministère fut renversé. Briand forma un nouveau cabinet.

Dans ce moment de son histoire, Clemenceau illustre ce que j'ai indiqué plus haut : un homme âgé qui s'entête dans ses positions passées se trouve décalé par rapport à l'actualité. Le « socialisme » de Clemenceau s'était périmé au point de s'être transformé en une politique réactionnaire.

Il se déclara très content de retrouver sa liberté et partit faire des conférences sur la démocratie en Amérique du Sud : « Je suis soldat de la démocratie », déclarait-il. De retour en France, il fonda en 1913 un

journal, *L'Homme libre*, où il écrivit presque quoti-
diennement. Il sentait que la guerre approchait et, tout
en souhaitant qu'elle fût évitée, il combattait le pacifisme. Il fit campagne pour la loi qui portait à trois ans
la durée du service militaire.

Une fois la guerre déclarée, il critiqua si âprement la
manière dont elle était conduite que son journal fut
suspendu. Il réapparut sous le nom de *L'Homme
enchaîné*. Viviani lui proposa en 1914 d'entrer au
ministère ; il refusa. Convaincu que seul il pouvait
sauver la France, il voulait la présidence du Conseil ou
rien. A partir de janvier 1915, il joua un rôle important
en présidant au Sénat la commission de l'Armée et des
Affaires étrangères. Malgré ses 75 ans, il montait
souvent au front et parcourait les tranchées ; il passa
une nuit au fort de Douaumont. Il critiqua violemment
la déplorable organisation du Service de santé. Dans
son journal, il luttait aussi énergiquement contre le
« défaitisme ». Et il conjurait les U.S.A. de venir en
aide à la France. Après les mutineries du 15 mai 1917,
il fit un discours virulent contre le ministre de
l'Intérieur, Malvy.

Son patriotisme, son énergie, lui valaient dans le
pays une immense popularité. Dans les milieux politiques cependant, il avait de tous les côtés suscité des
haines. Poincaré le détestait. Il reprochait à cet homme
de 77 ans « son orgueil immense, sa mobilité, sa
légèreté ». Il se décida cependant à l'appeler. Clemenceau était un peu sourd, mais il avait gardé toute son
intelligence et toute sa vitalité. Il resta vingt-six mois
au pouvoir, travaillant de 6 heures du matin à 10
heures du soir. Il s'était entouré d'une équipe neuve.
La situation était dramatique. Pour la sauver il recruta

de nouvelles classes, il fit voter des crédits, il combattit impitoyablement le défaitisme. Il se fit vivement attaquer par les socialistes. Il réussit à imposer aux Alliés l'unité de commandement et soutint Foch qui se trouva alors à la tête de toutes les armées. Quand les Allemands commencèrent à reculer, il fut accueilli triomphalement dans les régions libérées. « Ce n'était pas de l'enthousiasme, mais une véritable folie, a noté Mordacq. J'eus toutes les peines du monde à l'empêcher d'être étouffé. » Clemenceau, qui avait été sévèrement critiqué pendant son ministère, trouva là une heureuse revanche. « Il faut vraiment avoir le cœur solide pour résister à de semblables émotions, disait-il. Elles consolent de bien des amertumes. » Poincaré, Pétain, un certain nombre d'autres hommes politiques et de militaires souhaitaient qu'on poursuivît l'armée allemande jusqu'à Berlin. Clemenceau soutint Foch quand celui-ci décida de signer l'armistice : « Nul n'a le droit de prolonger plus longtemps l'effusion de sang », déclara Foch. Ce n'était pas la seule raison de son attitude. Les buts de guerre essentiels étant atteints, l'opinion publique réclamait l'armistice ; il aurait été dangereux de « jouer avec le moral des troupes et du pays[1] ». D'autre part, si la guerre avait continué, le rôle des armées américaines serait devenu de plus en plus important et la paix aurait dépendu davantage encore de l'Amérique. Enfin Foch, comme les dirigeants alliés, craignait que la prolongation des hostilités ne favorisât en Allemagne la diffusion du bolchevisme.

1. Tardieu, *La Paix*.

Quand il annonça la signature de l'armistice, Clemenceau fut acclamé par les Chambres. Une foule rassemblée devant le ministère de la Guerre exigea qu'il se montrât au balcon de son bureau et lui fit une ovation : il en pleura d'émotion. Cependant le soir sa joie était déjà tombée. Ses enfants le menèrent au Grand Hôtel pour qu'il vît la foule en liesse sur la place de l'Opéra. Il la regarda en silence : « Dis-moi que tu es heureux, demanda sa fille. — Je ne peux pas te le dire parce que je ne le suis pas. Tout cela n'aura servi à rien. » On l'appelait le Père la Victoire, on lui dressait des statues : mais il avait peur de l'avenir : « Maintenant, il va falloir gagner la paix et ce sera peut-être plus difficile, dit-il. Si j'avais souci de ma gloire, je devrais mourir maintenant », dit-il aussi. Il était très fatigué ; il avait l'estomac démoli, les mains rongées d'urticaire ; il dormait mal.

Il fit un voyage à Londres qui l'acclama. Il fut acclamé à Strasbourg avec un enthousiasme qui lui tira des larmes. Après un bref repos en Vendée — son pays natal —, il ouvrit la Conférence de la paix et recommença à travailler d'arrache-pied. Le 9 février 1919, un jeune anarchiste de 23 ans, Cottin, tira sur lui dix balles de revolver [1]. L'une d'elles l'atteignit, mais il ne fut pas sérieusement blessé.

Les négociations avec Wilson furent épineuses. Il défendait les intérêts français ; il obtint en principe que l'Allemagne payât à la France des réparations ; il obtint aussi que l'armée française occupât pendant quinze ans la rive gauche du Rhin et un certain nombre d'autres

---

1. On ne connut jamais les dessous de l'affaire. Condamné à mort, Cottin fut gracié et plus tard libéré. Il semble que c'était un illuminé.

avantages. Cependant, Foch lui reprochait de faire
trop de concessions et la droite commençait à l'appeler
le « Perd la Victoire ». A l'intérieur, des grèves
éclatèrent ; partout surgissaient des revendications. Il
ordonna une répression impitoyable : la police dispersa
violemment une manifestation de veuves de guerre. Le
1er Mai, les ouvriers formèrent un cortège que les
forces de l'ordre chargèrent, sabre au clair : il y eut des
morts et des blessés. La police chargea même un
cortège de grands mutilés avec une incroyable sauvagerie. Il accorda aux ouvriers la loi de huit heures, mais il
avait perdu auprès d'eux toute popularité. Le 28 juin
fut signé le traité de Versailles : quand il sortit avec
Wilson, ils faillirent être étouffés par une foule enthousiaste. Mais il n'était pas content de cette paix : la
France, selon lui, n'avait pas obtenu les garanties qui
lui étaient nécessaires. Le traité fut sévèrement critiqué par beaucoup d'hommes politiques français. Un
« dépôt d'explosifs », disait Cambon.

Il avait contre lui toute la gauche qui lui reprochait
son « patriotisme étroit et revanchard ». Les intellectuels s'irritaient de son nationalisme. Les Français
moyens l'accusaient d'avoir mal défendu les intérêts de
la France. Il avait perdu une grande partie de son
prestige. Il aspirait à la retraite. Il fit cependant
quelques discours. Certains parlementaires désiraient
une réforme de la Constitution : il la défendit contre
eux. Il prêcha l'union nationale et attaqua fanatique-
ment le bolchevisme, ce qui suscita la colère des
milieux d'extrême gauche et, à cinq jours des élections,
une grève générale des ouvriers imprimeurs de la
presse parisienne.

Le Bloc national, c'est-à-dire la droite, triompha aux

élections : ce fut la « Chambre bleu horizon » dont la majorité était composée d'adversaires déclarés des partis de gauche. Clemenceau accueillit ce résultat avec déplaisir. « Clemenceau a manqué sa sortie, nota Pierre Miquel[1]. La Chambre bleu horizon débute sur la déconfiture des clemencistes de gauche. »

Le 8 novembre, pendant la première séance de la nouvelle Chambre, il reçut avec émotion les élus d'Alsace et de Lorraine. Il fut acclamé. Cependant, il ne demanda pas le renouvellement de son mandat de sénateur. Il avait 80 ans, il était fatigué. Ses amis auraient voulu qu'il se présentât aux élections présidentielles. « Mais ils veulent ma mort ! » protesta-t-il. Au retour d'un voyage à Londres, peut-être sous l'influence de Lloyd George, il accepta de se porter candidat, mais mollement, si bien que ses adversaires l'accusèrent de mépriser le Parlement. Anticlérical notoire, il s'opposait à la reprise des relations de la France avec le Vatican : il avait tous les catholiques contre lui ; ceux-ci se liguèrent avec les socialistes. Foch, Briand, Poincaré menèrent campagne contre lui. La réunion préparatoire, qui se tint la veille des élections, donna la majorité à Deschanel. Il refusa de se présenter le lendemain et déclara que si on passait outre et qu'il obtînt la majorité, il n'accepterait pas le mandat : « Je pouvais encore être utile, dit-il le soir à Barrès. Mais pour moi, cela vaut mieux. J'ai 80 ans. On ne le sait pas. Moi je le sais, et parfois cruellement. » Deschanel fut élu le lendemain.

Il n'acceptait pas sans amertume d'être « mis à la retraite ». Son orgueil en fut profondément blessé. Il se

---

1. Biographe de Poincaré.

retira en Vendée, dans une petite maison isolée au bord de la mer, et refusa désormais de rien lire de ce qu'on écrivait sur lui, éloge ou critique. Sa santé était étonnante. Il visita l'Égypte et fit aux Indes un voyage extrêmement fatigant d'où il revint en disant : « Je me sens plus jeune que jamais. » « On dirait qu'en vieillissant il accumulait de la vie au lieu d'en dépenser », a écrit Alfred Capus. Mais la situation politique le navrait. En Corse, à Sartène, il déplora dans un discours que le traité de Versailles ne fût pas intégralement appliqué. Il souffrait du retrait de l'Amérique, du problème des réparations, des concessions faites à l'Allemagne, du retour au pouvoir de Briand qu'il haïssait, de ce qu'il appelait la décadence mórale de la France. Il luttait par personnes interposées. Il fonda un journal, *L'Écho national,* dont il confia la direction à Tardieu : ce fut un échec.

Le *New York World* lui demanda son opinion sur le rôle de l'Amérique dans la guerre et dans la paix : il décida d'aller, à titre privé, s'expliquer aux États-Unis. Il partit le 11 novembre. On l'accueillit triomphalement. Malgré ses 81 ans, il prit trente fois la parole en trois semaines, s'efforçant de « réveiller les Américains ». Le public était immense et l'acclamait ; mais son voyage n'eut aucune conséquence politique. Peu de temps après, l'occupation de la Ruhr exaspéra l'antagonisme entre l'Amérique et la France.

De retour en France, malgré les avances qui lui furent faites, il refusa de rentrer au Parlement ; mais il suivait avec désolation le cours des événements. Il écrivait le 26 avril 1922 : « La situation s'aggrave de jour en jour à Gênes où l'on se laisse cruellement régenter par Lloyd George. Rupture ou soumission, c'est la chute au fond du trou... J'en souffre au-delà de ce que je puis dire. » Et encore : « Trahi par ses gouvernements et trahi par sa presse, voilà le sort de notre peuple. » Il reprocha à Briand ses concessions. Quand Poincaré lui eut succédé en janvier 1922, et fit occuper la Ruhr, il estima que cette mesure venait trop tard et n'avait plus aucune vertu. Elle lui parut inutilement dangereuse : « Votre Poincaré me semble un enfant qui joue avec des tisons enflammés parmi des barils de poudre », écrivit-il à un ami.

Il se consolait en se promenant au bord de la mer, à pied ou en voiture, en cultivant des roses, en recevant des visiteurs. Il travaillait à son *Démosthène*. Il écrivait à un ami : « J'ai 82 ans, c'est tout dire. Le corps ne va pas mal. La tête est assez bien. Le cœur aussi. » Et aussi : « Je ne demande rien et, sans pouvoir être taxé d'égoïsme, je vais mourir plus ou moins heureux parmi l'âpre conflit des destins contraires. » Il écrivit aussi *Au soir de la pensée :* « Grâce à cela [1], dit-il à Wormser en octobre 1925, j'ai passé admirablement quatre années que j'aurais passées à pleurer... C'est curieux, n'est-ce pas, que la fin de ma vie soit en telle contradiction avec ce que j'ai été, avec mon caractère. C'est à mon travail que je le dois. Il m'a distrait, élevé. Je ne suis plus ému par toute cette fourmilière. »

En fait, il avait des crises de fatigue et de dépression. Sa mélancolie perçait dans ses lettres et ses discours. A Poincaré succéda le Cartel des Gauches qui chercha un rapprochement avec l'Allemagne. Clemenceau fulmina. Il vit Caillaux et Malvy, réhabilités, redevenir

---

1. Au fait d'écrire.

ministres. Briand signa le traité de Locarno et fut salué comme le nouvel apôtre de la paix. Pour Clemenceau, c'était une suite d'insupportables camouflets. Quand en 1926 se créa un cabinet d'Union nationale dont faisaient partie ses deux plus grands ennemis, Briand et Poincaré, sa colère atteignit son paroxysme : il rompit avec Tardieu quand celui-ci accepta d'entrer dans le cabinet. Il écrivit une lettre indignée au président Coolidge qui réclamait de la France le paiement de ses dettes. Il prophétisait des catastrophes : « Dans cinq ans, dans dix ans, quand ils voudront, les Boches entreront chez nous. » Ce qui d'ailleurs était juste. Il disait aussi : « Le temps que nous vivons est d'une abjection ! » A René Benjamin, venu lui rendre visite dans sa maison de campagne, il dit : « Cette pauvre chose éphémère, la France du xxe siècle, c'est fini, je suis détaché... Un homme méritant ce nom crèverait de dégoût parmi les nains qui nous gouvernent. Je suis bien où je suis. » Il faisait sur l'avenir de sombres pronostics : « Vous aurez une déliquescence et ça ne sera pas très long. Briand avec l'Allemagne va vous arranger ça. Vous vivrez la paix faisandée des décadences. » Il avait perdu toute passion, toute conviction : « Espérer ? C'est impossible ! Je ne le puis plus, moi qui ne crois plus, moi qui ne crois plus à ce qui m'a passionné : la démocratie. »

Il avait une grande amitié pour Claude Monet. Il lui demanda de donner à l'État *Les Nymphéas* qu'il admirait : l'administration des Beaux-Arts mit l'Orangerie à la disposition du peintre. Mais celui-ci — que Clemenceau appelait « le roi des grincheux » — multiplia les difficultés et résilia la donation. Ensuite, il la confirma, mais il mourut en décembre 1926, avant que l'installation ne fût achevée. Six mois plus tôt, Clemenceau avait perdu Geoffroy, à qui il avait été très attaché. Il perdit aussi son frère Albert, sa fidèle servante Clotilde. La solitude lui pesait : « Ah ! combien il est triste d'arriver à la fin de sa vie ! On n'a plus personne autour de soi », disait-il. Sa santé s'altérait un peu : « J'ai le regret d'être presque bien portant, mon seul mal étant de n'avoir plus de jambes. » Il disait cependant que le travail lui procurait des « joies de jeune homme ». Il écrivit un livre sur Monet. Blessé par le *Mémorial* paru trois semaines après la mort de Foch, en avril 1929, et où celui-ci le mettait en cause, il riposta en écrivant *Grandeur et misère d'une victoire*. Ces attaques l'avaient attristé : « Je lui[1] en veux surtout de ne m'avoir pas permis d'achever mes jours dans la modeste fierté d'un silence où j'avais mis le plus beau de mes joies profondes. » Mais il se retournait vers son passé avec satisfaction : « J'ai eu tout... tout ce qu'un homme peut avoir... J'ai vécu les plus grandes heures qu'un homme puisse vivre en ce monde ! Lorsqu'on a connu l'armistice, mes enfants ! » Jusqu'à la fin, il conserva une étonnante vitalité. C'est seulement à la veille de sa mort qu'il murmura : « Je vieillis. Je m'accroche à la vie avec des ongles mous. »

Cette robuste vieillesse fait un étonnant contraste avec celle de Churchill bien qu'il y ait entre les deux de frappantes analogies. Appelé au pouvoir en 1940, à l'âge de 66 ans, Churchill à l'heure de la victoire fut lui

---

1. Foch.

aussi considéré comme le sauveur de son pays, et jouit d'une immense popularité. Lui aussi, cependant, fut chassé du pouvoir aussitôt après la guerre. Seulement son destin biologique fut tout autre que celui de Clemenceau.

En 1940, Churchill fut salué comme l'homme providentiel : le pays tout entier réclamait qu'on lui confiât le pouvoir. Il avait derrière lui une longue carrière de parlementaire et de ministre. C'était en grande partie grâce à son passage à la tête de l'Amirauté, en 1911, que la flotte anglaise avait acquis sa puissance. Quand en 1930 la défaite du parti conservateur avait entraîné la chute du ministère Baldwin, Churchill, qui était alors chancelier de l'Échiquier, avait perdu son portefeuille. Pendant dix ans il fut écarté du pouvoir. Mais il avait fait des discours très remarqués. Il avait compris de bonne heure la gravité du danger nazi, et en 1936, parlant devant le comité des affaires extérieures du parti conservateur, il en avait appelé à la S.D.N. contre l'Allemagne. La presse avait largement diffusé ses opinions. Il avait lancé une campagne pour le réarmement et avait blâmé par la suite toutes les concessions faites à Hitler. On l'avait accusé de bellicisme : mais quand la guerre fut déclarée, il apparut comme un prophète qu'on avait été criminel de ne pas écouter. Les murs de Londres se couvrirent d'affiches réclamant : « Winston au pouvoir ! » Chamberlain le mit à la tête de l'Amirauté. Après l'entrée des Allemands en Belgique, le 10 mai 1940, Chamberlain démissionna et Churchill prit la tête d'un gouvernement de coalition. Il prononça alors son fameux discours : « Je n'ai rien à offrir que du sang, de la peine, des larmes et des sueurs. » Il avait 66 ans.

Pendant les années de guerre, il assuma les tâches de trois hommes. Il se levait à 8 heures, travaillait jusqu'au déjeuner, dormait une heure et travaillait de nouveau jusqu'à 2 ou 3 heures du matin. A partir de décembre 1943, son corps le lâcha : il tomba malade à Carthage et depuis ne fut plus tout à fait le même homme. Son médecin, le docteur Jacques Moran, a noté au jour le jour son pathétique combat contre la déchéance physique et l'imbécillité. Il disait le 22 septembre 1944 — à 70 ans : « Pour ce qui est de l'esprit tout va bien. Mais je me sens très fatigué. J'ai l'impression très nette d'avoir achevé mon œuvre. J'avais un message à apporter, je ne l'ai plus. Désormais je me borne à dire : sus à ces maudits socialistes. » Il était marqué par le passé. Il écrivit au général Scobie : « Nous devons tenir Athènes. Ce sera pour vous un haut fait d'y parvenir sans effusion de sang, si possible, mais avec effusion de sang si c'est nécessaire. » Commentant ces instructions en 1953, il dit avoir pensé au mot que Balfour adressa aux autorités britanniques en Irlande : « N'hésitez pas à tirer. » Il ajouta : « Ce souvenir d'une lointaine époque hantait ma pensée. » Peut-être a-t-il allégué cette réminiscence à titre d'excuse ; mais le fait est qu'il ne s'adaptait plus aussi bien qu'autrefois aux circonstances. A Yalta, ce ne fut pas sa faute s'il dut faire à Staline d'importantes concessions : il défendit ses points de vue avec adresse et fermeté. Mais sa santé continua de se détériorer. Sa puissance de travail diminua. Il devint bavard et verbeux au point d'exaspérer les membres du cabinet. Il avait toujours été tellement absorbé par ses propres idées qu'il ne s'intéressait pas à celles des autres. Mais sa solitude s'exagéra encore. Il ne parvenait plus à suivre une pensée étrangère. Et il avait un peu perdu le sens des réalités. Abusé par les ovations triomphales dont il était l'objet dans les rues de Londres et aux Communes, il crut qu'aux élections législatives le succès des conservateurs était assuré. Il se lança avec feu, en 1945, dans la campagne électorale. Mais il ne prit pas la peine d'établir un programme solide. Il se bornait à dénoncer les catastrophes que déclencherait un ministère travailliste : ce serait, disait-il, un régime étatiste et policier. Ces attaques contre des hommes avec qui il avait collaboré pendant toute la guerre inquiétèrent. On se demanda si sa pugnacité, utile en temps de guerre, ne serait pas néfaste pour la paix. L'organisme central du parti, tombé en sommeil depuis 1940, avait perdu le contact avec les masses. Au contraire, les travaillistes avaient un programme séduisant : services sociaux, plein emploi, vie à bon marché, nationalisation de certaines industries. Ils faisaient une excellente propagande. On disait : « Les travaillistes ont un programme ; les conservateurs, une photographie : celle de Churchill. »

La victoire des travaillistes fut écrasante et Churchill dut démissionner : il en éprouva une grande amertume : « Je fus congédié par le corps électoral britannique et privé de toute participation ultérieure à la conduite des affaires », écrivit-il plus tard. Il ne supportait pas de se sentir « en chômage » et sombra dans la mélancolie. Quelqu'un lui ayant suggéré d'entreprendre une tournée de conférences, il répondit : « Je refuse d'être exhibé comme un ancien taureau de concours dont le prestige ne tient plus qu'à ses prouesses passées. » Il gardait son siège au Parlement, mais pendant un temps il n'eut plus d'activité politi-

que. Retiré à la campagne, il peignait et il entreprit
d'écrire ses Mémoires (très inférieurs à son récit de la
guerre 14-18 : la part de ses collaborateurs y est
beaucoup plus considérable). Puis il prit la tête de
l'opposition, et de nouveau siégea assidûment à la
Chambre des communes ; il attaquait les mesures
économiques prises par le gouvernement et surtout sa
politique de décolonisation : sa véhémence gênait ses
partisans ; ils souhaitaient qu'il se retirât. En 1949, il
eut une petite attaque et devint sourd. Sa mémoire
s'affaiblit. Il marchait difficilement. « Je suis au bout
de mon rouleau », disait-il. Il s'attristait de la disparition des anciennes coutumes, par exemple des huit
chevaux blancs du roi. Après la dévaluation de la livre,
le Parlement fut dissous et les élections firent perdre
95 sièges aux travaillistes. Attlee restait Premier ministre, mais Churchill entrevoyait une revanche et fit des
interventions brillantes à la Chambre. En 1951, les
affaires d'Iran, les grèves amenèrent une nouvelle
dissolution du Parlement : les tories l'emportèrent et
Churchill redevint Premier ministre. Mais il avait
perdu sa puissance de travail : cinq ou six heures,
c'était un maximum et il laissait à ses ministres le gros
de la besogne. Sans cesse fatigué, sachant sa tension
artérielle trop forte, s'endormant souvent, il avait peur
de devenir gâteux. Il eut cette plainte pathétique :
« Mentalement, je ne suis plus ce que j'étais. Désormais, un discours à faire c'est un fardeau et une
anxiété. Jacques, dites-moi la vérité : vais-je perdre
graduellement toutes mes facultés ? » Cependant, malgré les conseils de son médecin, malgré les malaises et
les attaques, il ne voulait pas renoncer au pouvoir. La
reine lui conféra l'ordre de la Jarretière. Mais le 25 juin

1953, à la fin d'un dîner officiel, il s'écroula : comme en 1949, l'attaque était due au spasme d'une artère. La bouche affaissée, l'élocution brouillée, il se sentait devenu « un paquet de vieux chiffons ». Il se rétablit et en octobre il fit devant le congrès annuel du parti conservateur un discours de cinquante-deux minutes très applaudi. Mais à la Chambre, le 5 avril 1954, son intervention fut désastreuse : traitant le problème de la bombe à hydrogène, il le réduisit à une querelle de partis. On cria : « Démission ! A la retraite ! » Le lendemain il dit avec regret : « Quand on est vieux, on vit beaucoup trop dans le passé ! » Mais il ne lâchait pas prise. A travers des hauts et des bas, il se rendait cependant compte de son état : « Hélas ! je suis devenu si stupide ! Vous ne pouvez rien faire pour moi ? » Il s'étonnait : « C'est une affaire extraordinaire, Jacques, de devenir vieux. » Moran lui demanda quels signes le frappaient : « Tout », répondit-il. Il s'acharnait à rester au pouvoir, mais il en était de moins en moins capable. Pour dormir, il prenait des calmants. Il avait souvent les larmes aux yeux. Son 80e anniversaire fut une apothéose. Le soir, contemplant un portrait de lui dont on lui avait fait cadeau, il dit à Eden : « C'est l'image d'un homme qui aurait pris sa retraite. Vous conviendrez que cela ne me ressemble pas. » Pourtant les jeunes conservateurs auraient voulu le voir partir. Il faisait des gaffes consternantes [1]. Son esprit achevait de

1. Il eut l'étourderie de dire : « En 1945, alors que les Allemands se rendaient par milliers, j'ai envoyé au maréchal Montgomery un télégramme l'invitant à stocker leurs armes : il pourrait devenir nécessaire de les rendre aux soldats de la Wehrmacht, au cas où les Russes auraient poussé leur avance. » Sommé de s'expliquer, il se défendit très mal.

s'effriter. Pendant les réunions du cabinet, souvent il dormait. En 1955, il se décida enfin à démissionner. Il mangeait et buvait beaucoup, mais fumait moins qu'autrefois. Il avait souvent le regard trouble, de longs mutismes, des torpeurs : « Suis-je en train de perdre la tête ? » demandait-il. Il eut une attaque d'apoplexie en 1956. Il devint tout à fait sourd, apathique, taciturne. Il allait souvent sur la Côte d'Azur, lisait et peignait encore un peu. Il fut réélu député en 1959 et se rendit à Paris où de Gaulle le décora de la croix de la Libération. Il semblait très vieux et très fatigué. Ensuite il sombra tout à fait. Pendant cinq ans il se traîna, décrépit, la tête perdue.

Gandhi ne fut jamais trahi par son corps. Sa vigueur fut plus étonnante encore que celle de Clemenceau. L'entreprise dans laquelle il avait engagé toute sa vie — libérer l'Inde des Anglais —, il la mena à bien. Mais sa victoire se retourna cruellement contre lui.

Décidé à chasser les Anglais des Indes, il avait inauguré, en 1919, la *Satyagrana,* c'est-à-dire la désobéissance aux dures lois Rowlatt que voulaient imposer les Anglais. Il appela à la non-coopération. Nommé en 1920 président de la Ligue pour l'autonomie panindienne, il multiplia les voyages de propagande pour répandre la pratique de la résistance non violente. Il prêcha la renaissance de l'artisanat qui permit de boycotter les produits anglais. Il réussit à paralyser la vie économique. En même temps, il agissait à l'intérieur de la société indienne. Il travailla à supprimer les préjugés contre les intouchables. Il voulait maintenir l'amitié entre Hindous et Musulmans. Ceux-ci avaient

longtemps vécu en bonne intelligence. Mais au xxᵉ siècle apparurent dans les villes de sérieuses tensions
entre les classes moyennes des deux communautés qui
se disputaient les places et les influences. En 1924,
Gandhi s'infligea un long jeûne afin de les réconcilier :
pendant les trois semaines que dura cette épreuve, il
logea chez un Musulman. Cependant, étant lui-même
très pieux, il donna au mouvement qu'il dirigeait un
caractère profondément religieux. « Il m'arrivait de
m'inquiéter, a écrit Nehru, de cette emprise croissante
de la religion sur notre politique, qu'il s'agît des
Hindous ou des Musulmans. Je n'aimais pas cela du
tout. » Il ajoute qu'il était très difficile, du moins sur
certains points, d'amener Gandhi à modifier ses attitudes : « Il était si ferme, si ancré dans certaines idées
que tout le reste semblait sans importance... Du
moment que les moyens étaient bons, la fin ne pouvait
que l'être. »

   A 70 ans, Gandhi en était plus convaincu que jamais.
Doté d'une admirable santé, s'étant imposé sans
qu'elle fût altérée de nombreux jeûnes très durs,
supportant de longues marches, la chaleur, l'inconfort,
et vénéré de tous, il souhaitait vivre jusqu'à 125 ans.
Cependant alors qu'il croyait à un nationalisme unifica-
teur, le leader musulman Yinnah voulait la partition de
l'Inde : la création d'un État musulman. Quand, après
la Seconde Guerre mondiale, les Anglais, consentant à
se retirer, encouragèrent la formation d'un gouvernement provisoire, les Musulmans refusèrent d'y entrer :
ils réclamaient les provinces dont la majorité des
habitants étaient musulmans. Alors se déchaînèrent de
terribles massacres : à Calcutta où il y eut des deux
côtés des milliers de morts ; à Bihar où 10 000 Musul-

mans furent tués. Agé de 77 ans, Gandhi se rendit dans la région de Noaklabi où s'étaient réfugiés des Hindous. Il visita 49 villages, prêchant la non-violence, logeant souvent chez des Musulmans. De nouveaux massacres se succédaient dans le Penjab, à Delhi. Le jour anniversaire de ses 78 ans, Gandhi déclara : « Il n'y a que de l'angoisse dans mon cœur. J'ai perdu tout désir de vivre longtemps. » Il dit aussi : « Je ne suis pas d'accord avec ce que mes plus chers amis sont en train de faire. » Et encore : « Dans l'Inde telle qu'elle se présente aujourd'hui, il n'y a pas de place pour moi... Je n'ai aucun désir de vivre si l'Inde doit être submergée par un déluge de violence. » Il ne recevait plus que des lettres haineuses : des Hindous parce qu'il leur reprochait leurs violences, des Musulmans parce qu'il s'opposait à la scission. Convaincus que seule celle-ci pouvait éviter la guerre civile, les membres du Congrès finirent par la voter le 14 juin 1947. Gandhi en fut « désespéré ». Le partage était pour lui une « tragédie spirituelle ». Le jour qu'il avait attendu toute sa vie, où l'indépendance fut proclamée — le 15 août 1947 —, il refusa de prendre part aux solennités. Les Indiens avaient trahi les principes de non-violence qui à ses yeux comptaient plus que l'indépendance même. « Si Dieu m'aime, il ne me laissera plus sur terre qu'un moment », disait-il. Il visitait les camps de réfugiés, il faisait des discours publics, il mettait tout en œuvre pour réconcilier les deux communautés : en vain. Au Pakistan, les Hindous étaient massacrés ; aux Indes, les Musulmans, et les Sikhs dans les deux pays. Gandhi s'interrogeait : « Y a-t-il quelque chose en moi qui ne va pas ? » Lui qui avait toujours cherché à vivre harmonieusement, il constatait : « Je suis loin de

posséder mon équilibre. » L'indépendance tant sou-
haitée ne lui apporta que le désespoir. Et il mourut de
mort violente, assassiné par un Hindou qui le considérait comme un traître.

Il fut victime de cette contre-finalité que Sartre a
décrite et qui est un moment inéluctable du déroulement de l'Histoire : la praxis se fige en pratico-inerte ;
sous cette figure elle est ressaisie par l'ensemble du
monde qui en dénature le sens. Un homme qui meurt
jeune peut ne pas assister à ce retour des choses : mais,
avec le temps, il se produit fatalement. Einstein en a
été la victime innocente. La responsabilité de Gandhi
est au contraire évidente : Nehru avait pressenti dans
l'angoisse la catastrophe qui allait déchaîner les fanatis-
mes religieux que Gandhi attisait. Buté sur l'idée de
non-violence, celui-ci n'a pas su voir quelle violence
couvait au sein des deux communautés. Il a préféré le
principe à la réalité, le moyen à la fin : et le résultat a
contredit l'entreprise de toute sa vie. Il y a peu de sorts
plus tragiques pour un homme que de voir son action
radicalement pervertie au moment où elle s'accomplit.

Ce n'est pas un hasard si ces trois vieillesses se sont
soldées par des échecs. L'homme politique est fait
pour faire l'Histoire, et pour être tué par elle. Il en
incarne un certain moment auquel, quoi qu'il fasse, il
ne pourra pas s'arracher. Même s'il s'adaptait au
nouveau cours des choses, il demeurerait aux yeux du
public l'homme de telle tactique, de telle méthode, de
tel décret. Clemenceau était l'homme de la guerre :
l'après-guerre l'a aussitôt écarté. De même Churchill,
qui avait mené l'Angleterre à la victoire, lui est apparu

comme périmé dès que celle-ci a été acquise. Gandhi a conduit l'Inde à l'indépendance : mais l'indépendance créa une situation qui exigeait le reniement de tous ses principes. Il y a des vieillards qui s'aveuglent et réussissent à ignorer le démenti que leur infligent les événements : ils n'en apparaissent que plus attardés.

Puisqu'on les a chassés du pouvoir pour adopter une autre ligne que la leur, les vieux hommes politiques déchus blâment le présent et n'augurent rien de bon du proche avenir ; de toute façon, une action n'est pas une œuvre : elle ne peut survivre que par le souvenir et non se perpétuer matériellement ; par-delà les déroulements hasardeux de l'Histoire, ce que l'homme d'action peut espérer léguer à la postérité, c'est seulement la mémoire de ce qu'il a accompli, et de sa figure. La plupart y attachent une extrême importance. Écartés de leurs fonctions — et parfois même dans le temps où ils les exercent — ils écrivent des Mémoires qui sont toujours des apologies d'eux-mêmes, des attaques contre leurs adversaires et dont la valeur historique est généralement contestable. Ils plaident leur cause devant les générations futures contre l'époque actuelle qui à leurs yeux ne leur a pas pleinement rendu justice.

*

On voit qu'à peu près dans tous les domaines, à de très rares exceptions près, le rapport du vieillard avec le temps dans lequel il vit s'est profondément transformé. C'est ce qu'exprime la curieuse expression : de mon temps. Aragon, dans *Blanche ou l'oubli*, en a noté la bizarrerie. Le temps que l'homme considère comme le sien, c'est celui où il conçoit et exécute ses entrepri-

ses ; vient un moment où, pour les diverses raisons que
l'on a vues, elles se sont refermées derrière lui.
L'époque appartient aux hommes plus jeunes qui s'y
réalisent par leurs activités, qui l'animent de leurs
projets. Improductif, inefficace, l'homme âgé s'apparaît à soi-même comme un survivant. C'est pour cette
raison aussi qu'il se tourne si volontiers vers le passé :
c'est le temps qui lui a appartenu, où il se considérait
comme un individu à part entière, un vivant.

Son temps, c'était aussi celui que peuplaient les gens
de son âge. Les deuils sont moins nombreux aujour-
d'hui qu'autrefois. Jadis un homme de 50 ans avait vu
en moyenne mourir ses parents, ses oncles, ses tantes,
beaucoup de frères et sœurs, sans doute sa femme,
quelques-uns de ses enfants. La vie était une suite
d'enterrements et vivre vieux condamnait à la solitude.
De nos jours, à 50 ans, beaucoup de gens n'ont perdu
dans leur famille que leurs grands-parents. Mais si on
atteint 70, 80 ans, on a vu mourir la plupart de ses
contemporains et on flotte, solitaire, dans un siècle
peuplé de gens plus jeunes. Même à mon âge, mon
rapport avec les diverses générations s'est transformé ;
il n'en reste qu'une qui soit plus ancienne que moi, elle
est extrêmement clairsemée et la mort la guette. La
mienne, fourmillante jadis, s'est beaucoup appauvrie.
Celle qui représentait à mes yeux la jeunesse est
composée d'hommes faits, pères et même grands-
pères, installés dans leur vie. Si je veux avoir sur un
sujet un point de vue vraiment jeune, je dois m'adresser à la génération d'en dessous. Dans quelques années
j'atteindrai ce que Mme de Sévigné appelle le « degré de
supériorité dans notre famille ». A partir de là, on est
menacé par la solitude et ses tristesses. A 82 ans, en

1702, Ninon de Lenclos constatait avec mélancolie que ceux qui vivent longtemps ont « le triste privilège de demeurer seuls dans un monde nouveau [1] ». Du triste château où il était reclus, Casanova écrivait : « Le plus grand malheur d'un homme est de survivre à tous ses amis. » Le grand vieillard dont Rétif, dans *La Vie de mon père,* parle avec vénération dit à un jeune interlocuteur : « Mon enfant, n'envie pas mon sort ni ma vieillesse. Il y a quarante ans que j'ai perdu le dernier des amis de mon enfance et que je suis comme un étranger au milieu de ma patrie et de ma famille. Je n'ai plus personne qui se regarde comme mon pareil, mon ami, mon camarade. C'est un fléau qu'une trop longue vie. » Il dit n'avoir aucun sentiment pour ses arrière-petits-enfants qui de leur côté l'ignorent : « Voilà la vérité, mon cher ami, et non les beaux discours de nos bien-disants des villes. »

Le vieil homme n'a pas seulement vu mourir les gens de sa génération : bien souvent un autre univers s'est substitué au sien. On a vu que certains vieillards accueillent ce changement avec plaisir et même avec fierté : mais seulement dans la mesure où il ne conteste pas leur passé. S'il remet en question tout ce qu'ils ont fait, cru, aimé, ils se sentent en exil.

C'est un des aspects de la vieillesse qui a frappé Balzac et qu'il a rendu avec bonheur : le vieillard survit à son époque et à soi-même. Ainsi le colonel Chabert, qu'on a cru mort à Eylau et qui après des années de vagabondage revient à Paris pour se faire reconnaître,

---

1. On se rappelle qu'en décrivant les Struddbrug, Swift avait pressenti cet exil.

pour retrouver sa femme et sa fortune. Son aspect physique même indique son état : « Le vieux soldat était sec et maigre. Son front volontairement caché sous les cheveux de sa perruque lui donnait quelque chose de mystérieux. Ses yeux paraissaient couverts d'une taie transparente... Le visage, pâle, livide, en lame de couteau... semblait mort... Les bords du chapeau qui couvrait le front du vieillard projetaient un sillon noir sur le haut du visage. Cet effet bizarre, quoique naturel, faisait ressortir par la brusquerie du contraste les rides blanches, les sinuosités froides, le sentiment décoloré de cette physionomie cadavéreuse. Enfin l'absence de tout mouvement dans le corps, de toute chaleur dans le regard s'accordait avec une certaine expression de décence triste. » Sa femme, remariée et riche, refuse de rendre à Chabert l'argent qui lui appartient et qu'elle détient. Il n'a pas la force de s'engager dans des procédures : « Il touchait à une de ces maladies pour lesquelles la médecine n'a pas de nom... affection qu'il faudrait nommer le *spleen* du malheur. » Par générosité, il décide de rester civilement mort. Mais la conduite de sa femme lui inspire un tel dégoût qu'il pense à se tuer. Il disparaît ; il devient un vagabond qui se fait appeler Hyacinthe. Il échoue à Bicêtre.

Un autre survivant, c'est *Facino Cane* qui apparaît au narrateur alors qu'il joue de la clarinette dans une noce : « Figurez-vous le masque de plâtre de Dante, éclairé par la lueur rouge du quinquet et surmonté d'une forêt de cheveux d'un blanc argenté. L'impression amère et douloureuse de cette magnifique tête était agrandie par la cécité car ses yeux morts revivaient par la pensée ; il s'en échappait comme une lueur brûlante, produite par un désir unique, incessant, inscrit sur un front bombé que traversaient des rides pareilles aux assises d'un vieux mur... Quelque chose de grand et de despotique se rencontrait dans ce vieil Homère qui gardait en lui-même une Odyssée condamnée à l'oubli. C'était une grandeur si réelle qu'elle triomphait encore de son abjection, c'était un despotisme si vivace qu'il dominait la pauvreté. Aucune des violentes passions qui conduisent l'homme au bien comme au mal, en font un forçat ou un héros, ne manquait à ce visage noblement coupé, lividement italien, ombragé par des sourcils grisonnants qui projetaient leur ombre sur des cavernes profondes. Il existait un lion dans cette cage de fer, un lion dont la rage s'était inutilement épuisée contre le fer de ses barreaux. L'incendie du désespoir s'était éteint dans les cendres ; la lave s'était refroidie ; mais les sillons, les bouleversements, un peu de fumée attestaient la violence de l'éruption, les ravages du feu. » L'homme est en vérité le descendant d'un noble patricien de Venise ; après d'extravagantes aventures, il s'est retrouvé dépouillé de toute sa fortune et aveugle. Chez lui comme chez Chabert, la survivance s'accompagne d'une déchéance à travers laquelle perce la grandeur.

Il faut citer aussi le bizarre et inquiétant vieillard que Balzac décrit au début de *Sarrasine :* « Créature sans nom dans le langage humain, forme sans substance, être sans vie ou vie sans action... Il portait une culotte de soie noire, qui flottait autour de ses cuisses décharnées en décrivant des plis comme une voile abattue. Un anatomiste eût reconnu soudain les symptômes d'une affreuse étisie en voyant les petites jambes qui servaient à soutenir ce corps étrange. Vous eussiez dit deux os mis en croix sur une tombe. Un sentiment de profonde horreur pour l'homme saisissait le cœur quand une fatale attention vous dévoilait les marques imprimées par la décrépitude à cette casuelle machine. L'inconnu portait un gilet blanc, brodé d'or, à l'ancienne mode, et son linge était d'une blancheur éclatante. Un jabot de dentelle d'Angleterre assez roux, dont la richesse eût été enviée par une reine, formait des ruches jaunes sur sa poitrine ; mais sur lui cette dentelle était plutôt un haillon qu'un ornement. Au milieu de ce jabot, un diamant d'une valeur incalculable scintillait comme le soleil. Ce luxe suranné, ce trésor intrinsèque et sans goût faisaient encore mieux ressortir la figure de cet être bizarre. Le cadre était digne du portrait. Le visage noir était anguleux et creusé dans tous les sens. Le menton était creux ; les tempes étaient creuses ; les yeux étaient perdus en de jaunâtres orbites. Les os maxillaires, rendus saillants par une maigreur indescriptible, dessinaient des cavités au milieu de chaque joue... Les années avaient si fortement collé sur les os la peau jaune et fine de ce visage qu'elle y décrivait partout une multitude de rides... aussi profondes et aussi pressées que les feuillets dans la tranche d'un livre... Mais ce qui contribuait le plus à donner l'apparence d'une création artificielle au spectre survenu devant nous était le rouge et le blanc dont il reluisait... Son crâne cadavéreux était caché sous une perruque blonde dont les boucles innombrables trahissaient une prétention extraordinaire. » Balzac décrit les bijoux dont il est couvert. « Enfin, cette espèce d'idole japonaise conservait sur ses lèvres bleuâtres un rire fixe et arrêté. Si le vieillard tournait ses yeux vers l'assemblée, il semblait que les mouvements de ces globes incapables de réfléchir une lueur se fussent accouplés par un artifice imperceptible. » Cet homme avait été autrefois le célèbre castrat Zambinella qui, habillé en femme, chantait dans les théâtres de Rome. D'une beauté bouleversante, il avait ravagé les cœurs, des hommes s'étaient tués pour lui. L'un d'eux, le sculpteur Sarrasine, lui avait prédit cet atroce destin : « Te laisser la vie, n'est-ce pas te vouer à quelque chose de pire que la mort ? »

Tolstoï a admirablement peint un homme du XVIIIe siècle isolé dans le XIXe : le vieux prince Bolkonski, père du prince André. Il s'est inspiré pour le décrire de ce qu'on lui avait raconté sur son grand-père maternel, Nicolas Volkonski ; il tyrannisait sa fille, la mère de l'auteur, et celle-ci avait une gouvernante française, Mlle Henissienne. Ce portrait a donc la valeur d'un document. Le vieux prince porte un habit brodé et poudre ses cheveux : quand il apparaît on se sent transporté dans un autre âge. Il a une belle santé, des dents solides. Il n'a plus dans la société aucune influence réelle, mais on le respecte. Ordonné jusqu'à la manie, s'entourant d'un cérémonial immuable, sa raideur exigeante terrifie son entourage. Il a conservé des activités, et même il y consacre beaucoup de son temps ; mais elles ont quelque chose de périmé ; il construit, il plante et surtout il s'enferme dans son laboratoire pour s'adonner à des recherches, à la manière des amateurs de science du XVIIIe. Fidèle aux vieux usages et enfermé dans les préjugés de son temps, il daube sur les militaires de la nouvelle école et ne prend pas Bonaparte au sérieux. Un matin, tout en s'habillant, il demande à son fils de lui exposer les plans de la prochaine campagne, mais il ne l'écoute pas. Il est tout à fait au courant de la situation politique et militaire ; mais il envisage le monde actuel avec ironie et dédain. Il a « un rire froid, sec et désagréable ». C'est un tyran domestique. Il terrorise sa fille Marie, il l'opprime et refuse de se séparer d'elle. A cause de lui elle ne se marie pas. Il est furieux que son fils veuille se remarier avec Natacha et reçoit si mal celle-ci — en robe de chambre et bonnet de coton, avec des remarques déplaisantes — qu'elle quitte la maison, ulcérée. En vieillissant, il demeure robuste, il ne perd qu'une dent mais il devient de plus en plus irritable et sceptique à l'égard des événements de ce monde. Puis il tombe un peu malade et accuse sa fille de faire exprès de l'énerver. André prend le parti de sa sœur ; le vieux prince en est d'abord gêné, il semble confus, puis il bondit : « Hors d'ici ! n'y remets jamais les pieds. » Sa raison décline. Il se laisse enjôler par la gouvernante française, Mlle Bourienne. Il a des caprices. Il s'enferme huit jours dans son cabinet, puis revient à ses constructions et à ses plantations. Il boude Mlle Bourienne, et aussi sa fille. Il feint d'ignorer la guerre. Toujours affairé, il dort peu et change de chambre toutes les nuits. Alors que l'ennemi est déjà sur le Dniepr, il affirme qu'il ne franchira pas le Niémen. Il tient de moins en moins compte de la réalité. Son fils lui envoie une lettre alarmante, il prétend qu'elle annonce une défaite française. Et puis il la relit, et soudain comprend le danger ; il ordonne à sa fille de partir, il lui fait une scène violente parce qu'elle refuse de le quitter, bien qu'au fond il en soit très heureux. A l'arrivée des Français, il met son grand uniforme et toutes ses décorations pour aller voir le général en chef.

Mais en chemin il a une attaque et reste trois semaines paralysé du côté droit. Il souffre, il essaie en vain de parler. Alors il s'attendrit devant le dévouement de sa fille, il lui caresse les cheveux. Il réussit à murmurer : « Merci pour tout. » Il demande à voir son fils et se rappelle qu'il est à l'armée. « La Russie est perdue, ils l'ont perdue », dit-il à voix basse, marquant par cet *ils* son hostilité à une époque qu'il ne reconnaît pas pour sienne. Et il éclate en sanglots. Puis il se calme et peu après il meurt, abandonnant sur le lit un petit cadavre ratatiné.

Un survivant : aux yeux d'autrui, c'est un mort en sursis. Mais est-ce ainsi qu'il se voit lui-même ? Comment ressent-il la proximité de sa fin ?

Le contexte social influence le rapport du vieillard à la mort. Dans certaines sociétés, la population tout entière se laisse périr avec indifférence par misère physiologique ou parce que les circonstances la dégoûtent de vivre : alors la mort ne pose de problème à personne. Dans d'autres, elle s'entoure dans la vieillesse d'un rituel qui la valorise au point de la rendre désirable — encore que quelques individus souhaitent s'y soustraire. Elle n'a pas le même visage dans les sociétés traditionnelles, où le père escompte que ses descendants prolongeront son œuvre, et dans les sociétés industrielles d'aujourd'hui. Cependant, il y a dans la mort un élément transhistorique : en détruisant notre organisme, elle anéantit notre être dans le monde [1]. De l'Antiquité à nos jours, il y a des

1. Même si on espère revivre, dans un autre monde, la mort nous arrache à ce monde-ci.

constantes dans les témoignages qui décrivent l'attitude des vieillards devant la mort.

Cette attitude varie avec les âges. La révélation de la mort bouleverse l'enfant. Le jeune homme en déteste l'idée, bien qu'il soit plus capable qu'un autre de l'affronter librement. Il se révolte si on prend sa vie. Mais souvent il n'hésite pas à la risquer, à la donner. C'est qu'il n'y accorde tant de prix que parce qu'il la destine à autre chose qu'elle-même ; son amour pour elle est fait d'une générosité qui peut l'amener à la sacrifier. L'adulte a plus de prudence. Il s'est aliéné à des intérêts, et c'est à travers eux qu'il refuse de disparaître : que deviendront sa famille, ses biens, ses entreprises ? Il ne pense pas souvent à sa fin parce qu'il est absorbé par ses activités, mais il évite de prendre des risques et il est attentif à sa santé.

Pour le vieillard, la mort n'est plus un destin général et abstrait : c'est un événement proche et personnel. « Oui, l'idée de concession à perpétuité de la vie, cette illusion dans laquelle la plupart des hommes vivent, dans laquelle j'avais vécu jusqu'ici, cette illusion, je ne l'ai plus », écrit Edmond de Goncourt dans son *Journal,* le 17 août 1889. Tout vieillard sait qu'il mourra bientôt. Mais qu'est-ce, en ce cas, que *savoir* ? Remarquons la tournure négative de la phrase de Goncourt : il ne se croit plus immortel. Mais comment se pense-t-on mortel ?

La mort appartient à cette catégorie dans laquelle nous avons rangé la vieillesse et que Sartre appelle des « irréalisables » ; le pour-soi ne peut ni l'atteindre ni se projeter vers elle ; elle est la limite externe de mes possibilités et non ma propre possibilité. Je serai morte pour les autres, non pour moi : c'est l'autre qui est mortel dans mon être. Je me connais mortelle — comme je me connais vieille — en prenant le point de vue des autres sur moi. Cette connaissance est donc abstraite, générale, posée en extériorité. Ma « mortalité » ne fait l'objet d'aucune expérience intime. Je ne l'ignore pas ; j'en tiens compte pratiquement dans mes prévisions, mes décisions, dans la mesure où je me traite comme un autre : mais je ne l'éprouve pas. Je peux tenter de l'approcher par des fantasmes, imaginer mon cadavre, la cérémonie funèbre. Je peux rêver sur mon absence : mais c'est encore moi qui y rêve. Ma mort me hante au cœur de mes projets comme leur inéluctable envers : mais je ne la réaliserai jamais ; je ne réalise pas ma condition de mortelle.

De même que cet irréalisable, la vieillesse, peut être assumée de diverses façons, son rapport avec cet autre irréalisable, la mort, n'est pas donné d'avance. Chaque individu le choisit en fonction de l'ensemble de sa situation et de ses options antérieures. Un homme âgé qui se sent encore très jeune sera aussi révolté devant la proximité de la mort que le serait un quadragénaire atteint d'une maladie incurable. Il n'a pas changé ; sa vitalité, l'intérêt qu'il porte au monde sont intacts : et un verdict extérieur lui apprend que ses chances de vie sont réduites à une dizaine d'années ! Casanova, qui ne supportait pas qu'on le traitât de vieillard, malgré sa tristesse, sa solitude, sa déchéance, demeurait passionnément curieux de l'avenir. « Ô mort ! cruelle mort ! écrit-il à 70 ans. La mort est un monstre qui chasse du grand théâtre un spectateur attentif avant qu'une pièce qui l'intéresse infiniment soit finie. Cette seule raison doit suffire à la faire détester. » A 70 ans, Wells — avant la guerre de 1940 — se comparait à un enfant à qui on vient tout juste de donner de beaux jouets et qu'on envoie se coucher : « Je n'ai pas la moindre envie de ranger mes jouets. Je déteste l'idée de m'en aller. » Même si on a conscience de son âge, tant qu'on est engagé dans une entreprise, on déteste la mort qui la brisera : ainsi Renoir, qui n'aurait jamais voulu cesser de peindre et de progresser.

Il arrive qu'avec le passage des années, cette répugnance s'atténue. Moralement et physiquement délabré, Swift écrivait à Bolingbroke : « Quand j'avais votre âge, je pensais souvent à la mort ; mais à présent, au bout d'une dizaine d'années, cette pensée ne me quitte jamais et me terrifie moins. J'en conclus que la Providence réduit nos craintes en même temps que nos forces. » Ce pessimiste fait preuve d'un curieux optimisme quand il suppose un providentiel équilibre entre notre état physiologique et nos anxiétés. Il faut chercher une autre explication à ce fait, à première vue, paradoxal : bien souvent, plus proche est la mort et moins elle effraie. Freud a supposé [1] que plus les années s'accumulaient plus la « pulsion de mort » l'emportait sur le désir de vivre. Mais la plupart des psychanalystes ont abandonné cette idée ; Freud n'explique pas la relation de l'âge et de la pulsion de mort. D'où vient donc que l'indifférence à la mort grandisse avec le temps ?

En vérité, l'idée que la mort se rapproche est

1. En 1920, quand il écrivit *Au-delà du principe du plaisir*. Il pensait alors que tout être vivant a une tendance fondamentale à retourner à l'état inorganique. Il a répété cette affirmation jusqu'à la fin de sa vie. Pourtant certaines de ses lettres montrent que, par moments, il doutait de cette thèse.

erronée. Elle n'est ni proche ni lointaine : elle *n'est* pas.
Une fatalité extérieure pèse sur le vivant à tout âge ;
nulle part n'est fixé le moment où elle s'accomplira. Le
vieillard sait qu'il s'éteindra « bientôt » : la fatalité est
aussi présente à 70 ans qu'à 80, et le mot « bientôt »
demeure aussi vague à 80 ans qu'à 70. Il n'est pas juste
de parler d'un rapport à la mort : le fait est que le
vieillard — comme tout homme — n'a de rapport
qu'avec la vie. Ce qui est en question, c'est sa volonté
de survivre. Il y a une expression qui dit bien ce qu'elle
veut dire : en finir avec la vie. Désirer ou accepter la
mort signifie positivement : désirer ou accepter d'en
finir avec la vie. Il est normal que celle-ci apparaisse de
moins en moins supportable à mesure que s'aggrave la
déchéance sénile.

Pour s'en convaincre, il suffit de rappeler les maux
et les mutilations que celle-ci entraîne. D'abord, la
douleur physique. Freud l'a reconnu : c'est elle et non
une pulsion de mort qui lui a fait souhaiter de
disparaître [1]. C'est le désir de tous ceux que leur corps
torture. D'autre part, vivre trop longtemps, c'est
survivre à ceux qu'on aime. Fondamentalement égoïs-
tes ou en proie à leurs projets, des vieillards, tel
Tolstoï, cultivent l'insensibilité et prennent aisément
leur parti de ces deuils. A d'autres, plus engagés dans
leurs affections, ils ôtent le désir de rester sur terre.
Victor Hugo après la mort de Juliette a commencé à
désirer la mort. Verdi n'attendait plus qu'elle, après
avoir perdu sa femme.

Quand le monde se transforme ou se révèle d'une
manière qui rend intolérable d'y demeurer, l'homme

1. Cf. p. 370 sq.

jeune garde l'espoir d'un changement ; le vieillard non et il ne lui reste qu'à souhaiter la mort, comme firent Anatole France, Wells, Gandhi. Ou c'est sa propre situation que l'homme âgé ne peut plus espérer dépasser et qui lui paraît pénible. Goncourt écrit dans son *Journal,* le 3 avril 1894 : « Dans mon état de souffrance continue, en cette succession de crises arrivant toutes les semaines, et avec la non-réussite de mes dernières tentatives littéraires, et avec les écrasants regains de succès de gens à qui je ne trouve aucun talent, et encore, mon Dieu, avec une certaine incertitude sur la profondeur de mes amitiés les plus intimes, la mort me paraît moins noire qu'il y a quelques années. »

Surtout, même si aucun malheur particulier ne frappe le vieillard, il a généralement perdu ses raisons de vivre ou découvert leur absence. Si la mort nous inquiète, c'est qu'elle est l'envers inéluctable de nos projets : quand on a cessé d'agir, d'entreprendre, il ne reste rien qu'elle puisse briser. Pour expliquer la résignation à la mort de certains vieillards, on invoque l'usure, la fatigue ; mais s'il suffisait à l'homme de végéter, il pourrait se contenter de cette vie ralentie. Seulement, pour lui, exister, c'est se transcender. La déchéance biologique entraîne l'impossibilité de se dépasser, de se passionner, elle tue les projets et c'est par ce biais qu'elle rend la mort acceptable.

Même si l'homme âgé garde des forces, de la santé et si la société ne l'a pas brutalement arraché à ses activités, ses désirs, ses projets dépérissent, on l'a vu, à cause de sa finitude. Le programme établi dans notre enfance ne nous permet de faire, de connaître, d'aimer qu'un nombre limité de choses ; quand il est rempli,

que nous sommes au bout du rouleau, la mort est
indifférente ou même miséricordieuse : elle nous délivre de cet ennui que les anciens appelaient la *satietas
vitae*. Gide supportait mal que la fin de sa vie fût vouée
aux répétitions, aux ressassements. Il savait n'avoir
plus rien à dire ni à découvrir. Il écrit le 7 septembre 1946 : « Je crois être sincère en disant que la mort
ne m'effraie pas beaucoup. » Et à 80 ans, dans *Ainsi
soit-il :* « Mon inappétence physique et intellectuelle
est devenue telle que je ne sais plus bien ce qui me
maintient en vie sinon l'habitude de vivre. Tout à fait
résigné à la mort. » Churchill disait à 80 ans : « Cela
m'est égal de mourir. J'ai vu tout ce qu'il y avait à
voir. » Prise à la lettre, la phrase est stupide : le monde
de demain, il ne l'a pas vu. On comprend mieux
Casanova se plaignant d'être chassé avant la fin du
spectacle. Mais en fait, c'est Churchill qui a raison : ce
monde neuf, c'est son vieux regard qu'il y aurait
promené ; il l'aurait saisi dans les perspectives qui
avaient toujours été les siennes ; il n'en aurait compris
que ce qu'il aurait pu assimiler à du déjà vu, le reste lui
aurait échappé.

C'est pour une raison un peu différente que l'idée de
la mort me désole moins qu'autrefois : elle est absence
au monde, et c'est de cette absence que je ne pouvais
pas prendre mon parti. Mais tant d'absences déjà se
sont creusées en moi ! Mon passé est absent, absents les
amis morts, les amis perdus, et tant d'endroits sur terre
où je ne retournerai jamais. Quand l'absence aura tout
englouti, cela ne fera pas beaucoup de différence.

Il y a des vieillards que la peur de mourir dévore. On
m'a cité un homme de 91 ans, riche, actif, célèbre,
marié à une très jeune femme, qui chaque soir en se

couchant est en proie à une angoisse atroce. Il l'exprime en se demandant ce que deviendra sa femme après sa mort. Il sait bien que jeune, belle, fortunée, elle le pleurera sans doute mais que son avenir est assuré. C'est pour lui qu'il tremble. Cependant les psychiatres affirment que la mort n'obsède le vieillard que si déjà dans le passé il en avait une peur morbide. Les faits cliniques démontrent que, comme les autres névroses, la hantise de la mort a ses racines dans l'enfance et l'adolescence[1]. Elle est souvent liée à des idées de culpabilité : si le sujet est croyant, il imagine avec terreur qu'il va être précipité en enfer.

D'après les témoignages que j'ai recueillis, la peur de la mort n'est généralement pas l'envers d'un ardent amour pour la vie : au contraire. « La mort était mon vertige parce que je n'aimais pas la vie », écrit Sartre en parlant de son enfance. De même que les parents, les époux anxieux ne sont pas ceux qui aiment le plus, mais ceux qui éprouvent un manque au cœur de leurs sentiments, les gens mal à l'aise dans leur peau sont ceux qui ruminent le plus assidûment leur mort. Et il ne faut pas croire que ceux qui — comme Lamartine — l'appellent à cor et à cri la désirent vraiment : en en parlant sans cesse, ils manifestent seulement qu'elle les obsède.

Que l'anxiété des vieillards devant la mort soit exceptionnelle, j'en vois une confirmation dans la

---

1. D'après le psychanalyste américain Martin Grotjhan, les angoisses de castration des vieillards doivent être analysées avant l'angoisse de la mort : souvent celle-ci dissimule une angoisse de castration qui ressuscite celle de l'enfance, et de manière si aiguë qu'elle entraîne le désir de mourir.

manière dont ils négligent leur santé. Ils jouent, on l'a vu, sur l'équivoque entre vieillesse et maladie : mais cette équivoque ne serait pas entretenue si l'homme âgé était constamment poigné par la crainte de mourir.

Des enquêteurs ont interrogé les pensionnaires d'une résidence de la C.N.R.O. : pensaient-ils à la mort ? et comment ? Voici leurs réponses : « il faudra bien y arriver un jour » ; « on y pense, on y pense souvent » ; « quand je ne peux pas respirer, ça serait une libération » ; « quand j'ai des idées noires, j'y pense » ; « mieux vaut mourir mais pas souffrir » ; « on vit pour mourir » ; « certains y pensent. Mais moi ça ne me choque pas » ; « moi j'y pense pas. On est ici pour laisser la place aux autres » ; « je me suis déjà acheté une tombe » ; « on sait qu'on doit mourir » ; « j'y pense souvent. Ce serait une délivrance pour moi » ; « j'y pense pas. On en voit mourir toujours » ; « c'est la vie. La mort est la continuation de la vie. On y pense quand on a le cafard » ; « il faut pas savoir quand on va mourir » ; « il faudra bien y arriver un jour » ; « j'y pense depuis que je suis ici. En ville j'y pensais moins. Je voudrais pas traîner, souffrir » ; « j'y pense même souvent » ; « riches ou pauvres, on y arrive tous. C'est la vie qui est comme ça » ; « ça fait de la peine. Il y a des personnes qui sont mortes à la Maison qui étaient plus jeunes que moi » ; « il faut bien y arriver ». Dans quelle mesure ces réponses sont-elles sincères ? Le sujet peut tricher par pudeur, pour se cacher à lui-même son anxiété, pour faire bonne figure. Mais leur convergence est significative. La mort semble préférable à la souffrance. On l'évoque quand on a le cafard : il ne semble pas que ce soit elle qui le provoque mais plutôt qu'elle se dévoile dans sa menaçante absurdité lorsque le présent paraît sinistre. Elle n'est pas un objet de souci. On se fait du souci à propos de réalités bien définies et qui vous échappent : la santé, l'argent, le proche avenir. La mort est d'une autre espèce. Du fait qu'elle est un irréalisable, elle apparaît comme une perspective vague et indéfinie. Sa fatalité est saisie du dehors. « Riches ou pauvres, on y arrive tous. » On y pense sans réussir à la penser.

« Il ne faut pas savoir quand on va mourir » : cette réponse est significative. Si l'échéance était fixée et imminente, au lieu de se perdre dans un vague lointain, l'attitude du vieillard ne serait sans doute pas la même. Euripide remarque dans *Alceste* que les vieillards se plaignent de leur condition et prétendent souhaiter la mort : mis au pied du mur, ils se dérobent. Le père d'Admète refuse farouchement de descendre aux Enfers à sa place. Tolstoï vieux disait qu'il lui était indifférent de mourir, mais Sonia s'agaçait des soins qu'il prenait de sa santé. « Tous les vieillards tiennent plus à la vie que les enfants et en sortent de plus mauvaise grâce », écrit Rousseau dans les *Rêveries*. « C'est que tous les travaux ayant été faits pour cette même vie, ils voient à la fin qu'ils ont perdu leur peine. » Il entre de la malice dans cette remarque. Rousseau pensait qu'il faut jouir du présent et non le sacrifier à un avenir que le néant engloutira. En fait, ce n'est pas le dépit d'avoir travaillé en vain qui fait détester la mort. Et ce refus n'est pas universel. Mais le fait est que bon nombre de vieillards s'accrochent à la vie, même après avoir perdu toutes raisons de vivre ; j'ai décrit dans *Une mort très douce* la manière dont ma mère à 78 ans s'y est agrippée jusqu'à son dernier souffle. C'est alors la condition biologique du sujet —

ce qu'on appelle d'un mot vague sa vitalité — qui décide de sa révolte ou de son consentement. Aussi croyante que ma grand-mère, alors que celle-ci a trouvé reposant de quitter ce monde, ma mère a eu de la mort une peur animale. Beaucoup de gens âgés connaissent la peur et avoir peur c'est réaliser dans son corps le refus de mourir. Ce qui adoucit souvent la mort des vieillards, c'est que la maladie a achevé de les épuiser et aussi qu'ils ne se rendent pas compte de ce qui leur arrive.

Toutefois il y a aussi des morts lucides et paisibles : quand physiquement et moralement tout désir de vivre s'est éteint, le vieillard préfère un éternel sommeil à la lutte ou à l'ennui quotidien. La preuve que dans la vieillesse la mort n'apparaît pas comme le pire des maux c'est le nombre de vieillards qui décident « d'en finir avec la vie ». Dans les conditions que fait aujourd'hui la société à la majorité d'entre eux, survivre est une vaine épreuve et on comprend que beaucoup choisissent de l'abréger.

CHAPITRE VII

Vieillesse et vie quotidienne

Diminué, appauvri, en exil dans son temps, le vieillard demeure cependant cet homme qu'il était. Comment réussit-il au jour le jour à s'arranger d'une telle situation ? Quelles chances lui laisse-t-elle ? Quelles défenses y oppose-t-il ? Peut-il s'y adapter, et à quel prix ?

Puisque toute qualification est une limitation, ne peut-on pas supposer qu'en se disqualifiant l'individu gagne en ouverture sur le monde ? Il est dispensé de travailler, il n'est plus tendu vers l'avenir : ne jouit-il pas alors d'une disponibilité qui lui permet de se reposer dans le présent ? Claudel octogénaire écrit dans son *Journal* : « Hier, soupire l'un ! Demain, soupire l'autre ! Mais il faut avoir atteint la vieillesse pour comprendre le sens éclatant, absolu, irrécusable, irremplaçable de ce mot : aujourd'hui ! » Certains disent éprouver alors comme un bonheur le seul fait de vivre : « Jamais, écrit Jouhandeau, je ne m'étais senti lié au monde par un fil plus mince, comme si à chaque instant il allait se rompre, ce qui met le comble à ma volupté d'être encore. » Et aussi : « C'est une chose extraordinaire que de se survivre. On ne tient plus à rien et on est davantage sensible à tout. » Mauriac[1] dit à peu près la même chose : « Je ne me sens détaché de rien ni de personne. Mais vivre suffirait désormais à m'occuper. Ce sang qui afflue encore à ma main posée sur mon genou, cette mer que je sens battre en dedans de moi, ce flux et ce reflux qui ne sont pas éternels, ce monde si près de finir exige une attention de tous les instants, de tous ces derniers instants avant le dernier : la vieillesse, c'est cela. » « Je voudrais ne penser à rien, mais que j'existe et que je suis là. »

Bien plus que la jeunesse, le grand âge serait donc l'époque du *carpe diem :* le moment où « on récolte ce qu'on a semé », dit Fontenelle. « La saison de l'usage et non plus des labeurs », dit d'Aubigné. C'est faux. La société d'aujourd'hui, on l'a vu, n'octroie des loisirs aux vieillards qu'en leur ôtant les moyens matériels d'en profiter. Ceux qui échappent à la misère et à la gêne ont à ménager un corps qui est devenu fragile, fatigable, souvent infirme ou perclus de douleurs. Les plaisirs immédiats leur sont interdits ou avarement mesurés : l'amour, la table, l'alcool, le tabac, le sport, la marche. Les privilégiés seuls peuvent pallier en partie ces frustrations : se promener en auto au lieu de marcher, par exemple.

Même ceux-ci, on peut douter que la jouissance du moment présent les comble. Beaucoup d'écrivains âgés se plaignent de l'aridité de leurs jours. « Le temps a pris mes mains dans les siennes. Il n'y a plus rien à cueillir dans des jours défleuris », dit Chateaubriand. Selon lui, c'est le poids du passé qui assombrit le présent. « Quand on a vu la cataracte du Niagara, il n'y

1. *Nouveaux Mémoires intérieurs.*

a plus de chute d'eau. Ma mémoire oppose sans cesse mes voyages à mes voyages, montagnes à montagnes, et ma vie détruit ma vie. Même chose m'arrive à l'égard de la société et des hommes. » Stendhal, qui n'était pourtant pas vraiment vieux, se plaint dans les *Promenades dans Rome* : « Hélas ! toute science ressemble en un point à la vieillesse, dont le pire symptôme est la *science de la vie* qui empêche de se passionner, de faire des folies pour rien. Je voudrais, après avoir vu l'Italie, trouver à Naples l'eau du Léthé, tout oublier, et puis recommencer à voyager et passer mes jours ainsi. » Schopenhauer exprime un point de vue analogue : « La vieillesse n'a qu'une demi-conscience de la vie... Insensiblement, l'intellect s'émousse tellement par la longue habitude des mêmes perceptions que de plus en plus tout finit par glisser sur lui sans l'impressionner. » Aragon, dans *La Mise à mort,* parle avec nostalgie de « cette fraîcheur évanouie du monde ». Il écrit dans *Le Roman inachevé :*

« Je me sens étranger toujours parmi les gens
J'entends mal, je perds intérêt à tant de choses,
Le jour n'a plus pour moi ses doux reflets changeants ;
Le printemps qui revient est sans métamorphose,
Il ne m'apporte plus la lourdeur des lilas ;
Je crois me souvenir lorsque je sens les roses. »

L'engloutissement du présent dans un passé trop connu, Jouhandeau aussi l'a senti : « Tout prend, à mesure qu'on vieillit, l'allure du souvenir, même le présent. On se considère soi-même comme déjà passé. » Cette usure du monde et la tristesse qu'on en éprouve, personne ne l'a mieux exprimée qu'Andersen dans une lettre qu'il écrivait à 69 ans : « Si je vais dans le jardin, parmi les roses, qu'ont-elles (et même les escargots sur leurs tiges) à me dire qu'elles ne m'aient déjà dit ? Si je regarde les larges feuilles des nénuphars, je me rappelle que Thornbeline a déjà terminé son voyage. Si j'écoute le vent, il m'a déjà parlé de Valdemar Daae et ne connaît pas de meilleure histoire. Dans les bois, sous le vieux chêne, je me souviens qu'il m'a depuis longtemps raconté son dernier rêve. Ainsi je n'ai plus d'impression nouvelle, et c'est triste. »

Comment expliquer ce silence des choses ? Chateaubriand se contredit quand, ayant à juste titre évoqué le « désert du passé », il prétend que nos souvenirs pourraient oblitérer nos perceptions actuelles. Celles-ci ont une évidence et une intensité bien supérieures. En un sens, le vœu de Stendhal se réalise : nous buvons l'eau du Léthé. Je revois Rome chaque année avec la même joie, sa présence l'emporte sur toutes les images que j'en avais gardées ; et même les impressions anciennes confusément ressuscitées à travers l'instant l'enrichissent, l'embellissent. C'est grâce à cette intensité du présent qu'Aragon peut écrire à la fin du poème dont j'ai cité le début :

> « Quand je croyais le seuil de l'ombre outrepassé
> Le frisson d'autrefois revient dans mon absence
> Et comme d'une main mon front est caressé.
> Le jour, au plus profond de moi, reprend naissance. »

Nos souvenirs ne sauraient disqualifier notre expérience actuelle ; c'est plutôt la conscience d'avoir tant oublié qui la dévalorise : nous l'oublierons aussi. Jeune, on n'imagine pas qu'on se souviendra de tout, toujours : mais on échappe au temps parce qu'on dispose d'un avenir infini. L'instant me coupait le souffle quand je croyais saisir en lui l'éternité ; il était à jamais ineffaçable. Depuis que mon avenir est barré, les instants ne sont plus éternels, ils ne me donnent plus l'absolu : ils périront tout entiers, ou ils tomberont en cendres que ma tombe engloutira avec moi. Dans ses longues marches capricieuses, Rousseau s'enchantait du vagabondage de ses rêveries ; retournant chez Mme de Warens, à un moment où il ne l'aimait plus, la précision du but brimait son imagination, le charme était dissipé. « J'étais où j'étais, j'allais où j'allais, jamais plus loin. » Cette aridité est le lot de beaucoup d'entre nous, passé 60 ans : nous savons trop où nous allons. Le 10 mai 1925, Freud écrivait à Lou : « Le changement n'est peut-être pas très voyant, tout est resté aussi intéressant qu'autrefois, les qualités non plus n'ont pas subi de grandes modifications, mais il manque comme une sorte de résonance ; moi qui ne suis pas musicien, j'y vois la même différence que quand on appuie ou non sur la pédale. » Vailland montre don Cesare menant à 70 ans la même vie qu'autrefois, mais « ses paroles résonnent dans un monde sans écho ». L'analogie des deux comparaisons est frappante. Jeune, le monde est infiniment riche de sens et de promesses ; le moindre incident éveille d'innombrables harmoniques. Plus tard, dans un univers rétréci à la mesure de notre bref avenir, les vibrations s'éteignent.

Les valeurs, les fins que nous rencontrons hors de nous sont le fruit de nos investissements. C'est notre absence de passion, c'est notre inertie qui créent le vide autour de nous. Les roses, les nénuphars d'Andersen se taisent parce que l'envie d'écrire l'a quitté. Toutes les morales de l'instant sont erronées parce qu'elles méconnaissent la vérité du temps ; les trois « ekstases » temporelles ne sauraient se poser qu'ensemble ; le présent n'est pas ; le pour-soi n'existe qu'en se transcendant vers l'avenir à partir du passé et c'est à la lumière de nos projets que le monde se découvre ; il s'appauvrit s'ils s'amenuisent. Renoncer à nos activités, ce n'est pas accéder à des délices paresseuses dont elles nous auraient frustrés : c'est, en stérilisant l'avenir, dépeupler l'univers. Si les perceptions sont « émoussées » par l'habitude, si les choses semblent défraîchies et englouties déjà par le passé, ce n'est pas que nous traînions avec nous de trop riches souvenirs : c'est que notre vision n'est pas animée par des projets neufs.

Le vieillard pas plus que l'homme jeune ne peut se satisfaire de cette immobilité à laquelle rêve Mauriac quand il prétend que « vivre » suffirait à l'occuper ; il démontre lui-même le contraire : il n'a jamais tant écrit que pendant ces dernières années. Ne rien vouloir, ne rien faire, c'est se condamner à la sinistre apathie dans laquelle sombrent tant de retraités. Le malheur, c'est qu'il est difficile de retrouver des raisons d'agir, quand les anciennes activités sont interdites. Rares sont les individus à qui le loisir permet l'épanouissement d'une vocation contrariée ou à qui il découvre des possibilités inattendues. Deux exemples de ce genre sont célèbres en Amérique. Lilian P. Martin quitta l'Université de Stanford pour devenir « conseillère principale » de la vieillesse. A 65 ans, elle apprit à se servir d'une machine à écrire : à 77 ans, à conduire une voiture ; à 88 ans, elle remonta l'Amazone en bateau. A 99 ans, avec quatre assistantes de 60 ans, elle entreprit l'exploitation d'une ferme de vingt-cinq hectares. La vieille femme qu'on a appelée Ma Moses, devenue à 75 ans inapte aux travaux manuels, a commencé à peindre des miniatures. A 100 ans, elle a réussi la plus célèbre de ses œuvres, une *Veille de Noël*. Elle est morte à New York à 101 ans.

Ces cas sont exceptionnels. On a vu qu'à l'intérieur même de notre *praxis* il est souvent impossible de se frayer des chemins inédits. A plus forte raison, prétendre s'inventer arbitrairement des intérêts, des plaisirs, est illusoire. « Seuls les plaisirs dont on a joui avant 30 ans sont en position d'agréer toujours », remarquait Stendhal. Churchill, qui consacrait beaucoup de temps à la peinture, se plaignait pourtant : « Il est difficile de s'inventer de nouveaux intérêts à la fin de sa vie. »

C'est pour cette raison que l'âge nous ôte le goût de nous instruire. Il est très rare qu'on veuille comme Socrate savoir pour savoir, dans l'instant : on s'informe dans une certaine perspective. Sinon à quoi bon ? L'absence de projet tue le désir de connaître : « A la vérité, écrit Saint-Évremont âgé, je cherche plus dans les livres ce qui me plaît que ce qui m'instruit. A mesure que j'ai moins de temps pour pratiquer les choses, j'ai moins de curiosité pour les apprendre. » Rousseau a fait dans les *Rêveries* une remarque analogue : « Ainsi retenu dans l'étroite sphère de mes anciennes connaissances, je n'ai pas comme Solon le bonheur de pouvoir m'instruire chaque jour en vieillissant ; et je dois même me garantir du dangereux orgueil de vouloir apprendre ce que je suis désormais hors d'état de bien savoir. » Un des traits les plus frappants chez les gens âgés, c'est leur inappétence intellectuelle, au point qu'à 82 ans André Siegfried disait : « La

vieillesse n'est que le déclin de la curiosité. » Stuart
Mill nous dit de son père : « Il tenait la vie humaine
pour une triste chose quand la fraîcheur de la jeunesse
et celle de la curiosité se sont flétries » : il associait tout
naturellement l'une à l'autre.

Mauriac, dans les *Mémoires intérieurs,* surtout dans
le deuxième volume, constate fréquemment son incuriosité devant les livres, les disques nouveaux. Il s'est
étonné du « souci maniaque d'information et de
culture » que Gide a gardé jusqu'à un âge avancé. Et
pourtant, même chez Gide on voit peu à peu s'installer
l'indifférence. Dans son *Journal,* il note, 30 juillet
1941 : « La fin de la vie. Dernier acte un peu
languissant ; des rappels du passé, des redites. On
voudrait quelque rebondissement inattendu et on ne
sait quoi inventer. » A 80 ans, dans *Ainsi soit-il,* il
écrit : « Je ne sens encore aucun affaiblissement de
mes facultés intellectuelles, mais les mettre au profit de
quoi ? »

L'absence de curiosité du vieillard, son désintérêt
sont renforcés par son état biologique. Être attentif au
monde le fatigue. Même les valeurs qui avaient donné
un sens à sa vie, il n'a souvent plus la force de les
affirmer. Ainsi, quand Proust voit pour la dernière fois
M. de Charlus, cet homme jadis superbe a perdu son
orgueil aristocratique. Croisant Mme de Sainte-Euverte
qu'il dédaignait jadis, il la salue comme si elle était une
reine. « Tout son snobisme passé, il l'anéantit d'un
seul coup par la timidité appliquée, le zèle peureux
avec lequel il ôta son chapeau. » La raison de son geste
était sans doute, dit Proust, « une sorte de douceur
physique, de détachement des réalités de la vie si

frappante chez ceux que la mort a déjà fait entrer dans son ombre ».

L'indifférence intellectuelle et affective de l'homme âgé peut le réduire à une totale inertie. Swift, vieux, ne se sentait plus concerné par rien : « Je m'éveille dans un tel état d'indifférence à tout ce qui peut se passer dans le monde et dans mon cercle étroit que... je resterais certainement au lit toute la journée si la décence et la crainte de la maladie ne m'en chassaient pas. »

Les individus dont la vieillesse est la plus favorisée, ce sont ceux qui ont des intérêts polyvalents. Une reconversion leur est plus facile qu'à d'autres. Écarté du pouvoir, Clemenceau a écrit. S'il est engagé politiquement, un savant qui a vu diminuer ses activités trouve à se dépenser. Même en ce cas, il est dur pour un homme de renoncer à ce qui a été le centre de ses préoccupations. Chez la plupart d'entre nous, on voit s'établir un cercle vicieux : l'inaction décourage curiosité et passion et notre indifférence dépeuple le monde où nous n'apercevons plus aucune raison d'agir. La mort s'installe en nous et dans les choses.

Il y a une passion à laquelle le vieillard est prédestiné : l'ambition. N'ayant plus de prise sur le monde et ne sachant donc plus qui il est, il veut paraître. Il a perdu son image : il s'efforce de la retrouver hors de lui. Il convoite des décorations, des honneurs, des titres, une épée d'académicien. Sa vitalité éteinte, il ignore la plénitude des vrais désirs, des passions qui visent un objet réel : il recherche des simulacres. L'exemple le plus frappant, c'est celui de Pétain en qui

de Gaulle dénonçait dès 1925 « deux phénomènes
également forts et pourtant contradictoires : le désintérêt sénile de tout et l'ambition sénile de tout ». En fait,
ces deux traits, loin de se contredire, s'expliquent l'un
par l'autre : c'est parce qu'il ne tient concrètement à
rien que le vieillard veut abstraitement tout, c'est-à-
dire n'importe quoi ; vouloir tout, de cette manière
creuse, c'est ne rien vouloir du tout. On trouve chez les
très jeunes gens la même ambiguïté. « Je veux tout,
tout de suite », dit l'Antigone d'Anouilh. C'est parce
qu'elle a les mains vides. Je me rappelle avec quelle
insistance j'écrivais dans mon Journal, à 18 ans : « Je
dirai tout. Je veux tout dire. » Alors que je n'avais
précisément rien à dire. Quand il n'a plus au cœur ni
intérêt, ni curiosité, ni affection, alors l'individu est
mûr pour l'ambition vide et la vanité qui en est le
corrélatif.

Pétain fut dans sa jeunesse d'une grande indépendance intellectuelle ; contre la doctrine en vogue de
l'offensive à tout prix, il défendait dans ses cours la
théorie de la contre-offensive ; il réclamait pour la
France de l'artillerie lourde, ce qui le fit détester par le
ministère de la Guerre. Son avancement s'en ressentit :
« J'ai été vieux lieutenant, vieux capitaine, vieux
colonel, j'ai été vieux dans tous mes grades », disait-il
avec amertume. Sa froideur, sa dureté, sa suffisance
frappaient son entourage. Fayolle, qui était son ami,
notait en novembre 1914 que Pétain « n'hésite pas à
casser les médiocres et à faire fusiller les lâcheurs. J'ai
fait, dit-il, aux premières rencontres, un rôle de
boucher ». Et en janvier 1915, comme Pétain faisait
ligoter et jeter vers les tranchées ennemies vingt-cinq
soldats qui s'étaient mutilé une main d'un coup de

fusil, Fayolle notait encore : « Caractère, énergie ! Où finit le caractère et où commence la férocité, la sauvagerie ? » Quand il visite des blessés, remarqua le colonel Bouvard, « il reste toujours imperturbable, fermé, comme indifférent ». Gallieni disait de lui : « Cet homme est un glaçon. » Les sanglantes répressions qu'il ordonna au cours de la guerre en font foi. Cependant, il refusait de gaspiller le matériel humain. On le considéra comme le vainqueur de Verdun. Il obtint la plus haute distinction militaire : le titre de maréchal de France.

« Il se gobe », avait noté Fayolle ; et un des officiers de Pétain : « Il aime faire le glorieux. » Avec l'âge, sa vanité grandit. Président du Conseil supérieur de la guerre, inspecteur général de l'armée, il ne pardonnait pas à Foch la gloire que celui-ci s'était acquise : dans son discours à l'Académie française, en 1930, il lui reprocha d'avoir signé l'armistice. Il ne pardonna jamais à de Gaulle d'avoir signé seul en 1938 le livre *La France et son armée* dont il avait eu l'idée quinze ans plus tôt, mais dont il n'avait pas écrit une ligne.

Dès 1914, il fut hanté par la crainte de perdre la mémoire. Et, en effet, bientôt elle faiblit. Le général Laure constatait : « La mémoire faiblit. Pour les faits anciens, le maréchal est parfait. Pour les faits nouveaux, il n'assimile plus ou il assimile mal. » Sans doute était-ce par « désintérêt sénile » qu'il ne fixait plus le présent. Sa santé était magnifique ; le colonel Bouvard l'attribuait à « l'indifférence qui permet les belles vieillesses ». Car son égoïsme frappait tous ceux qui l'approchaient : « Le maréchal est maintenant un homme au cœur sec. Il n'a plus de générosité ni de fermeté », écrivait de Gaulle. Il avait des absences —

des « passages à vide » — de plus en plus longues.
Loustanau-Lacau disait que certains jours il aurait
fallu écrire sur son front : « Fermé pour cause de
vieillesse. » Il constatait aussi : « L'arrivée de la voiture qu'il attend l'intéresse autant ou aussi peu que la
chute d'un ministère ou la mort d'un homme connu. »
Pétain attachait une énorme importance à tout ce qui le
concernait, et les grands événements qui ne le touchaient pas directement le laissaient froid.

Il ne pensait pas, en 1938, à prendre le pouvoir. Il
s'agaçait de la campagne de Gustave Hervé : « C'est
Pétain qu'il nous faut. » A Jacquinot qui lui dit :
« Vous deviendrez président du Conseil », il répondit :
« Je ne peux travailler que trois ou quatre heures par
jour. » Cependant, d'après de Gaulle, son ambition ne
diminuait pas. « Rien ni personne n'arrêtera plus le
Maréchal sur le chemin de l'ambition sénile. Et son
orgueil se défoule. Il ne maîtrise plus ses démons
intérieurs. » Il accepta d'être envoyé comme ambassadeur en Espagne auprès de Franco. De Gaulle dit
encore : « Il accepte l'ambassade. Il acceptera n'importe quoi tant le gagne l'ambition sénile. C'est terrible
et lamentable. Il n'est plus en état d'assumer des
responsabilités. » En Espagne, les pertes de mémoire
se multiplièrent : « Il y a deux ou trois heures de
Pétain par jour », disait un de ses subordonnés.

Son indifférence au moment présent, la fixation sur
le passé expliquent certains faits dont le mot de gâtisme
ne suffit pas à rendre compte. Revenu à Paris, et
nommé ministre d'État en juin 1940, il n'ouvrait
presque jamais la bouche. Un jour cependant, raconte
Laurent-Eynac, comme on lui demandait comment il
expliquait la débâcle française, il répondit : « Peut-être

avons-nous renoncé trop vite aux colombophiles et aux pigeons voyageurs. » Il se rappelait évidemment le rôle important joué par les pigeons voyageurs pendant la défense du fort de Vaux. L'ambition sénile explique qu'il ait accepté de signer l'armistice. Mais aussi il était convaincu que l'armistice signé par Foch le 11 novembre 1918 avait été une grave faute qui avait amené la France à perdre en définitive la guerre : il avait pleuré lorsque Foch l'avait accordé aux Allemands. Il s'imaginait que l'armistice de 1940 entraînerait pour l'Allemagne un désastre analogue : « Le précédent le hante », notait un de ses familiers.

Il parlait sans cesse de la patrie, du salut de la France, du bien des Français ; mais Weygand remarqua que lorsqu'il signa l'armistice — dont on se rappelle les clauses accablantes — on lisait sur son visage une sournoise satisfaction : c'était lui qu'on était venu chercher pour sauver la patrie. Il croyait prendre une éclatante revanche sur ceux qui jadis avaient brimé sa carrière, sur ceux qui plus tard avaient prétendu partager sa gloire. Les années qui suivirent, il se laissa griser par les adulations, les ovations, les apparences du pouvoir, au point de déclarer joyeusement : « Je possède plus de pouvoir que Louis XIV », alors qu'il était entre les mains des Allemands qui gouvernaient directement la moitié du pays. Un peu plus tard il dit au comte de Paris : « Je renouvelle la tradition royale. Je visite les provinces. On m'offre des cadeaux. C'est comme sous la royauté. » Deux ans après l'armistice, la Maréchale dit au ménage Massis ce mot terrible : « Si vous saviez comme il est heureux, depuis deux ans ! »

Bonhomme, qui lui servait d'aide de camp et vivait dans son intimité, remarquait : « Son insensibilité de grand vieillard augmente. Au fur et à mesure que les années passent, les catastrophes glissent sur lui. » Et Darlan disait : « Cet homme fabrique de la neige carbonique. » Insensible à tout, buté dans sa vanité, toute communication avec lui était coupée. Rien, personne ne pouvait l'atteindre. Quand il laissa prendre les premières mesures contre les Juifs, le général Mordacq lui dit : « Monsieur le Maréchal, vous déshonorez votre uniforme. — Je m'en fous », répondit-il, alors qu'il n'avait que le mot d'honneur à la bouche.

Comme beaucoup de grands vieillards, il lui arrivait de donner des signes apparents d'émotivité, mais ses conduites ne s'en ressentaient pas. Son directeur de cabinet, Du Moulin de La Barthète, raconte : « J'ai vu ce vieillard morose, cynique et cruel pleurer comme un enfant à l'annonce du martyre des fusillés de Châteaubriant. » Pendant un moment, il comprit qu'il se déshonorait, il parla d'aller se constituer prisonnier. Mais le lendemain il s'en laissa aisément dissuader. Il versa quelques larmes sur le sort des Alsaciens-Lorrains ; mais quand Robert Schuman vint lui parler d'eux, il coupa court : « Ces histoires compliqueraient le ravitaillement et la situation de la France. » Un rapport sur la rafle du Vél' d'Hiv' parut le toucher, mais il se reprit vite : « Il est vrai que ces Juifs n'ont pas toujours eu sur la France une bonne influence. »

Ses absences, sa surdité étaient souvent simulées : il évitait les dialogues. Il était capable — au moins pendant plusieurs heures chaque jour — de comprendre ce qu'on lui disait. Mais, entre l'intelligence et la volonté, la liaison ne se faisait plus. « La courroie de transmission est cassée », disait Bonhomme ; et aussi : « Il est devenu un monstre d'égoïsme : c'est l'âge. »

Quand les Allemands exigèrent qu'il mît Weygand à la retraite, Bonhomme demanda à François Valentin — le directeur général de la Légion créée par Vichy — de le convaincre de ne pas leur céder. Devant une dizaine de témoins consternés, il y eut une terrible scène et Valentin alla jusqu'à dire : « Prenez garde, un jour les Français cracheront sur vos étoiles. » Pétain regarda autour de lui comme pour demander du secours, mais il ne répondit rien. Valentin nota : « La lucidité est totale. Mais l'âge a ruiné la volonté. » De temps en temps il disait : « Je suis déshonoré. Il faut que je parte... » Mais il restait.

Il attachait une très grande importance à la nourriture. Quand Michel Clemenceau vint lui demander de ne pas laisser tomber aux mains des Allemands Reynaud et Mandel incarcérés au fort du Portalet, il s'excusa : « Je ne peux rien faire. » Et il ajouta : « Restez avec nous. Aujourd'hui j'ai de bonnes langoustes de Corse. » Quand le colonel Solborg vint de la part de la Maison-Blanche lui demander s'il accepterait de partir pour Alger à l'insu des Allemands, Pétain ne parla q .e du passé : la Grande Guerre, Pershing, le corps expéditionnaire américain. Puis il sortit un menu de sa poche : « Ah ! nous avons un bon plat aujourd'hui. »

Il avait toujours été un grand coureur de jupons et sa sexualité ne s'était pas tout à fait éteinte. « Certains soirs, raconte Le Roy Ladurie[1], alors ministre de

1. Cité par Tournoux, *Pétain et de Gaulle.* Le fait est rapporté aussi par Jules Roy. « Si les Français savaient ! » disait Bonhomme.

l'Agriculture, lorsque la Maréchale est couchée, nous accompagnons avec deux ou trois amis de longue date le Maréchal. Dans une chambre de l'hôtel du Parc, la femme d'un explorateur célèbre danse, lascive, dénudée jusqu'à la taille. Le vieux soldat apprécie fort le spectacle. »

Quand Hitler échappa à un attentat, il voulut lui envoyer un télégramme pour l'en féliciter ; son médecin, le docteur Ménétrel, qui avait sur lui une influence considérable, tenta de l'en dissuader. En vain. Il signa le télégramme. Gabriel Jeantet, entrant dans le bureau, le vit. « Monsieur le Maréchal, vous vous déshonorez. — Que faut-il faire ? dit Pétain. — Ceci. » Jeantet déchira le télégramme. Pétain ne réagit pas. Un peu plus tard, alors que le général von Neubron était présent, il avisa un moucheron posé sur une carte du front et il l'écrasa en s'écriant : « Tiens ! un Boche ! Je le tue. » Il ajouta d'un air amène : « On a trop tendance à généraliser. »

Emmené à Sigmaringen, il déclara qu'il se considérait comme prisonnier. Mais Ménétrel le suppliait en vain de s'en tenir à ce rôle. Il ne rompit pas avec Brinon, choisi par les Allemands pour être le chef d'un « simili-gouvernement ». Il entretenait des relations cordiales avec Bentler-Fink qui l'avait berné et lui avait fait violence pour l'emmener en Allemagne. Ménétrel disait, navré, que Pétain « fuyait toujours les situations nettes », qu'il n'avait même pas « le courage de défendre son nom ». Cependant, quand il sut que son procès allait s'ouvrir, il retrouva assez de dignité pour rentrer volontairement en France. Au procès, après avoir lu une déclaration écrite par ses avocats, il joua la surdité et ne répondit à aucune question. A la fin, il dit à ses avocats : « C'est intéressant, cette affaire. J'ai appris dès tas de choses. »

En captivité, il lisait un peu ; il tenta d'apprendre l'anglais. A partir de 1949, il perdit tout à fait l'esprit. Il confondait les deux guerres. Un 11 novembre, il frappa avec violence sur la table : « Mais bon sang, les Boches ! Je les ai battus. »

Ses toutes dernières années ne sont pas significatives : à un certain degré de décrépitude mentale, on ne peut même plus parler d'indifférence, et quant à l'ambition, les circonstances ne s'y prêtaient plus. Mais, pendant les années de Vichy, on découvre comme à travers un verre grossissant l'horreur et la misère de cette ambition « à vide », dont beaucoup de vieillards sont la proie. Ils ne cherchent à rien faire : seul leur importe le personnage avec lequel ils se confondent et auquel ils sont prêts à sacrifier n'importe quoi, y compris les valeurs mêmes qu'ils feignent d'exalter. La contradiction est flagrante chez Pétain, servile instrument des Allemands et qui se croit souverain ; n'ayant que les mots d'honneur et de patrie en bouche, il se déshonore et trahit son pays. Buté en soi-même, sourd à la voix d'autrui, sa prétention et son égoïsme rendent dangereux l'ambitieux si les circonstances lui accordent quelque pouvoir.

L'ambition n'est permise qu'à une poignée de privilégiés, et beaucoup en connaissent la vanité. En général les vieillards n'ont pas de recours contre le vide de leur existence. Sauf quand leur organisme épuisé n'aspire plus qu'au repos, leur inappétence au sein d'un monde décoloré les condamne à l'ennui. Schopenhauer prétend qu'ils ne le connaissent pas parce que pour eux le temps passe trop vite. Cependant il rappelle le mot d'Aristote : « La vie est dans le mouvement. » Il affirme lui-même que « l'activité est nécessaire au bonheur ». « Une inaction complète devient bien vite insupportable, écrit-il encore, car elle engendre le plus horrible ennui. »

En effet. Si l'existence ne se transcende pas vers des fins, si elle retombe inerte sur elle-même, elle provoque cette « nausée » que Sartre a décrite. Les jeunes gens l'éprouvent souvent : ils n'ont pas encore de prise sur le monde, ils sont réduits à leur présence nue ; pour eux, comme pour le vieillard, le monde se tait ; par un cercle dont il semble impossible de sortir, ce silence glace leurs espoirs. Je me suis ennuyée âprement pendant deux à trois années de ma jeunesse parce que, sortie de l'univers de l'enfance, je n'étais pas encore entrée dans celui des adultes, je n'avais d'accès à rien et je n'escomptais pas que rien, jamais, pût me solliciter. Cependant, de ce point de vue, il y a une grande différence entre le jeune homme et l'homme âgé ; le premier n'est pas indifférent au monde ; des projets confus, des désirs précis l'agitent : il s'ennuie parce que la société, ses parents, sa situation briment ses élans. Dès que l'oppression se relâche, qu'une ouverture se propose, qu'une rencontre, un événement propice surviennent, le cercle est brisé, on retrouve de la curiosité, on reprend goût à la vie. Tandis que le vieillard s'ennuie parce que les circonstances ou son indifférence l'ont détaché de ses projets et que sa curiosité [1] s'est éteinte. Nous avons vu comment dans les asiles, et même au-dehors, un gouffre vertigineux se creuse : l'ennui devient si profond qu'il supprime toute possibilité et même tout désir de s'en distraire.

Si un vieil homme boude son temps, il n'y rencontre rien qui puisse l'arracher à sa morosité. Mais même s'il demeure attentif à ce qui l'entoure, l'absence de but assombrit sa vie. Gide écrivait le 19 septembre 1941 : « L'âme sans plus de but, toute en proie au loisir s'ennuie. » Plus tard, dans *Ainsi soit-il*, il décrit sous le nom d'*anorexie* l'extinction en lui de tout désir : « Je n'ai plus grande curiosité de ce que peut m'apporter encore la vie... Je suis rassasié de jours et ne sais plus trop à quoi employer le temps qui me reste sur terre. Anoxerie, face hideusement inexpressive de l'ennui. » Il avait parfois l'impression de ne plus compter au nombre des vivants. Il écrit le 10 novembre 1942 : « Dans un nouveau décor, c'est le même acte de la même pièce qui continue. Il y a déjà longtemps que j'ai cessé d'être. Simplement j'occupe la place de quelqu'un que l'on prend pour moi. »

Les mots décor, pièce expriment un sentiment de déréalisation qui est plus accusé encore dans ce passage d'*Ainsi soit-il* : « Je me suis surpris hier en train de me demander le plus sérieusement du monde si vraiment j'étais encore vivant. Le monde entier était là et je le

---

1. Baudelaire jeune encore, lui-même atteint de *spleen,* a bien vu le rapport de l'incuriosité et de l'ennui :

> « Rien n'égale en longueur les boiteuses journées
> Quand sous les lourds flocons des neigeuses années
> L'ennui, fruit de la morne incuriosité,
> Prend les proportions de l'immortalité. »

percevais à merveille ! mais était-ce bien moi qui le
percevais ?... Tout existait et continuait d'être sans
mon aide. Le monde n'avait aucun besoin de moi. Et
durant un assez long temps je m'absentai. » Il décrit ici
une expérience de dépersonnalisation analogue à celle
qu'on observe chez certains psychasthéniques : plus
rien ne les intéresse ni ne les sollicite, ils n'ont plus de
projets ; le monde leur semble un décor de carton et
eux-mêmes des morts vivants.

Quant aux gens âgés qui continuent à travailler, ils le
font souvent sur un fond de désenchantement du fait
qu'ils ont pris conscience de leurs limites. On a vu que
certains artistes se surpassent à la fin de leur vie : la
dernière *Pietà* de Michel-Ange est la plus belle. Mais,
même alors, ils savent n'accomplir jamais que *leur*
œuvre. Cette lassante monotonie fait naître en eux un
« à quoi bon ? » désolé. C'est cette interrogation qu'on
lit sur le dernier autoportrait de Rembrandt. Tout en
continuant à sculpter, Michel-Ange vieux regardait son
œuvre d'un œil désabusé. Il appelait ses statues des
« pantins ».

Dans un de ses poèmes [1], Yeats suppose qu'un esprit
moqueur dialogue avec un vieil écrivain. Celui-ci
commence par se féliciter :

> « L'œuvre est accomplie, musa-t-il, devenu vieux,
> Telle qu'enfant je l'avais conçue ;
> Que les sots enragent, mais je n'ai failli en rien.
> J'ai porté quelque chose à la perfection.
> Mais plus haut chantait cet esprit : Et alors ? »

---

1. *What then ?* (Et alors ?)

Verdi a écrit sans joie ses derniers opéras — les plus beaux. « Le parfum de tristesse » que laisse au cœur toute réalisation, les vieux créateurs y sont particulièrement sensibles. Ils n'ont pas « rejoint leur être » et désormais ils savent qu'ils ne le rejoindront pas, quels que soient leurs accomplissements.

N'être plus voué à des fins, ne plus rencontrer d'exigences condamne le vieillard à l'ennui ; il y a une compensation, à laquelle certains attachent un grand prix : ils n'ont plus d'effort à faire, la paresse leur est permise. On se souvient que Fontenelle et Emerson admirent dans la vieillesse qu'elle permette de descendre en dessous de soi-même. « L'indolence n'est pas sans douceur », disait Saint-Évremond vieillissant. Selon Jouhandeau le dernier âge représente « les vraies grandes vacances après le surmenage des sens, du cœur, de l'esprit que fut la vie ». « L'approche de la vieillesse apporte une sorte de loisir absolu. On n'a plus à se tendre pour une réussite quelconque... Quel repos ! » « Le privilège de la vieillesse : elle n'a rien à gagner ni à perdre. » Les vieillards n'ont que rarement des complexes de culpabilité : l'âge leur sert d'excuse et d'alibi ; il supprime la compétition professionnelle. Et aussi la compétition sexuelle : l'impuissance, la frigidité sont justifiées. Toutes les insuffisances deviennent normales : l'étourderie, l'incompétence. Certaines tares sont supprimées : la laideur est pour ainsi dire résorbée par la dégradation qu'infligent les années ; il y a des femmes qui semblent même rétrospectivement belles alors que leur jeunesse avait été ingrate. Les gens pour qui le statut d'adulte était pénible, qui s'y adaptaient mal, trouvent des avantages à devenir des vieillards.

Seulement l'indulgence dont ils bénéficient se paye cher : on excuse dans le détail leurs infériorités parce qu'on les tient pour définitivement inférieurs ; ils n'ont plus rien à perdre parce qu'ils ont déjà tout perdu. Ils sont délivrés de leurs complexes de culpabilité : la rançon, c'est que la plupart d'entre eux ont un amer sentiment de déchéance. Les adultes les traitent comme des enfants, comme des objets. Le fait est que biologiquement, économiquement, socialement leur situation s'est dégradée. Dans tous les tests auxquels ils se soumettent se manifeste un dégoût d'eux-mêmes d'autant plus profond que leur niveau économique est plus bas et qui peut entraîner des dépressions durables.

« Ce n'est pas la mort qui déplaît, c'est la décadence », écrit Ballanche. « Je le sens bien chez Mme Récamier, chez M. de Chateaubriand ; c'est-à-dire que je sens combien cette triste impression existe pour eux. » Un homme qui a exercé un certain pouvoir ne se résigne pas à l'avoir perdu. Churchill s'y est accroché avec acharnement ; Pétain en a préféré le simulacre à l'honneur. Écartés de leurs fonctions, les P.-D.G., les chefs d'industrie, les directeurs de firme, même s'ils conservent leur standing, ne sont plus que des âmes en peine. Même dans des cas qui semblent particulièrement favorables, la personne âgée souffre d'avoir à se réduire. Souriante, aimable, entourée, Ninon de Lenclos âgée écrivait à Saint-Évremond : « Tout le monde dit que j'ai moins à me plaindre du temps qu'une autre ; en quelque sorte que ce soit, qui m'aurait proposé une telle vie, je me serais pendue. » A 58 ans, Virginia Woolf notait dans son Journal, le

29 décembre 1940 : « Je déteste la dureté de la vieillesse. Je la sens venir. Je grince. Je suis aigrie.

> *Le pied moins prompt à tâter la rosée.*
> *Moins sensible le cœur à de nouveaux émois*
> *Et moins prompte à bondir l'espérance écrasée.*

« Je viens d'ouvrir Matthew Arnold et j'ai recopié ces lignes. »

Le mécontentement peut s'exaspérer en révolte ; ainsi chez Ionesco : « Comment puis-je accepter cette situation ? Comment peut-on admettre de vivre et que le temps pèse sur nous si pesamment, comme une ânée ? Inadmissible. On devrait se révolter. » (*Mémoires en miettes.*)

Et chez Leiris : « Il y a au fond de moi quelque chose de détruit et que je ne puis espérer voir se reconstituer : cette vieillesse qui toujours m'a fait si peur a fini par s'installer et la crise, aussi vite passée qu'elle m'avait âprement saisi, aura été le combat d'arrière-garde ou le baroud d'honneur que je lui ai livré, chaque jour m'en convainc davantage. » (*Fibrilles.*)

La révolte est vaine ; on finit par se résigner, mais non sans regret. La plupart des vieillards sombrent dans la morosité. Déjà Aristote remarquait : « Ils ne savent plus rire. » Le docteur Baumgartner a noté : « L'une des caractéristiques les plus constantes et les plus nettes sur le plan mental de l'homme qui vieillit, c'est certainement la perte de la gaieté. » A 60 ans passés, Casanova écrit dans une lettre : « Pour ce qui regarde mes Mémoires, je crois que je les laisserai là, car depuis l'âge de 50 ans, je ne puis débiter que du

triste, et cela m'attriste. » Ballanche écrit :
« Mme Récamier continue à prendre la situation en
tristesse, M. de Chateaubriand se prend lui-même en
tristesse, Ampère prend le temps en tristesse... La
tristesse me gagne. »

Dans le *Journal* d'Edmond de Goncourt, bien qu'il
parle peu de lui-même, perce une tristesse profonde. Il
écrit le 17 juin 1890 : « Le poids de la vieillesse, le
sentiment des infirmités qui se trahissent, au milieu de
l'éloignement des amis et des relations quittant Paris,
me mettent du noir dans l'âme. »

Gide, dans ses dernières années, essayait dans son
Journal, et davantage encore dans sa correspondance,
de faire bonne figure. Cependant, de Saint-Paul-de-
Vence il confie à Martin du Gard le 1er juillet 1949 :
« Viens de traverser quelques jours atroces de cafard
opaque ; dû à un je ne sais quoi au cœur qui flanchait, à
l'atmosphère irrespirable (pour moi) de ces lieux, à ma
solitude (Pierre et Claude partis en auto pour trois
jours), au désœuvrement... *Atroces.* »

De Sorrente, le 15 juin 1950, il écrit : « Malgré la
présence de Catherine et de Jean Lambert, en dépit
d'un temps splendide, d'un voyage ravissant, d'un état
de santé presque satisfaisant, je viens de traverser une
suite de jours des plus pénibles de ma longue existence.
Je ne suis pas encore sorti du tunnel, mais du moins
j'entrevois la libération. »

Le 11 juillet 1950 : « Hélas ! l'appétit fait défaut
avec... le reste et la curiosité. Je ne sais pas trop d'où,
de quel bord je serais en droit d'attendre quelque vraie,
profonde et durable joie. »

Une jeune femme m'a écrit en parlant de son père :
« A 70 ans, il ne souffre que de maux anodins, la

plupart du temps imaginaires. Il est triste, il est de plus
en plus souvent triste. Il lit tristement, comme en
surface, il nous écoute tristement, il rit tristement.
L'autre jour il sifflotait dans sa chambre et il s'est
arrêté brusquement. Il a dû se demander : A quoi
bon. »

La tristesse des gens âgés n'est pas provoquée par un
événement ou des circonstances singulières : elle se
confond avec l'ennui qui les dévore, avec l'amer et
humiliant sentiment de leur inutilité, de leur solitude
au sein d'un monde qui n'a pour eux qu'indifférence.

La déchéance sénile n'est pas seulement en soi
pénible à supporter, mais elle met l'homme âgé en
danger dans le monde. On l'a vu : il végète au bord de
la maladie, au bord de la misère. Il éprouve un
sentiment angoissant d'insécurité qu'exaspère son
impuissance.

Les gens voués à la passivité sont la proie du souci.
Dans la mesure où elle n'agit pas, la femme en est
rongée. De même les vieillards ; ils ruminent à vide des
dangers qu'ils n'ont pas les moyens de conjurer. Même
si aucune menace ne pèse sur eux, il leur suffit de se
savoir désarmés pour s'inquiéter : la tranquillité dont
ils jouissent leur paraît précaire ; l'avenir est lourd de
possibilités effrayantes, puisqu'ils n'en sont plus les
maîtres. La catastrophe qui s'est abattue sur eux, c'est
qu'ils ont passé brutalement de l'état d'adulte responsable à celui d'un objet dépendant. Cette dépendance
les met à la merci d'autrui, et ils la ressentent, même
dans les moments où elle ne se fait pas sentir. Cela
ressort, par exemple, d'une enquête menée dans une

résidence de la C.N.O.R. Les pensionnaires interrogés
devaient en fait y demeurer jusqu'à leur mort. Mais ils
ne parvenaient pas à le croire. Beaucoup avaient peur
d'être renvoyés et de se retrouver à la rue, sans aucune
ressource. Le confort même dont ils jouissaient les
inquiétait. Ils disaient : « C'est difficile de croire qu'on
pourra continuer cette affaire... J'ai peur que ça ne
puisse pas continuer... Je vois qu'ici nous ne sommes
pas encore très nombreux. Alors on se demande
pourquoi ? Est-ce que les frais sont trop élevés ? Oui,
alors je me demande si avec si peu de monde ça va
continuer... C'est tellement beau : on se demande si ça
va durer... Ils doivent savoir ce qu'ils font. Mais enfin,
ça nous intrigue un peu... »

Quand ma grand-mère maternelle a consenti, parce
qu'elle était usée et un peu impotente, à s'installer chez
mes parents, elle est devenue soupçonneuse, un peu
sournoise. Elle se doutait que sa présence pesait à mon
père. Elle ne manquait de rien ; cependant, elle
dissimulait dans son armoire et dans diverses cachettes
des morceaux de pain d'épice, des biscuits, qu'elle
grignotait à la sauvette.

Le vieillard reste sur le qui-vive même quand toutes
les garanties de sécurité lui sont données parce qu'il ne
fait pas confiance aux adultes : c'est sa dépendance
qu'il vit sous la figure de la méfiance. Il sait que les
enfants, les amis, les neveux qui l'aident à vivre —
financièrement, ou en s'occupant de lui, ou en l'héber-
geant — peuvent lui refuser ces secours, ou les
restreindre ; ils peuvent l'abandonner ou disposer de
lui contre son gré : l'obliger à changer de résidence,
par exemple, ce qui est une de ses terreurs. Il connaît la
duplicité des adultes. Il craint qu'on ne lui rende

service au nom d'une morale conventionnelle qui
n'implique à son égard ni respect ni affection ; on le
traite, pense-t-il, selon les impératifs de l'opinion :
celle-ci peut être circonvenue ou compter moins que
certaines commodités. Les malheurs qu'appréhende le
vieillard — maladie, impotence, augmentation du prix
de la vie — sont d'autant plus redoutables qu'ils
risquent d'entraîner des changements néfastes dans la
conduite d'autrui. Loin d'espérer que son irréversible
déclin naturel sera freiné ou compensé par la conduite
de ses proches, il soupçonne que ceux-ci en précipite-
ront le cours : par exemple, s'il devient infirme, ils le
mettront à l'hospice.

Les gens mariés ne sont pas moins anxieux que les
autres, au contraire. Les angoisses de l'un rejoignent et
entretiennent celles de l'autre : chacun se fait doublement du mauvais sang, pour le conjoint et pour soi-
même.

Contre la précarité objective de sa situation, contre
son anxiété intime, le vieillard cherche à se défendre :
il faut interpréter — du moins en grande partie —
comme des défenses la plupart de ses attitudes. Il en
est une qui est commune à presque tous : ils se
réfugient dans des habitudes. « Il y a une marque de
l'âge qui me frappe plus que tous les signes physiques :
la formation d'habitudes », notait O. W. Holmes. Le
fait est indubitable. Mais le mot d'habitude a plus d'un
sens et il faut les distinguer les uns des autres.

L'habitude, c'est le passé en tant qu'il est non pas
représenté mais vécu par nous sous forme d'attitudes et
de conduites ; c'est l'ensemble des montages et des

automatismes qui nous permettent de marcher, de parler, d'écrire, etc. Dans une vieillesse normale ils ne s'altèrent pas et même leur rôle grandit car ils sont mis au service d'une routine. Il y a routine lorsque l'activité que j'exerce aujourd'hui prend pour modèle celle que j'ai exercée la veille qui copiait celle de l'avant-veille, et ainsi indéfiniment. Pour marcher, j'utilise d'anciens montages : mais je peux inventer un itinéraire neuf. La routine, c'est de recommencer chaque jour la même promenade. C'est en ce sens que la part de l'habitude grandit d'ordinaire avec les années. Dans la routine joue un principe d'économie et à tout âge les gens occupés lui font sa part. C'est une perte de temps que d'avoir à délibérer sur des choses de peu d'importance. On adopte une fois pour toutes un certain horaire, une certaine disposition de l'espace, tel fournisseur, tel restaurant. Mais quand on est jeune les règles sont lâches, elles laissent une place à l'improvisation, au caprice, à de nouveaux choix. Le vieillard accueille avec inquiétude la nouveauté ; choisir l'effraie ; son complexe d'infériorité se traduit par des hésitations, des doutes. Il lui est commode de se reposer sur des consignes éprouvées. Les montages, les automatismes sont mis au service de conduites répétitives : le mécanisme de la marche est utilisé pour refaire sans s'en écarter la même promenade. Les habitudes épargnent des adaptations ardues, elles fournissent des réponses avant qu'on n'ait eu à se poser des questions. En vieillissant, on les observe plus strictement que par le passé. Kant s'était toujours astreint à une sévère discipline, mais dans sa vieillesse il en avait fait une religion. Tolstoï vieux avait rigoureusement organisé ses journées. Paradoxalement, l'habitude est encore plus nécessaire aux gens oisifs qu'à ceux qui sont actifs : s'ils ne veulent pas s'enliser dans la molle stagnation des journées il leur faut y opposer la raideur d'un emploi du temps bien défini. Leur vie revêt alors une quasi-nécessité. Le vieillard échappe à l'écœurement d'un excessif loisir en le peuplant de tâches, d'exigences qui se traduisent pour lui par des obligations ; il évite ainsi de se poser l'angoissante question : que faire ? A chaque instant il a à faire. Je me rappelle comme mon grand-père avait réglé ses occupations ; lecture des journaux, inspection de ses rosiers, repas, sieste, promenade se succédaient dans un ordre immuable.

Le rôle de l'habitude, sous sa double forme d'automatisme et de routine, est d'autant plus essentiel au vieillard que sa vie psychique est plus dégradée. Elle peut entre autres pallier les déficiences de la mémoire. On [1] a décrit en détail le cas d'une femme qui l'avait presque totalement perdue et qui se conduisait cependant de manière adaptée. Elle ne reconnaissait pas les gens mais elle était consciente de la catégorie sociale à laquelle ils appartenaient et traitait de manière différente les infirmières, les médecins, les femmes de ménage, les autres pensionnaires. Elle savait avoir perdu la mémoire et s'irritait si on voulait lui faire évoquer des souvenirs, mais son jugement était sain, elle était capable de discernement, elle plaisantait volontiers. Elle vivait sans passé ni avenir dans un perpétuel présent.

Les montages, la routine ne peuvent opérer que si le

1. Paul Courbon, *Journal de psychologie*, 1921.

monde extérieur est exactement réglé et ne suscite aucun problème : chaque chose doit être à sa place, chaque événement se produire à son heure. C'est en partie pour cela que le moindre désordre irrite le vieillard d'une manière qui peut paraître maladive. C'est aussi parce que le rideau de rites et de coutumes derrière lequel il s'abrite lui garantit un minimum de sécurité : si autrui enfreint une de ces règles, on ne peut pas savoir jusqu'où sa tyrannie risque de se déchaîner. Défensives, les manies ont aussi un caractère plus ou moins agressif : les faire respecter c'est, dans l'état d'impuissance où est réduit le vieillard, la seule manière d'imposer sa volonté. C'est ainsi que dans *Guerre et Paix* le vieux prince Bolkonski s'entoure d'habitudes rigides pour manifester son autorité. Ainsi Goethe, à 81 ans, après la mort de son fils : il reprit en main la direction de la maison, jusqu'alors fort mal tenue ; il fit régner autour de lui un ordre minutieux. Il dormait avec les clés de ses armoires sous son oreiller et pesait lui-même chaque matin le pain qu'on devait consommer dans la journée.

On voit que le vieillard a plus d'une raison de tenir à ses habitudes : mais aussi il prend l'habitude d'avoir des habitudes, ce qui l'amène à s'entêter dans des manies dénuées de signification. Jouer aux cartes tous les après-midi dans un certain café, avec certains amis, c'est une habitude qui à l'origine a été inventée et choisie, et dont la répétition quotidienne a un sens. Mais si le joueur est furieux ou déconcerté parce que *sa* table est occupée, c'est qu'il a installé en soi une exigence inerte, qui l'empêche de s'adapter à la situation. De telles manies créent des impossibilités : on refusera de voyager à l'étranger parce qu'on n'y trouverait pas le genre de nourriture auquel on est accoutumé. S'il se laisse envahir par elles, le vieillard se sclérose et se mutile.

Au contraire, quand une habitude est bien intégrée à la vie, elle l'enrichit : il y a en elle une sorte de poésie. Si tel rite — par exemple, chez les Anglais, la cérémonie du thé — répète exactement celui que j'ai observé la veille et que j'observerai demain, le moment présent est un passé ressuscité, un avenir anticipé, je les vis ensemble sur le mode du pour-soi : j'atteins — illusoirement car la synthèse n'est pas réellement effectuée — cette dimension d'être que recherche l'existant. Par l'habitude s'opère une cristallisation analogue à celle que Stendhal décrit à propos de l'amour : tel objet, tel bien, telle activité acquièrent la propriété de nous manifester le monde entier. Sartre raconte dans *l'Être et le Néant* comment il lui fut pénible, à un certain moment de sa vie, de décider de ne plus fumer : « Être-susceptible-d'être-rencontré-par-moi-fumant : telle était la qualité concrète qui s'était répandue universellement sur les choses. Il me semblait que j'allais la leur arracher et que, au milieu de cet appauvrissement universel, il valait un peu moins la peine de vivre. » Le vieillard plus qu'aucun autre attache du prix à la poésie de l'habitude : confondant passé, présent, futur, elle l'arrache au temps, qui est son ennemi, elle lui confère cette éternité qu'il ne rencontre plus dans l'instant.

Puisqu'elle confère au monde une certaine qualité, au déroulement du temps une sorte de séduction, à tout âge on perd quelque chose quand on renonce à une habitude. Mais jeune, on ne se perd pas soi-même car c'est dans l'avenir, dans l'accomplissement des projets qu'on situe son être. Le vieillard redoute le changement car, craignant de ne pas savoir s'y adapter, il n'y voit pas une ouverture mais seulement une rupture avec le passé. Comme il ne *fait* rien, il s'identifie avec le cadre et le rythme de sa vie antérieure : s'en arracher, c'est se séparer de son être même. « Quand on devient vieux, écrit Flaubert à Caroline, les habitudes sont d'une tyrannie dont tu n'as pas idée, pauvre enfant. Tout ce qui s'en va, tout ce qui nous quitte a le caractère de l'irrévocable et on sent la mort marcher sur vous. »

Ainsi l'habitude assure-t-elle au vieillard une sorte de sécurité ontologique. A travers elle, il sait qui il est. Elle le protège contre ses anxiétés diffuses en l'assurant que demain répétera aujourd'hui. Seulement cette construction qu'il oppose à l'arbitraire d'autrui et aux dangers dont cet arbitraire peuple le monde est elle-même en danger dans le monde, dépendante des volontés d'autrui. Parce qu'elle est sa défense contre l'angoisse, l'habitude devient l'objet sur lequel se concentrent toutes les angoisses : à l'idée de devoir l'abandonner, le vieillard sent « la mort marcher sur lui ».

Et en effet, si ce malheur se produit, il est souvent intolérable. Ma grand-mère a supporté de s'installer chez mes parents parce que cette décision avait longuement mûri en elle. Mais un vieillard brutalement transplanté, fût-ce chez ses enfants, est désorienté, souvent désespéré : un sur deux de ces déracinés meurt dans l'année. Il n'est pas exceptionnel non plus de voir mourir à quelques heures ou quelques jours d'intervalles deux membres d'un vieux couple : entre l'attachement sentimental et l'habitude, le départ est difficile à faire.

Tenir à ses habitudes implique qu'on est attaché à ses possessions ; les choses qui nous appartiennent sont pour ainsi dire des habitudes figées : l'indication de certaines conduites répétitives d'appropriation. Avoir un jardin, c'est pouvoir y recommencer chaque après-midi sa promenade ; ce fauteuil attend que je m'y assoie chaque soir. La propriété, elle aussi, garantit une sécurité ontologique : le possédant est la raison d'être de ses possessions. Mes objets sont moi-même. « La totalité de mes possessions réfléchit la totalité de mon être [1]. » Le propriétaire soutient avec sa propriété un rapport magique. Le vieillard, puisqu'il ne lui appartient plus en faisant de se faire être, pour être veut *avoir*. C'est la raison de cette avarice [2] qu'on observe si couramment chez lui. Celle-ci porte sur des objets concrets : le vieillard déteste qu'on se serve de ses affaires ou même qu'on y touche. Elle se fixe aussi sur leur équivalent abstrait, l'argent. L'argent représente une assurance sur l'avenir, il protège le vieillard contre la précarité de sa situation ; cette explication rationaliste est insuffisante : cela saute aux yeux quand on voit une nonagénaire mourir dans la misère avec un magot sous son matelas. L'argent est synonyme de puissance, c'est une force créatrice : le vieillard s'y

1. Sartre, *L'Être et le Néant*.
2. Chez Freud elle s'explique par un retour au stade anal. Mais cette idée de « retour » m'apparaît comme très obscure et l'explication de l'avarice par l'érotisme anal, insuffisante.

identifie magiquement. Il éprouve une satisfaction narcissique à contempler, à toucher cette richesse dans laquelle il se reconnaît. Et aussi il y trouve cette protection qui lui est si nécessaire. « La possession est une défense contre l'autre [1] » : à travers ce que j'ai je récupère un objet assimilable à mon être pour autrui et ce n'est donc pas à autrui de décider qui je suis. Contre ceux qui prétendent ne voir en lui qu'un objet, le vieillard, grâce à ses biens, s'assure de son identité.

Mais, là encore, son système défensif est en danger dans le monde : autrui peut lui dérober son argent, lui en extorquer. L'avarice devient une manie, elle prend des formes névrotiques parce que la propriété où le vieillard cherche un refuge contre l'anxiété devient l'objet de son anxiété. En même temps qu'une défense l'avarice est souvent une forme d'agression à l'égard d'autrui. Le vieillard se venge de ses enfants en refusant de les aider financièrement ou, s'ils sont dans sa dépendance, en leur imposant un train de vie misérable : c'est la seule forme de pouvoir qu'il conserve et il prend un malin plaisir à le leur faire sentir.

Son anxiété amène l'homme âgé à prendre des mesures générales et radicales contre les attaques du monde extérieur. Il ne peut pas le supprimer : il peut réduire ses relations avec lui. Chez beaucoup de vieillards, la méfiance entraîne une rupture de communication. Il leur est intellectuellement difficile de

1. Sartre, *L'Être et le Néant*.

s'ouvrir aux idées nouvelles. Mais aussi ils se ferment volontairement : toute intervention d'autrui contient une menace. Les paroles sont des pièges. Ils pensent qu'on veut les manœuvrer. Ils refusent d'entendre. Ainsi s'explique la surdité dont s'affectent beaucoup d'entre eux ; les paroles glissent sur eux tant qu'il n'est pas de leur intérêt de les accueillir : sinon ils deviennent miraculeusement capables de les saisir [1]. Sourds, ils sont aussi plus ou moins muets, du moins sur certains sujets. Particulièrement, touchant leurs ressources économiques, ils sont sournois, cachottiers. Moins on en saura sur leur compte, moins on pourra s'ingérer dans leurs affaires.

Souvent ils se retirent encore plus radicalement en eux-mêmes ; ils se défendent non seulement par des conduites mais en opérant un travail intérieur sur leurs sentiments. Ils se « désengagent », dit le gérontologue américain Cummings, c'est-à-dire qu'ils coupent leurs relations affectives avec autrui. Ils en éprouvent d'autant plus le besoin qu'ils sont psychiquement vulnérables. On ne sait pas précisément pourquoi, car la manière dont la sénescence affecte le système nerveux est mal connue, mais le fait est que leur système neurovégétatif est instable : en cela ils ressemblent aux enfants. Ils ont des sautes d'humeur, leurs émotions s'expriment avec excès, ils pleurent facilement. A partir de 73 ans Goethe avait les larmes aux yeux pour un oui pour un non. Tolstoï âgé pleurait énormément : quand il écoutait de la musique, quand des gens l'acclamaient, quand Sonia était malade, quand elle le

1. On en a vu un exemple chez Pétain.

soignait avec dévouement. Churchill vieux pleurait très souvent. Dostoïevski a doté le prince Sokolski de cette émotivité infantile ; son visage mobile « passe d'une gravité extrême à une gaieté excessive » ; pour un rien il sanglote. Il fond en larmes quand après une séparation il retrouve l'adolescent. Dans *les Démons*, Trophimovitch à 53 ans a déjà tout d'un vieillard : ombrageux, anxieux, c'est la face baignée de larmes que par fidélité à ses opinions il quitte la riche veuve qui le faisait vivre. Au milieu d'une conférence où il défend ses idées, il éclate en sanglots convulsifs.

Ces réactions sont épuisantes et elles risquent d'entraîner des conséquences fatigantes ou nocives : si on s'apitoie sur quelqu'un, il faut l'aider, lui donner du temps, de l'argent. Pour ménager ses forces et se prémunir contre les dangers, le vieillard se mure en soi-même. Il est frappant que Tolstoï ait manifesté à la mort de ses enfants une si grande sécheresse de cœur. Il avait commencé à se durcir vers 58 ans. Il avait perdu un fils de 4 ans et il avait déclaré qu'autrefois il s'en serait attristé mais qu'à présent la mort d'un enfant lui semblait « raisonnable et bonne » puisqu'elle était voulue par Dieu et rapprochait de Lui. Il avait 67 ans quand mourut, à l'âge de 7 ans, Vanitchka qu'il semblait beaucoup aimer. Il fut atterré. Mais le lendemain de l'enterrement il déclarait que c'était là un événement « miséricordieux » puisqu'il le rapprochait de Dieu. Il se remit tout de suite au travail et affirma dans des lettres : « Il n'y a pas de mort ; il n'est pas mort puisque nous l'aimons. » Sa fille préférée, Macha, mourut en 1906, à l'âge de 35 ans. Il lui tint la main pendant son agonie. Mais il écrivit dans son Journal : « C'est un événement de caractère charnel et par conséquent indifférent. » Il n'entra pas dans le cimetière. Il regagna son bureau et écrivit : « On vient de l'emmener, de l'emporter, pour l'ensevelir. Grâce à Dieu, je conserve bon moral ». L'exagération dans l'expression des émotions s'accompagnait d'une carence de la sensibilité. C'est un trait qu'on rencontre aussi chez Goethe vieilli et chez un très grand nombre de personnes âgées.

Tolstoï, Goethe avaient toujours été égocentristes. La vieillesse est moins aride chez les individus qui dans leur âge adulte ont été capables de sentiments chaleureux. Ils demeurent présents aux autres : mais dans quelle mesure, à quelles conditions ? Il est difficile de donner une réponse générale à cette question. On peut faire seulement quelques remarques.

Le rapport des vieillards entre eux est ambigu. Ils se plaisent ensemble dans la mesure où ils ont des souvenirs et une mentalité commune. Certains — par exemple Clemenceau — cultivent avec prédilection leurs plus anciennes amitiés. Mais aussi ils sont les uns pour les autres des miroirs où il ne leur est pas agréable de se voir : les signes de sénilité qu'ils y découvrent les irritent. Dans les derniers temps de leur longue amitié, Gide reprochait à la « petite dame » d'avoir l'oreille dure et de le contredire souvent. Parfois s'établit entre des hommes très âgés une niaise compétition : chacun est piqué que l'autre ait survécu aussi longtemps que lui. J'en ai connu un qui attendait avec impatience la mort de ses derniers rivaux : il souhaitait être seul à détenir certains souvenirs et à pouvoir les raconter. Mais l'attitude la plus répandue entre vieilles gens c'est l'indifférence, surtout chez les hommes. Les vieilles femmes ont plus d'intérêts communs et en conséquence plus de complicités et plus de sujets de dispute.

Dans beaucoup de vieux couples, les époux vivent sous le même toit, mais tout à fait séparés. Dans d'autres, on l'a vu, leurs rapports sont anxieux, exigeants et jaloux : indispensables l'un à l'autre, ils ne s'aident pas à vivre. Un petit nombre connaissent une vraie entente.

L'équilibre affectif des gens âgés dépend surtout de leurs rapports avec leurs enfants. Ils sont souvent difficiles. Le fils n'a pas totalement surmonté sa rancune juvénile contre le père ; dans la mesure où il y est parvenu, c'est en le tuant symboliquement : il s'est détaché de lui ou même il l'a supplanté. Le père, quand soudain il a vu dans son fils un adulte, a traversé une phase de « sentiment œdipien inversé » : il lui a fallu reconstruire ses rapports à son fils ; selon qu'il a réussi à le faire d'une manière plus ou moins harmonieuse — ce qui a dépendu de son fils et de lui — les sentiments qu'il a pour lui dans sa vieillesse sont affectueux, ambivalents, ou hostiles. C'est surtout contre ses fils que s'élabore l'attitude revendicante et méfiante du vieillard ; il se rend compte qu'ils supportent impatiemment l'autorité qu'il garde ou la charge qu'il est devenu. Normalement la fille aime et admire son père, elle n'a pas à le tuer pour s'accomplir, son affection pour lui demeure pure et il la lui rend : Antigone, Cordélia illustrent cette relation. Mais parfois, quand elle se marie, il est jaloux, il se sent abandonné, il lui marque de la rancune. De son côté, elle adopte souvent l'attitude habituelle aux adultes : de la supériorité et de l'impatience. L'amour de la mère pour son fils est un des moins ambivalents qui soient ; s'il reste célibataire, il est pour elle dans sa vieillesse une source de bonheur. S'il se marie, elle aussi se sent abandonnée, elle s'aigrit, elle est jalouse de sa bru. Avec sa fille, la mère cherche une identification. Mais la fille n'a pas toujours surmonté la classique hostilité de l'adolescence ; elle maintient sa volonté de s'affranchir de sa mère en la tenant à distance [1] ; la vieille femme en souffre et lui en veut. De son côté, elle a traversé une phase de « sentiment œdipien inversé » quand sa fille, devenue adulte, a menacé sa propre jeunesse : leurs rapports ultérieurs dépendent beaucoup de la manière dont cette crise a été liquidée. Quant aux rapports des parents avec les conjoints de leurs enfants, ils sont très variables. La rivalité de la belle-mère et de la bru est classique. Cependant une jeune femme qui a été privée d'amour maternel peut transférer sur la mère de son mari ses sentiments filiaux et la femme âgée trouver en elle l'affection qu'elle n'a pas su inspirer à ses propres filles : leur relation est alors très positive et chaleureuse. Le cas est assez fréquent, à cause de la fréquence de l'échec des rapports entre mère et fille. Il peut se produire des transferts analogues dans le rapport de la jeune femme à son beau-père, du gendre à sa belle-mère, mais c'est beaucoup plus rare. Il est encore plus rare qu'une vraie affection unisse le gendre à son beau-père. Toutes ces indications ne sont qu'approximatives. En grande partie les relations entre les deux générations dépendent des affinités qu'ont ou n'ont pas entre eux les individus.

---

1. Ainsi Mme de Grignan avec Mme de Sévigné.

Les sentiments les plus chaleureux et les plus heureux des personnes âgées sont ceux qu'elles nourrissent pour leurs petits-enfants. Au départ, ils ne sont pas toujours simples. Il arrive que pour les hommes comme pour les femmes l'existence de petits-enfants rende plus difficile la phase de l' « Œdipe inversé » : dans une enquête que j'ai citée sur la conscience de l'âge chez un groupe d'instituteurs de 55 ans, ceux qui étaient grands-pères disaient se sentir d'autant plus vieux. L'attitude de la grand-mère commence souvent par être très ambivalente. Si elle est hostile à sa fille, elle l'est aussi aux enfants par qui sa fille s'affirme et lui échappe ; si elle l'aime et s'identifie à elle, elle aime ses petits-enfants, mais elle se dépite de ne jouer auprès d'eux qu'un rôle secondaire. Elle aime son fils dans les rejetons de celui-ci, mais ils sont aussi les enfants de sa bru qu'elle jalouse. Du fait que la femme se valorise ordinairement en tant que mère la rivalité avec la fille ou avec la bru peut sur ce terrain être très aiguë. La femme dépasse moins facilement que l'homme la désagréable impression de reculer d'une génération quand naissent de petits-enfants. L'homme ne rivalise pas avec ses fils ni avec ses gendres sur le plan de la paternité. D'autre part on lui demande beaucoup moins son assistance. A cause de cela il sera en général plus indifférent que la grand-mère. Mais s'il se trouve mêlé à la vie de ses petits-enfants, ses sentiments seront aussi chauds et moins ambigus. Hugo, le grand-père de Sartre jouaient au grand-père : mais ils aimaient sincèrement et très vivement leurs petits-enfants. Freud a pleuré et perdu tout goût de vivre quand son petit-fils est mort.

La plupart du temps, quand les petits-enfants ont

atteint une dizaine d'années, que l'aïeul, l'aïeule ont assumé leur vieillesse, la condition grand-parentale leur apporte beaucoup de satisfactions. Tout ce qui fait l'ambivalence de la condition parentale — désir d'identification, de compensation, sentiment de culpabilité ou de frustration — est épargné aux grands-parents. Ils peuvent aimer les enfants en toute gratuité, en toute générosité, du fait qu'ils n'ont à leur égard ni droit ni responsabilité ; ce n'est pas à eux que revient la tâche ingrate de les élever, de dire non, de sacrifier à l'avenir le moment présent. Aussi l'enfant leur manifeste-t-il souvent beaucoup de tendresse ; il trouve chez eux un recours contre la sévérité des parents ; il n'éprouve pas à leur égard la jalousie, le désir d'identification, les rancunes, les révoltes qui dramatisent ses rapports avec son père et sa mère. Devenus des jeunes gens, des adultes, rien dans leur histoire antérieure ne pèse sur les relations des petits-enfants avec leurs grands-parents. Ceux-ci trouvent dans l'affection qu'ils leur témoignent une revanche contre la génération intermédiaire ; ils se sentent rajeunir au contact de leur jeunesse. En dehors de tout lien familial, l'amitié des jeunes est précieuse aux gens âgés : elle leur donne l'impression que ce temps où ils vivent demeure leur temps, elle ressuscite leur propre jeunesse, elle les emporte dans l'infini de l'avenir : c'est la meilleure défense contre la morosité qui menace le grand âge. Malheureusement de telles relations sont rares, jeunes et vieux appartenant à deux mondes entre lesquels il y a peu de communication.

Les rapports aux enfants et aux petits-enfants tiennent en général une plus grande place dans la vie des femmes que dans celle des hommes. L'âge les a fait

tomber de moins haut, elles gardent plus de possibilités d'action : moins aigries, moins revendicantes, elles
se « désengagent » moins. Elles sont aussi plus habi-
tuées à vivre pour les autres et à travers eux. Agées,
elles leur demeurent présentes, pour le meilleur et
pour le pire.

En général, même si elle conserve de l'affection pour
sa famille et ses amis, la personne âgée prend ses
distances par rapport à eux. Son égocentrisme lui est
facilité par l'indifférence qui peu à peu la gagne mais
aussi elle le cultive délibérément. C'est une défense et
c'est une revanche : puisqu'on ne le traite pas comme
on devrait le faire, et qu'il ne peut compter que sur soi,
le vieillard se consacre tout entier à sa personne. A un
ami qui lui reprochait son silence, Roger Martin du
Gard a répondu, à 70 ans, par cette lettre très
significative : « Il y a que je vieillis, que mes activités
se réduisent, que je me retire du monde un peu plus
chaque jour. Depuis mon deuil, j'ai du mal à m'intéresser à autre chose qu'à mon propre sort (et encore...)
et mon attention se réduit à quelques soucis personnels
parmi lesquels mon travail[1] occupe la plus grande
place. Cela ne veut pas dire que je trahisse mes
amitiés : mais la vitalité de ces amitiés s'étiole, comme
la vitalité elle-même... Je me fatigue vite, j'atteins
chaque soir la limite de mes forces, j'ai besoin de
beaucoup de sommeil et de paix, mes journées sont
courtes et le printemps même ne me semble plus

---

1. Il travaillait sans beaucoup de conviction à un long roman,
commencé depuis des années et qu'il n'acheva pas.

allonger le jour. Force m'est d'éviter l'éparpillement, de me replier sur moi-même, de me concentrer sur ces deux univers étrangement incommunicables que je porte maintenant en moi : le vaste et désertique univers de mon passé où j'erre une partie du temps ; et celui, limité, rétréci, du présent à ma mesure… Je m'installe un petit chalet dans la bruyante forêt du monde. »

Cette retraite conduit parfois à la paix. Il en fut ainsi pour Rousseau. Il a d'abord mal supporté le poids des années. Expliquant dans les *Rêveries* pourquoi il veut continuer à croire en Dieu, il fait un sombre tableau de son état : « Aujourd'hui que mon cœur est serré de détresse, mon âme affaissée par les ennuis, mon imagination effarouchée, ma tête troublée par tant d'affreuses misères dont je suis environné, aujourd'hui que toutes mes facultés affaiblies par la vieillesse et les angoisses ont perdu leur ressort, irai-je m'ôter à plaisir toutes les ressources que je m'étais ménagées ? » Un peu plus tard il commence à se résigner : « Réduit à moi seul, je me nourris il est vrai de ma propre substance, mais elle ne s'épuise pas et je me suffis à moi-même, quoique je rumine pour ainsi dire à vide, que mon imagination tarie et mes idées éteintes ne fournissent plus d'aliment à mon cœur. Mon âme offusquée, obstruée par mes organes s'affaisse de jour en jour et sous le poids de ces lourdes masses n'a plus assez de vigueur pour s'élancer comme autrefois hors de sa vieille enveloppe. » Mais dans ses deux dernières années, son ciel s'est éclairci : « J'ai retrouvé la sérénité, la paix, le bonheur même puisque chaque jour de ma vie me rappelle avec plaisir celui de la veille et que je n'en désire point d'autre pour le lendemain. »

Et plus loin : « Pressé de tous côtés, je demeure en équilibre, parce que ne m'attachant plus à rien, je ne m'appuie que sur moi. »

Rousseau, qui souffrait d'un délire de persécution, s'en est fatigué : il a cessé de se soucier des machinations dirigées contre lui. Il y est parvenu par une exaltation de son moi qui était une autre forme de paranoïa mais qui lui a apporté la tranquillité.

Ordinairement, le repliement sur soi ne suffit pas à protéger le vieillard contre autrui : son affectivité est concentrée dans les bornes de son étroit univers mais non supprimée. Il demeure vulnérable dans son corps, dans ses habitudes, dans ses possessions. Des menaces subsistent et l'anxiété demeure.

Sa déchéance et sa méfiance engendrent chez le vieillard non seulement de l'insensibilité à l'égard d'autrui, mais de l'hostilité. De même que la situation de la femme l'incite au ressentiment, celle du vieillard entraîne une attitude de revendication. L'âge fond sur nous par surprise et nous en éprouvons un obscur sentiment d'injustice : ce sentiment se monnaie en une quantité de révoltes et de refus. La personne âgée se considère comme victime du destin, de la société, de ses proches : on lui a fait du tort, on ne cesse de lui en faire. Il arrive qu'elle entretienne en elle une colère qui la met au bord de la folie. Une correspondante m'écrit, à propos d'une tante de 80 ans : « Elle est devenue progressivement folle de malheur et d'angoisse à l'idée qu'elle est vieille. Sa souffrance est tellement insupportable que je ne retournerai pas la voir. De toute façon, elle s'en fout qu'on vienne la voir. Nous ne sommes pas là depuis dix minutes qu'elle nous chasse, prétextant qu'elle veut aller se coucher. Elle ne veut plus sortir pour faire ses courses parce qu'on la compliment sur sa démarche alerte et sa merveilleuse santé (c'est vrai). " Ils m'horripilent, je ne peux plus les supporter. " Tout est dérisoire, grotesque, grimaçant, devant l'intensité de son malheur. Elle ne fait plus rien. Ne s'habille plus, ne se déshabille plus. Elle erre toute la journée comme une bête traquée, gémissante, traînant une douleur qui ne lui fait mal nulle part. " Ah ! si seulement j'avais une vraie maladie, on pourrait me soigner au moins ! " Et elle commence à ne plus nous reconnaître, à ne plus se souvenir de son passé ; ce n'est pas parce que son cerveau est ramolli, c'est parce qu'elle ne veut pas. Tout ce qui n'est pas son malheur est une insupportable ironie. C'était une femme très intelligente, assez peu cultivée, très active, d'une gaieté et d'une drôlerie intarissables. »

D'ordinaire la rancune du vieillard ne s'étale pas aussi ouvertement ni avec tant de virulence : mais elle couve en lui. Il se sent exclu de son temps, il survit plutôt qu'il ne vit. Il voit mis en question ou même refusé tout ce qu'il a voulu, cru, aimé : il se révolte contre cette radicale dépossession.

La chute est d'autant plus pénible que le sujet avait occupé une place plus élevée, qu'il détenait plus de pouvoir ou de prestige. S'il lui reste un peu d'autorité, par exemple au sein de sa famille, le vieillard en abuse : c'est une compensation et c'est une vengeance. Ainsi le vieux prince Bolkonski est devenu un tyran domestique. Ainsi le héros de Tanizaki éprouve un malin plaisir à refuser de l'argent à sa fille : réduit à un état de dépendance physique il prend sa revanche en

démontrant que ses proches dépendent économiquement de ses caprices. Un homme qui a toujours eu un
caractère morose choisira dans ses dernières années de
se montrer odieux. Chateaubriand l'était délibérément
avec Mme Récamier.

Wagner ne se résignait pas à la vieillesse, il la
ressentait comme une humiliation. Il le faisait payer à
Cosima ; il lui reprochait l'affection dont elle entourait
Liszt, son vieux père ; il avait des éclats de colère qui la
faisaient pleurer.

Cependant ce sont surtout les générations montantes
qui suscitent chez le vieillard colère ou haine parce
qu'il se sent dépossédé par elles. Il se plaît à leur
prédire un avenir catastrophique ; ainsi Goethe en
1828, parlant à Eckermann de l'humanité, disait : « Je
vois venir le temps où Dieu ne trouvera plus de joie en
elle et où il devra de nouveau tout anéantir pour faire
une création rajeunie. » Il considérait la littérature
française contemporaine comme une « littérature de
désespoir ». « Renchérir jusqu'à la folie sur l'horrible,
l'exécrable, l'atroce, l'indigne, avec un fatras repous-
sant, voilà leur besogne satanique. » Après 1830 il
prophétisa une ère de barbarie et même il déclara en
1831 : « Nous sommes en plein dedans. » Peu avant sa
mort, il écrivit : « Une doctrine confuse, au départ
d'une agitation confuse, gouverne le monde. »

Saint-Évremond avait déjà noté cette propension des
vieillards à se fermer à leur époque et à tirer de leur
ignorance un sentiment de supériorité : « Il semble
que le long usage de la vie leur ait désappris de vivre
parmi les hommes... Tout ce qu'ils font leur paraît
vertu ; ils mettent au rang de vice tout ce qu'ils ne
sauraient faire... De là vient cette autorité impérative

qu'ils se donnent de censurer tout. » Alain remarque : « C'est un fait bien connu que le vieillard loue sa jeunesse et blâme ce qui l'entoure. »

C'est ainsi que, cloîtré dans le passé, Edmond de Goncourt boude son temps : « Il n'y a plus rien dans les journaux », disait-il. Il écrivait dans son *Journal*, le 7 avril 1895 : « Oh ! ce temps ! — une insanité dans l'enthousiasme, Mallarmé, Villiers de L'Isle-Adam, les grands hommes de la jeunesse ! » Et le 31 mars 1896 : « Le côté vieillot, professoral, dogmatique des jeunes revues et chez elles l'enthousiasme irraisonné, fanatique des littératures étrangères ! »

Au début de la Première Guerre mondiale, Rodin, dont une légère attaque venait d'altérer la santé, disait à Judith Cladel : « Nous sommes dans une époque tout à fait décadente ; la guerre marque l'état d'esprit actuel ; c'est l'époque barbare ; l'ignorance domine et les restaurateurs tuent la sculpture... L'Europe est finie... Elle deviendra comme l'Asie. » On a vu que Clemenceau du fond de sa retraite méprisait son époque et jouait les Cassandre.

Ces partis pris peuvent irriter. Mais il faut les comprendre. Oublié, déconsidéré par les générations nouvelles, l'homme âgé récuse ses juges, au présent, et jusque dans leur avenir.

Tyranniser, persécuter autrui, prophétiser des désastres : cela n'appartient qu'au petit nombre de ceux qui gardent quelque prestige. La plupart n'en possèdent aucun. Ce sont eux qu'on tyrannise, qu'on persécute, qu'on bafoue. Même si on se conduit correctement avec eux, on les traite en objets, non en sujets. On ne les consulte pas, on ne tient pas compte de ce qu'ils disent. Ils se sentent en danger dans les regards qui se posent sur eux. Ils en soupçonnent la malveillance. Le docteur Johnson disait à Boswell : « Les gens ont une mauvaise inclination à supposer qu'un vieil homme n'a plus toute la jouissance de ses facultés. Si un jeune homme en quittant une réunion ne se souvient plus de l'endroit où il a laissé son chapeau, cela n'est rien et cela fait rire. Mais si la même distraction est le fait d'un vieil homme, les gens haussent les épaules et disent : " Voilà qu'il perd la mémoire ! " »

Mauriac écrit dans les *Nouveaux Mémoires intérieurs* : « Ce n'est pas ce qui chagrine le moins, à ce dernier tournant de l'âge, que les gens s'attendent au pire en ce qui nous concerne... Si votre main tremble en reposant sur la table une tasse de café, ce tremblement est enregistré. Il n'est pas jusqu'aux louanges données à notre bonne mine qui ne nous accablent. On se récrie sur la tournure si jeune d'un vieil homme alors qu'il ne viendrait à l'idée de personne de vouloir persuader un bossu que son dos est plus plat qu'il n'y paraît. »

Les vieillards se savent incapables de mesurer leurs propres failles : ils pourraient être gâteux ou du moins très diminués sans s'en rendre compte. Ils interprètent à tort ou à raison les regards, les sourires, les paroles de leur entourage. C'est sur ce fond que se déclenchent des ripostes — humeurs, caprices, maladresses dirigées, plaintes et scènes — qui paraissent souvent injustifiées. Le vieillard crie avant qu'on ne l'écorche, il se vexe pour un rien. Et en effet, dans telle circonstance donnée il n'avait peut-être aucune raison de prendre la mouche ; mais il est vexé en permanence, c'est un écorché vif. Tout le blesse, y compris les efforts qu'on fait pour le ménager.

Lésé, brimé, il riposte en refusant de jouer le jeu. Le monde des adultes n'est plus le sien : il en récuse les consignes et même la morale. Il ne s'impose plus aucun effort. Il cherche avec cynisme son intérêt ou son plaisir. Il estime que « tout est permis ». Il dit tout ce qui lui passe par la tête, sans s'interdire des remarques désagréables, des méchancetés. Il ne contrôle plus ses impulsions, non qu'il en soit incapable, mais parce qu'il ne voit plus de raison de le faire. Paul Courbon a fait en 1930 un exposé détaillé d'un cas de ce genre. Le sujet est une femme de 72 ans, qui a mené une vie fortunée et mondaine. Elle est restée veuve à 60 ans avec une fille qu'il a fallu interner pour cause de démence précoce. Seule et désemparée, son caractère s'est altéré. Elle agissait, elle parlait sans réfléchir, quitte à le regretter par la suite. Avec ses domestiques elle s'est montrée si tatillonne et si avare qu'ils l'ont quittée ; elle en a engagé d'autres qui ne sont restés que quelques mois, puis d'autres qui n'ont tenu que quelques semaines. Ensuite, quand une bonne se présentait, elle déclarait aussitôt qu'elle ne lui convenait pas : elle la pensait de mèche avec les concierges qu'elle détestait. Elle les accusait d'être insolents, de mal faire leur travail, d'égarer exprès son courrier. Elle en était venue à se faire adresser lettres et paquets chez les concierges de l'immeuble voisin. Avec tous ses fournisseurs elle avait des démêlés : les prix étaient trop élevés, la qualité insuffisante. Avec ses parents et ses amis elle se montrait implorante et agressive. Elle arrivait chez eux à n'importe quelle heure, parlait d'abondance ou s'endormait, partait brusquement ou s'éternisait. Elle se brouilla avec la plupart d'entre eux à cause des remarques désagréables dont elle les criblait. Elle était brouillée aussi avec le gérant de son immeuble qu'elle poursuivait dans la rue pour l'accabler de réclamations. Elle déposait sans cesse des plaintes au commissariat. Elle était odieuse avec ses médecins et avec ceux de sa fille. Dans la maison de santé où celle-ci était internée, on la redoutait : elle se disputait avec les infirmières ; pour éviter d'aller aux w.-c, elle urinait dans le calorifère et accusait le chat. Elle avait des démêlés constants avec ses voisins. Cependant une de ses amies avait de l'influence sur elle et en sa présence elle se conduisait correctement. Pendant trois ans elle prit ses repas avec elle dans le même restaurant où elle se montrait tout à fait normale. A la longue sa mémoire diminua, et un élément paranoïaque apparut dans sa conduite. Mais pendant sept ans elle s'était rendue insupportable par « incontinence mentale sénile ». Elle était capable de réflexion cependant, et elle le prouvait non seulement avec son amie, mais aussi en gérant très bien sa fortune.

Il y a des cas où les conduites désadaptées du vieillard n'enferment pas d'intentionnalité. Elles s'expliquent par son déclin psychique : ainsi le radotage et le rabâchage, si caractéristiques de la sénilité. Le vieillard est tourné vers le passé, sans prise sur l'avenir et en proie au souci : il ressuscite indéfiniment les mêmes souvenirs, il rumine à haute voix les mêmes inquiétudes ; il est condamné à la stagnation par l'affaiblissement de sa mémoire et par son incapacité à rien acquérir de neuf. Mais le plus souvent ses

apparentes aberrations sont plus ou moins négligées.
Un gérontologue de San Francisco, le docteur Louis
Kuplan, a inventé la notion de « délinquance sénile » ;
elle serait due, comme la délinquance juvénile, au fait
de se sentir exclu ; elle ne se manifesterait pas par des
violences mais par des « conduites antisociales ». Le
docteur Kuplan cède à la tendance de prendre les
vieillards pour une espèce qu'on décrit de l'extérieur
comme font les entomologistes. Il oublie que ce sont
des hommes qui inventent leur conduite à partir de
leur situation. Beaucoup de leurs attitudes sont protes-
tataires ; c'est que leur condition appelle la protestation. Un trait qui frappe chez les pensionnaires d'asile
— les hommes surtout — c'est leur saleté. Mais quoi ?
on les a mis au rebut : pourquoi observeraient-ils les
règles de la décence et de l'hygiène ? A l'égard de leurs
proches, la rancune leur dicte des comportements qui
peuvent paraître névrotiques et qui sont en fait des
conduites d'agression ou d'autodéfense. Tel vieillard se
couche pour ne plus se relever en prétextant des
rhumatismes : c'est par suite d'une querelle avec ses
enfants. Tel autre que son fils a écarté des affaires se
promène nu dans son jardin : il symbolise par ce
dépouillement — tel Lear arrachant ses vêtements —
celui qui lui a été infligé. Les incontinences urinaires et
fécales sont souvent des vengeances. Refuser de manger, de sortir, de se laver, commettre des incongruités,
ce sont en général des manières de revendiquer. De
même cette anomalie qu'on rencontre souvent chez le
vieillard : le vagabondage. Faute d'avoir chez lui un
rôle satisfaisant, l'aïeul passe des journées à errer, sans
prévenir sa famille : il ne sait pas ce qu'il cherche, mais
il se donne l'impression de chercher. Il démontre ainsi

aux siens qu'il peut se passer d'eux et il se plaît à
penser qu'ils suscite chez eux des inquiétudes.

Il y a une saisissante description de vieillesse féminine dans *Les Golovlev* de Saltykov-Chtchédrine ; le
drame d'Arina Pétrovna, c'est celui qu'ont vécu Lear,
et le vieux Fouan de *La Terre,* drame généralement
masculin : celui de la dépossession. Le romancier
russe, s'inspirant d'un ou de plusieurs modèles réels —
rencontrés dans sa famille —, a donné des réactions de
son héroïne une description étonnamment nuancée et
vivante.

Propriétaire terrienne, dure à autrui et à elle-même,
impitoyablement avare, Arina Pétrovna n'a vécu
depuis sa jeunesse que pour agrandir ses domaines.
Elle y a réussi, à la sueur de son front, en s'infligeant
les plus extrêmes fatigues et de grandes privations.
Déconcertée par l'émancipation des serfs, ne sachant
plus comment organiser sa vie, elle a la faiblesse,
quoique l'âge n'ait pas encore abattu sa vigueur
physique, de partager ses biens entre ses descendants :
deux fils, et les deux filles de sa fille morte. Obsé-
quieux, rusé, l'aîné, Judas, réussit à la dépouiller
presque entièrement. Elle quitte Golovlevo dont il est à
présent le maître pour s'installer chez le cadet, Paul,
un ivrogne avec qui s'établit une sorte de sinistre
coexistence. Mais il tombe gravement malade, il ago-
nise. Alors Arina Pétrovna, jusqu'alors indomptable,
ne sachant plus que faire d'elle-même puisqu'elle
déteste son fils aîné, sombre dans une détresse hébé-
tée : « Elle s'assit enfin, et se mit à pleurer... C'était un
désespoir amer et total, joint à une obstination impuis-
sante. Et la vieillesse, et les infirmités, et son abandon,
tout semblait appeler la mort comme la seule issue

apaisante ; mais en même temps... les souvenirs du
passé l'aiguillonnaient et la rattachaient à la terre...
Une angoisse, une angoisse mortelle s'était emparée de
son être... Toute sa vie, au nom de la famille elle s'était
imposé des privations, s'était mise à la torture, avait
mutilé toute son existence, et brusquement elle s'apercevait qu'elle n'avait pas de famille ! » On a vu que
cette lucidité désolée est souvent le lot des vieillards et
que souvent aussi, tout en leur faisant souhaiter la
mort, elle les accroche à la vie parce que, comme dit
Rousseau, ils ne supportent pas l'idée que celle-ci a été
vaine, « qu'ils ont perdu leur peine ».

Paul mort, et ne voulant rien avoir à faire avec
Judas, Arina Pétrovna emploie le petit capital qui lui
reste à remettre en état la propriété de ses petites-filles,
Pogorielka, et elle s'y installe avec les orphelines.
Alors, n'ayant plus aucun but dans la vie, le poids des
ans brusquement l'accable : « Jamais il n'était venu à
l'idée d'Arina Pétrovna qu'un jour viendrait où elle
serait une bouche inutile ; or ce jour se présenta
sournoisement à l'instant précis où pour la première
fois elle se convainquit que ses forces morales et
physiques étaient sapées. Ces instants-là arrivent toujours à l'improviste ; quoique l'homme soit peut-être
depuis longtemps atteint, il se domine encore, tient
bon, puis soudain, de flanc lui vient le dernier coup...
c'est ce coup-là qui transforme instantanément et sans
appel un homme encore vaillant en ruine. » Elle ne
rencontrait pas de grosses difficultés dans la gestion de
sa propriété : mais elle n'avait plus le goût de s'en
occuper et ses forces avaient diminué. « Elle connut les
infirmités séniles qui l'empêchaient de sortir de chez

elle... La vieille s'agitait, se débattait, mais elle était réduite à l'impuissance. »

Ses petites-filles rêvaient de s'en aller. A leur grande surprise, leur grand-mère accueillit sans colère leur requête. D'abord parce qu'en perdant ses forces physiques, son caractère autoritaire s'était émoussé ; mais aussi parce que — comme il arrive parfois — sa vieillesse désenchantée lui avait ouvert l'esprit : « La faiblesse sénile n'entrait pas seule en jeu dans cette transformation, mais aussi la compréhension de quelque chose de meilleur et de plus juste. Les derniers coups du sort ne l'avaient pas seulement matée ; ils avaient aussi éclairé, dans son horizon intellectuel, quelques coins où jusqu'alors apparemment sa pensée n'avait jamais pénétré. » Ayant compris, à la lumière d'un sinistre présent, la légitimité de certaines aspirations, elle n'eut pas la force de s'y opposer et laissa partir les jeunes filles.

Mais alors il se fit autour d'elle un vide insupportable. Elle sentit « qu'elle avait reçu tout d'un coup une liberté illimitée, si illimitée qu'elle ne voyait plus devant elle qu'un espace vide ». Elle fit murer un grand nombre de pièces, ne garda que deux chambres, renvoya ses domestiques, sauf deux vieilles femmes. « La sensation du vide ne tarda pas à pénétrer jusque dans les deux chambres où elle avait cru s'en défendre. Une solitude irrémédiable et un triste désœuvrement, voilà les deux ennemis avec lesquels elle se trouvait face à face... Le travail de destruction physique et morale vint bientôt à leur suite, travail d'autant plus cruel que sa vie désœuvrée lui opposait moins de résistance... Elle avait ennuyé, lassé tout le monde : et maintenant c'était elle qui était lasse de tout et de tous. » Elle, si active jadis, elle était tombée dans une oisiveté somnolente qui « peu à peu avait corrompu sa volonté et amené des inclinations que quelques mois auparavant Arina Pétrovna n'eût pas imaginées, même en rêve. Cette femme forte et réservée, que personne n'eût songé même à appeler une vieille, était désormais une ruine pour qui n'existaient plus ni le passé, ni l'avenir, mais seulement la minute présente qu'elle avait à vivre. » Elle somnolait pendant la plus grande partie de la journée. « Puis elle tressaillait, se réveillait et pendant un long moment, sans aucune pensée précise, tenait son regard attaché sur les lointains... La meilleure partie de son être vivait dans ces champs dénudés. » Elle les contemplait sans penser à rien, et retombait dans sa somnolence sénile. Parfois des souvenirs lui revenaient mais « sans continuité, par fragments ». Certains lui étreignaient le cœur et elle fondait en larmes ; et puis elle se demandait avec surprise pourquoi elle pleurait. « Elle vivait comme si elle ne prenait pas de part personnelle à l'existence. »

Les nuits étaient une torture. Dans cette vieille maison isolée, elle avait peur de tout : du silence, de l'obscurité, des bruits, des lueurs et des ombres. A six heures elle se retrouvait sur pied, épuisée. Elle mangeait peu et mal. Elle souffrait du froid. « Plus elle s'affaiblissait, plus fort parlait en elle le désir de vivre. Ou plutôt... le désir de s'offrir des douceurs, joint à une absence totale de l'idée de mort. Autrefois, elle craignait la mort ; maintenant elle semblait l'avoir complètement oubliée. Elle désirait tout ce qu'elle s'était refusé... Le bavardage, la complaisance intéressée, la gloutonnerie se développaient en elle avec une rapidité étonnante. » Elle rêvait aux bonnes nourritures qu'elle mangeait jadis à Golovlevo et au confort de la maison : c'était la « bonne vie » là-bas. Peu à peu, elle perdit la force d'entretenir de la rancune contre son fils. « Le passage du despotisme hargneux à la soumission et à la flagornerie n'était plus qu'une question de temps… Judas… cessa tout à coup d'être haïssable. » Les vieilles offenses tombaient d'elles-mêmes dans l'oubli et Arina Pétrovna fit les premiers pas vers un rapprochement. Elle demanda à son fils des produits de Golovlevo — champignons, poisson, volaille — et il l'invita à venir les manger chez lui. Arina Pétrovna accepta, elle s'y rendit souvent pour se régaler et dormir la nuit en sécurité. Elle se montra très aimable avec la concubine de Judas : ils jouaient aux cartes tous les trois. Elle finit par vivre chez ce fils tant haï et mourut sous son toit.

On voit qu'un préjugé doit être radicalement écarté : c'est l'idée que la vieillesse apporte la sérénité. Depuis l'Antiquité l'adulte a tenté de voir sous un jour optimiste la condition humaine ; il a attribué aux âges qui n'étaient pas le sien les vertus qu'il ne possédait pas : l'innocence à l'enfant, la sérénité aux vieillards. Il a voulu considérer la fin de la vie comme la résolution de tous les conflits qui la déchirent. C'est par ailleurs une illusion commode : elle permet, en dépit de tous les maux dont on les sait accablés, de penser les vieillards heureux et de les abandonner à leur sort. En fait l'anxiété les ronge : le test de Rorschach permet de la déceler chez tous les gens âgés, même chez ceux qui prétendent l'ignorer et se disent satisfaits de leur condition. D'après les protocoles de Rorschach, on a établi en 1956 en Amérique un portrait typique du vieillard : « Les gens âgés sont méfiants, anxieux et évasifs dans leur approche du test de Rorschach... ils montrent une vie intérieure introvertie, sans maturité, aux couleurs fantastiques et irréelles... ils manifestent des difficultés dans leurs relations à autrui : peu de besoins affectifs... de la rigidité, des stéréotypies, de l'impuissance intellectuelle. » Nous avons rencontré tous ces traits chez les vieillards et ils nous sont apparus comme des réponses à leurs difficultés.

Le docteur Reverzy, qui a soigné de nombreux vieillards, écrit dans sa préface à *La Grande Salle* de Jacoba Van Velde : « Il n'y a que les romanciers, bons ou mauvais, pour croire aux vieillesses heureuses. Il n'est qu'une vieillesse : le sort de la grabataire d'hôpital et celui de la douairière en sa bergère se rejoignent... Ces humains à demi pétrifiés ressemblent cependant étrangement aux adultes et aux enfants qu'ils furent. Et souvent ils ne valent guère mieux. En eux, le vouloir vivre ne s'est pas éteint. Le désir, la passion, le caprice survivent. A aucun de ceux que j'ai rencontrés l'expérience des années n'avait communiqué cette sagesse ou cette sérénité des bons grands-parents des livres. »

En vérité, le sort de la douairière est plus favorisé que celui des pensionnaires d'asile : ce que Reverzy veut dire c'est qu'elle est elle aussi en proie au souci et à l'angoisse. Il a raison ; mais ce que je récuse, c'est la sévérité de sa description. Pourquoi le vieillard devrait-il valoir mieux que l'adulte ou l'enfant qu'il fut ? C'est déjà assez difficile de rester un homme quand tout vous a été ôté : santé, mémoire, ressources matérielles, prestige, autorité. La lutte que mène pour cela le vieillard a des aspects minables ou dérisoires : ses manies, son avarice, sa sournoiserie peuvent irriter ou faire sourire ; mais en vérité elle est pathétique. C'est le refus de sombrer au-dessous de l'humain, de devenir cet insecte, cet objet inerte à quoi les adultes prétendent le réduire. Il y a quelque chose d'héroïque à vouloir conserver dans un tel dénuement un minimum de dignité.

*

Un individu diminué qui lutte pour rester un homme : certains vieillards refusent une telle définition. Jouhandeau affirme : « Le vieillard, pour n'être plus sensible aux mêmes spectacles et aux mêmes concerts que le jeune homme, n'en scrute pas des horizons moins extraordinaires, n'en perçoit pas des accents moins merveilleux. » Pas plus que l'enfant n'est un homme inachevé, le vieillard ne serait un adulte mutilé mais un individu complet, vivant une expérience originale [1]. Peut-être. Mais tandis que l'univers enfantin a été souvent décrit dans sa singularité, le monde des vieillards, tel qu'ils l'évoquent dans leurs livres, ne se distingue de celui des adultes que par des manques. La sagesse des vieillards me laisse non moins sceptique. Gide fait écho à Montaigne — et je suis d'accord avec lui — quand il écrit dans son *Journal,* le 25 janvier 1931 : « Je méprise de tout mon cœur cette sorte de sagesse à laquelle on ne parvient que par refroidissement ou lassitude. »

Cependant l'hypothèse que j'indiquais au début de ce chapitre n'est pas entièrement à rejeter : il arrive que la disqualification du vieil homme s'accompagne d'un enrichissement et d'une libération. Bernard

---

1. C'est la thèse que soutint en 1860 Jacob Grimm dans un célèbre discours que j'ai cité.

Shaw, qui avait eu grand-peur de la mort et du gâtisme entre 50 et 60 ans, déclara qu'après 60 ans il avait commencé « sa seconde enfance » : il éprouvait un délicieux sentiment de liberté, d'aventure, d'irresponsabilité. Giono a parlé dans le même sens dans une interview donnée l'année de ses 70 ans. Peu avant sa mort, Paulhan disait : « C'est très intéressant, la vieillesse : on éprouve un tas de sentiments qu'on croyait n'exister que dans les livres[1]. »

Dans son petit livre, *On old age,* John Cowper Powys fait l'éloge de la vieillesse. Selon lui, il est alors loisible à l'individu de pratiquer « cette activité passive par laquelle notre organisme humain se fond avec l'Inanimé ». Le bonheur de la vieillesse, c'est de pouvoir se rapprocher de l'Inanimé. On devient de plus en plus seul ; l'Inanimé est seul : « Entre un vieil homme qui se chauffe au soleil et un fragment de silex que chauffe le soleil, il y a une indicible réciprocité. » L'homme enfin déchargé de ses tâches peut se livrer aux joies de la contemplation. Powys raconte qu'enfant il surprit son grand-père assis sur un sofa, immobile, regardant les lumières et les ombres du soir : « Rappelle-toi, Johnny, dit l'aïeul, qu'à mon âge je ne peux rien faire d'autre. » Il avait tort de s'excuser, pense Powys. Le vieillard a droit à l'inaction : enfin plus de devoirs ! enfin on a la paix ! on tombe en dehors de la loi. Comme l'enfant, on est amoral et cette amoralité apporte « un équilibre magique, une illumination intérieure ».

Le fait est que Powys a vécu sa vieillesse comme un épanouissement. Il ne s'était jamais senti à l'aise dans

---

1. Churchill aussi disait que la vieillesse était une expérience étonnante : mais il le disait dans le désarroi.

sa peau d'adulte; il était astreint à des besognes — cours, conférences — qui lui pesaient et qui le détournaient des seuls plaisirs valables à ses yeux : la contemplation, le rêve. Ses conduites semblaient souvent bizarres, même à ses amis. Avec l'âge, ses excentricités ont paru normales. Il a pu s'abandonner aux joies de l' « inaction ». En fait, de ses loisirs naquirent un grand nombre de beaux livres qui exigèrent un considérable travail. Il est un de ces rares individus à qui la retraite permet l'accomplissement d'une vocation jusqu'alors refoulée.

Son cas est exceptionnel. Mais il est vrai que de manière générale la vieillesse a certains avantages. Être rejeté en marge de l'humanité, c'est échapper aux astreintes, aux aliénations, qui sont son lot; la plupart des vieillards ne profitent pas de cette chance, mais elle est offerte à quelques-uns et certains s'en saisissent.

L'individu qui perd avec son métier son statut social se sent douloureusement réduit à rien. Il sombre dans l'abattement ou, si c'est un privilégié, pour se consoler de ne plus être, il cherche à paraître : il est avide de fonctions, de rôles, de titres, d'honneurs. Cependant il peut puiser dans son dénuement une vérité, une force : Lear, quand il a tout perdu, dépouille ses oripeaux et dénonce les faux-semblants par lesquels jusque-là il était leurré. Repoussés par la société, beaucoup de gens âgés y gagnent qu'ils ne se soucient plus de lui plaire. On rencontre chez eux cette indifférence à l'opinion qu'Aristote appelait « impudence » et qui est l'ébauche d'une libération. Elle les dispense de l'hypocrisie. Des enquêteurs ont demandé à un groupe de vieillards, d'âges divers, ce qui comptait le plus pour eux dans l'existence; ceux de 60 à 70 ans ont évoqué l'affection de leurs proches, des occupations ; ceux de 80 ans ont répondu brutalement : « Manger », ce qui en fait était vrai aussi pour la plupart des autres. Les pensionnaires du Victoria Plaza, satisfaits de leurs nouvelles conditions de vie, disaient : « Enfin ! je peux être moi-même ! Je ne suis pas la femme d'Un tel, l'employé d'Un tel : je suis moi. » Ils ne se définissaient plus par leur fonction sociale : ils se sentaient des individus, autorisés à décider de leurs conduites non selon des consignes, mais selon leurs goûts. « Je peux enfin faire tout ce que je veux ! » disaient-ils aussi. Les habitants de la *Cité du Soleil* dont j'ai parlé n'ont aucune activité culturelle ni aucune de ces activités qu'on appelle « constructives » : c'est, a dit un observateur qui s'occupait d'eux depuis la fondation de la communauté, qu'ils ne se sentent plus obligés d'en avoir. Avant, la pression sociale les y contraignait ; ils feignaient de s'y intéresser : maintenant ils sont vraiment eux-mêmes.

Pour les femmes en particulier le dernier âge représente une délivrance : toute leur vie soumises à leur mari, dévouées à leurs enfants, elles peuvent enfin se soucier d'elles-mêmes. Les bourgeoises japonaises qui sont très sévèrement tenues ont souvent une verte vieillesse : on m'en a cité qui ont divorcé à 70 ans pour profiter de leurs dernières années et qui n'ont pas cessé de s'en féliciter. La révolte d'une vieille femme contre les obligations et les interdits qui jusqu'alors l'avaient brimée, c'est le thème traité par Brecht dans *La Vieille Dame indigne* dont on a tiré un film. Veuve à 72 ans, l'héroïne, au grand scandale de la famille, hypothèque sa maison et s'offre tous les plaisirs dont elle a envie : se promener en break, boire du vin rouge, aller au cinéma, se coucher tard, traîner au lit le matin. Elle ne respecte plus les tabous sociaux : elle fréquente un savetier qui est d'un milieu inférieur au sien. L'idéal de dignité que jusqu'alors on lui avait imposé, elle le foule aux pieds. Elle préfère suivre ses élans. Certes, beaucoup s'entêtent à maintenir les valeurs dont elles ont vécu et prétendent les imposer aux jeunes générations. Mais leur situation leur offre une possibilité de désaliénation.

La liberté est intimidante, c'est pourquoi parfois l'homme âgé la refuse. Quand Gide eut reçu le prix Nobel, Sartre lui dit : « Eh bien ! maintenant vous n'avez plus rien à gagner, rien à perdre : vous voilà libre d'agir et de parler à votre guise. — Oh ! libre, libre... » a dit Gide d'un ton dubitatif. Et ce n'est pas dans ses dernières années qu'il a écrit ses livres les plus provocants. D'autres cependant en prenant de l'âge se sentent affranchis du souci de l'opinion. Ainsi Mauriac écrit dans le *Bloc-notes* du 28 juillet 1953 : « Voilà l'avantage du déclin : on est trop connu, trop manifeste depuis trop longtemps pour que les propos, en bien ou en mal, y puissent rien changer dans l'esprit des gens. » Dans sa jeunesse, il ne s'était guère compromis politiquement. L'agression fasciste en Éthiopie, la guerre civile espagnole lui avaient arraché, selon sa propre expression, un « faible cri ». Sous l'occupation, il avait écrit le *Cahier noir*. Et puis il s'était « rendormi ». Après le prix Nobel — qu'il reçut le jour des massacres de Casablanca — je fus, écrit-il, « réveillé de mon assoupissement, résolu à me compromettre de nouveau et (qu') après la tuerie de Casablanca le drame marocain me fit reprendre contact avec de jeunes catholiques : je redevins le Mauriac du *Sillon*

de 1904, le Mauriac des Basques et de la guerre
d'Espagne : *France-Maghreb* naquit ». Dans un autre
passage, revenant sur cette période, il écrit : « Désormais je fus engagé. » Il a protesté dans des articles
contre la torture en Algérie et participé à des manifestations. En 1958, par admiration pour de Gaulle et
peut-être par fatigue, il s'est retiré de la lutte.

Libre et audacieux dans ses écrits, Voltaire avait
conduit sa vie avec une prudence qui toucha souvent à
la duplicité. C'est seulement dans sa vieillesse qu'il prit
activement parti contre l'intolérance et l'injustice. Il
avait 66 ans quand il eut vent de l'affaire Calas. Il mit
tout en œuvre pour s'informer. Il voyagea pour
rencontrer des gens susceptibles de le renseigner, il
interrogea les membres de la famille. Sa conviction
faite, il agit auprès de ses relations. Il publia en 1762 —
à 68 ans — un libelle qui souleva l'opinion et il finit par
obtenir la cassation du jugement. Il s'était chargé de
tous les frais de procédure. Trois ans plus tard il prit
fait et cause pour les époux Sirven, accusés d'avoir jeté
dans un puits leur fille parce qu'elle aurait voulu se
convertir : elle était folle et il s'agissait en fait d'un
suicide. Ils purent s'enfuir en abandonnant tous leurs
biens et furent exécutés en effigie. Voltaire se battit
jusqu'en 1771 pour obtenir leur réhabilitation. Après
l'exécution du chevalier de La Barre, en 1766, il
connut des jours de terreur et se réfugia à Clèves. Mais
il prit le dessus. Il intervint dans plusieurs autres
affaires. Dans l'affaire Montbailli, où les deux époux
furent accusés de parricide, le mari fut exécuté ; la
femme enceinte fut provisoirement épargnée et, pendant sa détention, Voltaire réussit à démontrer l'innocence du couple.

Il y a chez certains vieillards quelque chose d'indomptable et même d'héroïque : ils risquent avec
indifférence une vie à laquelle ils ne tiennent plus.
Malesherbes avait 72 ans quand en 1792 il défendit
Louis XVI : « Rien ne put l'empêcher dans le procès
de dire " le Roi " et (en lui parlant) " Sire ". — Qui
donc vous rend si hardi ? lui dit un conventionnel. —
Le mépris de la vie[1]. » Arrêté en octobre 1793, il
refusa de se défendre et s'en alla tranquillement à la
guillotine après avoir pris soin de remonter sa montre.
Sans aller jusqu'à risquer leur tête, d'autres sont prêts
à jouer leur réputation, leur carrière. Ainsi le docteur
Spock, le célèbre pédiatre américain, inculpé pour sa
lutte contre la guerre au Viêt-nam, a-t-il déclaré en
1968 — il avait 80 ans : « A l'âge que j'ai, pourquoi
n'oserais-je pas manifester aux côtés de Stokely Carmi-
chael ? »

Chez des hommes qui toute leur vie ont su prendre
des risques il arrive souvent que leur audace revête
dans leurs dernières années un éclat particulier. Russell a toujours été têtu et courageux, mais jamais il ne
l'a montré d'une manière aussi spectaculaire qu'en
1961, à l'âge de 89 ans ; membre du Comité des cent
contre les armes nucléaires, il invita le public à une
manifestation non violente et malgré l'interdiction de
la police il s'assit par terre au milieu des autres : son
âge, son nom donnaient à son acte un éclat qui excluait
l'impunité et il fit en effet sept jours de prison. Le
Conclave se faisait de la vieillesse une idée fausse
quand, le croyant inoffensif, il choisit pour pape le
cardinal Roncalli. Celui-ci avait toujours fait ce qu'il

---

1. Michelet, *Histoire de la Révolution française.*

estimait devoir faire, sans se laisser intimider par rien. Le pontificat lui ouvrit d'immenses possibilités et il les exploita. Sous le nom de Jean XXIII, trois mois après son élection, sans prendre l'avis de personne et brisant toutes les oppositions, il entreprit une réforme de l'Église et convoqua un concile dont les travaux furent en grande partie inspirés par lui : bien qu'interrompus, ils amorcèrent un bouleversement dont de jour en jour l'ampleur ne fait que grandir. C'est un émouvant spectacle qu'un vieil homme au corps débile et brûlant d'une passion intrépide. Octogénaire, Émile Kahn, président de la Ligue des droits de l'homme, tenait à peine debout quand il a témoigné au procès Ben Saddok. Lisant une lettre de son fils qui décrivait les tortures infligées en Algérie à des combattants du F.L.N., il a mis en accusation le gouvernement et l'armée avec une virulence que beaucoup de témoins plus jeunes auraient pu lui envier.

Sur le plan intellectuel, la vieillesse peut aussi être libératrice : elle délivre des illusions. La lucidité qu'elle apporte s'accompagne d'un désenchantement qui est souvent amer. Dans l'enfance et dans la jeunesse, l'existence est vécue comme une ascension ; dans les cas favorables — soit qu'on progresse dans son métier, que l'éducation des enfants apporte des joies, que le standing de vie s'élève, que les connaissances s'enrichissent — l'idée d'ascension persiste dans l'âge mûr. Soudain on découvre qu'on ne va plus nulle part, sinon au tombeau. On s'est hissé sur un sommet, et c'est le point de départ d'une chute. « La vie est une longue préparation à quelque chose qui n'arrive jamais », a dit Yeats. Il vient un moment où on sait qu'on ne se prépare plus à rien et on comprend qu'on

s'est leurré en croyant marcher vers un but. Cette
finalité que s'attribuait notre histoire, elle s'en trouve
sans conteste dépouillée. Alors se révèle son caractère
de « passion inutile ». Une telle découverte supprime
en nous la volonté de vivre, déclare Schopenhauer :
« Plus de ces illusions qui donnaient à la vie son
charme et à l'activité ses aiguillons. Ce n'est qu'à
60 ans qu'on comprend bien le premier verset de
l'Ecclésiaste. » Plus âprement Tolstoï écrivait
dans sa vieillesse : « On ne peut vivre que quand on
est ivre de vie ; dès que l'ivresse se dissipe on s'aperçoit que tout n'est que supercherie, stupide supercherie. »

Si *tout* était vanité ou supercherie il ne resterait plus
en effet qu'à attendre la mort. Mais admettre que la vie
n'enferme pas sa propre finalité ne signifie pas qu'elle
ne puisse se dédier à des fins. Il y a des activités qui
servent les hommes, et entre ceux-ci des rapports où ils
s'atteignent dans leur vérité. Ces activités, ces rapports
non aliénés, non mythifiés demeurent, une fois les
chimères balayées. On peut continuer à souhaiter
communiquer avec autrui par l'écriture, même quand
les images juvéniles de la célébrité se sont dissipées.
Par un curieux paradoxe, c'est même souvent au
moment où, devenu vieux, il doute de son œuvre que le
vieil homme la porte à son plus haut point de
perfection. Il en fut ainsi pour Rembrandt, Michel-
Ange, Verdi, Monet. Il se peut que ses doutes mêmes
contribuent à l'enrichir. Souvent aussi il s'agit d'une
coïncidence : l'âge apporte de la maîtrise et de la
liberté tout en inclinant à la contestation. Agir, en
« mettant entre parenthèses » son action, c'est accéder
à l'authenticité ; elle est plus difficile à assumer que le

mensonge mais quand on l'a atteinte, on ne peut que s'en féliciter. C'est là ce que l'âge apporte de plus valable : il balaie les fétichismes et les mirages.

On aurait pu s'en débarrasser plus tôt, m'objectera-t-on. Moi, par exemple, j'ai accepté depuis longtemps l'idée que pour l'existant la recherche de l'être est vaine : jamais le pour-soi ne se réalisera comme en soi. J'aurais dû prendre mon parti de ce fatal échec et ne pas rêver à cet absolu dont j'ai déploré l'absence, à la fin de *La Force des choses*. Mais, de même que prévoir n'est pas savoir, savoir n'est pas éprouver. Toute vérité est devenue. Celle de la condition humaine ne s'accomplit qu'au terme de notre propre devenir.

La liberté, la lucidité ne servent pas à grand-chose si aucun but ne nous sollicite plus : elles ont un grand prix si on est encore habité par des projets. Plus encore qu'une bonne santé, la plus grande chance du vieillard c'est que des fins peuplent encore pour lui le monde. Actif, utile, il échappe à l'ennui et à la déchéance. Le temps où il vit demeure le sien et les conduites défensives ou agressives qui caractérisent habituellement le dernier âge ne s'imposent pas à lui. Sa vieillesse est pour ainsi dire passée sous silence. Cela suppose que dans son âge mûr il s'est engagé dans des entreprises qui défient le temps : dans notre société d'exploitation, cette possibilité est refusée à l'immense majorité des hommes.

*

J'ai dit que les maladies mentales sont plus fréquentes chez les vieillards que dans tout autre groupe d'âge[1]. Cependant elles ont été très mal connues jusqu'à la fin du XIXe siècle ; on les réduisait toutes à un type unique : la démence sénile. C'est le médecin suisse Wille qui a ouvert en 1873 une ère nouvelle : ses études sur la question furent suivies de beaucoup d'autres. En 1895 se tint à Bordeaux un congrès sur les psychoses des vieillards. Depuis les travaux sur les névroses et les psychoses d'involution se sont multipliés. Cependant, la vieillesse étant une « anomalie normale », il reste souvent difficile de tracer une frontière entre les troubles psychiques qui accompagnent normalement la sénescence et ceux qui ont un caractère pathologique. Certains changements d'humeur et de comportement qui paraissent justifiés par la situation sont en fait les prodomes d'une maladie ; d'autres qui semblent névrotiques s'expliquent par les circonstances. De toute façon, les cas franchement pathologiques sont nombreux. Les vieillards sont physiquement fragiles ; ils sont socialement déshérités, ce qui a de graves répercussions sur leur état mental, soit directement, soit à travers la détérioration organique qui en résulte ; leur situation existentielle, leur condition sexuelle sont propices au développement des névroses et des psychoses.

Un individu devient un névrosé lorsqu'il « ne peut trouver dans l'identification de son propre personnage de bonnes relations avec autrui et un équilibre inté-

---

1. Je rappelle qu'aux U.S.A., sur 100 000 sujets d'un même groupe d'âge, le nombre des malades mentaux est 2,3 au-dessous de 15 ans, 76,3 entre 25 et 34, 93 entre 35 et 54 ans, 236,1 chez les vieillards.

rieur satisfaisant [1] ». Alors il présente un ensemble de symptômes qui sont en fait des défenses contre une situation insupportable. De nombreux psychiatres insistent sur cette « faiblesse de l'identification » qui domine la personnalité névrotique. Or, une des difficultés majeures de l'homme âgé, c'est précisément de garder le sentiment de son identité. Le fait même de se savoir vieux le change en un autre dont il n'arrive pas à réaliser pour soi l'existence. D'autre part, il a perdu sa qualification et son rôle social : il ne se définit plus par rien, il ne sait plus qui il est. Quand la « crise d'identification » n'est pas surmontée, ce qui arrive souvent, le vieillard demeure dans le désarroi.

D'autre part, les psychanalystes — et beaucoup de psychiatres avec eux — considèrent que les névroses manifestent un conflit sexuel, qui a ses racines soit dans l'histoire enfantine du sujet, soit dans ses difficultés actuelles. Le vieillard est plus que l'adulte en proie à son enfance, car les censures, les défenses de l'âge mûr s'écroulent ; au présent, sa situation sexuelle est difficile à vivre puisque sa libido demeure mais que bien souvent l'investissement génital ne lui est plus possible. Ces situations doivent être assumées à travers un organisme déficient. On conçoit que bien souvent ce qu'on appelle une « adaptation normale » aux circonstances soit impossible.

Les névroses qu'on rencontre le plus souvent chez les vieillards, ce sont :

1° *Des névroses caractérielles de type paranoïde.* Les réactions qu'on observe normalement chez la plupart

1. Ey, *Manuel de psychiatrie.*

d'entre eux sont poussées à l'extrême : ils se protègent par une véritable « armure caractérielle ». Leur méfiance et leur agressivité s'exaspèrent. Ils développent des thèmes hypocondriaques : ils se plaignent de maux divers, d'algies, de maladies, de céphalées, de troubles digestifs ; ils reprochent à leur entourage de ne pas se soucier de leur santé, de les laisser sans soins. Ils sont revendicants et souvent en proie à une jalousie morbide. Leur humeur est très capricieuse : ils ont des bouffées d'agitation. La doctoresse Dolto distingue chez les femmes âgées deux types de caractérielles : il y en a de passives, repliées sur elles-mêmes, qui haïssent la vie, le mouvement, les émotions et redoutent pathologiquement la mort ; d'autres manifestent de l'hypertrophie du moi, des tendances paranoïaques.

2° *Des névroses d'angoisse.* Selon Freud, elles manifestent une distance entre la libido sexuelle somatique et son élaboration psychique. Or cette distance existe chez la plupart des vieillards. On a vu que pour d'autres raisons aussi ils sont normalement dévorés d'anxiété. Dans l'état de dépression névrotique où beaucoup sombrent, ils poussent à l'extrême l'ennui, la tristesse, l'inquiétude qui sont habituels à la plupart d'entre eux.

3° *Les névroses hystéro-hypocondriaques* ont toujours à leur source une névrose latente que la sénescence a fait éclater ; en ce cas l'origine du conflit est infantile ; les symptômes constituent symboliquement un compromis entre le désir et la défense. Le sujet exerce sur ses proches une tyrannie affective, il se réfugie dans la maladie, réclame des soins, se livre à un chantage affectif ; il feint d'être en proie à des douleurs qu'il ne ressent pas; parfois il s'opère en lui une conversion somatique de son angoisse refoulée. Il souffre de prurits, de douleurs diverses, de troubles digestifs ou urinaires.

4° Beaucoup plus rarement on observe chez les vieillards des névroses obsessionnelles ou phobiques.

Certains gérontologues — entre autres le docteur Blajan-Marcus, le docteur Pequignot — estiment que les névroses de l'individu âgé ont toujours leurs racines dans son enfance et sa jeunesse. Le fait est reconnu dans le cas des névroses hystéro-hypocondriaques. Cependant, Freud admet l'existence de névroses « actuelles », où le sujet se défendrait contre des conflits présents. Et cette notion convient à beaucoup des angoisses des vieillards : leur situation — sur le plan sexuel mais aussi sur tous les plans — justifie la constitution de ce système défensif qu'est la névrose.

Les névroses ne mobilisent pas toute la personnalité du sujet. On parle de psychose lorsque celle-ci est globalement altérée et qu'elle prend une nouvelle structure. La psychose la plus répandue chez les vieillards c'est la *mélancolie d'involution*. Elle a été isolée et décrite par Krapelin en 1896. Elle frappe surtout les femmes. Elle est très caractéristique de la sénescence puisque les sujets qui en sont atteints n'avaient présenté antérieurement dans leur vie mentale aucun accident pathologique. On comprend facilement que le grand âge y prédispose si on considère ce qu'est la mélancolie, dans sa généralité.

C'est un « état de dépression intense, vécu avec un sentiment de douleur morale et caractérisé par le ralentissement et l'inhibition des fonctions psychiques et psychomotrices ». Freud l'a rapprochée du deuil. Le mélancolique, bien que n'ayant perdu personne, se comporte comme s'il avait perdu quelque chose ; c'est son moi qu'il se plaint d'avoir perdu : je ne suis rien, je n'arrive à rien, dit-il. Cette perte entraîne un sentiment pénible de dévaluation, constate, entre autres, Minkowski et par là le sujet est amené à se replier sur son passé. La mélancolie, dit encore Minkowski, est une « maladie du temps ». L'avenir est barré, le sujet n'a plus d'élans vers lui, il n'y voit qu'une perspective de mort. Au présent, il n'est qu'impuissance ; il se sent exister dans le vide ; il souffre d'un mortel ennui : « Grande steppe sans commencement ni fin dont rien ne vient couper la monotonie », disait l'infante Eulalie. Il est « rempli de vide ». Il se pétrifie au sein d'un univers dévasté, où plus rien ne l'intéresse ni ne le touche. Il s'arrête de vivre. Le néant du présent le rend esclave de son être au passé : il en subit la fatalité. S'il est anxieux, c'est qu'il supporte le poids du passé : il craint pour l'avenir à cause de ce qu'il a été et fait antérieurement. Il ne saurait intervenir pour en conjurer les conséquences. Il est voué à la passivité.

Cette description du mélancolique convient à la plupart des vieillards : perte de son moi, dévaluation, avenir barré, ennui, impuissance. Il n'est donc pas étonnant que réciproquement le vieillard soit souvent un mélancolique.

Cependant, tous ne le sont pas et, pour que tel ou tel individu le devienne, il faut des circonstances singulières. La mélancolie d'involution commence souvent à se manifester à l'occasion d'une émotion : deuil, séparation, transplantation ; ou elle est provoquée par une situation vitale que la sénescence rend difficile. Les signes précurseurs sont l'ennui, le dégoût, l'asthénie, l'hypocondrie, des remords, un sentiment de culpabilité sexuelle.

Le malade présente les mêmes symptômes que les mélancoliques plus jeunes. Sa psychose peut revêtir diverses formes : elle est simple, stuporeuse, anxieuse ou délirante. Dans tous ces cas, un trait se surajoute à ceux que j'ai décrits ci-dessus : un sentiment de culpabilité. Le malade, dit Freud, retrouve son agressivité contre ce moi qui lui échappe. J'ai dit que normalement un tel sentiment ne se rencontre que rarement chez le vieillard ; mais il faut bien voir quelle forme il prend ici : le sujet ne s'accuse pas, au présent, d'une déficience ou d'une faute dont il serait responsable. Sa culpabilité est subie ; elle lui est infligée par une fatalité, inscrite dans le passé, et contre laquelle il ne peut rien. C'est une violence que lui fait le destin.

Dans la mélancolie « stuporeuse », le malade se fige ; il demeure immobile, il ne parle pas. Littéralement, il s'arrête de vivre. Cette paralysie peut aller jusqu'à la catatonie. Elle est fréquente chez les vieillards car il y a chez eux un trouble du schéma corporel [1], si bien que lorsqu'ils ont pris une attitude, ils la conservent, faute de savoir la modifier ; après une contraction ils sont incapables de commander à leur muscle une détente et même souvent les muscles antagonistes y font opposition.

S'il échappe à cette pétrification, du moins s'emprisonne-t-il étroitement dans des habitudes, il refuse la

---

1. Manifeste, on l'a vu, dans leurs interprétations du Rorschach.

moindre nouveauté, tous ses gestes sont stéréotypés, il les répète indéfiniment. Parfois il s'enferme dans un total mutisme, parfois il émet impulsivement des mots apparemment dénués de signification. Il oppose un négativisme têtu aux consignes extérieures, aux demandes ou aux ordres d'autrui. Il n'a plus aucune espèce d'activité. Selon les psychanalystes, cette régression serait intentionnelle ; elle réaliserait un désir inconscient ; le malade aurait perdu la possibilité d'investir sa libido sur un objet autre que soi-même et reviendrait à l'auto-érotisme. Mais la plupart des psychiatres pensent que la régression est subie plutôt que « réalisée » ; elle dépend de structures psycho-pathologiques organiquement déterminées. Les troubles déficitaires de la sénescence amènent une autodépréciation à laquelle le sujet réagit en s'arrêtant de vivre.

Au lieu d'une rétractation passive, la défense de certains mélancoliques est une agitation anxieuse. Le malade fait de l'agitation mentale ; il développe des idées pessimistes, il ressasse des thèmes de négation : le monde n'existe pas ; lui-même n'existe plus. Souvent cette anxiété prend une forme hypocondriaque : plus de la moitié des hypocondriaques traités dans les hôpitaux ont plus de 60 ans et ce sont en majorité des femmes. Ils s'inquiètent de leur corps ou d'une partie de leur corps qu'ils croient malade. Certains vivent, touchant leur santé, dans un état permanent de panique que traduisent des troubles de la respiration, des nausées ou de la diarrhée, tous les symptômes organiques de très grandes peurs. L'agitation atteint parfois des paroxysmes : le malade se roule par terre et hurle, au cours de grandes scènes hystériformes. La mélancolie anxieuse des vieillards prend parfois des formes aiguës : ils ont de la fièvre, ils ne mangent plus ou n'assimilent plus les aliments et cette dénutrition peut entraîner la mort.

Dans la mélancolie délirante, qui s'accompagne souvent d'illusions, d'hallucinations et de délires oniriques, le sujet systématise son sentiment de culpabilité et s'en défend en le projetant sur autrui : il se pense persécuté. Les auto-accusations et les idées de persécution sont parfois rabâchées pendant des années sous une forme figée. Parfois aussi le malade les enrichit par des interprétations. Certains font des délires de négation.

Tous les mélancoliques ont des désirs de mort. Ils ne se sentent plus exister, et ils voudraient entièrement s'anéantir. Puisque la mort est la seule perspective que leur propose l'avenir, ils souhaitent qu'elle les frappe au plus vite. Nombreux sont ceux qui cèdent à la tentation du suicide.

On observe chez le mélancolique des troubles physiques : des troubles digestifs, cardio-vasculaires, neurovégétatifs. Chez ceux qu'il est possible de soumettre à des tests, on ne perçoit pas de déficience intellectuelle sensible ; mais, étant donné leur agitation ou leur négativisme, il est très difficile de mesurer leurs aptitudes mentales.

On rencontre beaucoup de mélancoliques dans les asiles de vieillards : les pensionnaires y sont traités comme des objets et pratiquement coupés du monde ; le sentiment de leur néant devient aigu chez eux.

Parfois la crise ne dure que six à sept mois ; mais il y a seulement rémission : la plupart du temps le sujet récidive. Et parfois les mélancolies « tournent mal ».

L'état anxieux ou le délire ou la catatonie s'installe définitivement. Ou il se produit une dégradation intellectuelle, consécutive à l'arrêt de la vie psychique.

Les *états maniaques,* qui constituent des défenses contre la dépression mélancolique, sont rares chez les gens âgés. En revanche, on rencontre chez eux un assez grand nombre de *psychoses délirantes chroniques.* La paranoïa se développe lorsque les rapports de réalité du moi avec le monde sont troublés. Tantôt le moi prend une telle expansion qu'il absorbe toute la réalité, le monde devenant plastique et n'offrant plus aucune résistance. Tantôt au contraire le moi se rétracte, le monde l'écrase, le sujet fait un « délire de petitesse », il se sent coupable et indigne d'exister. Tantôt le délire est un intermédiaire entre ces deux extrêmes : le moi demeure, comme au premier cas, le centre du monde, mais en tant que celui-ci le met en accusation et le punit exagérément des fautes qu'il a pu commettre : c'est le délire de persécution. Chez le vieillard, les rapports du moi — qu'il a plus ou moins perdu — avec un monde sur lequel il n'a plus de prise sont profondément perturbés. Il est prédisposé à la paranoïa.

Krapelin a isolé et décrit un *délire de préjudice sénile* qui selon lui se développe surtout chez les femmes. C'est un délire de persécution, engendré par l'état de méfiance et d'irritabilité commun à beaucoup de vieillards. Les malades se plaignent des préjudices qu'ils subissent concernant leur santé : ils ont des malaises dus à leur nourriture ; ils accusent les fournisseurs ou ils pensent que leurs proches les empoisonnent. Comme certains hystériques, ils se plaignent d'un « dessèchement du cerveau », d'une « dislocation de leur squelette ». Ils se pensent aussi atteints dans leurs propriétés : on leur a volé des objets, on a forcé des serrures, déplacé des meubles ; ils découvrent dans leur chambre des traces de pas ou de doigts. Ils soupçonnent leur conjoint de les tromper. Les idées délirantes ne parviennent pas chez eux à s'organiser en système, elles sont instables, si bien qu'on n'aboutit pas à la démence. Mais leur état implique un affaiblissement de la faculté de juger et une grande irritabilité affective.

On n'admet plus aujourd'hui que le « délire de préjudice » constitue une entité nosologique. Mais dans la *paranoïa d'involution* que Kleist a décrite en 1912 et dont on reconnaît encore l'existence, on retrouve plus d'un des traits indiqués par Krapelin. Sur le fond d'une constitution hypoparanoïaque — susceptibilité, méfiance, entêtement, jalousie, orgueil, irritabilité — le vieillard développe des idées délirantes, qui ne parviennent pas à se constituer en système et n'aboutissent pas à la démence mais qui le coupent de la réalité. Elles s'accompagnent souvent d'importants troubles hallucinatoires. On les rencontre surtout chez les femmes et elles sont favorisées par les défauts de l'ouïe et de la vue. Parfois le sujet donne dans la mégalomanie : il s'imagine doué d'étonnantes capacités, il pense que les jeunes conspirent pour l'empêcher de les manifester. Mais il est le plus souvent en proie à un délire de persécution qu'il nourrit d'interprétations. Les thèmes principaux en sont ceux qu'avait indiqués Krapelin : il se sent atteint dans sa santé, dans ses propriétés ; il est en proie à la jalousie. Souvent, entre 70 et 80 ans, le sujet change d'humeur et de caractère. La mémoire, la faculté d'attention, le jugement s'affaiblissent. Il devient misanthrope, hargneux, soupçonneux. Il accuse sa femme de le tromper. Un vieillard de 70 ans racontait que sa femme « avait une boutique de prostitution à la foire du Trône ». Un autre s'entendait au milieu de la nuit appeler « cerf » et se levait pour chercher les amants de sa femme. Un autre entendait les vantardises de rivaux imaginaires et voyait une forme sombre s'allonger la nuit contre sa porte. Parfois le jaloux soupçonne sa femme de vouloir l'empoisonner ; il arrive qu'il la séquestre. Un vieillard jaloux a séquestré sa femme pendant six ans, la réduisant à un affreux état de misère physiologique.

La maladie mentale des vieillards qui est depuis le plus longtemps connue — au point que sous son nom on englobait toutes les autres — c'est la *démence sénile*. Elle a augmenté de fréquence dans ces dernières années du fait que le nombre des personnes âgées s'est accru. Elle frappe surtout les femmes. Socialement, elle a pris une considérable importance et pose de difficiles problèmes du fait de l'éclatement de la famille qui entraîne l'hospitalisation des malades. Les conditions de vie ont une grande influence sur l'apparition et le développement de la démence parce qu'elles freinent ou au contraire précipitent l'involution organique. Physiologiquement, le cerveau du dément sénile est atrophié, son poids diminue considérablement. On observe aussi une atrophie des neurones, des lésions intercellulaires et des plaques séniles.

Psychiquement, la démence peut s'annoncer de plusieurs façons. Souvent le début est insidieux ; il y a un déficit progressif de la mémoire et une sclérose mentale de plus en plus poussée. En d'autres cas, la maladie commence par un épisode aigu : de l'agitation, un état confusionnel, des idées délirantes, du type de celles qu'on vient de décrire. Ou le sujet présente un syndrome de dépression.

Par la suite, on observe une désorganisation du comportement social ; le sujet a des activités brouillonnes, fantasques, il fait des actes absurdes et qui peuvent être dangereux : ne pas fermer le gaz, jeter n'importe où une allumette enflammée. En certains domaines cependant, un ensemble d'automatismes peuvent l'aider à paraître moins atteint qu'il ne l'est. Il y en a qui somnolent toute la journée. D'autres sont boulimiques. Chez la plupart on observe de la turbulence nocturne : ils dorment mal et s'agitent.

Un trait commun à tous, c'est la perte progressive de la mémoire. Il y a une amnésie rétrograde, à peu près conforme à celle qu'a décrite Ribot ; le sujet ne fixe plus le présent et ses souvenirs se détruisent en allant de l'instable au stable, de l'inorganisé à l'organisé, du récent à l'ancien. L'absence de fixation et l'oubli amènent chez le sujet une désorientation temporospatiale : il ne sait ni à quel moment ni où il vit. Cette ignorance entraîne souvent des vagabondages amnésiques [1], le malade étant incapable de se situer et donc de retrouver son chemin. Il y a chez lui une altération du temps vécu, sur laquelle insiste beaucoup Minkowski. Faute d'avoir un passé, il vit uniquement dans le présent, mais un présent qu'il saisit dans une généralité intemporelle : rien ne lui paraît jamais nouveau : « Je vous connais depuis très longtemps, je vous ai reconnu tout de suite », dit une malade à un médecin qu'elle

---

1. A ne pas confondre avec les fugues où le vieillard s'en va intentionnellement de chez lui et erre, sans perdre le sens de l'espace et du temps.

voit pour la deuxième fois. Le malade est tout de suite prêt à organiser le présent sur le modèle d'un passé qui n'a jamais existé. Une autre malade accueille le docteur qui vient l'examiner dans sa chambre d'hospice en lui disant d'un ton mondain : « Je suis désolée : si j'avais été prévenue de votre visite, j'aurais préparé un déjeuner », comme si elle avait l'habitude de l'inviter à partager son repas. Faute de souvenir vrai, le malade invente à ce présent un antécédent immédiat, dépourvu de toute réalité ; on dirait que, face au vide de sa mémoire, il a besoin d'affirmer la continuité de la durée ; il « vient de » faire telle ou telle chose ; son fils « vient de » lui rendre visite ; le docteur « vient de » lui dire…, etc.

L'amnésie porte sur le langage : le malade oublie d'abord les noms propres, puis les mots abstraits, puis les mots concrets. Comme dans beaucoup d'aphasies, les activités pratiques sont perturbées. L'attention est affaiblie, la perception devient vague, ce qui entraîne de fausses reconnaissances. Dans sa vie personnelle, le sujet manque de jugement : il a des réactions aberrantes ou incontrôlées. Mais il peut faire sur autrui et sur le monde en général des réflexions pertinentes.

Les troubles caractériels sont importants, le malade s'irrite, il récrimine. Il est âprement attaché à ses propriétés. Il radote, il rabâche les mêmes plaintes pendant des heures. En général, il ne se rend pas compte de son état. Cependant, certains sujets en prennent par moments conscience : alors ils se désolent et pleurent.

Au fur et à mesure que son état se détériore, le sujet a des réactions de plus en plus inadaptées. Il cède à toutes ses impulsions, et particulièrement sur le plan sexuel, où elles sont nombreuses. Les désirs ne sont plus censurés, il les manifeste et en ébauche la réalisation. Cela le conduit à des actes qui relèvent de la médecine légale. Du point de vue physiologique, cependant, sa santé peut demeurer assez bonne.

L'évolution se fait en quelques mois ou quelques années ; elle peut être coupée d'épisodes analogues à ceux qui en marquent le début : agitation, confusion, délire. Elle aboutit à la démence et à la cachexie qui entraîne la mort.

Une forme singulière de la démence sénile c'est la *presbyophrénie,* qui a été décrite pour la première fois en 1906 ; elle a les mêmes caractères anatomiques que la démence sénile. On la rencontre surtout chez les femmes. Elle se caractérise par une amnésie de fixation, une désorientation temporo-spatiale et de la fabulation compensatrice. Le sujet conserve un certain acquis. Les femmes surtout peuvent faire illusion : elles se présentent dans une tenue correcte et même soignée, elles parlent avec affabilité ; à première vue elles semblent normales. Mais chez tous les presbyophrènes les troubles amnésiques sont considérables. En compensation, le malade s'invente des souvenirs, il rêve, il a de fausses reconnaissances. C'est un « délire de mémoire » imaginatif qui est presque toujours un délire de grandeur. Le sujet a une vision panoramique et optimiste de sa vie. Il prétend avoir fréquenté les grands de ce monde, posséder des fortunes. Il lui arrive de démentir lui-même ces inventions et d'en rire.

Une autre forme de démence qu'on rencontre souvent chez les vieillards, c'est la *démence artériopathique.* Sa fréquence a beaucoup augmenté du fait que la population âgée s'est accrue et aussi parce que les conditions de vie sont devenues pour elle plus difficiles. Elle est liée aux lésions que provoque l'artériose cérébrale. Elle se manifeste à partir de la soixantaine, surtout chez les hommes, sans doute parce qu'ils usent davantage de l'alcool et du tabac et qu'ils souffrent plus souvent de surmenage. Elle se présente en beaucoup de cas sous des formes mineures, très variées.

1° Le sujet souffre organiquement d'une artériose périphérique et d'hypertension artérielle. Il manifeste de l'asthénie psychique, de la fatigabilité, des céphalées ; il est triste, il ne peut plus fixer son attention, il est hyperémotif, il arrive qu'une émotion — particulièrement le choc de la retraite — le fasse sombrer dans l'hypocondrie.

2° Le sujet est atteint de mélancolie anxieuse ou stuporeuse.

3° Il arrive, mais rarement, qu'il soit en proie à une excitation maniaque.

4° Fréquemment au contraire il tombe dans des états confusionnels.

5° Il délire.

La démence proprement dite est souvent consécutive à un ictus apoplectique qui provoque de graves déficits. Elle peut aussi débuter par des états dépressifs ou confusionnels. Elle prend parfois la forme d'une démence lacunaire, le malade ayant conscience de ses troubles intellectuels et affectifs. Le plus souvent la détérioration psychique y est analogue à celle de la démence sénile, avec laquelle on l'a longtemps confondue. Les troubles de la mémoire sont importants : amnésie, dysmnésie, erreurs grossières dont parfois le sujet prend conscience. Les possibilités d'attention diminuent. Les associations d'idées sont pauvres, l'imagination stérile, la vie mentale très réduite et d'une grande monotonie. Un trait frappant c'est l'incontinence émotionnelle : le malade rit et pleure spasmodiquement. Son affaiblissement intellectuel est, si on se fie aux tests, moins profond qu'on ne pourrait penser : son intelligence est obnubilée et indisponible plutôt que détruite.

Quand il se produit des lésions subbulbaires bilatérales, on parle de *syndrome* pseudo-bulbaire : il se caractérise par de l'hypertension, des troubles de la phonation et de la déglutition ; le sujet rit et pleure spasmodiquement ; il fait entendre d'étranges bruits qui ressemblent à des aboiements ou des hennissements plutôt qu'à des rires. Il marche à tout petits pas et dans les cas d'astasie où la station assise lui est impossible, il est obligé de piétiner sur place. Il perd le contrôle de ses sphincters.

Les *démences atrophiques préséniles*, c'est-à-dire les maladies de Pick et d'Alzheimer, sont des sortes de démences séniles précoces provenant de troubles bulbaires.

Il faut ajouter que certains troubles organiques qui peuvent se rencontrer en dehors de la sénescence se produisent aussi chez les vieillards. Il y a des cas de paralysie générale due à la syphilis qui se déclarent après 60 ans : comme dans les autres âges, les malades font souvent des délires de grandeur. Des intoxications cérébrales, des œdèmes, des tumeurs du cerveau peuvent entraîner des délires et des hallucinations : parfois la guérison est possible. Certaines maladies mentales dépendent non du cerveau mais d'autres organes, en particulier du système nerveux et des glandes endocrines.

Les névroses sont souvent soignées avec succès par des traitements inspirés de la psychanalyse. Les gens âgés s'y prêtent volontiers car ils aiment se replonger dans leur passé. Ils opposent moins de résistance au souvenir que les plus jeunes. Même des faits pénibles, ils les admettent plus facilement : la réalité que jusqu'alors on avait fuie, on l'accepte. Seulement ils tirent plus lentement bénéfice de cette prise de conscience, du fait même qu'elle se réalise sans conflit. Beaucoup de troubles sont efficacement traités par une médication chimique.

On pense aujourd'hui que la plupart d'entre eux pourraient être évités si la condition sociale des vieillards était moins misérable. Bastide [1] écrit : « On peut se demander si la sénilité est une conséquence de la sénescence, si elle ne serait pas plutôt un produit artificiel de la société qui rejette les vieillards. » Il cite le docteur Repond : « On est même fondé à se demander si le vieux concept de démence sénile, résultat prétendu de troubles cérébraux, n'est pas à réviser complètement — et si ces pseudo-démences ne sont pas le résultat de facteurs psychosociologiques, aggravés rapidement par des placements dans des institutions inadéquatement équipées et dirigées, comme aussi par des internements dans des hôpitaux psychiatriques où ces malades sont livrés à eux-mêmes, privés des stimulants psychologiques nécessaires, sevrés de tout intérêt vital et n'ont plus qu'à attendre une fin qu'on s'accorde à souhaiter rapide. Nous irons même jusqu'à prétendre que le tableau clinique des démences séniles est peut-être un artefact, dû le plus souvent à la carence des soins et des efforts de prévention et de réhabilitation. »

---

1. *Sociologie des maladies mentales.*

CHAPITRE VIII

Quelques exemples de vieillesses

Quand le vieillard n'est pas victime de conditions économiques et physiologiques qui le réduisent à l'état de sous-homme, il demeure à travers les altérations de la sénescence cet individu qu'il a été : son dernier âge dépend en grande partie de sa maturité. L'attitude ouverte de Voltaire lui a valu, malgré de cruelles infirmités, une belle vieillesse, alors que Chateaubriand s'est ménagé une fin lugubre. Tous deux martyrisés dans leur chair, Swift le misanthrope et Whitman, amoureux de la vie, réagirent de manières très différentes : les fureurs du premier aggravèrent ses maux, l'optimisme du second l'aida à surmonter ses épreuves. Cependant il n'y a pas, loin de là, de justice immanente. La maladie, le contexte social peuvent ruiner la fin d'une existence active et généreuse. Les options antérieures et les accidents présents interfèrent pour donner à chaque vieillesse son visage. Nous nous en rendrons compte en examinant quelques cas individuels.

*

Il est très rare, mais il arrive, que la vieillesse soit considérée comme le couronnement d'une existence. Ce fut le cas, on l'a vu, de Cornaro, de Fontenelle, qui l'avaient préparée pendant toute leur vie prudente et mesurée. C'est avec plus d'éclat le cas de Victor Hugo qui jeune encore avait accordé aux vieillards une place d'honneur dans son œuvre. Son exemple donnerait à penser que, consciemment ou non, on se prépare au début de la vie une certaine vieillesse ; des hasards, en particulier des accidents biologiques, peuvent la dénaturer : mais, pour ce qui dépend de l'individu, il l'a définie par sa manière de vivre. On a vu que la haine des hommes qui a inspiré à Swift la sinistre évocation des Struddburg l'a amené à devenir lui-même dans ses dernières années une sorte de Struddburg. Dans Booz, Éviradnus, Jean Valjean, Hugo a dessiné la figure du patriarche qu'il rêvait de devenir : il l'est devenu.

On sait qu'il avait écrit à 14 ans : « Je veux être Chateaubriand ou rien. » En fait, c'est à la gloire de Napoléon qu'il rêvait. La préface de *Marion Delorme* le confirme, où il écrit : « Pourquoi maintenant ne viendrait-il pas un poète qui serait à Shakespeare ce que Napoléon est à Charlemagne ? » Poète, voyant, prophète, il voulait être le pape de l'univers spirituel et il attendait de l'âge qu'il lui conférât ce pouvoir : il se conduisit de manière que cet espoir ne fût pas démenti. Lamartine en 1848 se condamna à une affreuse vieillesse. Hugo sauva la sienne quand en 1852 il partit pour l'exil. Il devint le glorieux symbole qu'il avait rêvé d'être.

On a vu que dans son grand âge sa vie sexuelle est demeurée active ; jusqu'en 1878, sa santé fut excellente. En 1873, Goncourt se sentait gêné de le voir tête nue, plein de vie débordante, auprès de son fils François-Victor, livide sur sa chaise longue. Il était fier de pouvoir encore grimper les escaliers quatre à quatre et semblait se croire invulnérable : « Le vieux bonhomme est plus jeune et plus charmant que jamais », notait Flaubert en 1877. Il restait gai et enjoué. Ses « petits yeux bridés jetaient autour de lui comme un feu d'artifice de gaieté », dit un familier de ses dernières années. Sa puissance de travail ne diminuait pas. Il lui semblait parfois que l'inspiration lui faisait défaut, qu'il ne lui restait plus que du métier. En 1869 il a écrit dans des vers secrets :

> « On passe en vieillissant du trépied au pupitre...
> Adieu l'élan superbe et l'essor factieux...
> C'est fini, l'on devient bourgeois de l'Hélicon.
> On loue au bord du gouffre un cottage à balcon. »

Cependant, le 7 janvier de cette même année, il écrit dans une lettre : « Oh ! je sais bien que je ne vieillis pas et que je grandis au contraire ; et c'est à cela que je sens l'approche de la mort. Quelle preuve de l'âme ! Mon corps décline, ma pensée croît ; dans ma vieillesse il y a une éclosion. » Il avait publié en 1866 *Les Travailleurs de la mer,* qui avaient eu un immense succès. Il travaillait à *L'Homme qui rit.* Fait tout à fait exceptionnel : l'âge n'avait pas tari son imagination romanesque. Il se remit au théâtre avec *Torquemada.* La guerre

éclata. Il se rendit à Bruxelles et demanda un passeport
pour Paris : il voulait s'engager comme garde national,
disait-il. Ses papiers secrets ont montré qu'il avait des
ambitions plus hautes : il s'attendait à ce que la
République lui offrît les pleins pouvoirs puisque, du
fond de son exil, il avait été l'âme de l'opposition. Il
était décidé à accepter et à se retirer, aussitôt la France
sauvée. Quand il arriva à Paris, le gouvernement
provisoire était déjà constitué sans qu'on ait fait appel à
lui. Cependant une foule immense l'attendait à la gare
et l'acclama. D'un balcon, puis de sa calèche, il dut par
quatre fois la haranguer : « Vous me payez en une
heure de vingt ans d'exil », dit-il. Il reçut d'innombrables visites. Déçu d'avoir été laissé à l'écart par les
républicains, il essayait néanmoins d'agir. Il écrivit un
Appel aux Allemands qui ne fut pas entendu et un *Appel
aux Parisiens* : « Tous au feu, citoyens ! » On lisait *Les
Châtiments* dans les théâtres et les recettes servirent à
acheter trois canons. Élu député de Paris, il refusa
d'aider les amis de la Commune à renverser le gouvernement provisoire : face à l'ennemi, il jugeait l'aventure trop dangereuse. Mais l'Assemblée nationale ne
lui inspirait que du dégoût. Il nota : « J'irai à Bordeaux
avec la pensée d'en remporter l'exil. » Il présida la
gauche de l'Assemblée. Il refusa de signer le « traité
hideux » proposé par Thiers. Il défendit Garibaldi
dont on voulait annuler l'élection ; on l'empêcha de
parler : il donna sa démission.

Il avait perdu sa femme en 1868. A Bordeaux, son
fils Charles mourut d'apoplexie et il ramena son
cercueil à Paris, puis il partit régler sa succession à
Bruxelles. Les violences de la Commune le choquaient,
mais dans un poème, *Pas de représailles,* il conjurait le

gouvernement de Versailles de ne pas sévir. Les fusillades l'indignèrent : 6 000 prisonniers furent massacrés, contre 64 otages. Il annonça qu'il donnerait asile aux proscrits. Le gouvernement belge l'expulsa. Il se rendit en Luxembourg. De là il continua à protester contre les représailles. Il écrivait *L'Année terrible, Quatrevingt-treize,* des poèmes pour une nouvelle *Légende des siècles.* Rentré à Paris, il y fut assez mal accueilli. Il obtint de Thiers que Rochefort ne fût pas proscrit. Il fut battu aux élections de janvier 1872 : on lui en voulait de ses plaidoyers pour les communards. Il repartit pour Guernesey. Il continua à travailler aux œuvres ébauchées et commença le *Théâtre en liberté.* Il écrivit aussi des poèmes qui parurent dans *Les Quatre Vents de l'esprit, Toute la lyre, Dernière gerbe.* Il revint à Paris en 1873 ; il perdit en décembre son fils François-Victor. Il écrivait des poèmes qui comptent parmi ses plus beaux. Ce qui distingue ces dernières créations, c'est un mélange d'audace inventive et de ronronnement. Il joue avec les mots et les images plus librement qu'il ne l'a jamais fait, aucune outrance ne l'effraie : c'est un aventurier. Cependant la virtuosité des rythmes, des envolées, des retombées a quelque chose de mécanique. C'est une poésie d'une surprenante jeunesse et marquée pourtant par l'âge.

Hugo aimait lire ses dernières œuvres à ses amis. « Messieurs, leur dit-il un soir, j'ai 74 ans et je commence ma carrière. » Il lut *Le Soufflet du père.* Il recevait de nombreux amis politiques qui souhaitaient le voir rentrer dans la vie publique. Il fut élu sénateur. Il demanda qu'on votât l'amnistie pour les communards : il n'obtint que dix voix. Il prononça un discours contre la dissolution de la Chambre voulue

par Mac-Mahon : la gauche l'acclama ; la dissolution
fut votée par 149 voix contre 130 ; mais aux élections
les républicains obtinrent 326 sièges contre 200 et Mac-
Mahon démissionna. C'était pour Hugo une incontes-
table victoire.

En 1877, il publia *L'Art d'être grand-père,* monument élevé à l'enfance et aussi à soi-même. Il avait été
pour ses fils et pour sa fille Adèle — qu'on venait
d'interner — un père tyrannique. Mais il avait un
amour sincère pour ses petits-enfants : il s'occupait
beaucoup d'eux, se désolait d'en être séparé, leur
écrivait de longues lettres. Il aimait les antithèses ; il
exploite à cœur joie le spectaculaire contraste entre ses
deux visages : celui du terrible géant qui fait trembler
les grands de ce monde et celui de l'aïeul débonnaire :

« Je suis dans notre temps de chocs et de fureurs Belluaire,
et j'ai fait la guerre aux empereurs... [j'ai]
Été quarante ans fier, indompté, triomphant
Et me voilà vaincu par un petit-enfant. »

Ou encore : « Le tonnerre chez lui doit être bon
enfant. »

A d'autres moments, il prétend oublier délibérément
grandeur et gloire :

« ...Triste, infini dans la paternité
Je ne suis rien qu'un bon vieux sourire entêté
Ces chers petits ! Je suis le grand-père sans mesure... »

Tant de complaisance prête à sourire ; mais le fait est
qu'il pouvait être fier de sa vie. On peut penser aussi
que pour réaliser sa vieillesse — qui pour lui comme

pour tout le monde demeurait un irréalisable — il s'aidait de fantasmes : il en possédait tout un arsenal. Eviradnus était déjà le vieux guerrier devant qui tremblent les empereurs. Hugo en invente de nouveaux : « J'ai l'ankylose altière et lourde du rocher. »

La déchéance physique qui rend le vieillard plus esclave de son corps que jamais, il la change en une minéralisation qui le délivrerait de l'organique.

Mais surtout il se voit comme un personnage sacré, « prêtre de droit ». Il écrit dans *L'Épée :*

> « Étant l'Ancien du peuple, il est prêtre de droit.
> C'est l'usage en nos monts. Nul front qui ne se baisse
> Devant ce sacerdoce auguste, la vieillesse. »

On l'a vu déjà : la vieillesse comme la beauté rapproche du ciel. Mais le fond de sa pensée est plus radical encore : le vieillard, c'est Dieu même. Quand la petite Jeanne parle : « Dieu, le bon vieux grand-père, écoute émerveillé. »

Si Dieu est le bon vieux grand-père, celui-ci est semblable à Dieu. Le monde qu'a créé Dieu évoque à s'y méprendre celui qu'Hugo a créé dans son œuvre ; il parle des deux ensemble quand il écrit :

> « Moi je n'exige pas que Dieu toujours s'observe
> Il faut bien tolérer quelques excès de verve
> Chez un si grand poète... »

Les antithèses de la nature sont identifiées à celles d'Hugo dans ses vers. Dieu est un grand poète ; le vieux poète est Dieu. Dans un autre poème daté de 1870, il écrit :

« Mon vers sanglant, fumant, amer
...Est le vomissement de Dieu sur votre honte. »

En 1877, il écrivit encore *L'Histoire d'un crime*, mais
en 1878, après son attaque, il dut s'arrêter ; les recueils
que firent paraître ses disciples contenaient des vers
déjà anciens. A partir de cette année-là, « il y eut
comme une marche descendue dans la santé puis dans
l'esprit du beau vieillard », a noté Mme Alphonse
Daudet.

Sa famille l'avait, tout de suite après le 28 juin,
amené à Guernesey et un témoin rapporte que « dans le
salon rouge, le soir, il avait des moments d'abattement
mortel ; il posait son front sur ses mains appuyées sur
le manteau de la cheminée et, incliné mais debout, il
restait longtemps immobile ». Torturée par la jalousie,
Juliette le torturait, au point qu'un soir d'août il en
pleura. Il avait toujours été économe, en même temps
que très généreux. Peu à peu il devint avare. Fasciné
par les sommes, alors énormes, qu'il gagnait, il se
faisait prier pour accorder à Juliette les modestes
subsides dont elle avait besoin. Cependant il connaissait encore de grands bonheurs. Son 79e anniversaire
fut célébré comme une fête nationale : 600 000 personnes défilèrent sous ses fenêtres, on lui avait dressé un
arc de triomphe. L'avenue d'Eylau fut peu après
baptisée avenue Victor-Hugo et il y eut un nouveau
défilé en son honneur le 14 juillet. Même la bourgeoisie
s'était ralliée à lui : on avait fini par amnistier les
communards. Quelques jours après son anniversaire,
quand il arriva au Sénat, toute l'Assemblée se leva et
l'applaudit. Il accueillait ces hommages avec des
larmes de bonheur. Il n'était pas comme Andersen

tourmenté par des rancœurs d'enfance, ni déchiré comme Tolstoï par d'insurmontables contradictions, mais en plein accord avec lui-même. Cette apothéose, cette rencontre d'une vieillesse puissante avec la gloire, il l'avait voulue dès le départ ; toute sa vie avait été orientée vers elle : elle le comblait sans réserve.

Il vit mourir Juliette ; il en fut profondément touché et se mit à souhaiter sa propre mort : « Que vais-je devenir jusqu'à ce que je meure ? »

Et aussi : « Ma vie a tant de deuils qu'elle n'a plus de fêtes. »

Il était physiquement affaibli et diminué. Devenu à moitié sourd, silencieux, le regard apeuré, il ne travaillait plus du tout. Il se levait à midi et il ne menait plus guère qu'une vie végétative. Camille Saint-Saens écrit : « Hélas ! rien n'arrête le temps et cette belle intelligence commence à donner des signes d'égarement. » Cependant il envisageait sa fin avec tranquillité. Son petit-fils rapporte : « Il nous parlait de la fin qu'il sentait venir avec une si placide sérénité qu'il ne nous donna jamais l'affreuse vision de la mort. »

Il était rassasié de gloire : « Il est temps que je désemplisse le monde », dit-il un jour. Il croyait à l'immortalité. Il avait écrit dès 1860 : « Je crois en Dieu, je crois à l'âme. » Mourir, c'était rencontrer Dieu, c'est-à-dire un autre soi-même, et il envisageait avec une joyeuse curiosité ce tête-à-tête. Il dit à une amie : « Je suis vieux, je vais mourir. Je verrai Dieu. Voir Dieu ! lui parler ! Quelle grande chose ! Que lui dirai-je ? J'y pense souvent. Je m'y prépare. » Il ne se demandait pas ce que Dieu lui dirait. Il mourut à 83 ans sans accepter de recevoir un prêtre.

*

C'est une grande chance pour un homme âgé de
pouvoir demeurer jusqu'à sa mort engagé dans ses
entreprises. Mais il arrive qu'avec l'âge on y accorde
moins de prix et qu'on en tire donc moins de joie. Je
citerai deux exemples d'hommes qui gardèrent jusqu'au bout leur pouvoir créateur et moururent cependant désenchantés : Michel-Ange et Verdi.

Michel-Ange était pour ainsi dire malade de naissance. Avec l'âge et les soucis, sa santé acheva de se
détériorer. Sa vieillesse fut un combat incessant à la
fois contre les hommes et contre un corps que les
tracasseries épuisaient. Quand Paul III fut nommé
pape, il travaillait depuis trente ans au tombeau de
Jules II dont le projet était grandiose : un immense
mausolée pour lequel il avait exécuté ou ébauché dix
statues, mais la mauvaise volonté de Jules II lui-même
et de ses descendants ne lui avait pas permis de
l'achever. Paul III exigea qu'il se consacrât à peindre
sur le mur de la Sixtine le Jugement dernier. Il dut
céder. Il dormait et mangeait peu, il avait des étourdis-
sements : en 1540 ou 1541, il tomba d'un échafaudage
et se blessa grièvement à la jambe. Il avait 65 ans.
Quand le *Jugement* fut inauguré, le 25 décembre 1541,
il valut au peintre une gloire immense, mais aussi on
lui reprocha violemment son obscénité. Le pape
Paul III exigea ensuite qu'il peignît les fresques de
la chapelle Pauline ; il se plaignait de l'excessive fatigue
qu'entraînait pour lui leur exécution : la fresque ne
convient pas à la vieillesse, disait-il. Il avait de gros

ennuis d'argent : les héritiers de Jules II l'accusaient d'avoir dépensé une fortune, en travaillant au mausolée, et en réclamaient le remboursement. Le pape lui disait de ne pas s'en préoccuper et de se consacrer tout entier à sa peinture. « Mais on peint avec la tête et pas avec les mains, répondit Michel-Ange... Qui n'a pas ses pensées à soi se déshonore, c'est pourquoi je ne fais rien de bon, tant que j'ai ces préoccupations. » Il se sentait vieux, malade, il avait peur de la mort. Mais il était soutenu dans sa vie difficile par de solides amitiés. J'ai parlé déjà de Cavalieri qu'il avait connu à 57 ans, qu'il aima d'amour — platonique ou non, on ne sait — et qui lui fut passionnément dévoué jusqu'à son dernier soupir. Il avait une grande affection pour son élève Urbino qui travaillait avec lui aux fresques de la chapelle Pauline et qui était pour lui un sûr bâton de vieillesse. Il avait beaucoup d'autres disciples et amis. Mais surtout il était intellectuellement très lié avec Vittoria Colonna, qu'il connut quand il avait 63 ans et elle 46. Elle était laide et il la considérait comme un « grand ami ». Il estimait ses jugements sur l'art. Dans leurs conversations, dans leurs lettres, ils s'entretenaient d'un sujet qui leur tenait à cœur à tous les deux : la réforme de l'Église. Il fut profondément peiné quand elle mourut : « Elle m'aimait beaucoup, et je n'avais pas moins d'affection pour elle. »

En 1544, il tomba si gravement malade qu'on le crut en danger de mort : il remercia son médecin Riccio de l'avoir « arraché au trépas ». En 1545, il dut définitivement renoncer à réaliser le mausolée de Jules II tel qu'il l'avait rêvé : on le relégua dans un coin de Saint-Pierre-aux-Liens où seule la statue de Moïse porte la marque de son génie. Tout en continuant les fresques commandées par le pape, il s'occupa des fortifications de Rome, il travailla à la construction du palais Farnèse, il fit des plans de la place et des palais du Capitole. Il sculpta en 1548 le buste de Brutus. Quand en 1549 la chapelle Pauline fut achevée, il cessa de peindre. Il se consacra à la sculpture et à l'architecture.

Nommé en 1547 architecte de la Fabrique de Saint-Pierre, il n'accepta cette charge qu'à son corps défendant et il fut en butte aux persécutions de la secte de Sangallo qui le détestait : en diverses circonstances, le pape avait préféré les plans de Michel-Ange à ceux de Sangallo. Celui-ci mourut en 1546, mais ses amis restaient fidèles à son souvenir. Ils avaient défiguré l'œuvre que Bramante avait laissée inachevée ; Michel-Ange, qui avait exigé les pleins pouvoirs, commença par détruire tout ce qui trahissait le projet original : on l'accusa de tyrannie, de mégalomanie. Pour imposer ses idées, il passait ses journées sur le chantier. Sa santé lui donnait toujours de graves soucis : « Au sujet de mon mal de ne pouvoir uriner, j'en ai été très malade ; j'ai rugi nuit et jour sans me reposer jamais et d'après l'avis des médecins, j'ai le mal de pierre. » Il fut de nouveau en danger de mort.

En 1555, après vingt-cinq ans de travail en commun et d'intime amitié, il perdit Urbino. Alors il ne désira plus que mourir. Toute sa vie il avait été obsédé par l'idée de la mort. Tout jeune encore, dans ses lettres et ses poèmes, il parlait de sa « mort prochaine », il se plaignait d'être « non seulement vieux mais déjà au nombre des morts ». Il a décrit dans ses poèmes la manière dont il sentait sa peau se dessécher et se racornir. En vieillissant, il essaya de vaincre son angoisse et de considérer la mort comme une délivrance qui ouvre à l'âme les portes du paradis. Quand Urbino lui fut enlevé, alors du fond du cœur il se mit à la souhaiter. Il se trouvait privé non seulement d'un ami qui lui était cher mais d'un appui que l'âge lui rendait indispensable. Il écrivit à un ami : « Alors que vivant il était ma vie, en mourant il m'a enseigné à mourir, non pas avec le regret mais avec le désir de la mort. » Et dans un sonnet :

> « ...Sa mort
> M'attire et me fait me hâter vers une autre route
> Pour aller là où il m'attend et vivre avec lui. »

A la même époque il écrit à Vasari : « Je n'ai plus de goût à rien, sinon à mourir. » Il se décrit :

> « Pauvre, vieux, et obligé de servir autrui
> Je suis un homme fini si je ne meurs bientôt. »

Il vécut encore huit ans et la fin de sa vie fut très sombre. Il souffrait de se sentir vieux, faible, malade. « Je suis trahi par la fuite de mes jours et par mon miroir », écrit-il. L'âge l'empêche de contrôler les travaux de Saint-Pierre d'aussi près qu'il le faudrait, écrit-il à Vasari. Et comme les ouvriers inventent sans cesse de nouveaux prétextes pour ne pas les achever, « si on pouvait mourir de honte et de douleur, je ne serais plus vivant », écrit-il. En 1558, dans une lettre à Ammannati, il se plaint de sa vieillesse, de sa mauvaise vue : « Je suis vieux, aveugle et sourd, en désaccord avec mes mains et avec ma personne. » Il entendait mal, il avait des bourdonnements dans les oreilles.

Mais surtout, ce qui attrista son dernier âge, ce fut son changement d'attitude envers son art. Il avait toujours été extrêmement pieux et il pensait que la seule justification de l'art était de servir Dieu : mais il pensait aussi qu'en peignant et sculptant avec amour, il le servait en effet. Selon lui, c'était Dieu lui-même qui guidait la main d'un artiste de bonne volonté ; c'était lui rendre hommage que d'imiter, par des statues ou des peintures, les beautés de la création. Cette conviction qui l'avait soutenu pendant toute sa vie vacilla vers la fin. Déjà en 1538, entendant dire que la noblesse portugaise n'accordait aucune valeur à la peinture, il répondit : « Ils ont raison. » En 1554, un de ses sonnets atteste qu'il ne voyait plus dans l'art qu'une occupation frivole, qui l'avait détourné du souci de son salut :

« Ainsi maintenant, de cette folle passion
Qui m'a fait prendre l'art pour idole et monarque,
J'ai appris de quel poids d'erreur elle était lourde
Et quelle source de malheur est pour l'homme son désir. »

Dans un autre il écrit :

« Les frivolités du monde m'ont ôté
Le temps qui m'était donné pour contempler Dieu. »

Envoyant ces sonnets à Vasari, il lui écrit : « Quand vous aurez 80 ans vous comprendrez ce que j'éprouve. »

Il appelait ses statues « mes pantins ». Il pensait qu'il avait eu tort de se consacrer à l'art au lieu de se donner tout entier à Dieu. Il s'était trompé en croyant accomplir une mission divine : il n'avait fait que compromettre son salut. Ce désenchantement s'explique par l'intensité accrue de ses sentiments religieux, par l'imminence de la mort à laquelle il se préparait avec crainte, et aussi par tous les tracas qu'il avait à subir et par sa grande fatigue.

Cependant il continua à travailler. Il fit de beaux projets pour la porta Pia. La construction de Saint-Pierre avançait ; mais il ne réussit pas à faire triompher sa conception d'ensemble ni son projet de façade. Seule la coupole fut conforme à ses rêves. Torturé par la goutte, la nuit il ne réussissait pas à dormir. Il rôdait dans son atelier et sculptait, attaquant le marbre au ciseau avec une vigueur de jeune homme. Il sculpta sa plus belle Pietà. Parfois la nuit, pour se distraire de ses douleurs, il se promenait à cheval dans les rues désertes de Rome. Il se sentait intellectuellement affaibli. Il écrivit à Vasari : « La mémoire et le cerveau sont partis pour m'attendre ailleurs. » Dans ses poèmes, l'idée de la mort revenait constamment. En 1561, à 86 ans, il eut une syncope : il resta longtemps abattu et un peu bizarre. Cependant son énergie demeurait indomptable. En 1563, son principal collaborateur, nommé par lui chef des travaux de Saint-Pierre, fut poignardé par ses ennemis et ils firent jeter en prison en l'accusant de vol un de ses meilleurs aides, Gaeta. Il intervint auprès du pape qui fit relâcher Gaeta. Il le nomma chef des travaux. Le conseil d'administration lui substitua un certain Nanni qui voulut se conduire en maître. Michel-Ange lui tint tête et obtint que Gaeta eût la place. Il avait 88 ans. Peu après, ayant pris froid au cours d'une de ses randonnées nocturnes, il mourut, perclus de douleurs, sans voir achevée la coupole de Saint-Pierre.

Le paradoxe de sa vieillesse, c'est que convaincu que « l'art et la mort ne vont pas bien ensemble » — idée qu'il exprime souvent dans ses sonnets —, désireux de se consacrer à son salut, à la prière, à Dieu, se plaignant sans cesse de la fatigue, des tracas, des erreurs spirituelles dont il a payé les « choses divines » qu'il a faites, il n'en a pas moins continué jusqu'à la fin à créer, à se battre pour l'œuvre qu'il édifiait ; ses lettres, ses poèmes sont sombres, désabusés : et c'est pourtant à ce moment qu'avec la coupole de Saint-Pierre, avec la Pietà Rondanini il atteint les plus hauts sommets.

Malgré sa magnifique santé, Verdi n'accepta pas de bon cœur la vieillesse. Il avait 68 ans quand on inaugura en grande pompe sa statue à la Scala de Milan : il en éprouva un vif déplaisir : « Cela signifie que je suis vieux (c'est vrai hélas !), que je suis un vétéran bon pour les Invalides... J'ai déploré cette cérémonie et je la déplore. » Peu de temps auparavant, il avait refait et beaucoup amélioré une de ses anciennes œuvres, *Simon Boccanegra,* qui avait été représentée avec un grand succès. Il se mit à retravailler *Don Carlos* dont, à 71 ans, il dirigea lui-même les répétitions et qui reçut un accueil chaleureux : il n'en tira aucune joie : « Pauvres artistes que beaucoup de gens ont la... disons bonté d'envier, esclaves d'un public la plupart du temps ignorant (c'est un moindre mal), capricieux et injuste. » Célèbre dans le monde entier, il était en Italie une sorte de monument national : chaque fois qu'il se montrait au théâtre, à un concert ou même dans la rue, il suscitait des ovations. Mais il éprouvait intensément ce désenchantement qui est commun à beaucoup de créateurs dans leur dernier âge. Son ami

Boito lui ayant remis le livret d'*Otello,* le directeur de la Scala, Faccio, le pressait d'en composer la musique. Il lui répondit : « Donc, selon vous, dois-je vraiment terminer cet *Otello ?* Mais pour qui ? pour qui ? pour moi cela m'est indifférent ! Pour le public, encore plus. » Il vivait beaucoup à la campagne, avec sa femme qu'il aimait, s'occupant de ses terres et de ses fermes : il y fit construire un hôpital. Il voyageait, il visitait des expositions ; il menait une existence en apparence agréable. Mais une grande tristesse l'habitait : « La vie naît, disparaît, la plupart du temps inutilement ; on arrive à l'âge des maladies et des infirmités et puis... *Amen.* » Il disait souvent avec scandale : « Travailler tant et devoir mourir ! » Il perdit Carcano, un de ses meilleurs amis : « Arrivés à notre âge, chaque jour un vide nouveau se creuse autour de nous ! » écrivit-il dans une lettre. Et dans une autre, le jour de ses 72 ans : « Aujourd'hui, c'est le jour terrible : j'ai 72 ans. Comme ils ont passé vite, malgré tous ces événements tristes ou gais, malgré tous ces surmenages, toutes ces fatigues. A notre âge, on sent comme un besoin de s'appuyer sur quelqu'un. Il y a quelques années, il me semblait pouvoir me suffire à moi-même, n'avoir besoin de personne. Présomptueux ! Je commence à comprendre que je suis... très vieux. » Il se plaignait de plus en plus souvent d'être physiquement et mentalement fatigué et il s'irritait contre la nature qui lui ôtait ses forces. Il perdit une autre de ses plus chères amies.

Cependant pendant les années 1884-1885 — à 72 et 73 ans — il travailla très assidûment à *Otello*. Il était épuisé, mais satisfait de son œuvre, quand il remit la partition à Faccio. Il fit lui-même répéter son opéra.

Des célébrités vinrent de toutes les parties du monde assister à la première représentation. On l'acclama et dans toute l'Italie *Otello* remporta un succès triomphal. Cependant l'œuvre déconcerta par sa nouveauté.

En 1888, pour le cinquième anniversaire de sa première œuvre, on célébra son jubilé ; les cérémonies, le flot de dépêches signées des noms les plus illustres, tous ces témoignages de son immense gloire, il les accueillit avec morosité : ce n'était à ses yeux qu'une agitation vaine. Il voulut en contrepartie faire quelque chose qu'il jugeât utile et fonda une maison de repos pour musiciens : il consacra beaucoup de temps à cette entreprise.

Il avait toujours voulu écrire un opéra-bouffe. En 1889 il commença *Falstaff*. Mais il y travailla peu. Il perdit les meilleurs amis qui lui restaient, Prioli et Muzio. Faccio devint gâteux. Ces morts lui « ont fait perdre l'équilibre », dit-il pendant l'hiver 1890. Il était trop accablé pour pouvoir composer. Cependant, en 1893, l'opéra était achevé et en janvier il en dirigea les répétitions, pendant six à huit heures par jour. Il avait alors 80 ans et son équilibre physique et moral faisait l'étonnement de ses médecins. Lombroso écrivit : « L'anomalie est si grande, si extraordinaire qu'elle peut brouiller les idées de ceux qui ont fait des recherches à ce sujet. » Corrado Ricci le décrit avec admiration : « Un nuage de cheveux blancs rejoint sa barbe, formant une auréole. Grand, droit, svelte, lorsqu'il marche on se retourne ; vif dans sa façon de parler et de se rappeler les noms, les dates ; lucide quand il expose ses idées sur l'Art. »

Falstaff remporta un triomphe. A Milan, à Rome, on fit des ovations à l'auteur. A Paris aussi son succès fut immense. Mais sa santé déclinait ; de temps en temps il avait une petite attaque. Il composait des morceaux de musique religieuse, mais supportait mal son état. « Je suis vieux, très vieux, je me fatigue vite. » « Sans être très malade, j'ai mille tracas. Mes jambes me portent à peine et je ne marche presque plus. Ma vue baisse, je ne puis lire longtemps. En somme, mille infirmités. » La mort de sa femme lui porta un grand coup : « Je suis seul. Triste, triste, triste. »

Il fit exécuter à Paris, puis à Turin, ses *Pezzi sacri* qui furent très bien accueillis. Mais cela ne dissipa pas sa mélancolie. En 1901, il écrit : « Bien que les médecins me disent que je ne suis pas malade, je sens que tout me fatigue. Je ne peux plus lire, je ne peux plus écrire. Je vois peu, ressens encore moins, et surtout mes jambes ne me soutiennent plus. Je ne vis pas, je végète... Je n'ai plus rien à faire en ce monde. » Il le quitta peu après, terrassé par une hémiplégie.

*

Il arrive que, prolongeant sans discontinuité la vie d'adulte, la vieillesse soit pour ainsi dire passée sous silence. Il faut pour cela qu'elle se déroule dans des circonstances favorables. Et aussi que sa vie antérieure fournisse au vieillard un ensemble d'intérêts intellectuels et affectifs qui résistent au poids des ans. Un bon exemple c'est celui de Lou Andreas-Salomé, cette femme remarquable qui fut aimée de Nietzsche, de Rilke, de beaucoup d'autres, et qui devint à 50 ans la disciple et l'amie de Freud. Dès sa jeunesse, elle avait conquis son indépendance ; elle avait beaucoup travaillé, écrivant des romans médiocres, qu'elle ne surestimait pas mais qui avaient remporté de grands succès. Curieuse, active, volontaire, elle aimait passionnément la vie et quand — à 35 ans seulement — elle eut découvert la sexualité, elle lui accorda une énorme place dans son existence, ainsi que dans sa conception du monde. Dans son ouvrage *Die Erotik*, elle étudia les rapports du sexe et de l'art. En 1911, elle découvrit Freud qui lui apportait la confirmation scientifique de ses intuitions : elle se voua à la psychanalyse. A 60 ans passés, elle adopta la profession de psychothérapeute et elle obtint d'excellents résultats qui la remplissaient de joie. Elle écrivait un peu, surtout sur des sujets psychanalytiques. Son mari — qui comptait peu pour elle — mourut en 1920 et elle eut pendant quelques années de sérieuses difficultés financières. Elle vivait en Allemagne, dans une grande maison de campagne que tenait une vieille servante. Son travail, l'amitié de Freud — avec qui elle échangeait de nombreuses lettres — et d'Anna Freud remplissaient son existence. Sur un point important, elle était en désaccord avec lui. Elle avait trop aimé l'amour physique pour ne pas voir dans la sexualité un accomplissement magnifique et exaltant de l'individu : Freud avait de l'homme et de sa vie sexuelle une vision résolument pessimiste. Ce différend ne nuisait cependant pas à leur entente. A 70 ans, elle écrivit *Ma gratitude envers Freud,* où elle rendait un hommage public au savant et à l'homme ; néanmoins elle critiquait ses idées sur le processus créateur : tout au long de sa vie c'est le sujet qui l'avait toujours le plus intéressée. Freud loua chaleureusement ce travail : « C'est une vraie synthèse qui permet d'espérer que le faisceau de nerfs, de muscles et d'artères, résultat de la transformation du corps par le scalpel analytique, pourra être reconstitué en un organisme vivant. » Elle fut fière de cet éloge. « Mes travaux psychanalytiques me rendent si heureuse que, fussé-je milliardaire, je n'y renoncerais pas », écrivait-elle.

Dans ses toutes dernières années, ce bonheur fut sévèrement menacé. Le nazisme triomphait : or elle était juive, et la terrible sœur de Nietzsche la haïssait. Elle menait une existence si discrète qu'elle ne fut pas inquiétée. Son corps flancha. Elle souffrait de diabète et elle eut un cancer au sein, qu'il fallut lui ôter. Elle ne prévint ses amis qu'au retour de l'hôpital et, ayant rembourré son corsage, elle dit en souriant : « Nietzsche avait raison, en fin de compte. Maintenant, j'ai vraiment une fausse poitrine. » Elle gardait intact son intérêt pour la vie, les idées, les gens. Elle disait se sentir unie à tout ce qui existe dans une « immense communauté de destin ». Sa générosité, son intelligence lui valaient de nombreuses amitiés. Des gens qui avaient aimé ses livres, des jeunes filles entre autres, venaient souvent la voir. Mais surtout, elle qui avait toujours fait une si grande place à ses relations masculines, elle connut encore de précieuses amitiés, platoniques mais étroites avec deux jeunes hommes. Avec König, un professeur de philosophie, elle avait de longues conversations intellectuelles. Ses relations étaient plus intimes et plus profondes avec Pfeiffer. Il lui raconta sa vie et lui demanda des conseils : elle lui devint indispensable. Elle avait une grande confiance en lui et lui fit cadeau de toute sa propriété littéraire. Elle décida d'écrire son autobiographie parce que son histoire avait, pensait-elle, un sens réconfortant et qu'il lui semblait donc utile d'en témoigner publiquement. Pendant ses derniers mois, elle souffrit d'un empoisonnement urémique. Pfeiffer venait chaque jour, ils causaient, il lui lisait des pages de ses Mémoires : elle avait plaisir à se retremper dans son passé. Quelques jours avant sa mort, elle murmura d'un ton surpris : « Toute ma vie je n'ai fait que travailler. Et au fond, pourquoi ? » Ses nouveaux amis n'avaient pas réussi à remplacer ceux qu'elle avait perdus puisqu'elle dit aussi : « Si je laisse errer mes pensées, je ne trouve personne. Le mieux, après tout, c'est la mort. » Elle mourut dans son sommeil, le 5 juin 1937. Tout ne fut pas facile dans cette vieillesse. On voit par sa correspondance avec Freud que parfois elle trouvait la douleur physique « désespérante ». Mais elle n'a pas désespéré. Elle avait trop donné au monde pour qu'il ne lui fût pas rendu beaucoup.

Il ne faudrait pas croire néanmoins que par une sorte de justice immanente une vie riche et courageuse soit toujours récompensée par une « belle vieillesse ». Des maux physiques, les circonstances politiques et sociales peuvent en rendre très sombre la fin. Il en fut ainsi pour Freud. Son existence a présenté une remarquable continuité : en dépassant son passé il le conservait. Novateur hardi et grand travailleur, tout en effrayant son époque il réussit à lui imposer ses idées ; homme d'un caractère inflexible et intrépide, mari, père aimant et aimé, il aurait dû avoir une vieillesse féconde et sereine. En fait, sans réussir à le briser — en 1938 il terrorisa rien qu'en apparaissant et en les regardant les nazis qui étaient venus perquisitionner chez lui —, elle fut pour lui une accablante épreuve, à cause de l'état de sa santé, de la montée du nazisme, des craintes que lui inspirait l'avenir de la psychanalyse, de la perte de son pouvoir créateur.

En 1922, à 66 ans, souffrant de troubles cardiaques, il écrivait : « Le 13 mars de cette année, je suis brusquement entré dans la vraie vieillesse. Depuis, la pensée de la mort ne m'a pas quitté. » Ce fut l'année suivante qu'il subit au palais une première opération : il se douta qu'il s'agissait d'un cancer puisqu'il demanda à son médecin de lui procurer les moyens de mourir avec décence s'il était condamné à de longues souffrances. Il supportait avec peine celles qu'il endurait ; il écrivit alors à Lou Andreas-Salomé : « Je partage complètement votre opinion sur la détresse que nous éprouvons devant des maux physiques particulièrement douloureux ; comme vous je les trouve désespérants et, si on pouvait s'en prendre à quelqu'un personnellement, ignobles. » Un mois plus tard, il perdit un petit-fils de quatre ans, qu'il aimait énormément [1]. Ce fut la seule fois de sa vie où on le vit pleurer : « Je crois n'avoir jamais éprouvé un tel chagrin…, écrivit-il à des amis. Je travaille contraint et forcé ; dans le fond, tout m'est devenu indifférent. » Et à d'autres il confia qu'il avait totalement perdu le goût de vivre. « C'est le secret de mon indifférence — les gens disent mon courage — à l'égard du danger que court ma propre vie. » Cette même année, le Comité qui dirigeait en Autriche les travaux psychanalytiques et auquel il attachait une grande importance menaça de

---

1. Trois ans plus tôt, il avait perdu sa fille Sophie, qui était la mère de l'enfant.

se désagréger. « J'ai survécu au Comité qui devait me succéder, écrivit-il. Peut-être survivrai-je à l'Association internationale. Il faut espérer que la psychanalyse me survivra. Mais cela assombrit la fin de la vie. » Il déplorait sa stérilité : « Je n'ai plus d'idée neuve. Je n'ai pas écrit une ligne. »

Il était péniblement conscient de la menace qui pesait sur lui. Il écrivait à Abraham, le 4 mai 1924 : « Soi-disant en voie de guérison, j'ai profondément empreinte en moi la conviction pessimiste de ma fin prochaine, conviction qui se nourrit des petites misères et des sensations désagréables provoquées sans cesse par ma cicatrice, une sorte de dépression sénile qui est centrée sur la distorsion entre un désir de vivre irrationnel et une résignation de bon sens. J'éprouve en outre un besoin de repos et une aversion contre le commerce des hommes. » Le 13 mai 1924, il écrit à Lou : « J'ai bien endossé toutes les terribles réalités, mais ce sont les éventualités que je supporte mal ; je ne peux pas me faire à l'idée de vivre sous une perpétuelle menace... Six heures de psychanalyse, c'est tout ce que j'ai conservé de ma capacité de travail... A combien de choses ne doit-on pas renoncer ! Et en revanche on est comblé d'honneurs pour lesquels on n'aurait pas levé le petit doigt. »

Il devenait moins sensible que jadis aux choses et aux gens, lui qui avait apporté à vivre tant de passion. Assurant Rank de son amitié, il lui écrit, à 68 ans : « Bien que je considère maintenant les choses *sub specie aeternitatis* et que je ne puisse plus m'y intéresser avec la même passion qu'autrefois, un changement qui affecterait nos relations ne saurait me laisser indifférent. » A Lou, 10 mai 1925 : « Une carapace d'insensibilité se forme lentement autour de moi ; je le constate sans m'en plaindre. C'est une évolution naturelle, une façon de commencer à devenir inorganique. C'est ce qu'on appelle, je crois, " détachement propre au grand âge ". Cela doit être en rapport avec un tournant décisif dans la relation entre les deux pulsions dont j'ai supposé l'existence... A part cela mon existence reste encore supportable. Je crois même avoir trouvé quelque chose de fondamental pour notre travail ; mais je le garde encore pour moi pendant quelque temps. » C'est en grande partie par égard pour sa famille qu'il s'obligeait à continuer de vivre, mais il écrivait à Pfister le 11 octobre 1925 : « Je suis las comme il est normal de l'être après une existence laborieuse et je crois avoir honnêtement mérité le repos. Les éléments organiques qui si longtemps ont tenu bon ensemble tendent à se séparer. Qui voudrait les contraindre à rester assemblés plus longtemps ? »

De tous ses disciples, celui dont il estimait le plus les travaux et sur qui il comptait pour faire progresser la psychanalyse, c'était Abraham, qui mourut en décembre 1925. Freud écrit à Jones : « La confiance absolue qu'il m'inspirait me donnait — comme à nous tous — un sentiment de sécurité. Nous devons continuer à travailler et à nous soutenir mutuellement... Il faut que l'œuvre se poursuive ; comparés à elle, nous n'avons tous guère d'importance. » Il s'inquiétait des résistances que la psychanalyse rencontrait : « Le monde a conçu un certain respect pour mes travaux, mais jusqu'ici l'analyse n'a été admise que par les analystes. »

Il écrivait des essais, il commença son autobiographie. Mais il fallut lui faire une nouvelle opération d'une extrême gravité : on lui enleva un morceau du palais, un morceau de la mâchoire ; on les remplaça par une énorme prothèse qui le blessait au point qu'il était parfois obligé de l'enlever ; elle le rendait à moitié sourd, le gênait pour manger et pour parler. Il n'acceptait de soins que de sa fille Anna. En outre, il avait des troubles cardiaques : « Le nombre de mes divers troubles physiques me fait me demander combien de temps je pourrai continuer mon travail professionnel, en particulier depuis que renoncer à la douce habitude de fumer a fait baisser mes intérêts intellectuels. Tout cela jette une ombre menaçante sur le proche avenir. »

En 1926, parlant avec l'Américain Viereck, il dit : « Peut-être les dieux sont-ils cléments en nous rendant la vie plus désagréable quand nous devenons vieux. A la fin, la mort semble moins intolérable que les multiples fardeaux que nous portons. » Il ne pouvait plus travailler : « Mon état général me détourne du travail définitivement, j'incline à le croire... » écrit-il à Jones le 20 mars 1926. Mais il conservait une confiance intacte dans la valeur de ses idées : « La contradiction et la reconnaissance sont complètement indifférentes quand on possède une certitude », écrivit-il à Lou.

Le Comité qui finalement avait survécu se réunit pour fêter ses 70 ans. Mais son meilleur disciple et ami Ferenczi commença de s'éloigner de lui. Au congrès d'Innsbruck, il y eut des disputes. Il souffrait toujours ; il fallut changer sa prothèse. « Je déteste ma mâchoire mécanique parce que le mécanisme dévore tant de force précieuse. » Il commença d'écrire *L'Avenir d'une civilisation*. Mais la douleur le gênait pour

travailler. Et aussi il écrivait à Jones, le 1er janvier 1929 : « La facilité de concevoir des idées, qui
m'était propre jadis, m'a quitté, l'âge venant. » Il
n'attachait plus beaucoup de prix à ce qu'il écrivait. A
propos de son dernier livre, il écrit à Lou, le 28 juillet 1929 : « Ce livre... me semble, sûrement à juste
titre, tout à fait superflu, quand je le compare à mes
travaux précédents qui répondaient toujours à quelque
nécessité intérieure. Mais que pourrais-je faire d'autre ? Il n'est pas possible de fumer et de jouer aux
cartes toute la journée. Je ne peux plus faire de longues
marches et la plupart des choses qu'on lit ont cessé de
m'intéresser. » Quand trois ans plus tard il échangea
avec Einstein une correspondance sur la paix, il jugea
sa propre contribution sans indulgence : il abaissait ses
prétentions touchant son travail, dit-il, comme il l'avait
fait touchant sa prothèse. Il dut subir cinq opérations
cette année-là. Il eut le chagrin de voir enfermer
Ferenczi dans une maison de fous. Et la revue
psychanalytique, le *Verlag*, qui vivait de ses droits
d'auteur, était menacée de disparaître, car ses livres ne
se vendaient plus guère.

Il n'avait cependant rien perdu de sa virulence et de
son agressivité. Quand en 1933 Hitler arriva au
pouvoir, Viereck, cousin du Kronprinz, approuva
publiquement une lettre où celui-ci niait les persécutions raciales. Freud lui écrivit une lettre indignée :
« Je vous dirai donc simplement que je regrette que
vous vous soyez abaissé à soutenir d'aussi lamentables
mensonges que ceux contenus dans la lettre de votre
impérial cousin... Avec mon profond regret. » L'avenir était angoissant : « Je ne me sens plus anxieux
quant à l'avenir de la psychanalyse. Il est assuré et je le

sais en bonnes mains. Mais l'avenir de mes enfants et de mes petits-enfants est en danger. Et ma propre impuissance est navrante ! » Malgré son anxiété et ses tortures, il commença en 1934 son livre sur *Moïse et le monothéisme*. Mais il doutait de lui-même. Il écrit le 2 mai 1935 à Zweig : « Depuis que je ne peux plus fumer à mon gré, je ne désire plus écrire... ou peut-être ce prétexte me sert-il à masquer la stérilité de la vieillesse. » Et à Lou, le 16 mai : « Je ne sais si je pourrai encore créer quelque chose : je ne le crois pas, mais je n'en ai pas le loisir tant il me faut m'occuper de ma santé. » A Wittkowski, le 6 janvier 1936 : « Ma capacité de production s'est tarie. Il est vraisemblablement trop tard pour qu'elle revienne. »

Son impuissance intellectuelle, ses malaises, sa lutte contre un corps défaillant lui devenaient de plus en plus odieux : il ne s'interdisait le suicide que pour ne pas faire le malheur des siens : « Si j'étais seul, dit-il à Jones, il y a longtemps que j'en aurais fini avec la vie. » Il souhaitait mourir : « Je crois avoir découvert que le désir du repos éternel n'est pas quelque chose d'élémentaire et d'originel : il exprime le besoin d'être débarrassé du sentiment d'inadéquation qui affecte l'âge, en particulier dans les petits détails de la vie. »

Au mois de juin 1935, il écrit à Thomas Mann, à propos de son 60e anniversaire, qu'il ne lui souhaite pas de vivre trop vieux : « D'après mon expérience personnelle, je pense qu'il est bon qu'un sort miséricordieux limite en temps opportun la durée de notre vie. » Il écrivit à Stefan Zweig le 18 mai 1936 : « Quoique j'aie été exceptionnellement heureux dans mon foyer... je ne puis néanmoins m'habituer aux misères et à la détresse de la vieillesse et j'envisage avec nostalgie le

passage du néant. » Le 6 décembre 1936, il écrivait à
Marie Bonaparte qu'il était torturé « entre le désir de
repos et la crainte de nouvelles souffrances qu'entraînent la prolongation de la vie et la douleur anticipée
d'être séparé de tout ce à quoi ont est encore attaché ».
Au début de 1937, on lui permit de fumer un peu, il
souffrait moins ; mais sa clientèle diminuait : « Il est
compréhensible que les malades ne se précipitent pas
chez un analyste d'un âge offrant si peu de garanties »,
écrivit-il. Il travailla de nouveau un peu ; il termina le
Moïse II. Ce qui lui était le plus pénible, c'est qu'il
doutait à présent que la psychanalyse dût lui survivre.
Le 17 octobre 1937, il écrivait à Zweig : « Mon œuvre
est derrière moi, comme vous le dites vous-même.
Personne ne peut savoir d'avance comment la postérité
la jugera. Je n'en suis moi-même pas tellement sûr...
L'avenir immédiat paraît sombre pour ma psychanalyse aussi. En tout cas, au cours des semaines ou des
mois qui me restent encore à vivre, il ne peut rien
m'arriver de réjouissant. » En 1933, il croyait en
l'avenir de la psychanalyse ; mais depuis, le nazisme
avait triomphé ; en 1933, les livres de Freud avaient été
brûlés publiquement à Berlin ; en 1934, la psychanalyse était entièrement liquidée en Allemagne. En 1936,
la Gestapo avait saisi tout ce qui appartenait au *Verlag*
(qui fut définitivement confisqué en 1938). Personnellement, Freud pensait ne plus pouvoir rien apporter de
neuf. Son *Moïse*, suite de *Totem et Tabou* écrit vingt-
cinq ans plus tôt, lui semblait plus ou moins du
rabâchage : « Un vieillard ne trouve plus d'idées
nouvelles, écrivit-il à son propos. Il ne lui reste qu'à se
répéter. » Et aussi : « Je ne partage pas l'idée de mon
contemporain, Bernard Shaw, qui prétend que les

hommes ne deviendraient capables de faire quelque chose de bien qui s'il leur était permis de vivre trois cents ans. La prolongation de la durée de l'existence ne servirait à rien, à moins que les conditions de la vie ne fussent totalement transformées. » Ailleurs, il parle du « déclin des facultés créatrices qu'entraîne le grand âge ».

D'après ces textes, c'est surtout le poids du passé qu'il jugeait stérilisant. Je pense cependant que cette sclérose était due en grande partie au rétrécissement de son avenir. En 1897, quand il avait compris que ses théories sur l'hystérie étaient erronées, il avait écrit à Fliess : « Entre nous, je me sens plutôt victorieux que battu. » Les hystériques qui venaient le consulter n'avaient pas été violées par leurs pères, comme elles le prétendaient : elles avaient rêvé de l'être, ce qui était beaucoup plus intéressant. Pour exploiter cette découverte, il avait devant lui ce qui lui paraissait une éternité : il pouvait faire joyeusement une croix sur le passé. A présent, la proximité de sa fin lui coupait tout élan. Il ne pensait plus rien de neuf parce qu'il n'osait plus.

Après l'Anschluss, il partit pour l'Angleterre. Londres lui fit un accueil chaleureux et il découvrit l'étendue de sa célébrité. Mais une nouvelle intervention chirurgicale, la plus douloureuse de toutes, lui fit subir le martyre. Il craignait pour ses sœurs, demeurées en Autriche[1]. Il doutait de l'avenir de son œuvre. Sa dernière année fut très sombre. Il gardait toute sa tête, son caractère demeurait indomptable : c'était une

---

1. Et qui moururent toutes les trois dans la chambre à gaz.

grande preuve de courage et d'altruisme que de s'interdire le suicide pour l'amour de sa femme et surtout de sa fille Anna. Il mourut en 1939. Il avait subi trente-trois interventions depuis 1923.

*

Chateaubriand a détesté sa vieillesse. « La vieillesse est un naufrage », disait-il. Dès l'âge de 30 ans, il l'avait redoutée. Jeune encore il se désolait : « Malheur à moi qui ne puis vieillir et qui vieillis toujours. » Pendant ses dernières années, il ne différa pas beaucoup de l'homme qu'il avait été auparavant. Il avait toujours oscillé d'une ambition passionnée au mépris des biens de ce monde. Il avait voulu la gloire, et dénoncé sa vanité. Il se plaignait de changer en cendre tout ce qu'il touchait. Aussitôt ses désirs assouvis, il sombrait dans le dégoût. Ardent ou désabusé, c'était toujours l'exaltation de son moi qu'il recherchait. Sa vieillesse se conforma à ce schéma mais les couleurs en furent plus sombres.

Il en voulait amèrement aux Bourbons de leur ingratitude à son égard. Ministre d'État en 1816, il avait été destitué pour avoir attaqué dans *La Monarchie selon la Charte* l'ordonnance du 5 septembre. Dans ses articles du *Conservateur,* il lutta âprement contre Decazes : il réussit à le faire tomber. Chef reconnu des « hommes ultra-monarchistes », le gouvernement lui concéda une légation à Berlin. En 1821, il fut inscrit de nouveau sur la liste des ministres d'État et envoyé comme ambassadeur à Londres. Nommé plénipotentiaire au Congrès de Vérone, ce qui le remplit de joie, il devint à son retour ministre des Affaires étrangères.

Mais Louis XVIII et Villèle le détestaient. Au lieu de
soutenir à la Chambre des pairs un projet de loi déposé
par Villèle sur la conversion des rentes, il garda le
silence et le projet fut repoussé. On considéra qu'il
avait voulu faire tomber Villèle, et Louis XVIII le
chassa. Pour l'éloigner, on l'envoya en ambassade à
Rome. Le cœur plein de rancune, il pensait que la
monarchie se perdait faute de suivre ses conseils. En
1830, il était de nouveau ministre ; il refusa de prêter
serment à Louis-Philippe : « Malheureusement je ne
suis pas une créature du présent, je ne veux pas
capituler avec la fortune. » Il abandonna ses fonctions
et sa pension de pair. Il donna sa démission de ministre
d'État. Il se montrait fier de cette retraite éclatante.
« J'étais l'homme de la Restauration *possible,* de la
Restauration avec toutes sortes de libertés. Cette
Restauration m'a pris pour ennemi ; elle s'est perdue :
je dois subir son sort », écrivit-il. Et néanmoins se
posait en victime : « Il est bien ridicule, a dit à cette
occasion la duchesse de Broglie. Il veut toujours qu'on
le plaigne des malheurs qu'il s'impose. »

Il avait 62 ans. Depuis longtemps il pensait qu'un
homme âgé doit renoncer aux passions et au plaisir.
Déjà en 1822, à 54 ans, il écrivait : « Ne séjournons pas
ici-bas ; allons-nous-en avant d'avoir vu fuir nos amis
et ces années que le poète trouvait seules dignes de la
vie... Ce qui enchante dans l'âge des liaisons devient
dans l'âge délaissé un objet de souffrances et de
regrets. On ne souhaite plus le retour des mois riants à
la terre ; on le craint plutôt... ces choses qui donnent le
besoin et le désir du bonheur vous tuent. De pareils
charmes, vous les sentez encore, mais ils ne sont plus
pour vous : la jeunesse qui les goûte à vos côtés et qui

vous regarde dédaigneusement vous rend jaloux...
Vous pouvez aimer mais on ne peut plus vous aimer...
La vue de tout ce qui renaît, de tout ce qui est heureux
vous réduit à la douloureuse mémoire de vos plaisirs. »

En 1823, il écrivait un poème, *Délie*, pour une
femme qu'il aimait et qui l'aimait :

> « Je sens l'amour mais ne puis l'inspirer
> La gloire hélas ! ne rajeunit qu'un nom. »

Il pensait être trop âgé pour qu'aucune femme
l'aimât pour lui-même. Quand, à 62 ans, il fut aimé
d'une jeune fille de 16 ans, il la repoussa : « Jamais je
n'ai été si honteux : inspirer une sorte d'attachement à
mon âge me semblait une véritable dérision ; plus je
pouvais être flatté de cette bizarrerie, plus j'en étais
humilié, la prenant avec raison pour une moquerie. » Il
s'est expliqué de ce refus dans les pages qu'on a
appelées *Amour et vieillesse*[1].

Il ne s'était pas retiré de la vie politique. Il pensait
avoir un grand rôle à jouer : mettant sa plume au
service des légitimistes, il espérait faire tomber Louis-
Philippe. Il écrivait des « mémoires », des « lettres
ouvertes ». Il se rallia à la duchesse de Berry, ce qui lui
valut d'être arrêté et emprisonné : au bout de peu de
temps un non-lieu le libéra. Dans un *Mémoire sur la
captivité de la duchesse* il proclama : « Madame, votre
fils est mon roi. » Il fut traduit devant les tribunaux le
lendemain du jour où la duchesse déclara publiquement s'être mariée en secret en Italie. Il fut acquitté.
La duchesse le supplia d'aller plaider sa cause à

---

1. Cf. p. 81 sq.

Prague, auprès de la famille royale en exil : elle voulait conserver son titre de princesse française et son nom. Chateaubriand accepta la mission. Il obtint qu'elle conservât son titre. Ensuite, il alla à Venise rencontrer la duchesse qui l'envoya de nouveau à Prague : elle souhaitait que Charles X déclarât officiellement la majorité de son fils. Chateaubriand s'exécuta. Il avait pour l'ancien roi des sentiments ambigus : l'homme l'attendrissait, le monarque le blessait.

Il affichait un radical mépris pour son époque : « Petitesse des hommes et des choses pendant les années 1831-1832 », note-t-il. Plus que jamais il se disait désabusé. Il écrit à son amie Hortense Allart : « Puissance et amour, tout m'est indifférent, tout m'importune... J'ai vu un plus grand siècle, et les nains qui barbotent aujourd'hui dans la littérature et la politique ne me font rien du tout. » Il écrit à un ami en juin 1834 : « Je suis toujours comme vous m'avez vu, sans foi, sans espérance, et par le temps qui court j'ai bien de la peine à conserver quelque *charité*. La société s'en va et [ne] renaîtra pas. » Il publia cette année-là un essai, *L'Avenir du monde,* où il prédisait la ruine de la civilisation.

La défaite des légitimistes était alors consommée, mais il continua à écrire contre Louis-Philippe. Cette attitude lui valait des amitiés dans tous les partis d'opposition : légitimistes, républicains, bonapartistes. En particulier il fut très lié avec Armand Carrel. Il alla le voir à Sainte-Pélagie ; il conduisit son enterrement. Mais beaucoup de ces alliances se brisaient aussi vite qu'elles s'étaient nouées. Il défendit la liberté de la presse en 1835, dans une lettre adressée à *La Quotidienne :* la loi qui interdisait d'attaquer la royauté n'en

fut pas moins adoptée. Il subit cette même année un
échec littéraire : sa tragédie *Moïse* fut jouée et accueil-
lie par des éclats de rire ; elle n'eut que cinq représentations.

Physiquement, il avait déjà beaucoup décliné.
Lamennais écrit en 1834 : « Il y a dix ans que je ne
l'avais vu. Je l'ai trouvé changé et vieilli, étonnamment, la bouche creuse, le nez pincé et ridé comme le
nez des morts, les yeux enfoncés dans leurs orbites. » Il
se sentait perdu dans un monde qui n'était plus le sien.
Il a écrit avec amertume : « Les vieillards d'autrefois
étaient moins malheureux ; étrangers à la jeunesse, ils
ne l'étaient pas à la société. Maintenant, un traînard
dans le monde a non seulement vu mourir les hommes,
mais il a vu mourir les idées : principes, mœurs, faits,
plaisirs, peines, sentiments, rien se ressemble à ce qu'il
a connu. Il est d'une race différente de l'espèce
humaine au milieu de laquelle il achève ses jours. »
Aucun homme âgé n'a avoué aussi franchement que lui
la haine qu'il éprouve contre la jeunesse. Dans la
seconde partie d'*Amour et vieillesse*, il fait dire à René
vieillissant : « Le spectacle du bonheur des générations
nouvelles qui s'élevaient autour de moi m'inspirait les
transports de la plus noire jalousie ; si j'avais pu les
anéantir, je l'aurais fait, dans les transports de la
vengeance et du désespoir. » Aveuglé par le ressentiment, il a déclaré dans une lettre écrite en 1834 que la
littérature était entièrement morte en France.

Il avait refusé une pension de pair que Charles X lui
avait offerte et il manquait cruellement d'argent.
En 1836, il se décida à vendre d'avance les *Mémoires
d'outre-tombe* à une société de commandite. Il vécut
alors confortablement dans une maison de la rue du

Bac où il s'installa non loin de Mme Récamier. Depuis longtemps il ne l'aimait plus d'amour. Elle — probablement sans être sa maîtresse [1] — l'avait passionnément aimé. Il y avait entre eux une très grande et très intime amitié. Il menait une existence très régulière. Il se levait à six heures, prenait un petit déjeuner avec sa femme, travaillait toute la matinée avec ses secrétaires. L'après-midi, il allait chez Mme Récamier. Sa vie affective n'était pas gaie. Entre Mme de Chateaubriand et lui, la mésentente allait parfois jusqu'à la haine. A partir de 1835, Mme Récamier fut souvent malade ; elle avait des névralgies qui lui ôtaient presque complètement l'usage de la parole. De vie mondaine, il n'en avait pas. Parfois Juliette réunissait des amis : à partir de 1834 il lut devant eux des fragments des *Mémoires d'outre-tombe*. Mais il n'acceptait presque aucune invitation : « Je ne suis plus de ce monde », disait-il. Ce sentiment d'exil était très intense chez lui : « Et moi, spectateur assis dans une salle vide, loges désertes, lumières éteintes, je reste seul de mon temps devant le rideau baissé, avec le silence et la nuit. » Il s'était toujours ennuyé : il s'ennuya encore davantage. « Quiconque prolonge sa carrière voit se refroidir ses heures, écrit-il en 1836. Il ne retrouve plus le lendemain l'intérêt qu'il portait à la veille. » Il ne rêvait même plus : « N'ayant plus d'avenir, je n'ai plus de songes. » « Je ne vis plus que des lèvres ; j'ai le *spleen,* véritable maladie. » Loménie disait de lui : « Ce pauvre grand homme s'ennuie affreusement ; rien ne le touche plus ; rien ne le distrait ; il n'a plus de goût pour rien ; le

---

1. Il semble qu'elle n'ait couché avec aucun homme, pour des raisons physiologiques.

monde lui devient de plus en plus étranger. » Dans la
« Préface testamentaire » des *Mémoires*, il évoque
« l'ennui de ces heures dernières et délaissées que
personne ne veut et dont on ne sait que faire. Au bout
de la vie est un âge amer ; rien ne plaît parce qu'on
n'est digne de rien ; bon à personne, fardeau à tous,
près de son dernier gîte on n'a qu'un pas à faire pour y
atteindre. A quoi servirait de rêver sur une plage
déserte ? Quelles aimables ombres apercevrait-on dans
l'avenir ? »

Il ne s'était pas résigné sans regret à vendre ses
Mémoires : ils paraîtraient dès le lendemain de sa mort
alors qu'il avait prévu qu'on ne les éditerait qu'au bout
de cinquante ans. « J'ai hypothéqué ma tombe »,
disait-il tristement. Cependant, il y travaillait intensément. A partir de 1830, il avait décidé de les *agrandir*
et de les *compléter*. Il voulait en faire l' « épopée » de
son temps. Il récrivit la première partie et l'encadra
entre une *préface testamentaire* datée du 1er décembre 1833 et une conclusion sur *L'Avenir du monde*. Il
entama en 1836 la rédaction de la seconde partie. En
1837, il s'installa à Chantilly pour écrire *Le Congrès de
Vérone* qu'il publia en 1838. C'était une défense de la
Restauration, mais nuancée de sévères critiques ; il y
faisait sa propre apologie : c'était lui qui avait déclen-
ché en 1823 la guerre d'Espagne et il s'en vantait. Il
reprochait à la France de s'endormir dans la paix ; il
l'exhortait à faire à l'Angleterre une guerre, qui serait
facile, écrivait-il, « si on ne s'alarmait pas de quelques
sacrifices nécessaires ». Il n'avait rien perdu de son
talent : il n'a jamais mieux raconté. Mais le livre
mécontenta tout le monde : les républicains, et davantage encore les légitimistes ; ses critiques irritèrent la

famille royale qui le considéra désormais comme un ennemi.

Avec les années, l'indifférence hargneuse de Chateaubriand à l'égard et son siècle s'aggrava. Il écrivait à Vinet : « Je ne crois plus à rien en politique, en littérature, en renommée, en affections humaines. Tout cela me semble les plus vaines comme les plus déplorables chimères. » En proie à une mélancolie narcissiste, il se plaint sans cesse ; il gémit sur ses tourments passés ; il fait des allusions constantes à sa mort prochaine, à son tombeau. Il est l'homme sur qui le malheur s'est acharné et qui va bientôt s'éteindre, le cœur navré. Il revient inlassablement sur le dégoût que lui inspirent le présent et l'avenir. En 1839, il écrit : « J'ai un tel dégoût de tout, un tel mépris pour le présent et pour l'avenir immédiat, une si ferme persuasion que les hommes désormais, pris ensemble comme public (et cela pour plusieurs siècles), seront pitoyables, que je rougis d'user mes derniers moments au récit des choses passées, à la peinture d'un monde fini dont on ne comprendra plus le langage et le nom. »

« Après Napoléon, néant ; on ne voit venir ni empire, ni religion, ni barbares ; la civilisation est montée à son plus haut point, mais civilisation matérielle, inféconde, qui ne peut rien produire car on ne saurait donner la vie que par la morale ; on n'arrive à la création des peuples que par les routes du ciel. Les chemins de fer nous conduiront seulement avec plus de rapidité à l'abîme. »

« La vieillesse, rapporte Vitrolles, avait encore augmenté la sécheresse de son cœur et la morosité de son caractère. Tout occupé qu'il était encore de sa renommée, il ne pardonnait pas au monde de lui survivre. Ses prévisions étaient toutes sinistres, mais vagues, indéfinies comme de mauvais rêves. »

En 1841, il évoque à nouveau le néant de l'avenir : « La civilisation actuelle, décomposée, ne passe pas par la Barbarie ; elle se perd en elle-même ; le vase qui la contient n'a pas versé la liqueur dans un autre vase ; c'est le vase qui est brisé et la liqueur répandue. »

Il ne se résignait pas à la vieillesse : « Les années sont comme les Alpes : à peine a-t-on franchi les premières qu'on en voit d'autres s'élever. Hélas ! ces plus hautes et dernières montagnes sont déshabitées, arides et blanches. »

Comme beaucoup de vieillards, il avait la larme facile. Il dit avoir fait « une folle dépense de larmes » en écrivant à la duchesse de Berry ; près de Charles X ses yeux se mouillaient d'émotion. « Un rien le faisait pleurer », a noté son coiffeur. Il se défendait contre cette émotivité en s'entourant d'une carapace d'insensibilité ; il avait toujours eu le cœur sec ; il devint un monstre d'égoïsme. Avec Mme Récamier il se montrait odieux. Elle a dit à Loménie en 1841 : « M. de Chateaubriand a beaucoup de noblesse, un immense amour-propre, une délicatesse très grande : il est prêt à faire tous les sacrifices pour les personnes qu'il aime. Mais de véritable sensibilité, il n'en a pas l'ombre. Il m'a causé plus d'une souffrance. » Alphonse de Custine rapporte : « M. de Chateaubriand n'a pas 75 ans accomplis, et tout lui manque, mais surtout il se manque à lui-même. Tous les soirs, il fait à cette pauvre femme ses derniers adieux... On la trouve pleurant comme une jeune personne... Elle se dessèche, se désole et ni elle ni leurs amis ne peuvent rien contre ce vieux enfant gâté. » La duchesse de Dino note en 1842 : « [Barante] me dit aussi que M. de Chateaubriand, qu'il rencontre à l'Abbaye-aux-Bois chez Mme Récamier, est devenu grognon, taciturne, mécontent de tout et de tous. La tâche de Mme Récamier est difficile, car il s'agit de calmer l'irritation d'un orgueil malade et de suppléer aux émotions du succès. »

Il avait achevé ses *Mémoires* — qu'il continua cependant à revoir jusqu'à sa mort — en 1841. En 1843, à l'instigation de son confesseur, il commença une *Vie de Rancé*. Il vivait de plus en plus muré en lui-même. Il écrivait des lettres, surtout à des femmes. Mais il ne lisait plus rien. « Ce n'est pas la vue qui lui manque pour la lecture : c'est le goût même de la lecture », a noté Ballanche. En société, il était taciturne et bougon. Il se portait très mal : à partir de 1840 il fut torturé par des rhumatismes et des accès de toux. Tous les portraits de lui que nous ont laissés ses contemporains à partir de cette date sont sinistres. Une seule exception : Custine, en 1840 ; il écrit : « M. de Chateaubriand est plus vert que jamais et plus vrai que dans sa jeunesse... Depuis qu'il n'espère plus rien faire, il a gagné de la sincérité... Je l'aime mieux comme il est à présent. » Mais trois ans plus tard il trouve cette « sincérité » inconvenante : « La vieillesse rend le grand écrivain envieux et impudent. Il dit tout ce qu'il taisait. » Cette même année, Ballanche s'inquiète de la santé de son ami : « M. de Chateaubriand s'affaisse cruellement... La vraie vieillesse est survenue. »

Il fut tout de même capable de se rendre à Londres pour y rencontrer le duc de Bordeaux. Ce fut une des plus grandes joies de sa vieillesse. Le prince lui manifesta les sentiments les plus chaleureux : il venait s'asseoir au bord de son lit, il se promenait seul avec lui en voiture. Chateaubriand se sentit « ravi et plein d'espoir » mais son bonheur ne se manifestait que par des larmes : « Je suis là à pleurer comme une bête », note-t-il. Cuvillier-Fleury écrivit à des amis : « Chateaubriand a été pitoyable et n'a su que pleurer... Il avait plutôt l'air de ces pleureuses qui suivent les convois que d'un précurseur convaincu de la renaissance légitimiste et ses larmes ont désespéré ses amis. »

En 1844, il subit un choc qui acheva de l'ébranler : Émile Girardin avait acheté le droit de publier les *Mémoires d'outre-tombe* en feuilleton dans *La Presse* avant qu'ils ne paraissent en volumes. Le contrat signé en 1836 n'avait pas prévu cette éventualité et aucune disposition ne l'interdisait. Il poussa un cri d'indignation, dans une préface qui resta inédite : « Sans respect pour ma volonté absolue, sans déférence pour ma mémoire, on vendra mes idées en détail. » Il était blessé en tant qu'écrivain, et dans sa dignité d'homme. Il reprit de nouveau son manuscrit, supprimant des passages qui dans cette nouvelle perspective lui semblaient indiscrets. L'œuvre ne trouva qu'en 1847 sa forme définitive.

En 1845, Chateaubriand eut encore la force d'aller à Venise pour y rencontrer une seconde fois le duc de Bordeaux. Mais il était de plus en plus silencieux, immobile et morne. En 1846, Manuel fut frappé par son aspect : « Il était vieux, très vieux et comme honteux de l'être, si cassé que le vieillard avait déformé l'homme. » Il exagérait sa surdité, s'enfermait des heures dans le mutisme et restait immobile dans son fauteuil, comme paralysé.

Par moments il revenait à la vie : « Eh bien ! écrit Sainte-Beuve, cet homme-là que nous avons vu à la fin assis, muet, maussade, disant non à toutes choses, il a des retours charmants, des éclairs. » Mais peu à peu il acheva de se pétrifier. Hugo écrit en 1847 : « [Alexis de Saint-Priest] avait vu ce matin M. de Chateaubriand, c'est-à-dire un spectre. M. de Chateaubriand est complètement paralysé ; il ne marche plus, il ne remue plus. Sa tête seule vit. Il était très rouge, avec l'œil triste et éteint. Il s'est soulevé, il a prononcé quelques sons indistincts. »

Sa femme mourut en 1847. Mᵐᵉ Récamier était devenue aveugle : on transportait Chateaubriand à son chevet, et ils se tenaient la main en silence. Il n'avait plus qu'une demi-conscience des événements. En février 1848, le comte d'Estourmel remarque : « Rien n'égale la profonde indifférence avec laquelle M. de Chateaubriand jadis si passionné en politique accepte les révolutions... Quand on lui a appris la chute du gouvernement de Juillet, il s'est borné à dire : " C'est bien. Cela devait arriver ". » Il mourut le lendemain des journées de juin.

Le cas de Lamartine a quelque chose d'exemplaire et d'extrême. J'ai dit — et on a vu — que les chances et les malchances rendent illusoire l'idée de justice immanente. Cependant ce sont les fautes de sa jeunesse et de sa maturité qu'il a payées durement dans son dernier âge.

Jeune il avait aimé l'argent, le luxe, les mondanités, la gloire. Celle qu'il avait conquise comme poète ne lui suffisait pas. Son ambition, c'était de devenir un grand homme politique. Narcissiste, présomptueux, vaniteux, il jouait au grand seigneur et dévora plusieurs héritages. Après avoir essuyé un échec, il fut élu à l'Académie. Sa popularité littéraire était alors immense. Ardent légitimiste, dès qu'il eut l'âge nécessaire il fit campagne pour être député : il fut battu une première fois, puis élu. Répugnant à siéger à droite ou au centre, il avait voulu se situer « au plafond » : au-dessus des partis. Ami de Lamennais — qui d'ailleurs se désolidarisa de sa politique louvoyante —, il souhaitait une « réduction » de l'injustice sociale. Il avait découvert l'existence du prolétariat. Mais il en avait peur et conseillait de ne pas le remuer : « Vous y retrouveriez ce qui est de toute éternité aveuglement, non-sens, jalousie cruelle de toute supériorité sociale, lâcheté et cruauté. » Propriétaire terrien, ardemment attaché à ses biens, il voulait avant tout le maintien de l'ordre ; mais il était hostile au développement du capitalisme et au monde des affaires. Il attaquait les hommes de la Banque, les concentrations industrielles, la féodalité de l'argent, ce qui lui valut beaucoup d'ennemis parmi les nantis. Tout le monde lui reprochait sa versatilité. Élu par les légitimistes, il se prononça en 1834 pour la liberté, puis il soutint des lois réactionnaires.

Furieux contre les conservateurs qui lui avaient infligé plusieurs échecs — on lui avait refusé la présidence de la Chambre —, il rompit en 1843 avec la monarchie bourgeoise et entra dans l'opposition. Plein d'admiration pour soi-même, croyant tout savoir, il pensait de plus en plus qu'il était voué à un grand destin politique. Il décida d'être le héraut de la démocratie. « Songez que vous avez trop aimé le luxe, les chevaux, le jeu. Craignez de trop aimer la popularité », lui dit un ami. C'était en effet sa dernière passion. En 1848, il crut son heure venue. L'opposition triomphait. Le peuple réclamait la République. Il s'en fit le champion. Mais en réalité il redoutait de profonds bouleversements sociaux ; il ne défendit la République que parce qu'il y voyait la forme la plus conservatrice de la société ; en effet, elle implique le suffrage universel qui offre une « issue », une « voie d'évaporation » au « volcan populaire ». Comme en 1848 les paysans l'emportent de beaucoup sur le prolétariat, et qu'ils voteront évidement pour des conservateurs, ce sera le peuple même qui s'opposera aux « rouges ». En fondant la République, le but de Lamartine est de sauver l'ordre. Et c'est ce double jeu qui lui vaut son triomphe de février. Les républicains voient en lui l'homme qui a fait la République ; les autres, l'homme qui a su la contenir. C'est ainsi qu'à 58 ans il apparaît comme « l'homme du salut commun ».

Le 27 février, il écrit à sa nièce : « Légitimistes, catholiques, républicains se rallient à moi comme à un seul parti. » Le 23 avril, il fut élu dans dix départements avec 10 millions de voix. Il écrivait : « Je suis un vrai miracle à mes yeux. Je ne puis être aperçu nulle part sans une émeute d'amour. » Mais l'équivoque sur laquelle reposait cette unanimité devait fatalement se dissiper : on s'aperçut alors que, loin de concilier en lui la droite et la gauche, il ne représentait ni l'une ni l'autre et il fut réduit à rien.

Ce fut la droite qui la première se sentit trahie. Elle aurait voulu qu'il prît seul le pouvoir, et placer sous ses ordres des hommes à elle qui auraient balayé les républicains et déchaîné tout de suite la guerre civile :

il ne voulut pas enterrer si vite l'œuvre dont il était fier. Il refusa le rôle de liquidateur et obtint la nomination d'une commission exécutive de cinq membres. De ce moment-là, il fut haï ; il ne fut élu à la commission qu'en quatrième place, avant Ledru-Rollin, considéré comme un extrémiste et qu'il soutenait. La presse de droite et les salons se déchaînèrent contre lui. On l'accusa d'avoir suscité les événements du 15 mai, où 150 000 Parisiens convoqués par les Clubs envahirent l'Assemblée. Le 21 mai, sur le Champ-de-Mars, la Garde nationale ne l'acclama pas. Cependant toute sa politique préparait le massacre qui le fit détester par le peuple. Il fit nommer Cavaignac ministre de la Guerre et le laissa accaparer des pouvoirs considérables. Il consentit au début de juin à la fermeture des Ateliers nationaux. Quand il comprit que le sang allait couler, il réclama pour empêcher le soulèvement un prodigieux déploiement de force militaire : il ne l'obtint pas. Il démissionna le 24 juin ainsi que toute la commission. Cavaignac fit mitrailler les ouvriers et exerça pendant quelques mois une véritable dictature : la Garde nationale participa au massacre. Lamartine écrivit à sa nièce Valentine : « Je n'ai plus un seul cheveu blond, tout est blanc comme l'hiver. » Et aussi : « Je suis fini comme homme d'État et comme tribun, ce nerf-là est brisé. » Il avait été bien présomptueux et bien étourdi de ne pas prévoir que sa duplicité aboutirait fatalement à ce désastre : le prolétariat ne pouvait pas souffrir qu'on s'appuyât sur lui pour établir un régime qui écraserait ses revendications ; les nantis ne pouvaient étouffer la révolte des travailleurs que dans le sang.

Lamartine fit encore un discours applaudi sur l'élection du président, réclamant qu'il fût nommé au suffrage universel ; mais, candidat sans l'être, il ne recueillit que 17 910 voix contre un million et demi à Cavaignac et cinq millions et demi à Bonaparte : « Il se coucha, croyant avoir la France à son chevet ; il s'endormit dans l'ivresse de lui-même ; il rêva dictature ; il se réveilla : il était seul », écrit Louis Blanc. Toute sa vieillesse fut tragiquement marquée par ces événements ; il ne s'en releva jamais. Il avait dissipé deux ou trois millions d'héritage, la dot de sa femme, cinq ou six millions que lui avaient rapportés ses œuvres. A la fin de 1843, il devait déjà un million deux cent mille francs, et sa dette grandit à cause de ses spéculations malheureuses. Il se mit à écrire frénétiquement pour régler ses créanciers : sa femme n'arrivait pas à copier aussi vite qu'il produisait. Les journaux qu'il fonda furent balayés par le coup du 2 Décembre et il perdit encore de l'argent. Il quitta son bel appartement de la rue de l'Université pour une maison plus modeste ; mais il gardait quatre habitations, une armée de domestiques, des chevaux ; il achetait gilets et souliers par douzaines. Les huissiers, les créanciers le harcelaient. Il croyait avoir le génie des affaires, n'écoutait aucun conseil ; mauvaises récoltes, banqueroutes se succédaient : « Je suis dans le gâchis plus et autant que jamais, las de la lutte et de la vie : espérer et désespérer est pire qu'un simple désespoir. J'en suis là », écrit-il à 65 ans. Il pillait des livres d'histoire pour rédiger des *Vies* de grands hommes. On le traitait d'écrivain public ; on parlait de la « déconsidération de sa vieillesse » ; on l'insultait dans les journaux, on se moquait de lui. Il gardait cependant un orgueil enfantin qui touchait à la paraphrénie : il pensait que le succès lui était dû, que les revers étaient une vengeance du destin, que le monde et Dieu ne s'occupaient que de lui. Il entreprit un *Cours familier de littérature* qui commença à paraître en 1856. Il mendia des souscriptions dans une préface : « Mes années comme le fantôme de Macbeth passent leurs mains par-dessus mon épaule, me montrant du doigt non des couronnes, mais un sépulcre, et plût à Dieu que j'y fusse couché. » Le souvenir des événements de 1848 le hantait : « Heureux les hommes qui meurent à l'œuvre, frappés par les révolutions auxquelles ils furent mêlés ! La mort est leur supplice, oui, mais elle est aussi leur asile. Et le supplice de vivre, le comptez-vous pour rien ? »

Son nom représentait encore quelque chose puisque, en 1857, les amis de Flaubert souhaitaient qu'il intervînt pour défendre *Madame Bovary ;* il louvoya. Il se sentait de plus en plus accablé par la vie : « La vie est un pilori si elle n'est pas un échafaud. Lequel vaut mieux, d'une agonie d'esprit de vingt ans, ou d'un coup de hache d'une seconde ? » Il avait cessé d'écrire des vers ; cependant il composa le célèbre poème, *La Vigne et la maison,* où un vieillard, perdu au milieu d'un monde qui l'oublie, évoque ses souvenirs :

> « Quel fardeau te pèse, ô mon âme,
> Sur ce vieux lit des jours par l'ennui retourné... »

Lui qui avait été un gandin, il se promenait dans un habit râpé, saupoudré de tabac. Il demanda qu'on ouvrît en sa faveur une souscription nationale. Mais il en était si honteux qu'il disait : « Je voudrais être mort. » Et aussi : « Je suis si humilié de mon malheur

que je n'ose plus aller voir un ami de peur d'y
rencontrer un ennemi. » Des amis, il n'en avait pour
ainsi dire plus. A l'Académie, on évitait de lui parler, il
restait dans son coin : « Mon crime est d'avoir servi et
mécontenté tous les partis en les empêchant de s'entre-
tuer à leur gré dans les jours d'anarchie », écrivait-il
amèrement dans un des nombreux manifestes où il
défendait sa cause. Il avait beau les multiplier, la
souscription ne rendait pas. Il se faisait une publicité si
impudique qu'un Américain lui proposa de s'exhiber
deux ans en Amérique, en répétant de ville en ville son
discours sur le drapeau rouge. Il fut obligé de faire
couper les arbres d'un de ses domaines pour subsister,
mais il refusait de vendre ses terres. La municipalité de
Paris lui concéda une assez jolie maison, aux portes de
la ville, mais il n'en resta pas moins aux abois et
désespéré : « Il a des accès de désespoir qui me mettent
hors de moi », disait sa femme.

Sans cesse il revenait sur son passé politique pour
s'en désoler. Il soutenait que l'homme d'État est
supérieur au poète, il regrettait même d'avoir jamais
écrit. En dehors de ces ruminations, il ne parlait que
d'argent : ses interlocuteurs en étaient excédés. En
1860, il finit par accepter de vendre Milly. Aussitôt les
créanciers se précipitèrent : quatre cents défilèrent en
dix-sept jours. Le jour de la vente, il entra dans la
chambre de sa nièce Valentine, une touffe de lierre à la
main : « C'est tout ce qui me reste de Milly », dit-il en
éclatant en sanglots. Il dit un peu plus tard à un ami :
« Mon cher, voulez-vous voir l'homme le plus malheureux qui existe ? Regardez-moi ! »

Sa femme mourut en 1863 et il épousa secrètement
Valentine. En 1867, sa raison commença à s'égarer. Et

il eut l'humiliation de voir l'Empire lui voter une pension. Le 1er mai, il eut une attaque. De plus en plus muré en lui-même, il devint à peu près muet. Un soir, au moment de monter se coucher, il s'assit sur une marche de l'escalier : « A quoi bon ? à quoi bon dormir, recommencer la tâche ? Qu'on me laisse là ! » En 1868, à la campagne, il lui arrivait souvent de s'enfuir après dîner, et on le retrouvait dans les champs. Il mourut cette année-là.

Cette vieillesse atroce, il l'a due en partie aux défauts qui avaient marqué sa jeunesse et sa maturité : frivolité infantile, caprice, vanité, goût de paraître, présomption, absence de sens critique, imprévoyance. Mais avant tout, elle a été la rançon de sa conduite en 1848. Il s'y était montré pleinement lui-même. Par amour de la popularité, il avait joué au conciliateur et il s'était pris à cette feinte alors qu'il n'avait été qu'un hypocrite. Homme de droite par son goût de l'argent et de la dissipation, par son respect des valeurs aristocratiques et sa volonté de maintenir l'ordre, il avait prétendu paraître libéral en défendant la République qui, en fait, convenait à ses desseins réactionnaires. Il s'était fait haïr de tout le monde. Les nantis, qui d'avance se méfiaient de lui, l'avaient honni parce qu'il n'avait pas consenti à n'être que leur docile instrument. Cependant, il les avait servis contre le peuple dont il avait fait semblant d'épouser la cause, et il avait fini par « glisser dans le sang des ouvriers ».

Conclusion

La vieillesse n'est pas une conclusion nécessaire de l'existence humaine. Elle ne représente même pas, comme le corps, ce que Sartre a appelé la « nécessité de notre contingence ». Un grand nombre d'animaux meurent — tels les éphémères — après s'être reproduits, sans passer par un stade dégénératif. Cependant, c'est une vérité empirique et universelle qu'à partir d'un certain nombre d'années l'organisme humain subit une involution. Le processus est inéluctable. Au bout d'un certain temps, il entraîne une réduction des activités de l'individu ; très souvent, une diminution de ses facultés mentales et un changement de son attitude à l'égard du monde.

Le dernier âge a parfois été valorisé pour des raisons politiques ou sociales. Certains individus — par exemple, dans l'ancienne Chine, les femmes — ont pu y trouver un refuge contre la dureté de la condition d'adulte. D'autres s'y complaisent par une sorte de pessimisme vital : si le vouloir-vivre apparaît comme une source de malheur, il est logique de lui préférer une demi-mort. Mais l'immense majorité des hommes accueillent la vieillesse dans la tristesse ou la révolte.

Elle inspire plus de répugnance que la mort même.

Et en effet, plus que la mort, c'est la vieillesse qu'il faut opposer à la vie. Elle en est la parodie. La mort transforme la vie en destin ; d'une certaine manière elle la sauve en lui conférant la dimension de l'absolu : « Tel qu'en lui-même enfin l'éternité le change. » Elle abolit le temps. Cet homme qu'on enterre, ses derniers jours n'ont pas plus de vérité que les autres ; son existence est devenue une totalité dont toutes les parties sont également présentes en tant que saisies par le néant. Victor Hugo, à la fois et à jamais, a 30 ans et 80. Mais quand il avait 80 ans, le présent vécu oblitérait le passé. Cette suprématie est attristante dans les cas — presque tous — où le présent est une dégradation ou même un démenti de ce qui a été. Les événements anciens, le savoir acquis gardent leur place dans une vie éteinte : ils ont été. Quand le souvenir s'effrite, ils sombrent dans une nuit dérisoire : la vie se défait maille après maille comme un tricot usé, ne laissant dans les mains du vieillard que des bouts de laine informes. Pis encore, l'indifférence qui l'a gagné conteste ses passions, ses convictions, ses activités : ainsi quand M. de Charlus ruine par un coup de chapeau l'orgueil aristocratique qui avait été sa raison d'être, quand Arina Pétrovna se réconcilie avec un fils haï. A quoi bon avoir tant travaillé si on s'aperçoit, selon le mot de Rousseau, qu'on a perdu sa peine, si on n'accorde plus aucun prix aux résultats obtenus ? Le mépris de Michel-Ange pour ses « pantins » est déchirant ; si nous l'accompagnons dans son dernier âge, nous éprouvons tristement avec lui la vanité de ses efforts. Mort, ces moments de découragement ne peuvent rien contre la grandeur de son œuvre. Tous les vieillards ne sont pas démissionnaires. Beaucoup se distinguent au contraire par leur entêtement. Mais alors ils deviennent souvent des caricatures d'eux-mêmes. Leur volonté persévère par une espèce de force d'inertie, sans raison, ou même contre toute raison. Ils ont commencé par vouloir en vue d'une certaine fin. Maintenant ils veulent parce qu'ils ont voulu. D'une manière générale, chez eux, les habitudes, les automatismes, les scléroses se substituent aux inventions. Il y a du vrai dans ce mot de Faguet[1] : « La vieillesse est une comédie continuelle que joue un homme pour faire illusion aux autres et à lui-même et qui est comique par cela surtout qu'il joue mal. »

La morale prêche l'acceptation sereine des maux que la science et la technique sont impuissantes à supprimer : la douleur, la maladie, la vieillesse. Supporter courageusement cet état même qui nous diminue, ce serait, prétend-elle, une manière de nous grandir. A défaut d'autres projets, l'homme âgé pourrait s'engager dans celui-ci. Mais c'est jouer sur les mots. Les projets ne concernent que nos activités. Subir l'âge n'en est pas une. Grandir, mûrir, vieillir, mourir : le passage du temps est une fatalité.

Pour que la vieillesse ne soit pas une dérisoire parodie de notre existence antérieure, il n'y a qu'une solution, c'est de continuer à poursuivre des fins qui donnent un sens à notre vie : dévouement à des individus, des collectivités, des causes, travail social ou politique, intellectuel, créateur. Contrairement à ce que conseillent les moralistes, il faut souhaiter conser-

---

1. Il a écrit contre la vieillesse un petit essai rageur : *Les Dix Commandements de la vieillesse.*

ver dans le grand âge des passions assez fortes pour qu'elles nous évitent de faire un retour sur nous. La vie garde un prix tant qu'on en accorde à celle des autres, à travers l'amour, l'amitié, l'indignation, la compassion. Alors demeurent des raisons d'agir ou de parler. On conseille souvent aux gens de « préparer » leur vieillesse. Mais s'il s'agit seulement de mettre de l'argent de côté, de choisir l'endroit de sa retraite, de se ménager des *hobbies,* on ne sera, le jour venu, guère avancé. Mieux vaut ne pas trop y penser mais vivre une vie d'homme assez engagée, assez justifiée, pour qu'on continue à y adhérer même toutes illusions perdues et l'ardeur vitale refroidie.

Seulement ces possibilités ne sont accordées qu'à une poignée de privilégiés : c'est dans le dernier âge que le fossé se creuse le plus profondément entre ceux-ci et l'immense majorité des hommes. En les comparant, nous pourrons répondre à la question posée au début de ce livre : Qu'y a-t-il d'inéluctable dans le déclin des individus ? Dans quelle mesure la société en est-elle responsable ?

On l'a vu : l'âge où commence la déchéance sénile a toujours dépendu de la classe à laquelle on appartient. Aujourd'hui, un mineur est à 50 ans un homme fini tandis que parmi les privilégiés beaucoup portent allégrement leurs 80 ans. Amorcé plus tôt, le déclin du travailleur sera aussi beaucoup plus rapide. Pendant ses années de « survie », son corps délabré sera en proie aux maladies, aux infirmités. Tandis qu'un vieillard qui a eu la chance de ménager sa santé peut la conserver à peu près intacte jusqu'à sa mort.

Vieillis, les exploités sont condamnés sinon à la misère, du moins à une grande pauvreté, à des logements incommodes, à la solitude, ce qui entraîne chez eux un sentiment de déchéance et une anxiété généralisée. Ils sombrent dans une hébétude qui se répercute dans l'organisme ; même les maladies mentales qui les affectent sont en grande partie le produit du système.

S'il conserve de la santé et de la lucidité, le retraité n'en est pas moins la proie de ce terrible fléau : l'ennui. Privé de sa prise sur le monde, il est incapable d'en retrouver une parce qu'en dehors de son travail ses loisirs étaient aliénés. L'ouvrier manuel ne réussit même pas à tuer le temps. Son oisiveté morose aboutit à une apathie qui compromet ce qui lui reste d'équilibre physique et moral.

Le dommage qu'il a subi au cours de son existence est plus radical encore. Si le retraité est désespéré par le non-sens de sa vie présente, c'est que de tout temps le sens de son existence lui a été volé. Une loi, aussi implacable que la *loi d'airain,* lui a permis seulement de reproduire sa vie et lui a refusé la possibilité d'en inventer des justifications. Quand il échappe aux contraintes de sa profession, il n'aperçoit plus autour de lui qu'un désert ; il ne lui a pas été donné de s'engager dans des projets qui auraient peuplé le monde de buts, de valeurs, de raisons d'être.

C'est là le crime de notre société. Sa « politique de la vieillesse » est scandaleuse. Mais plus scandaleux encore est le traitement qu'elle inflige à la majorité des hommes au temps de leur jeunesse et de leur maturité. Elle préfabrique la condition mutilée et misérable qui est leur lot dans leur dernier âge. C'est par sa faute que la déchéance sénile commence prématurément, qu'elle est rapide, physiquement douloureuse, moralement affreuse parce qu'ils l'abordent les mains vides. Des individus exploités, aliénés, quand leur force les quittent, deviennent fatalement des « rebuts », des « déchets ».

C'est pourquoi tous les remèdes qu'on propose pour pallier la détresse des vieillards sont si dérisoires : aucun d'eux ne saurait réparer la systématique destruction dont des hommes ont été victimes pendant toute leur existence. Même si on les soigne, on ne leur rendra pas la santé. Si on leur bâtit des résidences décentes, on ne leur inventera pas la culture, les intérêts, les responsabilités qui donneraient un sens à leur vie. Je ne dis pas qu'il soit tout à fait vain d'améliorer, au présent, leur condition ; mais cela n'apporte aucune solution au véritable problème du dernier âge : que devrait être une société pour que dans sa vieillesse un homme demeure un homme ?

La réponse est simple : il faudrait qu'il ait toujours été traité en homme. Par le sort qu'elle assigne à ses membres inactifs, la société se démasque ; elle les a toujours considérés comme du matériel. Elle avoue que pour elle seul le profit compte et que son « humanisme » est de pure façade. Au XIXᵉ siècle, les classes dominantes assimilaient explicitement le prolétariat à la barbarie. Les luttes ouvrières ont réussi à l'intégrer à l'humanité. Mais seulement en tant qu'il est productif. Les travailleurs vieillis, la société s'en détourne comme d'une espèce étrangère.

Voilà pourquoi on ensevelit la question dans un silence concerté. La vieillesse dénonce l'échec de toute notre civilisation. C'est l'homme tout entier qu'il faut refaire, toutes les relations entre les hommes qu'il faut recréer si on veut que la condition du vieillard soit acceptable. Un homme ne devrait pas aborder la fin de sa vie les mains vides et solitaire. Si la culture n'était pas un savoir inerte, acquis une fois pour toutes puis oublié, si elle était pratique et vivante, si par elle l'individu avait sur son environnement une prise qui s'accomplirait et se renouvellerait au cours des années, à tout âge il serait un citoyen actif, utile. S'il n'était pas atomisé dès l'enfance, clos et isolé parmi d'autres atomes, s'il participait à une vie collective, aussi quotidienne et essentielle que sa propre vie, il ne connaîtrait jamais l'exil. Nulle part, en aucun temps, de telles conditions n'ont été réalisées. Les pays socialistes, s'ils s'en approchent un peu plus que les pays capitalistes, en sont encore bien éloignés.

Dans la société idéale que je viens d'évoquer, on peut rêver que la vieillesse n'existerait pour ainsi dire pas. Comme il arrive en certains cas privilégiés, l'individu, secrètement affaibli par l'âge, mais non pas apparemment diminué, serait un jour atteint d'une maladie à laquelle il ne résisterait pas ; il mourrait sans avoir subi de dégradation. Le dernier âge serait réellement conforme à la définition qu'en donnent certains idéologues bourgeois : un moment de l'existence différent de la jeunesse et de la maturité, mais possédant son propre équilibre et laissant ouverte à l'individu une large gamme de possibilités.

Nous sommes loin de compte. La société ne se soucie de l'individu que dans la mesure où il rapporte. Les jeunes le savent. Leur anxiété au moment où ils abordent la vie sociale est symétrique de l'angoisse des vieux au moment où ils en sont exclus. Entre-temps, la routine masque les problèmes. Le jeune redoute cette machine qui va le happer, il essaie parfois de se défendre à coups de pavé ; le vieux, rejeté par elle, épuisé, nu, n'a plus que ses yeux pour pleurer. Entre les deux la machine tourne, broyeuse d'hommes qui se laissent broyer parce qu'ils n'imaginent pas même de pouvoir y échapper. Quand on a compris ce qu'est la condition des vieillards, on ne saurait se contenter de réclamer une « politique de la vieillesse » plus généreuse, un relèvement des pensions, des logements sains, des loisirs organisés. C'est tout le système qui est en jeu et la revendication ne peut être que radicale : changer la vie.

APPENDICES

Les centenaires

Il faut dire quelques mots sur une catégorie de vieillards
très particuliers : les centenaires. En 1959, il y en avait en
France de 600 à 700, dont la majorité se trouvait en Bretagne.
La plupart ne dépassent pas 102 ans. Entre 1920 et 1942,
aucun décès ne s'est produit plus tard que 104 ans. Il y a
beaucoup plus de femmes que d'hommes parmi les centenaires : le docteur Delore, qui a dirigé l'enquête de 1959, estime
que la proportion est supérieure à 4 sur 5. Il a compté
24 femmes sur un ensemble de 27 individus. Elles avaient
fait les métiers les plus divers. Retirées depuis trente à
quarante ans, elles vivaient à la campagne chez leurs enfants
ou leurs petits-enfants ; quelques-unes se trouvaient à l'hospice ou dans des maisons de repos. Elles avaient perdu leur
mari de vingt à quarante ans plus tôt. Leur situation
économique était très modeste. Toutes étaient maigres :
aucune n'avait jamais dépassé 60 kilos. Elles étaient gour-
mandes, mais mangeaient peu. Beaucoup d'entre elles étaient
robustes ; les hommes aussi : l'un d'eux, à plus de 99 ans,
jouait au billard. Certaines tremblaient un peu, elles avaient
l'oreille dure, la vue basse, mais sans être sourdes ni
aveugles. Elles dormaient bien. Elles s'occupaient à lire, à
tricoter, à se promener un peu. Lucides, elles avaient une
bonne mémoire, un caractère indépendant, égal et même gai,
un vif sens de l'humour et le goût des relations sociales.
Autoritaires, elles traitaient en jeunes gens leurs enfants de
70 ans. Elles se plaignaient parfois de la nouvelle génération ;
mais leur époque les intéressait, elles se tenaient au courant

de ce qui se passait. L'hérédité semblait un des facteurs de leur longévité. Elles n'avaient aucun antécédent pathologique et n'avaient souffert d'aucune affection chronique. Elles ne semblaient pas craindre la mort. Leur comportement était dans l'ensemble très différent de celui des vieillards moins âgés. Est-ce parce qu'ils étaient d'une exceptionnelle santé physique et morale qu'ils avaient survécu ? Ou la satisfaction d'avoir vécu si vieux leur donnait-elle la sérénité ? L'enquête ne répond pas à cette question.

Le docteur Grave E. Bird a présenté à la Société orientale de psychologie une étude poursuivie pendant vingt années et qui porte sur 400 personnes de plus de 100 ans. Ses conclusions concordent avec celles du docteur Delore : « La plupart des individus de ce groupe échafaudent pour l'avenir des plans précis, s'intéressent aux affaires publiques, manifestent des enthousiasmes juvéniles, ont leurs dadas, un sens aigu de l'humour, l'appétit solide, une résistance extraordinaire. Jouissant en général d'une parfaite santé intellectuelle, ils sont optimistes et n'expriment pas la moindre crainte de la mort. »

Des centenaires observés aux U.S.A. donnaient la même impression : ils étaient actifs et heureux. Visher a observé deux hommes de plus de 100 ans qui étaient actifs, heureux et semblaient en bonne santé : cependant, l'autopsie a révélé qu'ils avaient de nombreux organes malades.

En 1963, la presse cubaine consacra une page à quelques vieillards qui étaient plus que centenaires. Parmi ceux-ci il y avait un ancien esclave noir particulièrement intéressant dont un ethnologue recueillit les souvenirs au magnétophone. Les recoupements historiques indiquent qu'il avait vraiment les 104 ans qu'il s'attribuait. Sa mémoire excellente — bien qu'un peu brouillée pour certaines périodes — lui a permis de récapituler toute sa vie. Il avait les cheveux blancs, il était en bonne santé ; un peu méfiant au début des entretiens, il accueillit ensuite avec beaucoup de bonne grâce les questions de son interlocuteur et répondait d'abondance. Il avait la pleine possession de ses facultés intellectuelles [1].

Beaucoup des prétendus centenaires qu'on rencontre dans

---

1. *Esclave à Cuba,* par Miguel Barnet, éd. Gallimard.

des régions reculées ne le sont sans doute pas : faute de certificats de naissance, ils peuvent s'attribuer avec bonne foi un âge fantaisiste. Mais ceux qui ont vraiment dépassé 100 ans sont presque toujours des individus exceptionnels.

R. E. Burger : *Qui s'occupe des personnes âgées*[1] *?*

Un Américain sur dix environ a plus de 65 ans, et cette proportion augmente chaque année. Les deux tiers de ces Américains souffrent de quelque maladie chronique — hypertension, arthrite, diabète ou autre... Et cependant il n'y a que 30 000 institutions, de natures diverses, destinées à s'occuper d'eux, le nombre de lits ne permettant d'en prendre en charge qu'un sur cinquante. En outre, la majorité des personnes âgées ne répondent pas aux conditions requises par les lois *Medicare* et *Medicaid*. Le revenu moyen annuel d'une personne seule de plus de 65 ans est de 1 055 dollars par an, et 30 % — seuls ou mariés — vivent dans la pauvreté. Pour des soins même très limités, leur famille doit donc avoir la possibilité de payer l'équivalent d'un salaire mensuel net.

Le problème financier posé par les institutions pour vieillards est le reflet d'un problème plus fondamental. Quelle est la place des personnes âgées en Amérique ? La plupart des Américains considèrent comme acquise l'hypothèse selon laquelle les gens âgés se trouvent beaucoup mieux quand ils sont entre eux. Nous semblons croire que leurs besoins médicaux sont particuliers, et qu'ils sont traités avec plus d'efficacité si on les groupe entre eux ; que leurs intérêts et leur sensibilité sont protégés quand ils se trouvent

1. Article paru dans le *Saturday Review* du 25 janvier 1969.
Robert E. Burger est, avec Richard Garvin, l'auteur d'*Où ils vont pour mourir (Where they go to die).*

parmi des gens de leur âge, et qu'ils sont plus heureux et vivent plus longtemps quand ils sont loin des pressions du monde, de la jeunesse et de la concurrence. Toutes ces hypothèses sont fondamentalement erronées, mais il est facile de comprendre quelles pressions nous y ont amenés. Nous n'avons pas été capables de nous attaquer au problème essentiel des gens âgés, celui de la réadaptation. En 1966, une étude portant sur 2 000 patients pris en charge par la Sécurité sociale *(Welfare patients)* dans les *nursing homes* de New York conclut qu' « une réadaptation satisfaisante des vieillards séjournant dans les *nursing homes* est pratiquement irréalisable et n'est pas rentable pour la société... Le maximum d'efforts en vue d'une réadaptation devrait être fait plus tôt, et ailleurs que dans ces établissements. » Nous avons l'habitude de considérer ces établissements non pas comme un lieu de réadaptation, mais comme le « dernier recours » pour les vieillards « difficiles ». Le principe qui est à la base de toute réadaptation (maintien de l'activité du patient) a été rendu systématiquement inapplicable par les méthodes de recrutement et de financement de ces établissements. Les vieillards qui sont cloués à leur lit reçoivent des indemnités plus élevées de la Sécurité sociale ; ils nécessitent moins d'attention, mais il est rare qu'ils rentrent chez eux.

L'industrialisation rapide de l'Amérique a aussi privé nos vieillards des responsabilités et des fonctions qu'ils avaient dans une société agraire. Devenus improductifs, ils se sentent vite indésirables. Et ainsi s'exerce une double pression tendant à les couper de la société, puisque de leur côté les jeunes considèrent cette tendance comme psychologiquement justifiée. Le cadre supérieur prend sa retraite plus tôt puisque le fait d'avoir atteint la cinquantaine l'écarte de la course à la promotion. L'ouvrier achète une part dans un village de retraite (l'âge maximum, autrefois de 53 ans, est maintenant abaissé à 45) parce que ses enfants adultes n'ont plus de contacts avec lui.

Ces pressions psychologiques, qui tendent à accentuer le fossé entre jeunes et vieux, ont été renforcées de manière paradoxale par un courant venu d'une autre source. Le miracle qui a rendu la vieillesse possible pour tant d'Américains l'a aussi rendue plus décevante. La médecine moderne a fait passer la durée de vie moyenne de l'homme américain de 49 ans en 1900 à presque 70 aujourd'hui. Et cependant, à 65 ans, un homme peut espérer vivre encore quatorze ans — contre treize ans en 1900. Nous avons prolongé la durée de la vie en général, et nous avons ainsi formé un groupe plus important de vieillards, mais nous n'avons pas prolongé la durée de vie des vieillards. Et pire encore, nous n'avons rien fait pour remédier au vide et à la dépendance de leur vie. Au lieu de cela, nous avons placé sur leurs épaules et sur celles de leur famille le fardeau des soins médicaux dont ils ont besoin.

La « solution » américaine (*nursing homes*, maisons pour vieillards, maisons de repos, villages de retraite) nous pose le problème suivant : est-il vraiment meilleur pour les personnes âgées d'être écartées de la société ? Nous avons escamoté le problème des exigences terribles de l'attention médicale requise par les vieillards en écartant tout simplement les malades de la vue du public.

Les dernières innovations sur le marché des valeurs, si l'on en croit la journaliste financière Sylvia Porter, sont les affaires concernant les *nursing homes*. Avant même que le programme *Medicare* ne fût voté et mis en place, des firmes comme Holiday Inn et les hôtels Sheraton avaient déjà prévu l'instauration de chaînes de *nursing homes*. Au moins sept de ces chaînes ont maintenant des actionnaires dans le public et, selon *Business Week*, ces affaires montent en flèche. En comparaison avec ce soudain essor, les programmes financés sur le plan fédéral sont évidemment très en retrait, car ils n'envisagent la construction de maisons pour les personnes âgées que dans le cadre de l'aide aux économiquement faibles. D'autre part, des facilités en matière d'impôts ont rendu possible la gestion, par des organisations religieuses, de groupes d'appartements pour vieillards. Il semblerait donc que, bien que cela continue à revenir très cher à leur famille, l'attention que l'on porte aux vieillards commence à être à la mesure de leurs problèmes médicaux ou sociaux.

Une erreur fausse le problème à la base, cependant. *Medicare* ne couvre qu'une petite minorité de vieillards — ceux qui requièrent des soins posthospitaliers pendant une durée de cent jours au maximum. Selon la loi (titre 18 de l'acte de Sécurité sociale de 1967), sont à la charge de

Medicare les patients nécessitant certaines commodités pour être traités médicalement et nécessitant des soins considérables, c'est-à-dire des soins relevant d'un hôpital et non pas des soins d'une durée ou d'une nature considérable. L'idée de *Medicare* était de faire sortir des hôpitaux les vieillards, quand ils pouvaient être traités de manière adéquate dans un *nursing home* proche d'un hôpital, avant de rentrer chez eux. Pour chaque malade répondant aux conditions requises, *Medicare* donne aux *nursing homes* 16 dollars par jour (pour chambre, repas et soins médicaux). Cela ne cherche nullement à résoudre le problème des vieillards qui veulent se retirer de la société.

Les chaînes de *nursing homes,* que tentent de s'approprier les milieux financiers, se sont développées pour répondre à un besoin bien précis : dispenser des soins de courte durée et relevant d'un hôpital. Le fait qu'un tel marché se soit ouvert pour répondre aux besoins définis de façon pourtant restrictive par le titre 18 de l'acte nous permet de deviner ce qu'était le triste état des *nursing homes* avant *Medicare*. Pour répondre aux conditions posées par *Medicare*, un *nursing home* doit avoir un médecin et une infirmière à sa disposition en cas de besoin, vingt-quatre heures sur vingt-quatre ; mais puisque le *nursing home* dépend par définition d'un hôpital, cela ne pose aucun problème. Le recrutement de spécialistes de physiothérapie — imposés par *Medicare* — n'est aussi qu'une affaire d'argent, car on n'en manque pas. Quant aux « commodités » dont il est question dans la loi *Medicare,* ce sont les *nursing homes*. Cependant l'expression ayant été utilisée à tort et à travers, une nouvelle terminologie est apparue nécessaire. Ces établissements sont officiellement appelés « Maisons de soins à orientation médicale ».

Les « Maisons de soins à orientation non médicale » — ce qui est une contradiction dans les termes — complètent le marché, pour ce qui est des soins de longue durée ou des derniers soins à apporter aux vieillards. Ces établissements — ainsi que ceux qui sont plus correctement dénommés maisons de repos ou maisons pour vieillards — font l'objet d'un autre article de l'acte de Sécurité sociale, le titre 19. Sous le nom de *Medicaid* (mais généralement confondue avec *Medicare*), cette législation a un champ d'application beaucoup plus vaste et concerne l'harmonisation des programmes établis par chaque État. Mais *Medicaid* — ne présente en réalité rien de nouveau en ce qui concerne les personnes âgées, et en bien des cas n'améliore pas la qualité des soins prévus par les programmes de Sécurité sociale de chaque État. Les diverses institutions reçoivent de *Medicaid* les mêmes subventions que lors des précédents programmes (une moyenne de 300 dollars par mois et par patient), la seule différence étant que la contribution financière de Washington est plus importante. *Medicaid* ne fait que donner certaines indications de base en ce qui concerne l'assistance médicale requise par les citoyens de tout âge, mais appartenant à certaines catégories définies par leur revenu. Dans l'État de New York, tout le monde connaît bien le large programme mis en œuvre par le gouverneur Rockefeller dans le cadre de *Medicaid*, qui touche environ une personne sur dix dans l'État. Outre qu'il a permis au public de prendre conscience du fait que les sommes requises par les soins médicaux du public sont astronomiques, le programme *Medicaid* a, au départ, laissé espérer qu'on allait uniformiser et rendre obligatoire un certain niveau de qualification des médecins et des établissements qui sont concernés.

Mais *Medicaid* s'est révélé inefficace pour réglementer les établissements qui, selon cette loi, reçoivent des subventions pour s'occuper des personnes âgées. Ce sont les bureaux compétents de chaque État qui déterminent quels malades seront pris en charge par *Welfare* ou M.A.A. (Aide médicale aux personnes âgées), et quels établissements en seront chargés.

Cela résulte des pressions exercées par les associations de *nursing homes,* lors de la rédaction des clauses essentielles de *Medicaid.* Depuis des années, les autorités responsables de chaque État se heurtent au même problème : comment imposer certaines normes aux établissements pour vieillards, étant donné que beaucoup n'ont pas les qualités requises et qu'une stricte application de la loi risquerait d'empirer la situation de leurs patients ? Lorsqu'on les menace de fermeture, parce qu'ils violent continuellement les réglementations, les directeurs de ces établissements douteux ne font que hausser les épaules : « Qu'allons-nous donc faire ? Les mettre à la rue ? »

Des quelque 30 000 établissements qui dispensent des soins de longue durée aux vieillards, plus de la moitié ne prétendent pas répondre aux conditions requises. Dans la plupart des États, la loi impose la présence, huit heures par jour, d'une infirmière diplômée ou ayant fait un stage de qualification ; cela pour les maisons s'occupant des malades M.A.A. Mais le niveau des infirmières qualifiées n'est pas à la mesure des problèmes psychologiques ou médicaux des vieillards qui y sont soignés. Et le manque d'infirmières diplômées dans les hôpitaux — alors qu'on leur y offre de bons salaires — laisse deviner le niveau des soins dispensés par les infirmières dans les *nursing homes.* Celles-ci ont un salaire moyen de 2,40 dollars par heure si elles sont diplômées ; les infirmières non diplômées ont en moyenne 1,65 dollar, et la moyenne nationale des salaires payés au personnel des *nursing homes* est inférieure à 1,25 dollar. Le terme d' « aide-infirmière » est passé dans le langage courant de la profession et est utilisé par l'administration de ces *nursing homes* pour justifier les bas salaires. Si un bureau chargé de la vérification découvre qu'un de ces établissements ne tient pas compte des règlements qui lui imposent la présence effective d'une infirmière professionnelle, on lui donne un « délai de grâce », jusqu'à ce qu'il remédie à la situation.

Certains de ces établissements profitent de ces délais de grâce pendant plus d'un an. Le Bureau de la Santé de l'Oregon ne fait qu'exprimer un problème très courant quand il déclare que « c'est duper le public que d'appeler ces établissements pour vieillards " maisons de soins médicaux ", alors qu'aucun soin ne peut y être dispensé ».

De leur côté, les États sont les complices de cette duperie, lorsqu'ils refusent de réorganiser leurs services compétents en ce domaine. Et les 300 dollars que paie chaque État pour chaque patient pris en charge ne font que subventionner des établissements qui sont au-dessous du niveau requis et en favorisent la multiplication.

A l'autre extrémité de la profession médicale se situe une autre pratique scandaleuse et tout aussi nocive. C'est que des médecins sont les fondateurs ou les responsables de *nursing homes* dans lesquels ils envoient leurs clients, sans leur dévoiler les intérêts qu'ils y ont. Il y a plusieurs années, l'Union des Consommateurs dénonça cette pratique comme « un scandale honteux qui doit rapidement attirer l'attention de l'Association médicale américaine ». Mais cette association (A.M.A.) défend souvent des intérêts apparentés à ceux de l'Association des Nursing Homes. Loin d'être pris en considération, ce problème a été ouvertement repoussé par les nouveaux promoteurs de *nursing homes*. Le Centre de soins *Four Seasons*, société anonyme, est l'une de ces nombreuses affaires qui financent leurs établissements en vendant des parts aux médecins. *Four seasons* fait état du fait que 50 % de ses lits sont occupés par des clients envoyés par les médecins-actionnaires.

Il y a une menace encore plus dangereuse que ce conflit d'intérêts ; c'est la pression morale autant que financière exercée par le corps médical, qui fait que les *nursing homes* sont considérés comme *la* solution au problème des personnes âgées. La réadaptation à la vie courante ne semble pas être le domaine où faire des investissements rentables.

On peut rétorquer qu'au moins ces nouveaux établissements, dirigés par des médecins, sont en train de remonter le niveau scandaleusement bas qu'a connu cette industrie les trente dernières années. Mais pour un établissement neuf, offrant chambres individuelles, salon de beauté, heure de cocktails et physiothérapie, il en subsiste des douzaines qui font toutes les économies possibles pour réaliser un certain bénéfice sur la subvention de 300 dollars par mois accordée par l'État.

Selon l'Association nationale de Prévention contre le Feu, l'endroit le plus exposé à l'incendie que vous puissiez trouver en Amérique est un *nursing home*. Les incendies y sont particulièrement terrifiants parce que leurs victimes y sont sans défense. Cette Association déclare que le nombre de victimes de ces incendies pourrait être considérablement réduit ou supprimé, si un système d'extincteurs était exigé partout. Mais, dans bon nombre d'États, un tel règlement a été systématiquement combattu par les associations de *nursing homes*, l'argument étant que cette dépense supplémen-

taire causerait la fermeture d'un grand nombre de maisons.
Au cours de l'incendie le plus terrible de l'histoire de l'Ohio,
63 vieillards périrent carbonisés dans un bâtiment moderne
en béton — et cependant l'Association de cet État s'opposa
avec succès à un règlement concernant les extincteurs, ce qui
aurait peut-être rendu de tels incendies impossibles.

Un autre scandale est la façon dont la santé même des
vieillards est menacée. Selon les gérontologues, l'un des
traitements les plus dangereux pour les vieillards non psycho-
tiques est l'inactivité forcée. En raison du système de
prestations *Medicaid* (ainsi que d'autres indemnités *Welfare*,
qui existaient avant *Medicaid*), les malades sont gardés au lit
plus souvent qu'il n'est nécessaire, pour justifier un supplé-
ment de 3 à 5 dollars. Il est aussi plus facile de s'occuper
d'eux quand ils sont couchés ; le risque de chutes qui
coûteraient cher aux assurances est ainsi écarté ; et ce sont
ainsi des hôtes plus assidus ! Mais le fait d'être gardé au lit
n'est que le premier des dangers que l'on fait courir à la santé
du vieillard. Dans les établissements de type courant, en
raison du manque de personnel, on ne tourne pas assez
souvent le malade dans son lit, pour éviter les redoutables
ulcères de décubitus (escarres), qui sont des blessures
ouvertes aussi douloureuses que difficiles à guérir. Il est
courant aussi d'administrer des médicaments sans discernement, soit pour venir à bout des malades, soit par mesure
d'économie, et cela aboutit à des problèmes médicaux
insolubles — tout au moins pour un personnel non qualifié.
Le public n'a pas conscience du mal qui est fait quand on
prive les vieillards de ces petits agréments et de ces activités
dont la vie est faite, et qui, très souvent, donnent un but à la
vie. La nourriture, par exemple, est un problème constant
dans les établissements de catégorie inférieure. Même dans
les États où l'on trouve les meilleurs *nursing homes*, la
nourriture quotidienne de chaque patient revient en
moyenne à 94 cents par jour — et c'est le chiffre que les
établissements eux-mêmes donnent pour avoir droit au
maximum de subventions de la part de l'État. Les vieillards
n'ont pas le sentiment d'avoir un but dans la vie, ni de jamais
rien accomplir, et ce vide est exploité par certains membres
du personnel peu scrupuleux, pour jouer de leur autorité,

pour se défendre quand d'autres abus sont mis en évidence ou pour avoir le sentiment de leur propre importance. On fait peu de cas de la vie privée des patients, et c'est là l'une des plaintes les plus souvent entendues par les visiteurs. Il arrive souvent que les directeurs fassent visiter des groupes de clients éventuels, sans jamais avoir le moindre mot d'excuse ou d'explication pour les pensionnaires ébahis d'être ainsi exhibés.

L'abus le plus grave est peut-être le manque de respect pour la personne du patient. Ceci se produit parfois intentionnellement. Le contrat « soins à vie » *(lifecare)*, bien connu de tous, n'est qu'une simple police d'assurance, payée globalement, à l'avance, par le patient ou par sa famille, et lui garantissant un lit aussi longtemps qu'il vivra. Mais, qu'il vive ou qu'il meure, l'argent est entre les mains de ceux pour qui le décès prématuré du patient sera tout bénéfice. Or, en enlevant au patient son désir de vivre — par des rebuffades, tracasseries et affronts quotidiens —, un *nursing home* peut fort bien tuer un vieillard. Même lorsque les contrats *lifecare* ne sont qu'une sorte de pari raisonnable fait par les deux parties, le ressentiment éprouvé par un vieillard qui se sent de trop ne peut manquer d'avoir ses effets.

En dépit de nombreux articles dans les journaux, en dépit des témoignages volumineux lors de certaines séances au Congrès, et des récits interminables faits par les infirmières, les patients et leur famille, l'attitude officiellement adoptée par l'industrie des *nursing homes* est premièrement de nier qu'il y ait un problème, et deuxièmement de considérer tout document mettant ces abus en évidence comme une tracasserie administrative. Lorsque l'attorney général de Californie fit paraître un rapport accusant des médecins, pharmaciens, hôpitaux et *nursing homes* d'une escroquerie de 8 millions de dollars contre Medical, les porte-parole de ces groupes déclarèrent que l'accusation n'était pas fondée. « Seule, une petite minorité de gens » semble toujours être coupable. Et cependant l'État, qui verse une moyenne de 140 000 dollars par an à chaque *nursing home* subventionné par Medical, assure que la plupart de ces établissements se livrent à des pratiques malhonnêtes (fausses factures, comptes truqués, etc.)

Le département de la Santé, de l'Éducation et de la Sécurité sociale (H.E.W.) a promis de réviser les lois *Medicare* et *Medicaid,* cela après le scandale de la Californie. Cette révision pourrait fort bien être l'occasion d'une étude concernant les problèmes sociaux et médicaux que posent nos établissements pour vieillards — et non pas seulement une enquête sur leurs agissements douteux en matière de comptes.

On a donc l'espoir que des législateurs et des organismes fédéraux vont examiner les solutions qui, de toute évidence, pourraient remplacer ces institutions qui s'occupent des personnes âgées. Dans un domaine semblable, celui des handicapés mentaux, la « désinstitutionnalisation » a déjà commencé. En Angleterre, les trois quarts du village de Botton sont composés d'adultes mentalement déficients, qui ont ainsi le degré d'isolement que leur maladie requiert, mais qui échappent tout de même à l'atmosphère de l'hôpital et à l'emprisonnement psychologique de l'institution. Lors de récentes conférences aux États-Unis, des spécialistes en la matière ont réclamé qu'un terme soit mis aux « primes » que l'État accorde aux institutions spécialisées pour tout malade, ce qui nuit à la recherche de toute autre forme de soins.

En ce qui concerne les solutions de rechange, on peut envisager deux lignes d'action : que l'accent soit mis beaucoup plus sur leur réadaptation, et que l'on traite les vieillards comme des personnes, non comme des malades. Pour que cela réussisse largement, il faudrait que la réadaptation (sociale, psychologique et physique) apparaisse comme tout aussi rentable que les « soins ultimes ». *Medicare,* qui se limite aux soins médicaux importants et de courte durée, est un premier pas en ce sens. Mais malheureusement, cet esprit nouveau a été noyé au milieu des conditions plus vagues posées par *Medicaid.*

Il est possible que le moyen le plus simple d'encourager la réadaptation soit de verser les prestations *Medicare* ou *Medicaid* directement aux personnes concernées, plutôt qu'aux établissements qui les prennent en charge. Des prestations pourraient être versées aux familles, pour des traitements médicaux précis, sous surveillance médicale, et également pour que certains soins leur soient dispensés à domicile, lorsque ces vieillards n'ont pas de parents adultes auprès d'eux. Si cette méthode paraît moins efficace que des soins de masse dispensés dans une institution, que l'on considère le succès de *Homemakers.* Cette société anonyme à but lucratif est maintenant établie dans quelque quinze grandes villes et dispense soit des soins, soit une aide à domicile, à des prix bien inférieurs à ceux des *nursing homes* ou des maisons de retraite. Des services semblables sont rendus dans certains districts urbains par des groupes philanthropiques.

Le fait essentiel est que *Medicare* ne donne de soins à domicile qu'en cas d'urgence, et que *Medicaid* les limite à quatre heures par jour. Beaucoup trop de vieillards, ayant désespérément besoin de quelque aide ou de quelque attention, se trouvent pris au piège des règlements de chaque État, ou des règlements fédéraux, pour la simple raison que ces règlements sont établis selon les nécessités rigides des établissements divers et ne correspondent pas à la variété des besoins individuels. Pour l'instant, les services du H.E.W. sont en train d'étudier une forme « intermédiaire » par rapport à *Medicare,* qui prendrait en considération des besoins médicaux moins limités que ceux des convalescences posthospitalières. Étant donné que nous nous sommes tant engagés dans la voie des établissements pour vieillards, cette perspective nous donne au moins un peu d'espoir.

Les amendements apportés à *Medicaid,* et qui doivent s'appliquer en 1969, montrent que le Congrès n'est pas sans reconnaître les défauts du système actuel. Bien que la mise en œuvre de ces amendements soit toujours de la compétence des différents États, il est prévu que les services rendus ne seront plus limités aux soins dispensés par les établissements pour vieillards, et que, d'autre part, un niveau plus élevé de qualification sera exigé de la part de ces établissements — les propriétaires des *nursing homes* devront être connus du public, les dépenses pharmaceutiques devront être vérifiées, et le niveau des soins donnés sera comparable à celui de *Medicare.* Les règlements concernant la sécurité en cas d'incendie devront être appliqués dans tous les établissements dépendant de *Medicaid* avant le 31 décembre 1969.

Une stricte application des clauses de *Medicaid* au niveau

de chaque État sera nécessaire pour que disparaisse la menace que constituent les établissements sous-équipés. Les associations de *nursing homes* doivent comprendre que l'application de la loi — tout comme la mise au grand jour de documents tel que le rapport de l'attorney général de Californie — ne peut que les aider, non leur nuire. Dans une société fondée sur la concurrence et le profit, les besoins en bons *nursing homes* ne sont pas près de disparaître. Et en même temps vingt millions de vieillards américains ont besoin d'être soignés avec justice, humanité et respect ; et ce besoin fondamental ne peut rester insatisfait.

Charles Boucher, chef des services médicaux au ministère britannique de la Santé, déclare : « Notre philosophie est que les personnes âgées veulent rester chez elles, au milieu de leurs possessions et de leurs souvenirs. Que ce soit dans une maison confortable ou non, grande ou petite, cela n'a pas d'importance. Nous considérons que c'est là qu'ils doivent être... que c'est là qu'elles se sentent en sécurité et en confiance. Il est tentant de croire que c'est une question d'institutions spécialisées, mais je pense que cette solution serait un peu comme de condamner les vieilles voitures à la ferraille. »

(Traduction Françoise Olivier.)

La condition des vieux travailleurs
dans les pays socialistes

Alors que l'employé verse une cotisation — moindre que celle de l'employeur — en France, Grèce, Italie, Portugal, Turquie, deux fois plus élevée en Islande, en U.R.S.S. et dans les démocraties populaires la Sécurité sociale est financée entièrement par des organismes publics et sociaux, sauf en Hongrie où une contribution est réclamée aux travailleurs. L'économie de ces pays étant planifiée, leur politique de la vieillesse s'intègre dans l'ensemble du plan et n'est pas contrariée par le jeu des intérêts particuliers. Le sort des gens âgés devrait y être mieux aménagé que dans les pays capitalistes. Il ne semble malheureusement pas qu'il en soit toujours ainsi.

Les sources de mes renseignements sont diverses. Ce sont parfois des rapports officiels. Parfois des informations fournies par des particuliers. Dans un cas comme dans l'autre il est difficile d'en apprécier la valeur exacte. Je les donne sous toutes réserves, à titre d'indications.

*

En U.R.S.S., d'après des sources officielles, voici comment la situation se présente.

On compte 20 millions de personnes de plus de 60 ans : à peu près 10 % de la population. Le droit à la Sécurité sociale, inscrit dans la Constitution en 1936, avait été reconnu dès l'instauration du régime soviétique. Son application s'en est progressivement étendue et précisée. Jusqu'en 1964, les

kolkhoziens n'en bénéficiaient pas : ils s'assuraient grâce à
des caisses de secours mutuel. En 1964, une législation
sociale particulière a été instaurée pour eux. Coopérateurs,
artistes, gens de maison bénéficient aussi d'un régime
spécial. Tous les salariés bénéficient du régime général. La
pension est attribuée aux hommes à 60 ans s'ils ont 25 ans
d'activité salariée, aux femmes à 55 ans avec 20 ans d'activité
salariée ; pour les travaux pénibles la retraite est fixée pour les
hommes à 50 ans, avec 20 ans d'activité salariée, pour les
femmes à 45 ans avec 15 ans d'activité salariée. Des
augmentations sont prévues pour dépassement d'au moins 10
ans du nombre d'années de travail exigé. Le budget d'État
des pensions, qui était de 2,9 milliards de roubles en 1955, a
été relevé par une loi, en 1956 ; il était en 1965 de 10,5
milliards de roubles.

Plus le salaire est bas, plus le coefficient qui lui est
appliqué pour calculer la pension est élevé : jusqu'à un
salaire mensuel de 35 roubles, le pensionné touche 100 % ;
au-dessus de 100 roubles, il ne touche que la moitié. La
pension maximum est fixée à 120 roubles. Les pensionnés
ont le droit de travailler jusqu'à concurrence d'un salaire
mensuel de 100 roubles ; leur travail est contrôlé par des
commissions de Sécurité sociale : environ 2 % des retraités
travaillent (y compris les kolkhoziens).

Il est de tradition, même dans les villes, que les vieux
parents habitent avec leurs enfants. On encourage cette
solution dans tous les pays socialistes à cause de la crise des
logements. Les femmes y travaillent dans une très grande
proportion. On les met à la retraite plus tôt que les hommes
afin que les grand-mères pensionnées remplacent la mère à la
maison. J'ai dit les inconvénients de cette formule. Une
grand-mère qui assume les tâches de la mère en tire peu de
gratifications ; elle n'est qu'une suppléante à l'autorité incertaine. Les enfants peuvent lui être ôtés, par exemple si le
jeune couple va se fixer dans un endroit lointain où elle ne
pourra pas le suivre. Du moins les vieillards ne finissent-ils
pas leurs jours dans la solitude.

D'ailleurs, en U.R.S.S., ils peuvent aussi vivre de leur
côté ; ils habitent des logements classiques et des « Foyers ».
Ces dernières années, un nombre important de personnes

âgées ont été logées dans des immeubles spéciaux où elles occupent les étages inférieurs. Il existe un grand nombre de maisons de retraite situées en général dans les zones suburbaines. Dans la plupart, le confort est modeste mais on y propose aux pensionnaires de nombreuses activités culturelles et des distractions. Ils sont beaucoup moins abandonnés que chez nous par les familles et par la société.

L'intégration du citoyen à la vie politique et sociale étant beaucoup plus étroite, la personne âgée ne se sent pas exclue de la communauté, elle conserve des activités, soit au sein du Parti, soit dans son quartier, sa maison, etc.

Le niveau de vie, dans l'ensemble du pays, est plus bas qu'en France. Mais le salaire du retraité est beaucoup moins éloigné que chez nous de celui qu'il touchait auparavant ; il a une existence beaucoup plus décente que nos économiquement faibles.

Ce tableau est peut-être un peu trop optimiste. Il ne faut pas oublier qu'en U.R.S.S. — et dans la plupart des pays socialistes — le salaire officiel ne représente que 60 % environ des ressources réelles des travailleurs. C'est sur cette somme que leur pension est calculée. Pour connaître la véritable condition des retraités, il faudrait savoir si le « travail noir », les « combines » qui leur permettent de boucler leur budget demeurent possibles pour les gens âgés. Sinon leur niveau de vie subit une chute considérable.

*

J'ai reçu de Hongrie le rapport suivant.

Comme partout ailleurs dans le monde, la vieillesse s'accompagne, en Hongrie, de problèmes touchant, en même temps que chacun des individus concernés, l'ensemble de la société. Le faisceau des problèmes de la vieillesse se compose, d'une part, d'éléments généraux inhérents aux atteintes de l'âge, et, d'autre part, d'éléments qui relèvent spécifiquement de la forme de la société. Cette dernière catégorie d'éléments est, par conséquent, variable selon les pays. Les traits spécifiques de la Hongrie dessinent le tableau suivant.

Au cours de ces dernières vingt-cinq années, le tracé démographique atteste d'un vieillissement de la population.

Celui-ci découle de la conjonction de la progression démographique et de la prolongation de la longévité moyenne.

On sait qu'après la marée natalitaire du début des années 1950, la décennie suivante a été marquée par un net reflux; alors qu'en 1954 le record en matière de natalité avait atteint 23‰, en 1962 elle avait baissé jusqu'à 12,9‰. Et bien qu'au cours de ces trois dernières années, cette tendance descendante ait été relayée par une courbe ascendante — pour atteindre en 1968 la proportion de 15‰ —, le long processus antérieur avait tout de même causé un relatif vieillissement de la population.

Simultanément, dans son acception absolue également, la population de la Hongrie a vieilli, phénomène qui est dû pour beaucoup à l'ensemble des mesures sociales, économiques, sanitaires et culturelles intervenues au cours des vingt-cinq années passées et qui ont eu pour effet de prolonger la durée moyenne de la vie. En effet, en 1941, la longévité prévisible à la naissance était, en Hongrie, de 54,9 ans pour les hommes et de 58,2 ans pour les femmes; actuellement, ces mêmes prévisions sont de 67 ans pour les hommes et de 71,8 ans pour les femmes. Ainsi, depuis la fin de la Seconde Guerre mondiale, le nombre et la proportion des personnes âgées de 60 ans et plus ont considérablement grandi. En 1941, on comptait dans ce pays 997 400 personnes de plus de 60 ans, soit 10,7 % de la population; en 1949, ces chiffres sont passés à 1 073 000 et 11,6 %; en 1960, ils sont montés à 1 372 700 et 13,8 %; en 1968, les chiffres les plus récents attestent de 1 685 000 personnes de plus de 60 ans, représentant 16,4 % de la population.

Conformément à ce processus de vieillissement de la population hongroise, le groupe de recherches démographiques de l'Office central des Statistiques prévoit qu'en 1975 le pourcentage des personnes âgées de 60 ans et plus sera de 18,5 %. Et même si le taux de naissances devait à nouveau connaître une montée en flèche, ce processus de vieillissement ne s'en poursuivrait pas moins car, de génération en génération, la longévité moyenne ne manquera sans doute pas de se prolonger encore. Ainsi, de nos jours, la moyenne des chances de longévité des hommes et des femmes de grand âge se présente de la manière suivante :

Age présent (années)	Chances des hommes (années)	Chances des femmes (années)
60	+ 15,88	+ 18,33
70	+ 9,75	+ 10,99
80	+ 5,27	+ 5,76

En Hongrie aussi, les trois problèmes principaux des vieillards résident dans les moyens d'existence, la maladie et la solitude. L'État socialiste apporte une notable contribution à l'atténuation de ces problèmes, d'une part, à l'aide du système des prestations sociales et, d'autre part, par le truchement de l'ensemble de sa politique sociale. A cet égard, il convient de noter l'importance des changements et progrès qui, par rapport à la situation d'il y a vingt-cinq ans, se sont produits. D'une manière plus générale, la modification des principes a été radicale ; ainsi, alors qu'auparavant, par les différences quantitatives et qualitatives de leurs prestations selon les diverses catégories de travailleurs, les anciens offices d'assurances sociales procédaient à des discriminations, la nouvelle législation, s'élaborant au fur et à mesure de l'instauration du socialisme, a créé une Sécurité sociale homogène. Dans la pratique, ces changements et progrès se sont exprimés dans le fait que, d'une part, le nombre des bénéficiaires des prestations sociales n'a cessé d'augmenter, finissant par englober aussi les paysans qui, avant la Libération de 1945, étaient d'emblée exclus de la jouissance de toute sécurité sociale ; d'autre part, au fur et à mesure de la consolidation économique de l'État, l'importance des prestations a continûment et notablement augmenté.

De nos jours, 97 % de la population hongroise — donc, pratiquement, son ensemble — bénéficie de la Sécurité sociale. Cependant, ce chiffre statistique de 97 % appelle des explications de deux points de vue. Premièrement, du point de vue de l'évolution ; en effet, de 31 % en 1938, à 47 % en 1950, puis 85 % pour 1960, la proportion des bénéficiaires n'a cessé d'augmenter. Deuxièmement, du point de vue des 3 % absents du chiffre statistique des bénéficiaires ; il s'agit ici surtout de vieillards qui avaient jadis exercé des professions libérales et qui ne s'étaient donc pas préoccupés de s'assurer de retraites ; bien qu'aujourd'hui non plus ils ne soient pas pensionnés, en cas de maladie et s'ils en ont besoin, ils jouissent néanmoins de certaines prestations sociales, des soins médicaux gratuits, de la gratuité des médicaments et de l'hospitalisation. Ainsi, en Hongrie, la vieillesse s'inscrit dans la perspective de l'assistance de la société socialiste.

Quant aux moyens d'existence, ils sont assurés pour la grande majorité (les trois quarts) des vieillards par la loi dite homogène des pensions et retraites. Un peu moins du quart des vieillards qui ne bénéficient pas de ces versements, parce qu'ils ne s'en sont pas assuré le droit, obtiennent cependant de l'État des secours réguliers, sauf si la bonne situation matérielle de leurs familles est telle qu'elle doit permettre de les entretenir. A propos de cette catégorie de vieillards, notons encore que le nombre des bénéficiaires réguliers des secours de l'État s'élève à 150 000, et que même ceux qui sont à la charge de leurs familles jouissent des diverses prestations médicales et hospitalières de la Sécurité sociale.

Si la loi des pensions et retraites est dite « homogène », c'est parce qu'elle garantit des droits égaux et identiques à tous les travailleurs. En effet, avant la Libération, le régime des retraites était conçu de telle façon qu'il procédait à des discriminations selon les classes et couches sociales, accordant des privilèges à telle ou telle d'entre elles, ce qui ne manquait pas de causer des mécontentements. La première loi homogène des pensions et retraites de la Hongrie socialiste date du 1er janvier 1952, la seconde (qui développait la première) a été promulguée le 1er octobre 1954 ; quant à la troisième, actuellement en vigueur, qui a plusieurs fois modifié les précédentes et étendu leurs avantages, elle existe depuis le 1er janvier 1959.

Les traits essentiels de ce système de pensions et retraites sont les suivants : il intéresse aussi bien les ouvriers que les employés, les travailleurs intellectuels, les membres des coopératives agricoles et artisanales que les artisans privés, donc toutes les couches de la société ; il étend son bénéfice également aux membres des familles des assurés et ayants droit, il couvre la vieillesse et l'invalidité ; il concerne plus spécialement les vieux mais, en cas de décès d'un ayant droit à la retraite, il garantit ses versements à sa veuve, à ses parents ou grands-parents qui étaient auparavant à sa charge.

Actuellement, l'âge de la retraite pour les salariés est fixé à 55 ans pour les femmes et à 60 ans pour les hommes ; dans l'agriculture coopérative, cet âge est fixé à 60 ans pour les femmes et 65 pour les hommes ; quant à ceux qui ont travaillé pendant vingt-cinq ans pour les hommes, et vingt ans pour les femmes, dans des emplois nuisibles à la santé, l'âge de la pension de vieillesse est avancé de cinq ans. La loi des pensions et retraites procède d'ailleurs à une énumération détaillée de ces travaux insalubres ; elle définit des différences entre leurs catégories, accordant par exemple un avantage particulier à ceux qui ont travaillé pendant quinze ans à des postes où la pression atmosphérique dépassait l'unité.

Le montant de la retraite est déterminé par le nombre des années de service et la moyenne des salaires perçus. Pour obtenir une retraite de pleine valeur, il fallait avoir, en 1969, travaillé pendant vingt-quatre ans ; à partir de 1970, ce temps de service devra être de vingt-cinq ans ; quant à ceux qui peuvent attester d'au moins dix années de travail (donc d'un temps inférieur pour l'obtention de la retraite de pleine valeur), ils perçoivent une retraite partielle. Le calcul du montant des retraites de pleine valeur ou partielle se fonde sur deux éléments constitutifs : la retraite de base et la retraite complémentaire ; la retraite de base est donnée par 50 % de la moyenne des salaires perçus, le complément (qui s'applique également aux retraites partielles) étant donné par les années de service accomplies depuis le 1er janvier 1929, chacune de celles-ci équivalant à 1 % de la retraite de base.

L'ampleur prise au cours de la dernière décennie par le système hongrois des pensions et retraites peut être utilement illustrée par le tableau suivant de la croissance du nombre des bénéficiaires et des charges budgétaires croissantes assumées par l'État (voir page suivante).

Bien que le régime hongrois des pensions et retraites compte parmi les plus évolués dans le monde, on sait qu'il présente des problèmes qui attendent d'être résolus. Ainsi, par exemple, de notables différences existent entre les montants des retraites établis dans le passé et ceux plus récemment établis, et ceci bien que les retraites anciennes aient été à plusieurs reprises augmentées. De même, des écarts se manifestent entre les retraites calculées selon le même système, mais à des époques différentes ; en effet, du fait de l'augmentation régulière des salaires nominaux, les retraites calculées maintenant sont de montant supérieur à celles calculées antérieurement.

Années	Nombre des pensionnés et retraités (en milliers)	Incidences budgétaires (en millions de forints)
1959	623	3 722
1960	636	4 427
1961	796	5 080
1962	912	5 737
1963	983	6 421
1964	1 046	6 992
1965	1 101	7 712
1966	1 156	8 711
1967	1 213	9 514
1968	1 269	10 339
1969	1 319	—

De ces problèmes et de bien d'autres encore, les autorités se préoccupent. Ainsi, récemment, lors d'entretiens entre le gouvernement et le Conseil central des Syndicats, il a été question de ce que la montée des prix en 1969 et dans les années précédentes a réduit la valeur réelle des retraites — quoique dans une mesure encore modeste ; le secrétaire général du Conseil central des Syndicats demanda donc au gouvernement de prendre les mesures propres à sauvegarder le pouvoir d'achat des retraités. Les lois nouvelles, les mesures des autorités et, plus récemment, les initiatives prises par les entreprises tiennent largement compte des intérêts et besoins des vieux. Ainsi, la loi dernièrement promulguée concernant le fonctionnement des coopératives agricoles stipule que personne ne peut être rayé du nombre des membres d'une coopérative pour cause de vieillesse ou d'incapacité de travail ; de plus, indépendamment du travail en principe dû à la coopérative, les vieux et les invalides ne sauraient être privés de la jouissance des terres de leurs domaines domestiques.

Récemment, le ministre de la Santé publique a promulgué des décrets apportant une augmentation des secours sociaux réguliers et ordonnant une amélioration des prestations matérielles aux invalides de guerre. Les vieux ouvriers, de même d'ailleurs que, par exemple, les enseignants, peuvent continuer à travailler, même après leur passage à la retraite, sur leurs anciens lieux de travail, ou bien dans des centres sociaux d'emploi créés par les conseils locaux ; affecté à des travaux faciles, leur temps de travail est évidemment réduit, et ces activités leur permettent de gagner en général 500 forints par mois — et dans certains emplois, 800 — qui viennent compléter le bas montant de leurs pensions. A Debrecen (Hongrie orientale), l'Usine Medicor (qui livre dans le monde entier des installations médicales et chirurgicales fort appréciées) a, cette année, versé des participations aux bénéfices même à ses vieux travailleurs maintenant retraités. Dans la commune de Kocs (Hongrie occidentale), la coopérative agricole de production cultive à la machine, gratuitement, les terres domestiques des vieux coopérateurs et elle assure, également gratuitement, le transport à domicile des récoltes.

L'autre grand problème de la vieillesse est la maladie ; la prévention, les soins aux malades sont assurés par l'organisation hongroise de la Santé publique dont le corps médical est d'une valeur scientifique connue même à l'étranger. En Hongrie, chacun peut jouir des prestations médicales de la Sécurité sociale, soit à titre d'ayant droit, soit à titre de membre de la famille d'un assuré, et, à défaut, en cas de vieillesse nécessiteuse ; ces prestations englobent les soins médicaux gratuits, l'hospitalisation et les interventions chirurgicales, les médicaments étant délivrés contre une infime participation matérielle du malade, de même que les pansements, les eaux médicinales, les prothèses dentaires, les voiturettes ou les appareils auditifs. Bien que les statistiques ne fassent pas le détail des prestations médicales par catégories d'âges, on peut en déduire que les besoins des vieux sont également satisfaits.

Actuellement — et plus exactement selon les données de la fin de l'année 1969 —, en Hongrie, on compte 21 865 médecins, donc 21,3 pour 10 000 habitants ; le nombre des districts médicaux est de 3 549, 2 895 habitants relevant ainsi d'un médecin de district qui assure les consultations non spécialisées. Le nombre des lits d'hôpitaux, de sanatoria et d'établissements balnéothérapiques s'élève à 82 465, soit 80,3 pour 10 000 habitants ; pour 100 lits d'hôpital, on compte près de 10 médecins, 36 infirmières et autres auxiliaires hospitaliers. Il convient aussi de mentionner, particulièrement en rapport avec les vieillards, que, depuis 1952, le dépistage anticancéreux a été organisé dans tout le pays ; grâce au réseau qui a été ainsi créé, en 1968, 60 stations de cancérologie ont procédé à 510 000 examens préventifs. Simultanément, la part des vieillards a été considérable dans la consommation pharmaceutique qui, en 1968, s'est élevée à une valeur de 3 488 millions de florins.

Dans ce chapitre des soins médicaux, il convient enfin de mentionner ceux qui relèvent de la gérontologie ; on ne saurait, en effet, oublier les travaux des gériatres qui, en l'espace de peu de temps, ont obtenu de notables résultats dans leurs recherches sur l'état de vieillesse, sur les maux qui le frappent particulièrement et sur les moyens d'y porter remède. Le groupe des jeunes médecins spécialistes de cette discipline s'active sous l'égide de la Commission de Gérontologie de l'Académie hongroise des sciences ; ses activités sont prévues sous le titre de « Les fondements biologiques du vieillissement et leurs incidences sociales », dans le plan national de recherches à long terme ; récemment, un Institut de Recherches gérontologiques a commencé à fonctionner à Budapest. Appelé « Gerovit », un médicament de fabrication hongroise — stimulateur du métabolisme basal, accélérateur de la circulation sanguine et riche en vitamines — est déjà apprécié dans beaucoup de pays étrangers.

Quant au troisième problème, celui de la solitude des vieux, il est illustré par les données statistiques suivantes. Un peu plus des trois quarts des vieillards vivent en milieu familial ; 33,9 % d'entre eux sont en ménage, 7,9 % avec leur conjoint et leur (ou leurs) enfant(s), 5,5 % avec leur conjoint, leur (ou leurs) enfant(s) et l' (ou les) enfant(s) de ceux-ci,

7,5 % seulement avec leur enfant, 11,8 % seulement avec leur enfant et la famille de celui-ci, 1 % avec leur petit-fils (ou petite-fille), 6 % avec d'autres parents, 2 % avec d'autres personnes de connaissance. Cependant, une sur quatre des personnes âgées de plus de 60 ans vit seule et ne peut pratiquement pas compter sur le secours d'une famille. La plupart de ces solitaires sont dans cette situation parce qu'ils n'ont jamais eu d'enfants, et les autres (la minorité), du fait de l'ingratitude ou de l'égoïsme de leurs enfants. Certains des retraités sont condamnés à la solitude parce que leurs enfants ont émigré à l'étranger. On peut donc évaluer à près de 400 000 le nombre des vieillards restés absolument seuls, la société ayant ainsi le devoir d'atténuer leur solitude.

La société s'efforce effectivement de porter remède à cette situation. Présentement existent dans le pays — sous gestion de l'État, des conseils locaux ou de l'Église — 242 maisons de retraite qui abritent 25 520 vieillards. Les pensionnaires ne participent que pour un tiers aux frais effectifs de logement, de nourriture et autres. Les autorités prévoient néanmoins une augmentation de cette participation aux frais, bien entendu seulement dans le cas des vieillards relativement aisés. En effet, alors que dans le passé l'hébergement en maison de retraite était surtout motivé par des moyens d'existence insuffisants, actuellement les causes premières en résident plutôt dans la solitude et dans l'impossibilité où beaucoup de vieillards sont de pourvoir eux-mêmes aux soins de leur ménage.

La plupart de ces établissements sont à la hauteur de leur mission, par la qualité du logement, de la nourriture et des soins qu'ils offrent ; à titre d'exemples, on peut citer la Maison des Vieux de Szeged (ville de Hongrie méridionale), à Budapest le Foyer des Vétérans du Mouvement ouvrier et la Maison de Retraite des Vieux Comédiens, à Leanyfalu (localité balnéaire des bords du Danube), le Foyer de l'Église réformée. Partout, on y trouve une bibliothèque, la télévision, la radio, une salle de séjour et une salle de jeux. Il reste cependant que le nombre des places dans ces maisons est encore insuffisant pour répondre à toutes les demandes ; actuellement, près de 6 000 vieillards attendent une possibilité d'emménager dans l'un de ces établissements.

Ce qu'on appelle les « contrats viagers » est également destiné à atténuer quelque peu les problèmes de la solitude et des moyens d'existence. En général, il s'agit de vieillards qui, disposant d'un grand logement, concluent un tel contrat avec de jeunes ménages souffrant de la crise du logement. Aux termes de ces contrats, les jeunes gens s'engagent à veiller à l'entretien du (ou des) détenteur(s) du logement, en échange de quoi ils obtiennent la disposition d'une partie de ce logement et l'assurance de pouvoir s'y installer définitivement après le décès du (ou des) locataire(s) en titre. Pour assurer la protection des intérêts des vieillards et empêcher les abus, le gouvernement hongrois a récemment donné pouvoir aux conseils locaux de contrôler les situations de fait avant la signature d'un contrat et de veiller, ensuite, à son scrupuleux respect.

Cependant, même dans un pays socialiste, résoudre le problème de la solitude des vieux n'est pas chose aisée. Il est, en effet, des vieillards qui vivent seuls de leur propre chef, pour des raisons sentimentales ou matérielles. Après un mariage qui ne laisse que de beaux souvenirs, il en est beaucoup qui ne peuvent se résoudre à l'idée d'une nouvelle union et, d'autre part, ils tiennent souvent à leur logement et à leur situation matérielle favorable. Ainsi, 40 % des retraités hongrois vivent en province dans leurs propres maisons, et l'on a constaté que dans 68,9 % de ces maisons les coefficients d'habitation sont meilleurs qu'en général dans le pays ; ces avantages-là leur font plutôt choisir la solitude.

Cela étant, l'État et la société s'efforcent d'apporter leur soutien aux vieux. En nombre d'endroits, les organisations locales du Front populaire patriotique ou du Conseil national des Femmes hongroises ont monté des foyers et clubs où les vieillards peuvent passer leurs journées ; il en fonctionne actuellement 250 où 7 000 vieux et vieilles jouissent des prestations gratuites qui leur sont offertes là. On crée actuellement aussi un réseau d'assistantes sociales qui rendent régulièrement visite chez eux aux vieillards pour leur dispenser des soins. Ajoutons enfin que les vieux bénéficient d'abonnements de faveur dans les cinémas et stades pour assister aux spectacles de leur choix, et qu'ils jouissent de même de cartes de circulation de faveur dans les trams et autobus des villes de province et à Budapest.

*

En Roumanie, il n'existait avant la dernière guerre aucun système de Sécurité sociale. Sur celui qui s'est établi après-guerre j'ai reçu d'un médecin de Bucarest la note suivante que je communique à mes lecteurs sous toutes réserves.

Le problème doit être considéré sous deux aspects diamétralement opposés : 1° les pensionnaires dits « sociaux », c'est-à-dire les personnes qui n'ont pas effectivement droit à pension, du fait qu'elles n'ont pas travaillé dans une institution de l'État pendant le nombre d'années requis ; 2° les pensionnés de l'État.

Première catégorie :

a) Les possibilités matérielles d'existence sont réduites au minimum. Ils reçoivent une « indemnité de vieillesse » mensuelle d'environ 300 lei (90 F). Il va de soi que cette somme est dérisoire (elle correspond au prix d'une paire de chaussures). Cependant, ceux qui peuvent physiquement le faire sont admis à occuper certains emplois : emplois bien entendu subalternes et rémunérés fort modestement. Dès lors qu'ils sont employés, ils cessent de percevoir l' « indemnité de vieillesse ». Cependant, ce travail peut leur permettre d'atteindre le nombre d'années exigées (25 ans) pour solliciter une pension due à tout un chacun, dès lors qu'il a consacré ces années de travail à une institution d'État ; mais il s'agit là de cas exceptionnels, un vieillard pouvant rarement espérer encore vingt-cinq ans de travail après l'âge légal de la retraite. Cette pension, si elle est accordée, est calculée selon le dernier salaire perçu.

Cette catégorie de pensionnaires « sociaux » est composée de personnes ne pouvant pas justifier d'une activité de salarié avant le 23 août 1944, à savoir : les grands et les petits commerçants, les médecins ayant eu des cabinets privés sans avoir occupé un emploi dans les hôpitaux de l'État, les petits artisans qui possédaient leurs propres ateliers, etc.

Toutes ces catégories, considérées comme ayant exercé des

activités d'exploitation, sont condamnées à mener une vie extrêmement précaire, tant matériellement que socialement.

Deuxième catégorie :

b) *Les pensions en milieu rural.* Il y a trois ans, ayant constaté le succès de sa politique de collectivisation, l'État a décidé de pensionner les paysans qui, soit en raison de maladies, soit pour incapacité de travail, soit encore en raison de l'âge, se trouvaient incapables d'assurer par le travail leurs revenus. Tous ceux-là reçoivent désormais une pension mensuelle de 40 lei (12 F) ; mais un pain coûte, selon la qualité de la farine, 2 ou 3 lei et un litre d'huile, 12 lei.

Les paysans pensionnés ne bénéficient pas de soins médicaux gratuits, ni même d'hospitalisation gratuite. (Les autres catégories de pensionnés bénéficient de médicaments gratuits, à condition que leur retraite ne dépasse pas les 550 lei par mois.)

Compte tenu du fait que les emplois sont, en priorité, accordés aux jeunes, les vieux ne sont nullement assurés de pouvoir se maintenir aux postes qu'ils auraient pu trouver après l'âge de la retraite. Cela d'ailleurs s'applique également aux personnes déjà en poste lorsque arrive l'âge de la retraite : dès cet instant, même si leur état physique et psychologique permet la poursuite de leurs activités, ils sont écartés lorsqu'un jeune est jugé également apte à occuper les mêmes fonctions. Cette règle s'applique sans discernement aux ouvriers, aux intellectuels et même aux hommes de science.

Par contre, la participation des vieux à la vie sociale est un phénomène très répandu. Les membres du Parti poursuivent leurs activités au sein des organisations du Parti auxquelles ils appartiennent et peuvent être utilisés dans certaines missions de propagande comme également dans certains travaux de contrôle (inspections des installations hospitalières, de l'alimentation publique, etc.).

Les personnes qui n'appartiennent pas au Parti peuvent également être utilisées dans certaines activités à caractère social. Certaines catégories de vieux peuvent être admises dans les « Foyers de Vieux », où ils trouvent logement, nourriture et assistance médicale. Les critères d'admission sont fonction de la situation familiale de l'intéressé et de sa condition physique (priorité aux handicapés). La sélection, extrêmement rigoureuse, est déterminée par le nombre insuffisant de lits ; les raisons en sont souvent d'ordre politique. Le favoritisme règne. Par ailleurs, les vieux internés à l'Institut de Gériatrie dirigé par la très célèbre doctoresse Aslan sont également une sorte de catégorie d'élite.

Considéré sous l'angle éthique, le problème des vieux est encore plus délicat. Les leçons de la révolution sociale, les slogans de lutte et d'action d'une société en voie de création (« ce qui est ancien doit disparaître, ce qui est neuf doit conquérir sa place ») ont eu des répercussions sérieuses dans les rapports entre générations. Les vieux sont, ainsi, considérés avec méfiance et généralement estimés irrécupérables pour la révolution qui s'accomplit dans le pays.

Les pensionnés de l'État

Ceux-ci, ayant consacré vingt-cinq ans d'activité au sein d'une entreprise de l'État, se trouvent au moment de la retraite dans une situation nettement meilleure : la pension accordée demeure très proche du dernier salaire perçu.

Cependant, la catégorie de loin la plus favorisée est constituée par les personnes ayant appartenu aux cadres politiques : service de sécurité, mais également, par exemple, les militaires. Ceux-ci accèdent bien plus rapidement que les autres à la retraite (âge fixé, pour toutes catégories : 60 ans pour les hommes, 55 pour les femmes) ; mais ils peuvent, tout en touchant leur pension (très élevée), occuper de nouveaux emplois et cumuler ainsi traitements et pension.

*

En Tchécoslovaquie, la population a vieilli. Il y a trente ans, 10 % seulement avaient plus de 60 ans ; aujourd'hui ils sont 17 %. Cependant la population active s'est réduite parce que la durée des études s'est prolongée. La retraite est fixée à 60 ans pour les hommes et exige vingt-cinq ans de travail ; si le nombre en est plus élevé, la pension est augmentée. Elle représente 50 % du salaire des cinq ou dix dernières années ;

75 % si le travailleur a 35 ans de vie active derrière lui. Pour les femmes, l'âge de la retraite est de 57 ans, si elles n'ont pas d'enfants ; 55 ans si elles ont élevé un enfant, 53 si elles en ont élevé deux, 52 si elles en ont élevé trois ou davantage. Les mineurs, les pilotes, les hommes exerçant des professions dangereuses peuvent demander leur retraite à 55 ans. Dans tous les métiers, on peut prolonger ses activités tant qu'on en est capable, mais alors on ne touche que la moitié de la pension (qui s'ajoute au salaire). Comme la main-d'œuvre qualifiée est insuffisante, l'État encourage certains travailleurs à reculer l'âge de la retraite. Parmi les intellectuels, les cadres, beaucoup ne sont qualifiés qu'à 50 ans, car ils continuent à étudier pendant leur âge mûr : ils peuvent ensuite rendre longtemps de grands services. La chance de cette catégorie de gens âgés, c'est que la société a besoin d'eux.

La situation se présente autrement pour les travailleurs manuels non qualifiés : leurs capacités physiques diminuent après 50 ans et, s'ils prenaient avec retard leur retraite, la base du salaire serait diminuée. Comme leur travail ne les passionne pas beaucoup et les fatigue, ils aspirent au repos. Surtout les femmes : à 55 ans elles sont heureuses de rester au foyer, d'aider leurs enfants, de s'occuper de leurs petits-enfants. Parmi les hommes appartenant à des professions libérales, beaucoup, une fois retirés, se livrent à des occupations qui leur plaisent et qui peuvent avoir un grand intérêt : ils entrent dans des services publics, proposent des plans, donnent des consultations.

Les pensions ont été relevées de 8 % par la loi de 1964 qui a modifié celle de 1956, qui elle-même a modifié la loi de 1948 : cette augmentation est insuffisante étant donné la hausse des prix. Il y a cinq ans [1], il y a eu dans les journaux des discussions sur la condition des vieillards : ceux-ci se plaignaient qu'on ne leur reconnût aucun droit, alors qu'ils en avaient acquis pour leurs années de vie active. Leurs réactions à la retraite sont à peu près les mêmes qu'en France : l'inactivité leur pèse ; ils se sentent inutiles ; ils

1. Écrit en novembre 1968.

rôdent sur les lieux de leur travail et regardent travailler les autres. Souvent, et surtout s'ils ont des difficultés personnelles, ils tombent malades et meurent. Ou ils se suppriment : le nombre des suicides grandit avec l'âge.

Dans les hôpitaux, 70 % des vieillards admis n'ont personne pour s'occuper d'eux. Une fois guéris, les familles ne viennent pas les reprendre. Bien que la Tchécoslovaquie possède le nombre de lits le plus élevé d'Europe, c'est encore extrêmement insuffisant.

Le problème du logement se pose pour tout le monde d'une manière dramatique ; les jeunes couples habitent chez leurs parents, et parfois chacun des deux membres dans sa famille. Il est courant que trois générations vivent sous le même toit, ce qui n'a pas d'heureuses conséquences.

Les services de soins, de santé, d'aide ménagère sont dérisoires. Quand les vieillards sont malades, impotents et négligés par des enfants qui travaillent, il n'y a personne pour s'occuper d'eux.

Cette situation, que les adultes acceptaient, ce sont les jeunes qui l'on trouvée scandaleuse. A partir de janvier 1968 — l'ouverture de la « voie nouvelle » — ils ont protesté à travers tout le pays et ils ont suscité une explosion d'intérêt à l'égard de la vieillesse. Des organisations locales, jusqu'alors négligées, se sont développées. On s'occupe davantage des vieillards. On a créé des réfectoires où ils peuvent prendre leurs repas. Il y a des clubs qui organisent pour eux des distractions. Des théâtres, des cinémas leur offrent des représentations à tarif réduit. Grâce à la révolte des jeunes, la société a pris conscience de la gravité du problème et cherche à le résoudre.

*

Le cas de la Yougoslavie est intéressant parce qu'elle a passé d'une économie socialiste à une économie qui, depuis 1960, accorde une place de plus en plus grande au profit : la condition des vieillards s'en ressent.

La société yougoslave a une conscience aiguë des problèmes de la vieillesse. Elle en a beaucoup discuté et a pris des mesures pour la protéger. Jusqu'au 1er janvier 1965, la condition pour toucher une pension complète était pour les hommes d'avoir 55 ans d'âge et trente-cinq ans de travail derrière eux, pour les femmes d'avoir 50 ans d'âge et trente ans de vie active. La loi leur octroyait en principe 72 % du salaire moyen (mais, en Slovénie, ils touchaient seulement 62 %). Pour les partisans, le temps passé pendant la guerre compte double dans le calcul de leurs années actives. Ceux qui ont combattu dès 1941 ont droit à une pension égale à leur dernier salaire. L'éventail des retraites était peu étendu, puisque l'éventail des salaires — officiellement déclarés — est très étroit : les plus hauts atteignent seulement trois fois et demie le plus bas. L'option de l'État c'était d'assurer une vie décente aux vieillards, même si le budget nécessaire semblait dépasser ses possibilités. Les charges qu'il a à supporter sont très lourdes ; étant donné le nombre des hommes dont la santé a été gravement compromise par la guerre, il y a dans le pays 1 million de pensionnés contre 4 millions de salariés. Les travailleurs cotisent en même temps que l'État. L'argent n'est pas versé dans des caisses spéciales, mais sert à des investissements : usines, constructions, etc.

Depuis 1960, l'économie yougoslave, liée à l'économie mondiale, ajuste ses prix sur ceux des pays capitalistes ; elle essaie d'aligner sa productivité sur celle du marché mondial. Donc elle tend à réduire les frais « inutiles » ; en particulier ceux qu'entraîne l'entretien des inactifs. On a relevé l'âge de la retraite : il est pour les hommes de 60 ans (avec 40 ans de vie active), pour les femmes de 55 (avec 35 ans de vie active). En principe, les pensions ont été relevées à 85 % du salaire. En fait, en Slovénie, elles se sont abaissées à 59 %.

Il y a sur ce point une lutte des générations. Les vieux allèguent qu'ils ont donné leurs forces pour créer la prospérité dont jouit aujourd'hui le pays ; ils revendiquent d'en bénéficier. C'est une dette qu'on a contractée envers eux. Ils trouvent injuste que la vie soit devenue meilleure pour tout le monde, sauf pour eux. Ils réclament une intégration non seulement matérielle, mais politique. Ils sont représentés dans l'administration qui applique les lois, mais ils voudraient l'être dans les assemblées politiques qui font les lois ; ils voudraient faire partie du parlement local, qui s'occupe entre autres du budget local et des problèmes sociaux. Ils ont leur propre organisme : le Comité sur la gestion des invalides et des pensionnés. Il appartient au Parlement de l'Assurance sociale. Tous sont collectivement membres de syndicats. Parmi leurs moyens de lutte, il faut compter leurs journaux. En Slovénie, leur mensuel *Upokojence* se vend à 110 000 exemplaires de plus qu'aucun autre.

Le problème de la vieillesse se pose très différemment selon les républiques. Dans les républiques rurales, la civilisation patriarcale se maintient ; l'homme règne sur la femme, l'aïeul sur l'adulte. On rend un véritable culte à la vieillesse. Les diverses générations habitent sous le même toit. En Slovénie, en Croatie — dont j'ai parlé jusqu'ici —, les problèmes du logement se posent. En Slovénie, il y a 42 maisons avec 3 000 places, pour les personnes âgées. Il y a aussi 33 foyers récréatifs. A Belgrade, la situation est de ce point de vue déplorable. Un article écrit le 14 avril 1968 souligne qu'il n'y a que 600 places pour les vieux dans les maisons de retraite. « C'est difficile d'être vieux, à Belgrade. On bâtit beaucoup d'appartements d'une ou deux pièces ; mais il est difficile pour les vieillards d'en obtenir. En règle générale, il n'y a pas de place pour eux... »

En gros, on considère cependant que la condition des vieillards est matériellement satisfaisante, mais non psychologiquement et moralement. Beaucoup sont en mauvaise santé parce qu'ils ont subi la guerre, la prison, les camps de concentration. La plupart ne sont pas intégrés à la société, elle les rejette. Le problème des vieux partisans est particulièrement mal résolu.

Il y a parmi eux 50 000 anciens officiers. 80 % d'entre eux étaient des villageois et leur entrée dans la résistance ne leur a pas permis de faire des études ou un apprentissage : ils se sont retrouvés sans qualification. On les a utilisés dans l'administration mais maintenant une génération beaucoup plus qualifiée prend la relève, on n'a plus besoin d'eux. Ils sont aigris et revendicants. On m'a cité un ancien officier qui est pensionné à 42 ans : sa femme travaille dans une librairie et lui s'occupe des soins du ménage. On m'a cité aussi un colonel de 48 ans, qui a été partisan dès 1941 (parmi ceux-là, 9 sur 10 ont été tués) et qui a quatre enfants ; il est portier dans une usine dont le directeur est un ancien royaliste : il est obligé de le saluer humblement. Des gens de cette espèce deviennent des ennemis du socialisme. Même dans des cas moins extrêmes il y a une frustration : le Parti est tout, l'individu rien. Beaucoup ont refusé de se plier à la discipline du Parti : ils ne sont plus rien. Ils ont perdu toutes raisons de vivre.

Quelques données statistiques sur la sexualité des personnes âgées

D'après le rapport Kinsey, l'acmé sexuelle se situerait pour le mâle aux environs de 16 ans. Dans sa jeunesse, le nombre moyen des coïts serait de deux à trois par semaine pour les célibataires, de quatre à huit pour les hommes mariés. La moyenne s'abaisserait jusqu'à 1,8 à 50 ans pour les deux groupes ; jusqu'à 1,3 à 60 ans et 0,9 à 70 ans. Kinsey a étudié les cas de 87 mâles blancs, et de 39 Noirs, de plus de 60 ans. Les fréquences moyennes d'éjaculation étaient de une fois par semaine à 65 ans, 0,3 à 75 ans et moins de 0,1 pour les octogénaires. A 60 ans, 6 % étaient absolument inactifs ; à 70 ans, 30 % ; et la courbe continue de s'abaisser. Mais il y a des cas exceptionnels. Un sujet blanc de 70 ans éjaculait en moyenne sept fois par semaine. Un Noir de 88 ans couchait d'une à quatre fois par semaine avec sa femme de 90 ans. A 70 ans, un quart des Blancs sont impuissants ; à 75, plus de la moitié. Entre 71 et 86 ans, un certain nombre de sujets se masturbent et on observe entre 76 et 80 ans des pollutions nocturnes.

D'autres enquêtes, de moins vaste envergure, ont suivi celle de Kinsey. En 1959, le magazine *Sexology* interrogea 6 000 personnes inscrites dans le Who's Who. 800 hommes ont répondu, tous âgés de plus de 65 ans. 70 % des hommes mariés avaient une vie sexuelle régulière : en moyenne, quatre coïts par mois. Même dans le groupe des 104 sujets âgés de 75 à 92 ans, la moitié ont déclaré éjaculer normalement ; 6 disent avoir des contacts sexuels plus de huit fois par mois. Un quart s'adonne à l'onanisme, ou depuis toujours, ou depuis l'âge de 60 ans. Un grand nombre, même passé 75 ans, ont des érections matinales.

En 1960, les docteurs G. Newman et C. R. Nichols ont interrogé en Caroline du Nord 250 individus blancs et noirs, des deux sexes âgés de 60 à 93 ans. L'étude a duré sept ans. 149 sujets étaient mariés et vivaient avec leurs conjoints. Le nombre des rapports sexuels variait d'une fois tous les deux mois à trois fois par semaine. Après 75 ans, le chiffre diminuait nettement. Les Noirs étaient sexuellement plus actifs que les Blancs, les hommes plus que les femmes, les gens d'un niveau de vie moyen ou inférieur plus que ceux des classes aisées. (C'est peut-être ce qui explique la différence de comportement entre Blancs et Noirs, ceux-ci appartenant aux milieux les plus modestes.) Chez ceux dont la vie sexuelle avait été très riche, elle se prolongeait ; chez les autres, non. Quant aux 101 sujets célibataires ou veufs, 7 seulement avaient une activité sexuelle. La faible activité des femmes venait sans doute de ce que leurs maris étaient plus âgés qu'elles.

En 1961, à Philadelphie, le docteur Freeman examina 74 hommes âgés en moyenne de 71 ans. 75 % avaient encore des désirs érotiques, mais seulement 55 % les assouvissaient. Le nombre des éjaculations variait de trois fois par semaine à une fois tous les deux mois, au moins 42 % disaient qu'à 60 ans leurs désirs avaient diminué ; 25 % étaient alors devenus impuissants. A 80 ans, 22 % avouaient encore des désirs mais seulement 17 % avaient des contacts sexuels. 36 % faisaient des rêves érotiques, 25 % réagissaient aux stimuli visuels.

Dans une étude écrite en France en 1963, le docteur Destrem apporte des observations complémentaires. Selon lui, entre 60 et 70 ans, le comportement du vieillard est semblable à celui de l'adulte. Il dépend beaucoup de ses aptitudes antérieures. Le travailleur manuel reste plus sexué que l'intellectuel. Le célibataire et le veuf de longue date n'ont pas le même comportement que les vieillards mariés. Chez ceux-ci, l'habitude, l'existence de sollicitations éroti-ques entretiennent la vie sexuelle. Tandis qu'un récent veuvage entraîne souvent l'impuissance. La fréquence du coït est environ d'une fois par semaine à 60 ans, tous les quinze jours à 70. La masturbation, assez fréquente, suit le même rythme que le coït normal. Entre 70 et 80 ans, les hommes mariés conservent une activité sexuelle, mais ralentie. Les veufs souffrent de désir refoulé, certains se masturbent.

DU MÊME AUTEUR

Aux Éditions Gallimard

Romans

L'INVITÉE (1943).

LE SANG DES AUTRES (1945).

TOUS LES HOMMES SONT MORTELS (1946).

LES MANDARINS (1954).

LES BELLES IMAGES (1966).

QUAND PRIME LE SPIRITUEL (1979).

Récit

UNE MORT TRÈS DOUCE (1964).

Nouvelle

LA FEMME ROMPUE (1968).

Théâtre

LES BOUCHES INUTILES (1945).

Essais — Littérature

PYRRHUS ET CINÉAS (1944).

POUR UNE MORALE DE L'AMBIGUÏTÉ (1947).

L'AMÉRIQUE AU JOUR LE JOUR (1948).

LE DEUXIÈME SEXE, I et II (1949).

PRIVILÈGES (1955). (Repris dans la coll. Idées sous le titre

FAUT-IL BRÛLER SADE ?)

LA LONGUE MARCHE, *essai sur la Chine* (1957).

MÉMOIRES D'UNE JEUNE FILLE RANGÉE (1958).

LA FORCE DE L'ÂGE (1960).

LA FORCE DES CHOSES (1963).

LA VIEILLESSE (1970).

TOUT COMPTE FAIT (1972).

LES ÉCRITS DE SIMONE DE BEAUVOIR (1979),
par Claude Francis et Fernande Gontier.

LA CÉRÉMONIE DES ADIEUX suivi de ENTRETIENS
AVEC JEAN-PAUL SARTRE, août-septembre 1974 (1981).

Témoignage

DJAMILA BOUPACHA (1962),
en collaboration avec Gisèle Halimi.

Scénario

SIMONE DE BEAUVOIR (1979),
un film de Josée Dayan et Malka Ribowska,
réalisé par Josée Dayan.

Impression Bussière à Saint-Amand (Cher),
le 18 juillet 1985.
Dépôt légal : juillet 1985.
1ᵉʳ dépôt légal dans la collection : juin 1979.
Numéro d'imprimeur : 1951.
ISBN 2-07-035409-1./Imprimé en France.